정서도식치료 매뉴얼:
심리치료에서의 정서조절
Emotion Regulation in Psychotheraphy

Robert L. Leahy · Dennis Tirch · Lisa A. Napolitano 공저

손영미 · 안정광 · 최기홍 공역

*Emotion Schema Therapy
Practitioner's Guide*

박영story

뉴욕시에 있는 American Institute for Cognitive Therapy에서 사례 회의를 하면서 이 책을 저술하기로 결정했다. 사례 회의 동안 인지행동치료를 하면서 경험하게 되는 다양한 임상적 문제들을 함께 토의하였다. 저자 중 하나이자 센터장인 Robert L. Leahy 박사는 여러 문제에 대해 다양한 이론적 지향이나 임상적 접근을 활용할 수 있는 방법을 열린 마음으로 토론하도록 장려했다. 개별 이론적 접근법들이 각각의 정당성을 가지고 있기 때문에, 임상적 딜레마와 장애물에 대해 논의할 때 어느 한 접근법에만 묶여 있게 되면 치료적 유연성이 제한되어 결국 치료자의 효율성이 떨어진다. 정서 조절의 어려움은 내담자들이 자주 경험하는 문제이므로, 우리는 정서 조절을 집중적으로 함께 다뤄 보기로 했다. 이 책은 그러한 노력의 산물이다.

왜 '정서 조절'인가? 경험 많은 임상가들은 내담자들이 가장 많이 힘들어하는 경험 중 하나가 강렬한 정서를 어떻게 다루어야 하는지 알지 못해서 자신의 정서에 압도되는 것이라는 것을 알고 있다. 그 결과 어떤 내담자들은 알코올이나 약물 남용, 폭식, 하제 사용, 다른 사람에 대한 비난, 포르노에 강박적인 의존, 반추, 걱정 혹은 그 외 자기 패배적인 전략들과 같은 문제 있는 대처 방식을 사용하게 된다. 많은 내담자가 '문제가 되는 정서'를 경험하게 되는 상황을 피하거나 수동적으로 대처하는데, 이는 감정을 다루는 데 있어 효능감을 떨어뜨리고 우울감을 증가시킨다. 또 다른 내담자들의 경우는 자신의 감정 때문에 자신이나 타인을 비난하는데, 이는 우울을 더욱 증폭시키거나 자신을 지지해 주는 중요한 사람들로부터 고립되는 결과를 초래한다. 강렬한 정서를 경험할 때는 인지재구조화와 같은 전통적인 인지 기법을 사용하는 것이 때로는 어려울 수 있고, 종종 더 커다란 스트레스를 촉발하기도 한다. 행동기법, 특히 불안 등에 노출하는 기법을 적용할 때 어려움이 있을 수 있는데, 이러한 행동적 기법이 정서적 혼란감을 가중시키도 한다. 내담자들이 정서적 반응을 인내하고 조절하는 능력을 키우게 되면, 강렬한 정서적 고통이 따를 때 자신이 사용할 수 있는 행동과 반응의 범위가 넓어지게 된다. 실제로 어려 '기존의' 인지행동치료는 정서가 잠잠해지기를 기다려야 한다. 즉 수용(정서적 반응을 인식하고 받아들이고 견디는 등)과 변화(기법을 통한 변화)의 딜레마가 이 책의 초점이기도 하다.

저자들은 정서 조절 분야의 많은 분들의 업적의 중요성에 대해서 인식하고 있으며, 정서 이론에 대한 다른 분들의 업적을 참고하였다. 특히 Richard Lazarus, Robert Zajonc, James Gross, Paul Ekman, Antonio Damasio, John D. Mayer, Peter Salovey, Kevin Ochsner, Joseph LeDoux, Jeffrey A. Gray, Joseph Forgas, Nancy Eisenberg, George Bonanno, Susan Harter, and Francisco Varela에게 감사드린다. 개입을 위한 임상적 모델에서는 Marsha Linehan, Steven K. Hayes, Aaron T. Beck, John M. Gottman, Adrian Wells, Leslie Greenberg, Paul Gilbert, Jon Kabat-Zinn과 그 외 다른 많은 분들에게 감사드린다.

이 책은 임상 현장에서 활동하는 전문가를 위한 매뉴얼로서, 심리학, 정신 의학, 신경과학 및 다른 관련 전문 분야의 연구들을 골고루 다 다루지는 못했지만, 저자들이 이 책에 나오는 개입 방법이나 아이디어가 어떤 맥락에서 나왔는지를 독자들에게 충분히 제공하고자 노력했다. 그리고 이 책이 관련 연구를 찾아보고 싶은 호기심을 자극하기를 바란다.

이 책에서는 리히 박사의 정서도식치료(Emotional Schema Therapy; EST) 모델의 맥락에서 정서조절의 많은 아이디어를 다루었다. 이 모델에서 '정서도식'은 정서에 대한 개인의 해석, 평가, 활동 경향성, 행동 전략의 차이를 의미한다. 어떤 사람들은 자신의 정서에 대해 부정적인 믿음을 갖고 있다. 자신의 정서는 이해되지 않으며, 무한히 지속되고 자신을 압도할 것이며, 수치스럽고, 독특한 것이며, 표현될 수 없으며, 결코 타당화되지 않을 것이라는 믿음이다. 이 사람들은 문제 있는 대처 양식을 사용하기 쉽다. 반추, 걱정, 회피, 음주, 폭식, 해리와 같은 것들이 그런 대처 방법이다. 어떤 사람들은 좀 더 긍정적이거나 '적응적인' 정서에 대한 관점을 갖고 있으며, 경험 회피를 덜 하는 경향이 있고, 자신의 정서를 더욱 기꺼이 표현하려고 하며, 정서에 대한 타당성을 얻을 수 있다. 그들에게는 자신의 정서 경험이 이해된다. 그들의 정서는 수용 가능하고, 수치스러운 것이 아니며, 독특한 것도 아니고, 오래 지속되는 것도 아니다. 단지 일시적인 것으로 여겨진다. 그 결과로 문제가 있는 대처 방식을 사용할 가능성이 줄어든다.

각각의 임상 챕터는 정서 도식 개념화로 통합되어 있다. 그러므로 수용과 기꺼이 경험하기(제6장)는 자신의 파괴적인 정서 도식과의 관계를 수정하고 싶은 내담자들이나, 이런 도식 자체를 수정하는 것에 도움이 될 것이다. 정서에 대한 오해를 확인하고 반박하기(제4장)는 몇몇 환자들이 보고하는 정서에 대한 오해들을 수정하는 것에 도움을 줄 수 있고, 고통을 감내하거나 정서를 조절하는 좀 더 적응적인 기법들을 제시한다. 자비로운 마음 훈련(제7장)은 환자들이 자신의 정서를 달래는 것을 돕고, 이로 인해 자신의 공포 및 수치심 기반의 정서 도식 경험을 수정하는 것을 돕는다. 이와 비슷하게 마음챙김(5장)은 환자들이 정서를 통제하거나 억압할 필요가 없다는 것을 깨닫도록 돕지만, 현재 순간에 유연하고 초점화된 주의를 기울이는 것을 통해 감내하고 수용하는 것도 가능하게 한다. 정서 처리 강화(제8장)는 더 의미 있는 것을 성취하기 위해 정서를 관찰하고 구별하고 사용하는 것을 장려하는 것을 돕는다. 정서도식치료(제2장)는 정서에 대한 부정적인 믿음들을 직접적으로 다루는 많은 개입 방법들을 알려주며, 타당화(제3장)는 주변에서 지지를 받는 데에 문제를 야기하는 믿음들(타당화를 받기 위해서는 주변 사람들이 나를 정확하게 이해하고 공감해야만 한다는 믿음과 같은)을 확인하는 것을 돕는다. 인지재구조화(제9장)와 스트레스 감소(제10장)는 행동 변화나 인지적 재평가를 통해 좀 더 효율적으로 대처하기 위한 아이디어와 전략들을 제공하고, 이로 인해 힘든 정서적 경험들이 일어나는 것을 감소하도록 돕는다.

정서도식치료가 이 책의 가장 핵심적인 사례개념화의 모델이지만, 독자들은 여기에 나와 있는 기법들을 사용하기 위해 반드시 이 이론을 고수할 필요는 없다. 하지만 강조하고 싶은 점은 여러 기법들을 차례대로 시험 삼아 적용해보기보다는, 사례개념화를 중심으로 여러 기법을 적용하는 것이 효과적이라는 점이다. 많은 사례개념화 모델이 있지만, 이 책에서는 정서도식치료 모델을 통해, 치료자와 내담자가 아래의 영역에서 함께 작업할 수 있는 통합적인 모델을 제공한다. 1) 어떻게 내담자 정서의 사회화 과정과 특정 정서에 대한 믿음을 이해할 수 있는가? 2) 어떻게 정서가 개인적인 관계와 관련 있는가? 3) 문제가 있는 대처 전략과 믿음들은 어떤 것이 있으며, 어떻게 이런 전략들을 수정할 수 있는가? 4) 어떻게 내담자가 자신의 정서에 대해 조금 더 적응적이고, 인간적이며, 자기 수용적인 믿음을 북돋울 기회를 만들어 낼 수 있는가?

정서도식치료는 통합적이고 개방적인 모델이기 때문에 치료적 개입을 위해 다른 사례개념화나 모델을 수용하기를 권장한다. 그러한 개입 방법을 고려할 때, 개입이 내담자들이 정서를 학습하고 다룰 수 있도록 돕는 것인지 파악해야 한다.

이 책이 전문가뿐 아니라 내담자들이 스스로를 돕는 데 활용될 수 있기를 바란다. 저자들은 숙련되고 경험 많은 치료자들이라면 여러 기법과 아이디어를 유연하게 통합할 수 있는 방법을 고민할 것이라고 생각한다. 이러한 개방성과 유연성이 다양한 내담자들의 필요와 요구에 도움을 제공할 수 있는 중요한 방법이 될 것이다. 우리는 내담자를 돕기도 하고 내담자에게 배우기도 한다. 이제 첫 번째 질문을 던진다. "정서 조절은 왜 중요한가?"

Robert L. Leahy

Dennis Tirch

Lisa A. Napolitano

심리치료를 교육하거나 수퍼비젼을 하면서 '인지행동치료는 정서를 소홀히 하거나, 다루지 않는다', 혹은 '인지행동치료를 하면서 어떻게 정서를 다뤄야 하는지 잘 모르겠다'고 토로하는 수련생들이나 전문가들을 만나고는 한다. 특히 심각한 정서 문제를 가지고 상담에 와서, '감정'에 대한 이야기를 하려고 하지 않거나, '정서에 무감각해진' 내담자를 볼 때, 어떻게 인지행동치료자로서 그들의 정서 경험을 공감하고 이해하며 실제적 변화를 이끄는 데 도움을 줄 수 있을지 고민해보지 않은 임상가는 거의 없을 것이다. 정서도식치료는 바로 이러한 질문들과 도전에 대해 잘 정립된 이론적인 기반과 상당히 설득력 있고 효과적인 해결안을 제시한다. 정서도식치료는 인지행동치료를 제3세대 행동 치료인 마음챙김, 수용전념치료, 변증법적 행동치료, 행동활성화, 자비중심치료뿐 아니라 정신분석, 게슈탈트 및 실존치료와 접목하면서 확장시키는 데 중요한 역할을 한다. 이는 많은 치료적 접근들이 공통요인들을 공유하면서 점차 통합되어 가는 현대 심리치료의 방향과 부합한다.

이 책은 정서도식모델의 기본 원리를 소개하고 정서도식치료를 제안한다. 다양한 정서조절 전략을 정서도식치료의 맥락에서 통합하여 소개하였다. 이 책은 정서도식치료에 대한 이론적인 소개뿐 아니라 임상가가 심리치료에 직접 활용할 수 있고, 내담자가 자신의 삶에서 적용할 수 있는 다양하고 상세한 안내와 양식들을 제공한다. 정서도식치료에 관심이 있고, 정서도식치료를 자신의 치료에 적용하고 싶은 임상가에게 가장 적합한 책이라 생각한다.

2013년 홍콩에서 열린 국제 인지행동치료 학회에서 Robert L. Leahy 박사가 진행한 정서도식치료 워크숍에서 이 치료적 접근을 처음 접하고, 정서도식치료가 인지행동치료의 적용 범위와 관점을 한층 폭넓게 했다는 인상을 깊이 받았다. 이후 정서도식치료에 대한 논문들과 관련 서적들을 대학원 과정에서 교재와 참고논문으로 활용하면서 석박사 과정 학생들과 심도 있게 공부해왔다. 그 과정에서 정서도식척도를 번안하고 타당화하는 작업, 정서도식치료를 실제 임상현장에서 사용하면서 전문가 그룹에서 한국에서의 적용 가능성을 확인하는 작업을 마무리하였다. 현재에도 지속적으로 정서도식치료를 집단 치료와 개인 치료에 적용하면서 일련의 효과 검증 연구를 실시하고 있으며, 아직 출간되지 않은 결과이지만 다양한 심각도의 정서 문제를 경험하는 한국 내담자들에게 초진단적으로 적용할 수 있음을 확인하고 있다.

　　본 역자의 연구팀이 Robert Leahy 박사에게 자문을 받으며 정서도식치료를 구조화하여 매뉴얼을 구성하는 과정에서 가장 실제적 도움이 된 책이 바로 이 역서 '정서도식치료 매뉴얼: 심리치료에서의 정서조절'(Emotion Regulation in Psychotherapy)이었고, 이 책을 번역하는 것이 정서도식치료에 관심이 있는 다양한 임상가들에게 가장 실제적으로 유익할 것으로 판단하여 번역 작업을 시작하였다. 정서도식치료에 대한 깊이 있는 이론적인 이해나 정서도식치료를 가족상담, 부부상담이나 커플 상담에 적용하는 작업 등에 관심이 있는 독자는 다른 정서도식치료 관련 서적들을 함께 참고하는 것을 추천하나, 정서도식치료의 기본적인 원리와 임상에서 실제로 적용가능한 기법들과 바로 사용할 수 있는 양식들을 얻기 원하는 독자는 이 책에서 그러한 정보를 얻을 수 있을 것이다.

　　이 책의 첫 3장(1, 2, 3장)은 대표 역자(최기홍)가 맡았고, 4, 5, 6장은 공동역자(안정광)가 나머지 7장에서 11장은 공동역자(손영미)가 맡았다. 부록에 실린 양식들은 고려대학교 임상 및 상담심리 대학원 석사과정의 고급 심리치료 과목에서 초벌 번역을 하였고, 본 저서의 역자들이 다시 재번역하여 본 저서에 실었다. 이 책을 함께 번역한 손영미 교수와 안정광 교수는 모두 인지행동치료와 심리치료에 전문성을 지니고 다년간 임상현장에서 심리치료 및 상담, 수퍼비전, 교육 업무를 맡고 있다. 더욱이 공동번역자들 모두 대표 역자와 함께 정서도식치료를 함께 공부하며 임상 현장에 적용하면서 정서도식치료의 유용성을 경험하였다. 이 책이 앞으로 심리치료 및 상담 분야에서 일하는 전문가들에게 도움이 될 것으로 생각한다.

　이 책을 함께 공부하며 피드백과 열띤 논의에 참여해 준 고려대학교 심리학과 임상 및 상담심리 대학원 학생들에게 감사를 표한다. 본 역서가 나오는 동안 임상 현장에서 자문해주고 정서도식척도 타당화와 정서도식치료를 구조화하는 데 힘써 준 고려대학교 KU 마음건강연구소 소속 치료진과 고려대학교 학생상담센터에 김경희 교수, 경성대학교 유나현 교수와 고려대학교 심리학과 임상 및 상담심리 대학원에 서종우 학생에게 감사한다. 인내심을 가지고 역자들의 작업을 기다려 주고, 꼼꼼히 검토하고 편집해주신 박영사의 김명희, 강민정 님께 감사드린다.

고려대학교 심리학과 부교수
KU 마음건강연구소 소장
대표 역자　최기홍

차례

01 정서조절이 왜 중요한가?

04 정서에 대한 오해를 확인하고 반박하기   103

05 마음챙김   141

10 스트레스 감소

11 결론

일러두기

　정서와 관련된 용어로 emotion, affect, feeling 등이 사용되고 있다. 이들 개념을 명확하게 구분하여 정의하기가 쉽지 않지만 우리 책에서는 Leahy(2015), Greenberg & Paivio(2008)의 개념을 수용한다. 먼저 affect는 정동/감정으로, 진화론적으로 적응된 행동반응체계에서 비롯된 자동적, 생리적, 동기적, 신경학적 과정이다. 이것은 의식적 평가 없이 자동적으로 표현되는 감정반응을 포함한다. emotion은 정서로 번역하였으며, 인지적 평가, 느낌, 대인관계적 의도, 신체적 반응 등을 포함하는 포괄적 개념이다. mood는 정서보다 긴 시간 동안 지속되는 느낌으로, 기분으로 번역하였다. 다만 본 역서에 제시된 내담자와의 상담프로토콜의 경우, 대화 속에 정서나 정동이라는 용어를 사용하는 것이 자연스럽지 않은 경우가 있어 감정, 기분 등의 말과 혼용하여 번역하였다.

Leahy, R. L. (2015). Emotional schema therapy. NY: Guilford Press.

Greenberg, L. S., & Paivio, S. C.(2008). Working with emotion in psychotherapy. NY: Guilford Press.

01
정서조절이 왜 중요한가?
(Why Is Emotion Regulation Important?)

　우리 모두는 정서(emotion)를 경험하고, 효과적이든 효과적이지 않든 정서에 대처한다. 실제로 문제를 야기하는 것은 불안과 같은 정서 그 자체가 아니다. 중요한 것은 불안을 인지하고 수용하고 불안을 사용하여 불안함에도 기능할 수 있는 능력을 갖는 것이다. 정서가 없다고 상상해본다면, 우리의 삶은 의미도 없고, 풍요로움도 없고 기쁨도 없고, 타인과의 관계를 맺지도 못할 것이다. 정서는 우리의 요구, 좌절 그리고 권리가 무엇인지 알려준다. 정서는 변화를 이끌 수 있도록 도우며, 어려운 상황을 피할 수 있도록 돕고, 언제 우리가 만족하는지를 알려준다. 하지만 많은 사람들이 이러한 정서에 압도당하고, 정서 자체를 무서워하고 어쩔 줄 모른다. 이유는 슬픔이나 불안과 같은 부정정서가 우리가 효과적으로 행동하는 것을 방해한다고 믿기 때문이다. 이 책은 내담자들이 자신의 정서를 효과적으로 다룰 수 있도록 도울 수 있도록 고안된 임상가를 위한 지침이다.

　정서는 여러 가지 일련의 과정으로 이루어져 있어, 어느 하나의 과정으로 정서 경험을 설명하기에 충분하지 않다. 불안과 같은 정서적(인지적) 평가(appraisal), 감각(sensation), 의도 혹은 목적(intentionality or object), 기분(feeling or qualia), 동적 행위(motoric behavior), 그리고 많은 경우 대인관계의 요소를 포함한다. 그러므로 당신이 불안할 때면, 시간 내에 일을 마무리하지 못할 것이라는 걱정(평가), 빠른 심장박동(감각), 유능감을 보여주고 싶음(의도), 삶에 대한 무서운 느낌, 초조하고 안절부절하지 못하는 행동을 하고, 당신의 친구에게 위로를 받기 위해 오늘 정말 힘든 날이라고 이야기할 가능성이 있다(대인관계). 정서는 본질적으로 다면적인 요소를 지니고 있으므로 임상가들은 어떤 요소에 먼저 초점을 기울일지 생각할 수 있고, 다양한 치료적 접근법 중에서 선택할 수 있다. 이 책에서는 이러한 다양한 요소에 활용할 수 있는 치료적 기법을 소개했다. 예를 들어, 내담자가 각성되는 감각 때문에 힘들어하고 있다면 스트레스 관리 기법(예, 이완, 호흡법), 수용 기반 개입법들, 정서도식에 초점을 둔 전략들, 혹은 마음챙김을 활용할 수 있다. 만약 내담자가 상황에 압도되는 경우에는 인지 재구성이나 상황을 변화할 수 있는 방안을 모색할 수 있도록 문제 해결 기법을 고려할 수 있을 것이다. 그러므로 정서조절은 인지 재구성, 이완, 행동활성화, 목표 설정, 정서도식, 정동(affect)을 견디기, 행동수정, 남들에게 인정받기 위해 시도했던 문제행동을 바꾸는 것을 모두 포함한다. 이 책의 각 장에서는 임상가들이 개별 내담자를 위해 가장 적합한 전략이나 기법을 선택할 수 있도록 정보를 제공할 것이다.

정서는 서양 철학에서 긴 역사를 지녔다. 플라톤은 두 마리의 말을 조종하는 기수의 은유를 통해 정서를 이야기하였다. 한 마리 말은 쉽게 길들어 지시를 내릴 필요가 없고, 또 다른 말은 야생성이 있고 다소 위험성이 있는 말로 묘사되었다. 에피테쿠스, 키케로, 세네카와 같은 스토아학파의 철학자들은 정서가 이성적인 판단을 왜곡한다고 보았고, 이성이 항상 의사결정을 통제해야 한다고 생각했다. 반대로 정서와 정서의 표현은 서양 문화에서 높은 가치를 두었다. 실제로 그리스 신화에 나오는 신들은 다양한 정서와 딜레마를 보여준다. 에우리피데스의 희곡 『바쿠스의 여신들』은 디오니소스의 야성적이고 자유로운 정신을 무시하거나 수치스럽게 생각하는 것의 대가가 얼마나 무서운 것인지를 보여준다. 정서는 세계의 주요 종교에서 중심적 역할을 하는데, 특히 감사, 자비, 두려움, 사랑 그리고 고통을 강조한다. 낭만주의 운동은 계몽주의 시대의 "이성(rationality)"에 항거하면서, 인간의 자연스럽고 자유로운 본성을 강조하였으며, 창조력, 흥분, 새로움, 강렬한 사랑뿐 아니라 고통의 가치까지도 높게 샀다. 동양의 전통적 종교, 특히 불교의 수행에서는 정서가 인생에 확신을 주거나 혹은 파괴적이 될 수 있음을 강조하면서, 개개인은 자신의 다양한 정서를 온전하게 경험하도록 격려하였고, 동시에 어떤 정서적 상태에 영속적으로 고착되지 않고 그대로 놓아두는 것을 강조하였다.

▌정서조절이란 무엇인가?(What is emotion regulation?)

우리는 스트레스에 대처하는 과정에서 강렬한 정서를 경험하고, 그러한 강렬한 정서 자체가 또 다른 스트레스의 원인이 되어 정서의 강도를 더 높이기도 한다. 예를 들면, 친밀한 관계에 금이 가는 경험을 하는 경우 슬픔, 화, 불안, 무망감을 느끼기도 하고 때로는 일종의 안도감을 느끼기도 한다. 이러한 정서가 더 강렬해지면서 약물이나 술을 남용하게 될 수도 있고 폭식을 할 수도 있으며, 잠을 잘 못 자거나, 난잡한 성관계를 할 수도 있고, 자신을 지나치게 비난할 수도 있다. 불안, 슬픔 혹은 화가 날 때, 문제가 되는 대처방식을 택하게 되면 더 문제가 되는 형태로 악순환의 고리를 형성하게 될 수 있다. 정서조절의 문제로 인해 불평을 하거나, 삐치거나, 상대를 공격하거나 사람들을 만나지 않거나 고립되기도 한다. 자신의 정서에 대해 계속 반추하여 무엇이 문제인지 해결하려고 시도하지만 더 깊은 우울, 고립, 비활동의 상태로 빠지게 될 수도 있다. 문제가 되는 대처 방식들은 일시적으로 각성상태를 줄이는 데 도움이 될 수도 있지만(예, 술을 마시면 단기적으로는 불안이 줄어들듯이), 장기적으로는 정서적 대처를 어렵게 할 수 있다. 이러한 단기적인 해결책(예, 폭식, 회피, 반추, 약물남용 등)은 단기적인 도움은 되지만, 종국적으로는 해결책 자체가 문제가 된다.

정서조절의 문제(emotion dysregulation)는 정서를 경험하고 처리하는 데 어려움을 겪거나 대처하지 못하는 것으로 본다. 정서조절의 문제는 정서를 극도로 강렬하게 경험하거나, 정서가 활성화되지 않는 상태로 나타날 수 있다. 극도로 강렬한 정서적 경험을 하게 되면 정서 자체를 원하지 않고, 침습적이고, 압도적이거나 문제라고 인식할 수 있다. 정서를 경험하는 것 자체로 공황, 트라우마, 두려움을 느낄 수 있고, 긴급하게 해결해야 한다는 다급함을 느낄 수 있다. 정서를 활성화하지 않는 상태는 일반적으로 보통 사람들이 어느 정도 정서를 경험하는 상황에서도 해리적 경험(예, 이인증, 현실감의 상실), 분리(splitting) 혹은 정서적 무감각 상태로 나타날 수 있다. 예를 들면, 생명에 위협이 되는 사건을 경험할 때도 정서적으로 아무것도 느끼지 못할 수 있고, 제3자로서 영화를 보는 것 처럼 자신이 다른 시공간에 놓여져 있는 것 같다고 보고할 수 있다. 정서의 비활성화는 트라우마를 겪는 상황에서 종종 보고된다. 극도의 정서적 비활성화는 정서적 처리를 방해하며, 회피 대처의 일환이다. 하지만 이러한 회피나 정서의 비활성화가 극도의 스트레스를 일시적으로 대처하는 데에는 도움이 되기도 한다. 예를 들면, 재앙에 대한 첫 반응으로 단기적으로 두려움을 억제하는 것은 재난 상황에 대처하는 데 도움이 되기도 한다.

정서조절은 한 개인이 원하지 않는 강도의 정서를 느낄 때 사용하는 대처 전략이고, 그 전략은 때로 문제가 될 수도 있고 적응적이 될 수도 있다. 따라서 정서조절은 항상성을 지닌 온도계와 같다고 이해하는 것이 중요하다. 정서조절의 온도계를 통해 정서가 너무 뜨겁거나 너무 차갑지 않게 자신이 대처할 수 있을 정도의 상태로 만들어 관리하는 것이다. 정서조절은 맥락과 상황에 따라 다를 수 있다. 개인과 개인이 처한 상황에 따라 정서조절이 문제가 될 수도 적응적일 수도 있다.

적응(adaptation)은 단기 혹은 장기적으로 자신의 목적과 가치에 부합하는 방식으로 더 생산적으로 기능할 수 있도록 돕는 대처 전략을 활용하는 것으로 정의할 수 있다. Folkman과 Lazarus(1988)는 정서에 대처하는 여덟 가지의 전략을 소개하였다. 직면(예, 자기주장), 거리두기, 자기 통제, 사회적 지지 추구, 책임을 수용하기, 회피(escape-avoidance), 계획적인 문제 해결, 그리고 긍정적 재평가이다. 만약 우리가 더 잘 대처한다면(문제 해결을 하거나, 자기 주장을 하거나, 행동을 활성화하거나, 상황을 재평가하는 등), 자신의 정서를 덜 강렬하게 느낄 것이다. 부정적인(maladaptive) 전략의 예로 알코올 중독이나 자해를 들 수 있다. 이러한 전략들은 일시적으로 정서 강도를 줄일 수 있고 순간적으로 안전감을 줄 수도 있지만, 자신이 추구하는 가치나 목적과는 상반될 것이다. 보다 적응적인 전략은 이완 훈련, 위기에서 잠시 눈을 돌리는 것, 육체적인 운동, 정서를 더 높은 가치와 연계하기, 더 즐겁고 가치있는 감정으로 채우기, 마음챙김, 수용, 즐거운 활동, 친밀한 의사소통 등을 들 수 있다. 모든 경우에 가치 있는 개인의 목표와 목적이 상쇄되지 않고 오히려 더 추구되고 달성될 것이다.

다양한 정신장애에서 정서조절의 역할
(The role of emotion regulation in various disorders)

최근에 다양한 정신장애에서 나타나는 정서처리와 정서조절에 대한 관심이 증가했다. 노출 과정에서 "공포 스키마"가 활성화되면서 나타나는 정서처리가 특정 공포증과 불안장애에 중요하다고 알려졌다(Barlow, Allen, & Choate, 2004; Foa & Kozak, 1986). 특정 공포증을 치료하면서 공포를 활성화함으로써 새로운 학습이 가능해지고, 노출치료 동안에 새로운 연합이 생긴다. 실제로 안정제를 복용하면 노출치료의 효과가 약해지고 새로운 연합을 방해한다. 우리는 노출을 통해 두려운 감각과 같은 새로운 자극에 습관화된다. 이러한 학습의 과정을 통해서 공포 자극이 우리의 감정을 오르락내리락 할 수 있지만 그러한 감정의 강도 자체가 무서운 것은 아님을 알게 된다. 강렬한 느낌(feeling)은 종국적으로 강도가 줄어들기 때문에 참을 만한 것으로 생각이 된다.

정서조절은 범불안장애를 치료하는 데에도 적용된다. 범불안장애는 과도한 걱정과 생리적 각성의 증가로 특징지어진다(American Psychiatric Association, 2000). 과도한 걱정에 많은 요소(예, 불확실성을 참지 못함, 문제 중심 전략의 부족, 초인지적 요소들)가 포함되지만, 그중에 정서적 회피가 걱정을 일으키고 유지하는 데 핵심적인 요소라고 알려져 있다(Borkovec, Alcaine, & Behar, 2004). 유사하게 반추(과거나 현재에 대한 반복되는 부정적 생각)는 우울에 대한 고위험의 인지적 양식으로 보이며(Nolen-Hoeksema, 2000), 정서적 회피 혹은 경험적 회피 전략으로 개념화된다(Cribb, Moulds, & Carter, 2006). Hayes와 그의 동료들은 경험적 회피가 다양한 종류의 정신병리에 기저하는 과정이라고 주장했다(Hayes, Wilson, Gifford, Follette, & Strosahl, 1996). 경험적 혹은 정서적 회피를 사용하는 사람들은 심리학적인 문제를 지닐 위험이 높다(하지만 종종 어떤 상황에서는 정서적 억제를 사용하는 사람들이 더 적응적으로 대처하는 것일 때도 있다). 예를 들면, 정서적 억제(정서적 회피의 일종)가 정서적 어려움에 대한 위험 요소로 알려져 있다. 실험에서 정서를 억제하라고 지시를 받은 사람들이 더 부정적인 정서를 보고한다. 반대로 정서의 표현은 심리적인 스트레스를 낮추는 데 도움이 된다. 특정 기간 동안 정서에 대한 기록을 하면서 정서를 이해할 수 있게 되고, 정서를 경험하고 처리할 수 있게 된다(Dalgleish, Yiend, Schweizer, & Dunn, 2009; Pennebaker, 1997; Pennebaker & Francis, 1996). 실제로, 단순히 정서를 활성화하고, 표현하고, 반영하는 것만으로도 우울의 효과를 낮출 수 있다. 정서적 억제 점수가 높은 우울한 사람이 6주에 걸쳐 표현적 글쓰기를 했을 때, 우울 증상이 경감이 되었다(Gortner, Rude, & Pennebaker, 2006). 하지만 한 연구에서는 트라우마 사건에 대한 비디오를 볼 때 정서적 억제를 사용했을 때가 정서적 수용 전략을 사용했을 때보다 충격을 덜 받았다(Dunn, Billotti, Murphy, & Dalgleish, 2009). 게다가 또 다른 연구에서는 정서적 억제와 폭식행동과 연관이 없었다(Chapman, Rosenthal, & Leung, 2009). 경계선 성격장애 성향이 높은 사람들에게는 정서적 억제 전략이 "기분 좋은 날"의 경험으로 이어졌다(Chapman et al., 2009). 명백하게 정서처리와 관련하여 절대적인 것은 없다. 때로는 억제가 도움이 되고, 때로는 해가 된다.

섭식장애가 수많은 요소들(예, 자기상, 완벽주의, 대인관계의 어려움, 기분장애 등)의 결과일 수 있지만, 정서조절이 중요한 역할을 한다는 상당한 근거가 축적되었고, 다양한 원인이 복잡하게 얽힌 사례의 경우 정서조절을 이용한 "초진단적" 치료를 통해 도움을 받는다(Fairburn et al., 2009; Fairburn, Cooper, & Shafran, 2003). 초진단적 치료는 부분적으로 정서조절 기법을 사용하여 내담자가 문제가 되는 대처 전략(예, 폭식, 구토, 음주, 자해 등) 대신에 효과적으로 자신의 감정을 다룰 수 있도록 돕는다(Fairburn et al., 2003, 2009; Zweigh & Leahy, 출간 중). 게다가 정서조절은 수치심과 섭식장애 사이의 관계를 매개한다(Gupta, Zachary Rosenthal, Mancini, Cheavens, & Lynch, 2008). 반추는 섭식장애가 있는 사람들이 사용하는 또 다른 전략 중 하나이다(Nolen-Hoeksema, Stice, Wade, & Bohon, 2007).

정서 억제는 의사소통의 효율성을 줄이는 결과를 가져온다. 한 연구에서 어려운 주제에 대해 논의하는 과정에서 자신의 정서를 억제하라고 지시받은 참가자들은 혈압이 높아졌고 의사소통의 효능성이 저하되었다. 게다가 정서를 억제하려는 연사의 발표를 듣는 참가자들도 혈압이 높아졌다(E. A. Butler et al., 2003).

개인마다 정서를 표현하고 경험하는 것에 대한 자신만의 "철학"이 다르다. 부부상담에서 Gottman은 정서에 대한 철학이 사람마다 다양하며, 개인의 철학에 따라 배우자의 정서상태에 대해 생각하고 평가하고 반응하는 것이 달랐다. 따라서 몇몇 배우자들은 정서를 짐으로 보게 되어 정서를 무시하거나 비난한다. 또 다른 배우자들은 정서를 더 가까워지고 서로를 더 잘 알 수 있고 서로를 도울 수 있는 기회로 여긴다(Gottman, Katz, & Hooven, 1997). 정서조절은 분노조절의 일부이기도 하다. 예로, 분노에 찬 사람은 감각이 활성화되고(맥박, 신체적 긴장도 등), 부적응적인 인지적 평가와 부적응적인 의사소통과 행동을 한다(DiGiuseppe & Tafrate, 2007; Novaco, 1975). 사실, 어떤 사람에게는 정서적 강도가 상당히 높아 스스로에게 "타임 아웃"을 주는 것이 가장 첫 번째로 활용할 개입법이 되기도 한다. 마지막으로 정서조절 장애는 자해 행동과 관련되는데, 자해 행동이 고통스런 감정의 강도를 낮추어 부적 강화를 얻기 때문이다(Nock, 2008). 자해를 할 때 엔돌핀이 분비되어 일시적으로는 불안이나 우울과 같은 부정적 감정의 강도를 낮춘다.

아마도 특정 정신장애에 정서조절 장애의 역할을 강조한 가장 초기이자 가장 포괄적인 작업은 Linehan 박사의 경계선 성격장애에 대한 이론적 연구일 것이다. Linehan (1993a, 1993b)은 경계선 성격장애를 전반적인 정서조절의 장애로 보았고, 정서조절의 장애는 생물학적인 취약성과 타당하지 않는 양육환경의 상호작용으로 발생한다고 보았다. 타당하지 않은 환경은 세 가지 주요 특성을 지닌다. 첫째, 정서적으로 취약한 아이에게 비판적이고, 처벌적이거나 무시하는 방식으로 반응한다. 둘째, 아이가 보이는 극단적인 정서적 반응에 불규칙하게 반응하여 간헐적으로 강화한다. 셋째, 아이가 경험하는 고통이나 문제의 무게를 경시하고 문제 해결을 쉽게 생각한다. 결과적으로 타당하지 않은 환경에서는 아이들이 높은 강도의 정서를 조절하는 데 필요한 기술을 습득하기 힘들다. 따라서 정서적으로 취약한 사람들이 자해, 폭식, 약물 과다 복용과 같은 부적응적인 정서조절 전략을 사용하여 고통스러운 정서에서 도피하려고 하거나 회피하려고 한다. Linehan 박사의 경계선 성격장애에 대한 개념화의 중심에는 정서적 회피가 있다. 실제로 Linehan 박사는 경계선 성격장애가 있는 사람들을 "정서 공포증"이 있다고 보았다. 정서를 두려워하는 것은 정서 경험을 부정적으로 평가하는 것에서 온다고 판단된다.

Linehan 박사가 경계선 성격장애를 정서조절의 장애로 보아, 변증법적 행동치료 (Dialectical behavior therapy, DBT; Linehan, 1993a, 1993b)에 그 개념화가 담겨있다. DBT는 마음챙김에 기반한 행동치료로, 수용과 변화의 기법 사이에 균형을 맞춘다. DBT 구조 내에서 정서조절은 일련의 적응적인 기술들(예, 정서 인식, 정서 이해, 충동적 행동의 통제, 상황에 적응적인 전략의 활용)로 개념화된다. 이 치료의 핵심은 내담자가 정서에 대한 두려움을 극복하고 회피를 멈추며, 정서 경험을 수용하는 것에 있다.

점차적으로 정신병리의 인지행동치료 모델은 정서조절의 관점을 포용하는 방식으로 확장되고 있다. 정서조절의 장애는 다양한 장애에서 나타나는데, 그 예가 약물 남용, 외상후스트레스장애이다(Cloitre, Cohen, & Koene, 2006). Mennin과 동료들은 범불안장애의 정서조절 장애 모델을 개발하였는데, 높은 강도의 정서, 정서에 대한 오해, 자신의 정서적 상태에 대한 부정적인 반응, 부적응적인 정서관리 반응으로 특징지어진다(Mennin, Heimberg, Turk, & Fresco, 2002; Mnnin, Turk, Heimberg, & Carmin, 2004). Barlow와 동료들(2004)은 정서조절이론에 기초하여 기분 및 불안장애의 초진단적 치료와 이론을 개발했다.

최근의 연구에서 범불안장애와 사회불안장애에서 나타는 정서처리 장애의 차이를 밝혔다(Turk, Heimberg, Luterek, Mnnin, & Fresco, 2005). 범불안장애의 더 최근의 치료 모델은 정서 중심적 전략들을 통합하는 것이 필요하다고 제안한다(Roemer, Slaters, Raffa, & Orsillo, 2005; Turk 등, 2005).

때로 효과적이거나 효과적이지 않은 수많은 정서조절 전략들이 있다. 최근에 보고된 다양한 장애가 있는 사람들이 활용하는 정서조절 전략에 대한 메타분석에서는 반추가 가장 빈번하게 사용되었고, 회피, 문제 해결, 억제 순서였다. 인지적 재평가와 수용은 상대적으로 덜 활용이 되었다(Aldao, Nolen-Hoeksema, & Schweizer, 2010). 이 메타분석에서는 정서조절 전략의 상대적 활용 빈도를 보고할 뿐 어떤 전략이 가장 도움이 되는지에 대한 근거는 제공하지 않는다. 어떤 경우에도 정신과 진단과 관련 없이 정서조절의 장애에 대한 중요성이 부각되고 있는 것 같다(Harvey, Watkins, Mansell, & Shafran, 2004; Kring & Sloan, 2010).

▎진화 이론(Evolutionary theory)

Darwin(1872/1965)은 정서 표현에 대한 비교 심리학의 창시자로 알려져 있다. 그의 구체적인 관찰과 표현(때로 사진이나 그림에 표현된)은 인간과 동물 사이의 유사성이 있음을 알려주고, 얼굴 표현에 있어 범문화적인 패턴이 있음을 보여주었다. 진화 이론에서는 정서는 개인이 위험을 평가하고, 행동을 활성화하며, 종족의 다른 구성원과 의사소통하고, 적응성을 증가할 수 있도록 한다고 본다(Barlow, Cosmides, & Tooby, 1992; Nesse, 2000). 예를 들어, 보편적인 정서인 공포는 높은 곳과 같은 자연의 위험에 대한 적응적인 반응이다. 공포는 동물들을 얼게 만들고, 상황을 피하거나 회피하도록 동기화하고, 다른 구성원에게 위험하다는 얼굴 및 목소리의 단서를 제공한다. 부정적인 정서는 위험이나 위협이 있는 시기에 나타나며 생존을 위한 즉각적인 반응을 할 수 있도록 돕는다는 측면에서 적응적이다(Nesse & Ellsworth, 2009). 행동생물학자들(ethologists)은 정서가 얼굴 표정, 자세, 눈의 시선, 진정이나 위협의 제스처에서 명백하게 보편적인 패턴으로 나타난다고 생각했다(Eibl-Eibesfeldt, 1975).

Darwin은 다양한 정서들에 대한 얼굴 표정에 관심을 갖고, 다양한 사회 계층(정신병동을 포함한)에 속한 수많은 사람의 사진을 수집하였다. 얼굴 표정의 보편적인 특성은 Paul Ekman이 보여준 보편적인 얼굴 감정 표현이 여러 문화에 걸쳐 보편적임을 보여준 비교 문화 연구가 지지한다(Ekman, 1993). 실제로, 인간은 기본적으로 정서를 얼굴로 표현하려는 본질적인 경향이 있어 자신이 느끼는 감정을 숨기는 것이 거의 불가능하다고 보았다(Bonanno et al., 2002). 유사하게 타인의 정서를 이해하지 못하는 것이 사회생활을 하는데 어려움을 초래할 수도 있다.

▌정서의 가치(The value of emotions)

정서는 우리가 대안이 있는지 탐색하고 평가하도록 도와 변화를 만들도록 동기를 부여하고, 우리의 필요와 요구를 알려준다. 예를 들어, 정서와 이성을 연결하는 뇌 부위에 손상이 있는 사람은 이성적으로 장점과 단점을 생각할 수는 있지만 의사결정을 내리는 데에는 어려움이 있을 수 있다. Damasio(2005)는 정서가 우리가 "원하는" 것이 무엇인지를 알려주는 "신체적 지표"라고 보았다. 우리가 장단점을 분석하여 의사결정을 내리는 이성적인 접근은 취할 것 같지만, 실제 의사결정에 대한 연구를 살펴보면 사람들은 정서에 기반한 경험적 어림법(heuristics)에 의존하곤 한다. 경험적 어림법은 인지 사회 심리학자인 Gerd Gigerenzer의 저서 『Gut Feelings: The Intelligence of the Unconscious』에 나오는 "직감(gut reaction)"과 유사한 개념이다. 직감이 덜 타당하고 신뢰롭지 못하다는 생각과는 반대로, 많은 연구에서 직감이 때로는 더 효과적이고, 빠르며, 정확하다는 결과를 보여준다(Gigerenzer, 2007; Gigerenzer, Hoffrage, & Goldstein, 2008). 게다가 정서적이거나 직관적인 평가가 복잡한 도덕적 추론보다 더 도덕적이며 윤리적인 판단의 기초가 된다(Haidt, 2001; Keltner, Horberg, & Oveis, 2006). 이러한 관점에서 전통적인 윤리적 의사결정에 기반하는 직관 반응을 "지혜"라고 불렀으며, "지혜의 마음"에 정서가 기초한다고도 주장한다.

정서는 우리가 타인과 관계를 맺도록 도우며, "마음이론"의 기초가 된다. 아스퍼거 장애나 자폐를 지닌 사람들은 타인의 정서를 정확하게 평가하는 데 어려움이 있어 대인관계에 어려움을 갖게 된다(Baron-Cohen et al., 2009). 특정 사건에서 정서를 인식하고, 구별하여 경험하지 못하는 증상을 감정표현 불능증(alexithymia)이라고 한다. 감정표현 불능증은 약물 중독, 섭식장애, 범불안장애, 외상후스트레스장애 등과 같은 다양한 문제와 관련된다(Taylor, 1984). 정서를 표현하는 언어는 아이들의 정서적 사회화의 부분이 된다. 가족마다 정서를 명명하고, 구별하며, 정서에 대해 논의하는 방법이 다르다. "정서 대화"는 이후에 감정을 인식하고, 명명하는 능력과 관련이 되며, 추후 "감정표현 불능증" 경향성을 나타낼지를 예측하는 변인이 된다(Berenbaum & James, 1994).

정서 지능의 개념은 정서적 인식(awarement)과 적응(adaptation)의 일반적인 본질을 담고 있어, 적응을 위한 다양한 함의를 지니고 있다. 정서 지능은 네 가지 요소로 구성되었다: 정서 지각, 정서의 활용, 정서의 이해와 관리(Mayer, Salovey, & Caruso, 2004). 정서 지능은 친밀한 관계, 문제 해결, 의사결정, 적절한 정서의 표현, 정서의 조절에 있어 중요할 뿐 아니라, 직장생활에도 매우 중요하다(Grewal, Brackett, & Salovey, 2006). 이 책 전반에 걸쳐 정서조절 기법을 소개할 텐데, 정서조절은 (1) 정서를 인식하고 명명하며, (2) 의사결정을 할 때 정서를 활용하고 정서에 포함되어 있는 가치와 목표를 명료화하며, (3) 정서에 대한 부정적인 오해를 극복하고 정서의 본질에 대해 이해하고, (4) 정서를 관리하고 삶에 담아 낼 수 있는 방식을 포함한다. 실제 정서조절 기법은 정서 지능의 주요 역할을 포함하는 더 포괄적이고 통합적인 기법들로 이해할 수 있다. 이 책에서 정서조절 기법들의 기반이 되는 통합적인 이론을 함께 제시할 것인데 바로 정서도식이론(emotion schema theory)이다. 정서도식이론은 정서에 대한 다양한 해석과 정서를 다루는 전략과 정서에 내재하는 목표를 기술하는 이론이다(Leahy, 2002, 2005a). 정서도식치료(emotion schema therapy, EST)는 내담자가 지닌 정서에 대한 다양한 이론과 전략에 기반하여 사례개념화를 한다.

독자들이 정서도식치료를 자신의 기본 이론으로 삼지 않더라도 이 책에 있는 다양한 전략을 활용할 수 있을 텐데, 이유는 정서도식치료가 정서조절에 대한 최근의 접근과 맞닿아 있기 때문이다.

▌정서의 신경생물학(Neurobiology of emotions)

정서조절의 신경과학 연구는 중요한 발전을 이루었지만 아직은 혼란스럽고 상반되는 결과를 내놓고 있다. 그럼에도 불구하고 최근에 연구자들과 이론가들은 정서조절에 대한 신경생물학에 대한 포괄적인 틀을 제공했다. Ochsner와 Gross(2007)는 정서조절과 관련된 상호적인 신경학적 시스템에 대한 이론적 모델을 제공했다. 그들의 이론은 정서처리에 대한 "상향식(bottom-up)"과 "하향식(top-down)" 측면을 통합하였다.

정서조절의 상향식 모델에서는 정서를 환경 자극에 대한 반응으로 보았다. 환경에서 특정 자극은 인간에게 특정 정서를 불러일으키는 타고난 성질을 가지고 있다고 간주하는데, 이를 "자극반응으로서의 정서"라고 한다(emotion-as-stimulus property view). 동물연구에서 편도체는 혐오 자극이나 불편한 경험을 예측할 수 있도록 학습하는 역할을 담당하고, 내측 전두엽과 안와전두엽은 소거와 관련된 역할을 담당하는 것으로 보고한다(LeDoux, 2000; Ochsner & Gross, 2007; Quirk & Gehlert, 2003).

정서조절의 하향식 모델에서는 정서가 인지적 처리과정의 결과로 발생한다고 가정한다. 즉, 인지적 처리과정을 통해 어떤 자극에 접근하거나 피해야 하는지, 선택적으로 주의를 기울일지를 결정한다. 이 과정에서 우리는 자신의 요구, 목적, 동기에 따라서 자극이 도움이 되는지 해가 되는지를 평가한다(Ochsner & Gross, 2007). 인간은 언어, 이성적 사고, 관계적 처리과정을 사용하며, 정서조절 전략을 의식하고 정교하게 수행할 수 있도록 기억하는 능력을 지닌 독특한 존재이다. Davidson, Fox 그리고 Kalin(2007)에 따르면, 동물 연구, 인간 신경영상 연구, 뇌 부분 손상 연구에서 인간 뇌의 다양한 영역들이 하나의 "회로"로 연계되어 정서조절에 관여한다는 결과를 제시하였다. 이러한 뇌 영역들로는 편도체(amygdala), 해마(hippocampus), 섬(insula), 전대상회피질(anterior cingulate cortex), 배외측 전전두엽(dorsolateral PFC), 배측 전전두엽(ventral PFC)(Davidson, 2000)이 있다. 인간에게 있어 하향식 정서조절을 관여하는 중심 뇌 활동은 전두엽 활동이라고 보고되었다(Davidson, 2000; Davidson et al., 2007; Ochsner & Gross, 2005). 게다가 상대적으로 좌측으로 편재된 전전두엽 활동이 부정적 정서를 조절하고 줄이는 데 관여한다고 보고되었다(Davidson et al., 2007).

Ochsner와 Gross(2007)의 모델에서는 상향식과 하향식 처리과정 모두 정서조절에 관여한다고 보았다. 인간이 환경에서 혐오적인 자극(예, 위협적인 포식동물 등)을 만나면, 상향식 정서 반응이 일어날 것이다. 이런 반응은 평가 시스템을 활성화시켜, 편도체, 중격핵 (nucleus accumbens)과 섬 영역에서의 활성화가 이루어질 것이다(Ochsner & Feldman Barrett, 2001; Ochsner & Gross, 2007). 이러한 평가 시스템은 대뇌 피질과 시상하부와 의사소통을 하여 필요한 행동을 불러일으킬 것이다.

하향식 정서 반응도 환경에서 만난 자극에서 시작할 것이다. 하지만 하향식 반응을 통해 자극을 분별하여 혐오적인지 아닌지를 파악할 것이다. 하향식 조절에서 자극 자체는 반응을 불러일으키는 데 큰 영향을 미치지 않고 대신 상위 인지 처리과정이 중요한 역할을 할 것이다. 이러한 상위 인지 처리과정은 전전두엽의 평가 시스템과 관련되고, 전대상회피질, 다양한 내측 및 외측 전전두엽 피질이 관여될 것이다(Ochsner & Gross, 2007). 이처럼 상향식과 하향식 정서처리과정은 서로 상호의존적이며 어떤 것이 더 우세하다고 볼 수 없을 것이다.

▌인지가 우선인가 정서가 우선인가?(Primacy: cognition or emotion?)

이 분야의 지속적인 논쟁은 인지가 우선인가 정서가 우선인가에 대한 인과관계에 대한 질문이다. Zajonc(1980)는 새롭거나 위협이 되는 자극의 경우에는 의식적으로 인식하지 않고도 불안감을 들게 한다고 주장하였고, 그 자극을 평가하는 것은 이후에 이루어진다고 하였다. 대조적으로 Lazarus는 상황에 대한 평가가 정서 반응을 이끌어 인지가 순간적으로 정서보다 우선한다고 주장하였다(Lazarus, 1982; Lazarus & Folkman, 1984). 많은 이분법적인 논란이 있지만, 두 가지 주장 모두 각자의 타당성을 지닌다. 정서가 인지에 우선한다는 주장을 지지하는 연구들은 몇 가지 자극들(새롭거나 위협적인)은 초기에는 뇌의 피질을 활성화하지 않고, 의식적 자각과 떨어진 편도체에 의해 순간적으로 처리된다는 점을 보여주었다. 공포의 무의식적인 처리는 학습, 기억, 주의, 지각, 정서적 억제 및 정서조절에 영향을 미친다(LeDoux, 1996; 2003; Phelps & LeDous, 2005). 신경과학은 의식적인 인식의 밖에서 이루어지는 빠른 "처리"를 진화적인 적응과 연계하면서 설명하는데, 위협이 되는 자극의 경우 의식적 처리를 위해 기다릴 만큼 지연될 수 없다는 점을 들어 설명한다. 예를 들어, 어떤 사람이 길을 가다가 갑자기 깜짝 놀라 뛰어 피하고 나서, 나중에 "아, 뱀인줄 알았네"라고 이야기하곤 한다. 즉, 이런 위협 자극을 의식적으로 인식하는 것은 정서 반응 뒤에 나타난다. 의식적인 인식의 역할이 더 해석하기 복잡해지는데, 예를 들면 우리가 내적인 사건을 처리했다가 기억할 때, 기억된 정보가 정확하지 않다는 수많은 연구 결과가 존재한다. 즉, 우리는 우리의 정서적 처리과정에 영향을 미치는 자극들을 미처 인식하지도 못하는 경우가 많다(Gray, 2004).

Lazarus(1991)는 Zajonc가 의식적 처리(conscious processing)와 인지적 처리(cognitive processing)를 헷갈려 했다고 주장하면서, 우리는 의식적인 처리 없이도 인지적인 처리를 할 수 있다고 주장한다. 그러므로 이런 모델에서 평가(appraisal)는 즉시 일어나고 의식적 지각 밖에서도 일어날 수 있다. 이런 관점에서 보면 편도체도 의식적인 지각 없이도 자극의 강조, 새로움, 변화, 밝기와 같은 관련된 자극의 측면들을 처리할 수 있다고 주장할 수 있다. 게다가 정서가 우선한다는 주장은 동일한 생리학적인 처리과정을 보이는 서로 다른 정서가 왜 발생하는지를 설명하기 어렵다. 예를 들어, 공포, 질투, 화와 같은 감정들은 유사한 생리학적인 각성 수준을 지닐 것이지만, 그 각성이 일어나는 맥락과 위협이 되는 자극을 어떻게 평가하느냐에 따라 다른 정서로 경험된다. 뱀을 보고 무서워하거나, 내 배우자가 다른 사람에게 관심을 보여 질투를 느끼는 것, 교통체증 속에서 화를 내는 것, 러닝머신에서 달릴 때 각성되는 정도는 유사할 수 있지만, 맥락에 따라 이루어지는 서로 다른 평가(appraisal)에 따라 다른 정서로 경험된다.

Bower의 정서와 인지에 관한 네트워크 이론은 Zajonc의 입장과 몇 가지 점에서 공통점이 있다. 이 모델에 따르면 정서, 생각, 감각, 행동 경향성은 서로 밀접하게 신경 네트워크에 연계되어 있다. 그러므로 하나의 처리과정은 다른 처리과정을 활성화한다.

Bower의 네트워크 모델에서 특정 정서를 유발할 때 같은 네트워크에 연계된 생리학적 처리과정들과 인지적 내용을 활성화한다(Bower, 1981; Bower & Forgas, 2000). Forgas와 동료들의 연구에 따르면 정서를 불러일으키면 판단, 의사결정, 지각, 주의 기억과 같은 인지 처리과정에 영향을 미친다(Forgas & Locke, 2005). 불러일으켜진 정서는 귀인과 같은 상위 인지 처리과정에도 영향을 미친다(Forgas & Locke, 2005). Forgas는 정서 유도 모델을 지속적으로 정교화하면서, 정서적 각성은 인지 처리과정에 영향을 미치는데, 특히 더 효율적이거나 더 비용이 드는 처리방식이 활성화 될 때 더욱 그렇다고 주장했다(Forgas, 1995, 2000). 실제, 사람들은 위협을 판단할 때 현재 자신의 정서 상태에 영향을 받는다(Kunreuther, Slovic, Gowda, & Fox, 2002). Arntz, Rauner 그리고 van den Hout(1995)는 이러한 정서적 어림법(emotion heuristic)은 공황을 겪는 사람이 위험을 평가할 때 종종 사용된다고 보았다. 즉, "내가 불안함을 느끼므로 반드시 위험한 것이 있다"와 같은 판단을 하는 것이다. 정서혼합 모델(affect infusion model)과 네트워크 모델은 모두 정서적 각성이 특정한 인지적 왜곡을 이끌어 조절 장애를 더욱 조장한다고 주장한다. 결과적으로 정서적 각성을 낮추는 능력과 부정적인 인지적 왜곡을 수정하는 능력은 정서조절을 활성화하면서 가능할 수 있다.

앞서 제시한 정보들은 정서의 우선권에 대한 논쟁을 해결하지는 못한다. 아마도 논쟁을 해결하기 위해서는 "평가(appraisal)," "의식(consciousness)," 그리고 "인지적 처리과정(cognitive processing)"의 어의적 의미(semgntic meanly)를 어떻게 정의하느냐에 달려있다. 그럼에도 불구하고 정서와 인지는 상호의존적이고, 각각은 서로 피드백을 주고받으며 영향을 미친다는 상당한 연구 근거가 있다. 이 책에서는 정서와 인지의 우선권이 무엇인지에 대해서 논의하기 보다는, 이러한 처리과정들이 서로 의존적이라는 인식을 반영하여 내담자들을 최대한 도울 수 있는 기법들을 제시하였다.

▎수용전념치료(Acceptance and commitment therapy)

수용전념치료(Acceptance and Commitment Therapy, ACT)는 관계틀이론(relational frame theory, RFT)으로 알려진 언어와 인지에 대한 행동이론에 기초를 두고 있다. 관계틀이론은 정신병리와 정서조절과 관련된 핵심 처리과정들에 대한 이론적인 설명을 제공한다(Hayes, Barnes-Holmes, & Roche, 2001). 관계틀 이론에 따르면 정서와 관련된 문제의 중심적 원인에는 인간의 언어처리과정이 관여하는 "경험적 회피(experiential avoidance)"가 있다고 한다(Luoma, Hayes, & Walser, 2007). 경험적 회피는 생각, 느낌, 감각의 형태, 빈도, 혹은 민감성을 통제하거나 바꾸려는 노력을 기울이는 것을 의미하며, 경험적인 회피가 자해와 같은 유해한 행동을 유발하기도 한다(Hayes et al., 1996).

관계틀이론에서 인간은 살아가면서 상황과 경험을 연관지으며 일종의 관계의 네트워크를 학습하게 되며, 학습된 관계의 네트워크 속에서 특정 상황에 대한 반응을 하게 된다고 본다(Hayes et al., 2001). 이런 방식으로 특정 사건은 다른 사건과 연관을 짓는다. 예를 들면, 내가 석양이 지는 아름다운 호수 옆에 있는 장례식장에서 장례식에 참여한 이후에는 호수 곁에서 쉬고 난 뒤 석양이 지는 저녁 즈음에는 슬픔을 느끼게 될 수 있다. 관계틀이론에서 보면 우리가 특정 사건에 대해 생각하거나 정신적으로 표상을 할 때, 그 사건에 나타난 자극들은 문자의 형태로 마음에 떠오른다. 따라서 우울증이 있는 사람이 부정적인 생각, "아무도 나를 사랑하지 않을 것이다"라는 문장이 떠오를 때, 단지 문장일 뿐이지만 이 생각에 정서적으로 반응하게 된다. 이러한 과정을 "인지적 융합(cognitive fusion)"이라고 한다(Hayes, Strosahl, & Wilson, 1999). 우리가 학습한 반응들의 관계와 인지적 융합 과정을 이해하면 인간이 사건들을 서로 연계하며 그 관계를 배우고, 사건을 구성하는 자극들을 정신적으로 표상하게 된다는 것을 알게 된다. 이 과정을 통해 마음 속의 표상이 문자나 언어의 형태로 나타날지라도 마치 실제처럼 반응을 하게 됨을 이해할 수 있다.

우리가 고통스럽고 어려운 상황에 대처하는 자연스럽고 합리적인 방법은 그러한 상황을 피하는 것일 수 있다. 이런 전략은 우리가 환경과 상호작용할 때 적절하기도 하며 효과적이기도 하다. 예를 들어, 내가 어떤 동굴이 위험하다고 생각해서 피한다면, 그 안에 혹시라도 살고 있는 포식자에게 공격을 당할 위험을 줄일 수 있다. 이 점은 Mowrer(1939)의 공포의 습득과 유지에 대한 2요인 이론과 유사하다. 특정 자극을 회피하면 두려움이 감소되어 부적 강화를 받게 되지만, 그 자극에 대한 두려움은 계속 유지된다. 안타까운 점은 인간이 형성한 관계틀 속에서는 생각이나 정서와 같은 정신적 사건을 피하거나, 억제하거나 없애려고 할 때, 그 강도가 더 커질 수 있다는 데에 있다 (Hayes 등, 1999). 이런 현상은 우리가 두려워하는 것을 생각하지 않으려고 노력해보면 쉽게 이해할 수 있다. 두려워하는 대상이 마음에서 사라지기 보다는 계속적으로 마음속에 떠오르게 된다. 그래서 관계틀 이론과 인지적 융합과정의 관점에서 볼 때, 우리의 경험적인 회피는 정서조절을 어렵게하며, 정신병리를 경험할 가능성을 높이며, 회피하지 않는 삶에서 얻을 수 있는 실제 보상을 경험할 기회를 잃게 된다.

수용전념치료에서 심리치료의 목표 중 하나를 자신의 가치(value)를 달성하기 위해 "심리적 유연성(psychological flexibility)"이나 "현재를 경험하는 능력"을 얻고 유지하는 것으로 보았다(Hayes & Strosahl, 2004; Luoma et al., 2007, p. 17). 수용전념치료는 여섯 가지 핵심 처리과정을 활용하는데 다음과 같다: (1) 내담자가 자신의 현재 순간을 경험할 수 있도록 돕는 것, (2) 인지적 융합에서 벗어나는 것, (3) 경험적 수용(experiential acceptance)을 돕는 것, (4) 자신에 대한 묘사나 개념에 집착하지 않도록 돕는 것, (5) 자신이 가장 가치 있게 여기는 것에 다가갈 수 있도록 돕는 것, (6) 자신의 삶에서 가치를 두는 방향으로 행동하도록 돕는 것. 수용전념치료의 전반적인 목표는 정서조절의 과정이며, 인간에게 깊이 내재되어 있는 적응과 생존을 위한 행동 궤적을 이루기 위해 고통스러운 정서를 수용하고 참아내는 과정이다. 내담자는 고통스러운 내적인 사건을 경험하면서도 자신의 가치를 향해 나아갈 수 있는 행동의 레퍼토리를 확장해 내는데, 이것이 바로 정서조절을 정의하기 위한 핵심 요소가 된다.

▎인지 재평가(Reappraisal)

정서를 다루는 가장 널리 활용되는 전략 중 하나가 인지적 평가·재평가이다. "인지" 모델에서는 인지적 평가가 정서에 선행한다고 보았다. 예를 들어, 정서 대처 전략을 대략 선행적 전략(antecedant)과 반응 중심 전략(response-focused strategies)으로 나눌 수 있을 것이다. 선행적 전략의 예는 스트레스 요인을 덜 위협적이라고 평가하거나 스스로가 충분히 다룰 수 있다고 생각하는 것이다. 선행적 전략의 또 다른 예는 자극 통제이다(예, 집에 고칼로리 음식을 두지 않는 것, 냉장고에 맥주를 넣어놓지 않는 것 등). 인지재구성과 문제 해결 전략도 선행적 전략의 예로 볼 수 있다.

반응 중심 전략의 예는 자기 진정(self-calming), 정서 억제, 주의전환, 즐거운 활동을 하는 것 등이다. 이러한 반응 중심 전략 중에는 오히려 문제를 악화시키는 경우도 있다. 반응 중심 전략의 효과를 비교한 연구에서 인지재구성을 사용하는 사람들이 억제하는 사람들보다 더 효과적으로 정서에 대처하고, 더 긍정적인 정서를 경험하며, 덜 부정적인 정서를 경험하고 대인관계 기능이 더 좋다는 것으로 보고되었다(Gross & John, 2003). 아마도 재평가를 위해 가장 널리 활용되는 임상적 모델이 인지재구성(cognitive restructuring)일 것이다. 인지재구성은 Beck의 인지치료와 Ellis의 인지정서행동치료(rational emotive behavior therapy)에서 제안한 전략들이다(Beck, Rush, Shaw, & Emery, 1979; Clark & Beck, 2009; Ellis & MacLaren, 1998; Leahy, 2003a). 다양한 정신장애에 인지치료가 효과적이라는 연구결과와 근거가 상당히 축적되었다(A. Butler, Chapman, Forman, & Beck, 2006).

인지재평가는 정서적 각성을 불러일으키는 상황에 대한 생각을 평가하는 것이다. 예를 들어, Beck의 모델에 따르면, 자동적 사고는 종종 평가되지 않은 채로 발생한다고 한다. 자동적 사고는 상대의 마음을 (예측하여) 읽기, 이분법적인 사고, 미래 예언, 개인화, 딱지 붙이기와 같은 왜곡된 경우가 많다. 이러한 자동적 사고는 조건적인 가정을 하는 경우가 많은데, 예를 들면 "만약 누군가가 나를 좋아하지 않는다면, 정말 무서운 일이다," "만약 네가 나를 싫어한다면 나도 나 자신을 미워해야 한다"와 같은 생각이 들 수 있다. 게다가 이러한 조건적 가정들과 자동적 사고는 핵심 신념들이나 자신/타인에 대한 개인적인 도식(schema)과 연계가 되어 있다. 개인적 도식이나 핵심 신념은 때로 자신을 무능하며, 타인을 매우 비판적으로 보는 내용을 지니기도 한다. 인지재평가 모델은 이러한 사고 패턴을 파악하려 하고, 인지재구성과 행동 실험을 통해 정당성과 합리성을 검증하도록 한다.

메타 정서(Meta-Emotion)

Gottman 등(1996)은 인간의 사회화에 있어 중요한 요소가 부모가 지닌 정서에 대한 "철학적" 관점 혹은 "메타 정서적 철학"이라고 주장하였다. 특히 몇몇 부모들은 화, 슬픔, 불안과 같은 부정적 감정은 피해야만 하는 것이라고 생각한다. 이러한 부정적인 정서적 관점은 부모와의 의사소통 속에 포함되어 있는데, 예를 들면 부모가 정서를 무시하거나, 비판하거나, 정서를 어쩔 줄 몰라하는 경우이다. 이러한 문제가 되는 정서적 사회화 과정과는 대조적으로 Gottman 등(1996)이 제안하는 정서 코칭 과정이 있는데, 정서 코칭 과정에서는 낮은 수준의 정서적 각성도 인지할 수 있고, "즐겁지 않은 감정들"을 친밀감과 지지를 얻을 수 있는 기회로 보고, 아이들이 정서를 명명하고 구별할 수 있으며, 아이와 문제를 해결할 기회를 얻게 된다. 정서 코칭을 하는 부모의 자녀들은 스스로 정서를 보듬을 수 있게 된다. 다시 말해, 정서 코칭은 스스로 정서조절을 할 수 있도록 돕는다. 게다가 정서 코칭을 활용하는 부모의 자녀들은 또래 친구들과 상호작용을 더 효과적으로 하고, 때로 또래가 정서 표현을 억압하려는 경우에도 그들과 대인 관계를 잘 맺을 수 있다. 부모가 정서 코칭을 활용하는 경우, 아이들이 높은 정서 지능을 갖게 될 가능성이 높고, 언제 정서를 표현하거나 멈추어야 할지를 알며, 자신의 정서를 다루는 법을 알게 된다(Mayer & Salovey, 1997). 정서 코칭은 단순히 아이에게 감정을 해소하는 법을 알려주는 데 그치는 것이 아니라, 정서를 인식하고, 서로 다른 정서를 구분하며, 타당화하고, 스스로 안정을 찾고, 문제를 해결하는 법을 알려주는 것이다. Gottman과 동료들이 제안하는 정서 코칭은 대인관계의 의사소통 기반 모델(N. S. Jacobson & Margolin, 1979; Stuart, 1980)이 주장하는 적극적 경청 기술과 문제해결 전략의 확장인 셈이다.

정서 중심 치료(Emotion-Focused therapy)

정서 중심치료(emotion-focused therapy, EFT)는 애착이론, 정서신경과학 그리고 정서 지능 개념을 바탕으로 한 경험주의적이고 인본주의적인 치료이다(Greenberg, 2002). 정서 중심치료는 근거 기반적이며 경험적으로 지지되는 치료이기도 하다. Gottman이 양육에서 정서를 효과적으로 다루는 것이 중요하다고 강조한 것과 유사하게, 정서 중심치료에서도 치료자는 내담자가 자신의 정서적 반응을 처리하는 데 더 효과적이고 적응적이 될 수 있도록 돕는다.

정서 중심치료에서는 심리치료자와 내담자의 관계 자체가 애착 과정을 통해 정서 조절 기능을 한다고 보았다(Greenberg, 2007). 정서 중심치료는 제3세대 행동치료들과 몇 가지 유사점을 지니고 있는데, 예를 들면 수용, 현재 순간을 경험하기, 마음챙김적 인식, 공감, 그리고 애착에 기반하여 스스로 위안을 얻는 능력을 강조한다. 특히 정서 중심치료에서 치료적 동맹(therapeutic alliance)은 위안을 주는 과정으로 보았다. 치료자와 내담자의 2인 상호작용을 통해서 애착을 경험하며, 이런 안정적인 관계를 통해 내담자는 스스로 위안을 얻는 능력을 내재화할 수 있게 된다. 게다가, 치료적 동맹은 치료적인 환경이고, 이 환경 안에서 도전이 되는 어려운 정서를 직접적이고 깊게 만날 수 있으며, 이러한 정서적 반응을 효과적으로 조절하고 고통을 참아낼 수 있는 기술을 학습한다(Greenberg, 2002).

정서 중심치료에서 인지가 정서처리의 핵심 요소임을 인정하더라도, 인지적 통제 혹은 정서에 대한 인지적 재평가가 정서 중심 모델에서의 중심 처리과정은 아니라고 본다(Greenberg, 2002). 정서 중심치료 모델은 인지가 정서에 영향을 미치듯이 정서가 인지에 영향을 미친다고 본다. 인지가 정서에 영향을 미쳐 왔을 수 있지만, 정서가 다른 정서를 바꾸고 변화하는 데 활용될 수 있다고 본다. 정서 중심치료에서는 인지적 재평가 과정, 신체 감각 과정, 정동 체계(affective systems)가 정서 경험을 불러일으키는 통합적인 방식 안에서 활성화된다(Greenberg, 2007). 정서 중심치료, 정서 지능의 개념 그리고 정서도식치료 모두는 정서적 경험이 다양한 인간의 생물학적 행동적 체계에서 나타나는 종합적인 활동을 포함한다고 본다.

정서적 사회화(Emotional socialization)

정서가 진화이론과 관련되며 정서가 범문화적이라고 보지만, 각 문화 내에서 부모가 제공하는 사회화는 정서 인식, 표현, 조절에 영향을 미친다. Bowlby 박사가 1968년과 1973년에 게재한 애착이론 논문 이후에, 안정애착과 불안정애착이 유아기에서 성인기에 이르기까지 미치는 영향에 대한 관심이 증가하였다. Bowlby는 안정애착을 위해 부모가 "예측가능하고(predictability)," "반응적(responsiveness)"인 것이 핵심이라고 주장하였다. Bowlby와 동료들은 아이와 부모 사이에 애착형성에 방해를 받으면, 타인에 대한 "내적 작동 모델(internal working models) 혹은 스키마(schema)"에 영향을 받는다고 하였다. 유아나 아동들은 안정애착을 형성하지 못하는 경우 불안, 슬픔, 화 혹은 다른 부정적인 감정을 보듬지 못하고 고통받을 위험에 처하게 된다. 애착의 패턴은 한 번 형성되면 대략 첫 19년간 상당히 안정적으로 유지된다는 보고가 있다(Fraley, 2002). 트라우마 사건(세계무역타워의 911테러 사건)을 경험한 성인을 대상으로 한 연구에서 안정애착을 형성했던 사람들이 외상 후스트레스장애를 경험할 확률이 더 낮았다(Fraley, Fazzari, Bonanno, & Dekel, 2006). 초기 애착이론이 주로 대상관계 이론의 초점이 되었지만(Clarkin, Yeomans, & Kernberg, 2006; Fonagy, 2000), 애착 과정은 인지치료자들에게도 주요 관심사였다(Guidano & Liotti, 1983; Young, Klosko, & Weishaar, 2003).

아이들이 타인의 감정, 사회적 유능성, 긍정적 정서성, 그리고 일반적 적응에 대해 이해하는 정도는 그들의 부모가 보여준 따뜻함, 높은 수준의 긍정적인 정서적 표현, 낮은 수준의 거부와 공격성과 관련된다(Isley, O'Neil, Clatfelter, & Parke, 1999; Matthews, Woodall, Kenyon, & Jocob, 1996; Rothbaum & Weisz, 1994). 부모의 냉담함과 정서를 부정적으로 표현하는 정도는 높은 빈도의 반사회적 행동과 관련된다(Caspi et al., 2004). Eisenberg와 동료들은 부모의 부정적 정서성이 낮은 정서조절과 관련이 되고, 더 높은 수준의 외현적 문제와 낮은 사회적 유능성과 관련된다는 점을 발견했다(Eisenberg, Gershoff et al., 2001; Eisenberg, Liew, & Pidada, 2001). 그러므로 정서조절은 부모의 정서 표현과 다른 사회적 능력 사이의 관계를 매개한다.

DBT에서는 비타당화(invalidation)가 정서적 조절장애를 이끄는 초기 요인으로 본다. 최근 연구에서 심각한 자해를 하는 사람들 가운데에 아동기에 슬픔을 느꼈을 때 부모가 벌을 주었거나 무시했다는 기억을 이야기하는 경우가 잦았다(Buckholdt, Parra, & Jobe- Shields, 2009). 불안장애를 지닌 아이들은 부모들이 긍정적 정동(affect)은 덜 표현하고 부정적 정동을 많이 표현하였으며, (부모들이) 정서에 대해 덜 설명하거나 이야기하였다(Suveg 등, 2008). 이러한 애착과 대인관계 과정에 대한 연구결과는 모두 관계가 정서의 핵심 요소임을 알려준다. 이러한 결과는 우울과 자살의 대인관계 모델과 일치하는데, 즉 소속되고 싶은 (범문화적인) 욕구와 내가 타인의 짐이 아니라는 생각이 무너질 때 우울과 자살에 취약해지게 된다(Joiner, Brown, & Kistner, 2006).

메타 경험 모델(Meta-Experiential models)

정서는 그 자체로 사회인지적 내용(social cogaltive content)이다. 즉, 사람들은 자신과 타인의 정서에 대해 자신들 만의 이론을 지니고 있다. 최근 마음이론(theory of mind)이 자신과 타인의 정서를 이해하는 능력에 기반이 되는 일반적인 사회인지 능력이며, 마음이론은 유아기와 초기 아동기에 형성되기 시작한다고 제안되었다. 정서를 개념화하는 한 차원은 정서가 고정(fixed, entity)되어 있느냐 혹은 변화가능(changeable)하냐에 대해 우리가 믿는 정도이다. 이 차원은 대학생 시절의 적응을 예측한다. 정체이론가(entity theorist)들은 높은 우울감을 보고하며, 사회 적응에서의 더 어려움을 겪고, 낮은 수준의 웰빙을 경험한다고 한다. 또한 인지적 재평가 전략을 덜 활용한다고 보고되었다(Tamir, John, Srivastava, & Gross, 2007).

메타인지는 몇십 년 전부터 발달심리학에서 Flavell과 동료들이 강조한 개념인 비자기중심적 사고(non-egocentric thinking)와 유사하다(Flavell, 2004; Selman, Jaquette, & Lavin, 1977). Piaget의 탈중심화(decentration)의 개념을 빌려온 비자기중심적 사고는 한걸음 떨어져 타인의 생각과 관점을 관찰하고, 자신과 타인의 관점을 조율하는 것이다. 즉, 생각에 대한 생각(thinking about thinking)이다. 정서에 대한 생각(thinking about emotion)에 적용하게 되면 마음이론과 맞닿게 되며(Baron-Cohen, 1991), 현대 인지심리학, 정신역동 모델 그리고 신경과학 모두에 중요한 개념이다(Arntz, Bernstein, Oorschot, & Schobre, 2009; Corcoran 등, 2008; Fonagy & Target, 1996; Stone,

Lin, Rosengarten, Kramer, & Quartermain, 2003; Vollm 등, 2006). Adrian Wells가 발전시킨 메타인지 모델은 가장 구체적으로 마음이론을 임상적 이론으로 접목한 경우이며, 어떻게 메타인지 과정이 다양한 정신장애와 관련되는지를 제안한다(Wells, 2004, 2009). 예를 들어, 만성적으로 걱정이 많은 사람은 침투적으로 드는 생각에 계속 집중하고 통제하여 없애려고 노력하며, 이렇게 하는 것이 자신이 해야 할 일이라고 믿는다. 메타인지 모델에서는 오히려 통제하려하거나 없애려고 하고, 명확성을 얻으려고 끊이 없이 노력할 때 생각이 통제되지 않는다는 점을 강조한다. Leahy는 메타인지 모델을 확장하여 메타경험 모델을 제안하는데 메타경험 모델은 다시 말해 정서도식치료의 근간이 된다. 메타경험 모델에서는 우리가 정서의 본질(통제 가능성, 위험, 수치심 등)에 대한 생각이 모두 다르다고 본다. 또한 정서를 다루는 방식(걱정, 반추, 비난, 회피, 혹은 약물 사용 등)에서도 다르다고 본다(Leahy, 2002). 정서도식 모델은 DBT와 유사하게 내담자들 중에는 정서에 대한 공통적인 오해를 지니고 있다고 본다. 예를 들면, "나의 어떤 정서들은 멍청하다," "고통스런 정서는 나쁜 태도때문이다," 혹은 "다른 사람이 내 감정을 인정하지 않으면, 나는 그런 방식으로 느끼면 안 된다"(Linehan, 1993a). 임상가들은 내담자들이 정서적 대처를 악화하는 데 있어, 정서에 대해 역기능적인 신념을 니지고 있는지 검토할 필요가 있으며, 정서도식치료와 DBT를 활용하여 더 효과적인 대처 전략을 제안할 수 있다. 다음 장에서는 정서도식치료에 대한 개관을 하고, 이 책 전반에 걸쳐, 정서처리와 조절에 대한 다양한 요소들을 다룰 것이다. 어려운 정서를 해석하고 평가하는 데 있어 문제가 되는 점을 발견하기 위한 기법과 어려운 정서에 대처하기 위한 전략을 소개할 것이다.

결론

정서는 단순한 개념은 아니다. 정서는 (인지적) 평가, 신체적 감각, 동적 행동, 목표나 의도, 대인관계적 표현 그리고 다른 처리과정들로 구성되어 있다. 결과적으로 정서조절에 대한 포괄적인 접근을 하기 위해서는 정서의 다양한 측면을 이해하고 다양한 전략과 기법을 활용할 수 있어야만 한다. 다양한 정서조절 대처 전략이 있으며, 개별 내담자는 각자 자신만의 선호가 있을 것이다. 어떤 사람에게는 인지재구성이 정서조절을 더 잘 도울 수 있으며, 정서적 각성이 높은 사람에게는 마음챙김, 수용, 정서도식적 기법들과 같은 다양한 수준의 스트레스 감소가 도움이 될 수 있다. 대인관계의 어려움을 호소하는 내담자에게는 타당화나 대인관계 기능에 초점을 둔 전략(친구 사귀기나 사회적 지지를 이끌어 내는 기법 등)이 도움이 될 수 있다. 심리학 영역에서 서로 공유하는 시대정신이 있지만, 내담자들은 치료자가 지니고 있는 이러한 시대정신보다는 자신을 더 효과적으로 도와줄 수 있는 기법에 관심을 가지고 있을 수 있다. 결과적으로 우리는 치료자가 지니고 있을 수 있는 다양한 이론적 배경을 인정하고, 그들이 개별 내담자에게 맞춤형으로 활용할 수 있는 다양한 기법을 제공할 것이다. 임상가는 내담자에게 다음과 같은 부분에서 도움을 줄 수 있다. (1) 문제 해결, 자극통제 혹은 인지재구성을 통해 상황을 바꿀 수 있는지를 검토, (2) 문제가 각성과 감각 수준의 증가와 관련되는지 (그렇다면 점진적 이완, 호흡과 같은 스트레스 감소 기법이 도움이 될지) 검토, (3) 강도 높은 정서를 경험할 때 어떻게 대처하는지 검토하고 수용, 마음챙김, 자비 중심적 자기 진정 등이 도움이 될지 검토한다. 다음의 각 장에서 알맞는 기법을 선택하는 법과 각 기법과 대안적인 기법을 서로 연계할 지침을 제공할 것이다.

02
정서도식치료(Emotional and Schema Therapy)

아래 사례를 살펴보자. 인수는 연인과 헤어지고 나서 여러 가지 감정을 느끼고 있다. 인수는 슬프고, 화나며, 혼란스럽고 불안한데 동시에 다소 편안함도 느끼고 있다. 그는 이러한 모든 감정이 정상적인 반응이라고 생각한다. "헤어짐은 어렵고 혼란스러운 거야. 그리고 다른 사람들도 헤어질 때는 비슷한 감정을 느낄 거야" 그는 친구에게 자신의 감정들을 이야기할 수 있고, 친구들은 인수의 감정이 당연한 거라고 이야기해주고, 이런 감정을 느끼는 것에 대해 편안하게 생각하도록 도와준다. 인수는 자신이 느끼는 감정을 이해할 수 있고, 자신이 꼭 하나의 감정만 느껴야 하는 것은 아니라고 생각한다. 자신의 감정(예, 화남)이 지금은 상당히 어렵지만, 견딜 만하며, 오래 지속되지는 않을 것이라 생각한다. 대조적으로, 영철이는 헤어지고 나서 느끼는 자신의 감정을 다른 시각으로 바라본다. 영철이는 상치되는 감정들을 느끼는 것이 혼란스럽다. 이유는 자신은 한 번에 꼭 하나의 감정(예, 화)만을 느껴야 한다고 생각하기 때문이다. 영철이에게 자신의 감정들이 이해가 되지 않으며, 다른 사람들은 이런 상황에서 다르게 느낄 것이라고 생각한다. 다른 사람들은 화를 내는 대신에, 슬프거나 안도감을 느낄 것이라 생각한다. 영철이는 슬픈 감정과 불안한 감정을 느끼는 것은 약함을 의미하고 자신이 부끄러워하는 성격적 결함이라고 생각한다. 다른 사람들이 자신의 감정을 이해하지 못할 것이라고 생각하기 때문에, 자신의 감정이 창피하고, 남들에게 자신의 감정을 이야기하는 것이 벌레가 가득 들어 있는 통을 여는 것과 같다고 느껴서, 타인에게 절대 이야기하지 않는다. 영철이는 자신의 감정에 대해 이렇게 생각하기 때문에 감정들이 두렵다. 감정을 바라보는 대신, 술을 마시거나, 스스로를 고립시키거나, 지난 일을 반추한다. 영철이의 이러한 믿음과 감정을 다루는 전략은 그를 더욱 우울하게 만든다.

우리 모두는 슬픔, 불안, 두려움, 때로는 무망감 등을 느낀다. 하지만 상담에 온 내담자들이 이러한 정서를 느낄 때, 치료자가 알아야 할 중요한 점은 그런 정서를 경험한 이후에 "무엇을 하고, 무엇을 생각하거나 느끼는지"이다. 예를 들어, "불안감을 느낄 때, 회피하는지, 폭식하는지, 비난하는지, 반추하는지, 걱정하는지 혹은 술을 마시는지"를 알아야 한다. "내담자의 감정을 지지해주고, 당연한 것이라고 타당화해주고, 감정을 표현할 수 있도록 돕는 사람을 찾는지? 이런 과정에서 자신의 정서에 대한 타당성을 경험하는지? 자신의 정서가 정상적이라고 생각하며, 수용하는지? 혹은 자신의 정서에 압도당하거나, 죄책감이나 혼란스러움을 느끼는지?"를 알아야 한다. 내담자가 정서를 회피하는 행동전략을 사용하게 되면, 자신의 감정을 견딜 수 없을 것이라는 스스로의 믿음을 강화하게 된다. 이 점이 ACT에서 지적하는 경험적 회피의 개념과 유사하다(Hayes et al., 1999). 만약 내담자가 자신의 불안한 정서가 문제가 있다거나 부정적인 것이라고 생각한다면, 혹은 정서에 압도되거나 통제불능이라고 느낀다면, 내담자의 불안은 더욱 심해지거나 지속될 것이다. 이러한 행동적, 인지적 전략들이 정서도식의 요소를 이룬다.

Beck과 동료들은 사람들이 다양한 도식(예, 정서적, 신체적, 관계적, 혹은 의사 결정 시 사용되는)을 지니고 있으며, 특정 상황에서 행동하는 방식에 영향을 미친다고 보았다(Beck, Freeman, Davis, & Associates, 2004; Clar, Beck, & Alford, 1999). 도식들은 기능 결함과 연관이 있다. Beck은 도식에 상위하는 구조가 있다고 제안하였다(Beck, 1996; Clark et al., 1999). 이러한 상위의 구조는 "모드(mode)"라 불리며, 정서에 대처하는 반응 양식을 포함하고 있으며, 화, 우울, 불안 모드 등이 있다. 정서도식 모델에서는 정서에 대한 해석과 정서에 대처하기 위해 활성화되는 전략들을 정서도식의 개념 안에 함께 포함하였으며, Beck 등의 모델에서 이야기한 도식과 모드와 유사하다.

Beck 등(2004)은 다양한 도식의 문제와 적응 문제를 지니고 있는 다양한 성격장애에 적용하기 위해 인지모델을 확장하였다. 이 확장된 모델에 따르면 각각의 성격장애는 지배적인 스키마로 특징지어지는데, 예를 들어 강박적 성격의 경우, 우세한 스키마는 통제(control)와 합리성(rationality)이다. 이러한 "과도하게 발달한" 영역이 "덜 발달한" 영역인 정서 표현과 유연성 영역과 상치된다. Beck과 Freeman은 강박적 성격을 지닌 사람들은 자신의 덜 발달한 스키마에 위협을 주는 상황을 피하거나, 덜 발달한 스키마가 위협받아 느끼는 불안을 보상하기 위한 시도를 한다고 제안했다. 예를 들면, 강박적 성격을 지닌 사람들이 통제하지 못할 것에 대한 두려움을 보상하기 위해, 아주 사소한 것들까지도 정리하거나 버리지 않는 등의 전략을 사용해 환경을 극도로 통제할 시도를 할 수 있다고 보았다. 이러한 극단적 시도로도 두려움을 적절하게 통제하지 못하게 될 경우, 우울이나 불안이 나타나게 된다.

성격장애는 지속성이 있기 때문에, Beck과 동료들은 성격장애가 있는 사람들은 위에서 언급한 회피적이고 보상적인 적응방식을 지속적으로 사용하면서, 자신의 스키마에 노출될 위험을 줄이고자 한다고 제안한다. 그러므로 강박적 성격이 있는 사람은 마술적인 시도를 해서라도 통제하지 못할 것 같은 상황을 피하면서, 자신들이 "정말 완전히 통제하지 못하게 되거나," "정말 완전히 이성적이 되지 못하게 되는" 경험을 하지 않으려 노력한다.

Beck과 동료들의 스키마 모델에서는 초기에 내담자와 인지평가를 하여 성격장애에서 나타날 수 있는 우울과 불안의 위험을 줄이고자 한다(인지평가에 대한 논의를 위해서 J. S. Beck, 2011를 참고하라). 내담자의 자동적 사고는 기저하는 가정들과 조건적 믿음과 연계되어 있다. 예를 들어, "나는 상황을 통제하지 못할 거야"라는 생각은 "내가 만약 완전히 통제하지 못한다면, 결국 통제력을 잃을 거야"라는 조건적 믿음과 연계된다. 이러한 조건적 믿음은 "나는 어떤 상황에서도 항상 완전한 통제력을 가져야 한다"라는 기저하는 가정과 연관된다. 여기에서 기저하는 핵심 신념은 "통제불능(out of control)"이 된다.

Young(1990)은 성격장애와는 독립적으로 개개인의 스키마를 강조하는 스키마 모델을 제안했다. Young은 스키마의 내용에 몇 가지 차원이 존재한다고 보았다. 게다가, Young은 대상관계 이론, 게슈탈트 이론과 같은 다양한 이론적 관점과 인지 모델을 통합하고자 했다. Young의 모델에 따르면 사람들은 자신의 "초기 부적응적인 스키마들"

에 세 가지 적응 방식을 거친다고 보았다 ─ 회피(avoidance), 보상(compensation), 혹은 스키마 지속. 스키마를 지속하는 경우 사람들이 자신의 스키마를 강화하는 경험을 지속하면서 나타난다. 예를 들어, 자기애성 성격이 있는 경우, 자신이 특별하다는 신념을 강화해주는 관계를 추구하게 된다. 이번 장에서 제안하는 정서도식 모델에서 우리는 Beck-Freeman과 Young의 모델을 참고하여, 정서조절의 문제들에 대한 접근에 통합하였다.

정서도식 모델에서 도식은 Beck과 동료들(2004) 이 제안한 개념을 일컫는다. 그들의 인지 모델에 따르면, 사람들은 타인, 자신, 신체, 기분, 혹은 다른 특정 "경험"에 대한 개념과 전략을 지닌다. 인지모델에서 도식은 대처(coping)에 대한 신념을 의미한다. Beck 등과 Young 등의 모델에서, 대처(coping)는 과발달되거나 미발달된 전략들이나 회피, 보상, 혹은 스키마의 지속을 포함한다. 정서도식 모델에서는, 사람마다 자신의 정서 경험에 대한 해석이 다르고, 경험적 회피(예, 억제, 회피, 무감각화), 도움이 되지 않는 인지 전략(예, 과도한 걱정과 반추), 사회적 지지를 추구함(적응적이거나 비적응적인 타당화 전략일 수 있음), 혹은 다른 방식을 이용하여 자신의 정서에 대처하려 한다고 본다.

이번 장에서는 사람들이 자신의 정서 경험을 어떻게 개념화하는지, 정서 경험에 대해 어떤 기대를 하는지, 자신의 정서를 어떻게 판단하는지, 그리고 이러한 정서를 경험할 때 어떤 행동전략이나 대인관계 전략을 활용하는지에 초점을 둔, 임상적 모델을 소개할 것이다. 정서도식 모델은 정서에 대한 메타인지(meta-cognitive) 모델이며, 메타 경험적(meta-experiential) 모델이다. 이 모델에서 정서는 사회인지의 대상(object)이 된다(Leahy, 2002, 2005a, 2007a, 2007b, Wells, 2009). 정서도식은 개인들이 정서에 대해 지니고 있는 "철학"이며, Gottman의 메타 정서(meta-emotional) 모델을 반영한다(Gottman et al., 1996; Gottman, 1997). 정서도식 모델에서 우리는 개인들이 지니고 있는 정서에 대한 정당성에 대한 신념에 초점을 둘 것인데, 예를 들면 정서를 통제하거나, 억제하거나, 표현해야 한다고 믿는지, 복잡하고 때로 모순되는 감정들을 견딜 수 있다고 믿는지에 대한 것이다. 이에 더하여, 사람들은 정서에 대처하기 위해 필요한 전략에 있어서도 개인차를 지니고 있는데, 예를 들면 어떤 사람들은 정서를 수용하고, 정서를 자신의 높은 가치에 연관시키고, 자신의 정서가 합당하다는 방식으로 대처하는가 하면, 다른 사람들은 정서 경험을 억제하고, 회피하거나, 무감각하게 하려고 한다.

아래에 제시된 예에서 우리가 다른 사람의 정서를 어떻게 바라보는지에 대해 생각해보자. 이 사람은 다른 사람들이 자신에게 범한 불쾌한 일 때문에 화가 났고, 실망했으며, 마음에 상처를 받았다. 이런 경우, 그의 감정이 정상적이라고 반응하거나("많은 사람이 이런 상황에서 화가 나요"), 상처받았다고 느끼는 감정이 합당한 것이라고 반응할 것이다. 우리는 그에게 이런 감정을 표현할 수 있도록 돕기 위해 이렇게 이야기할 수 있다. "이번 일을 겪으시면서 어떻게 느꼈어요? 도움이 되고 싶습니다" 우리는 이런 감정과 그가 가치 있게 생각하는 것을 연결하도록 도울 수 있다. "이번 사건을 겪으면서 이런 감정을 느꼈다는 것은 이번 일이 ○○씨에게 중요하기 때문인 것 같아요" 위의 예에서 우리는 이상적인 타당화를 하는 사람(ideal validator)의 역할을 하였는데, 이 사람은 타인이 감정을 표현하도록 도왔고, 이러한 감정이 무엇인지 명명하도록 도왔으며, 감정을 존중하고 아낄 수 있는 기회를 제공하였다.

아래의 다른 예에서 볼 수 있듯이 우리는 다른 방식으로 그리고 파괴적인 방식으로 남들의 정서에 반응할 수 있다. 먼저, 그 사람의 정서를 비웃을 수 있다. "다 큰 아이처럼 이야기하는군요. 빨리 철이 들어야 할 텐데!" 혹은 그 사람에게 비이성적이고 신경증적이라고 말할 수도 있다. 때로 우리는 그 사람의 불평과 불만을 다 들어줄 만큼 시간도 없고 지쳤다고 이야기할 수 있다. 혹은 "술이나 마시자. 술 한잔 마시고 잊자"라고 말하며, 고통스런 감정들이 사라지기를 바랄 수 있다. 이런 방식의 반응은 정서가 짐이며, 매우 성가시고 경멸스러운 것이라는 메시지를 전달한다.

우리가 남들의 정서에 대해 개념화하고 대처하는 방식(정서도식이라고 일컬음)과 마찬가지로, 우리 자신의 정서에 대해서도 정서도식을 갖는다. 예를 들면, 영수 씨가 여자 친구와 헤어졌을 때, 슬프고("그녀가 그립다"), 불안하고("내가 앞으로 사랑하는 사람을 만날 수 있을까?"), 두렵고("혼자 남겨지는 것이 무섭다"), 무망감("앞으로 계속해서 외롭게 남겨질 거야")에 휩싸일 수 있다. 영수 씨의 문제는 헤어짐 자체라기 보다, 문제가 되는 방식으로 자신의 감정을 다루는 것이다. 그는 자신의 감정이 이해가 되지 않으며("왜 내가 겨우 몇 달 정도 사귄 사람에게 화를 내고 있지?"), 자신의 감정들이 앞으로 계속 지속될 것이라 압도될 수 있다("이런! 내가 이렇게 불안하고 우울한데 어떻게 학업을 할 수 있지?"), 그리고 이렇게 생각할 수도 있다. "진짜 남자는 이럴 때 화를 내서는 안 돼." 그는 자신의 감정들이 창피해서, 자신의 절친인 철영이에게도 이야기하지 않는다. 그는 자신의 감정을 누구와도 나누지 않기 때문에 자신의 감정이 타당한 것인지, 당연한 것인지에 대해 이야기를 나눌 기회를 얻지 못한다. 영수 씨는 이전에 문제가 있을 때마다 그랬던 것처럼, 이런 감정적 어려움에 대처하기 위해 술을 마신다.

그림 2.1에 정서도식 모델을 통해 우리가 정서에 대처하는 정상화적인 방식과 병리적인 방식을 소개하였다. 예를 들면, 위의 영수 씨의 예를 이 모델에서 적용할 때 정상화적 과정은 영수 씨의 고통스럽고 상반되는 정서들이 수용될 수 있고, 표현되고 정상화될 수 있으며, 자신이 가치 있게 생각하는 것을 반영하는 것이라고 보는 것이다. 조금 더 풀어서 이야기하면, 헤어지고 나면 주로 이러한 고통스러운 감정들이 느껴지고, 이런 감정들은 고통스럽지만 일시적이며, 때로 자신이 중요하게 생각하는 가치(사랑하는 관계)들을 반영하기도 한다는 점을 이해하는 것이다. 대조적으로, 슬픔과 화의 정서에 대한 문제가 되는 반응은 그런 정서가 병리적인 것으로 보고, 자신이 이상해서 이런 감정들을 겪는 것이고, 앞으로 계속 이런 감정에서 빠져나올 수 없을 것에 압도되며, 잘 생활하지 못할 것이며, 이런 감정을 느낀다는 것 자체가 자신이 이상하고 나약하다는 증거라고 생각해, 감정들을 최대한 억제하고 통제하려는 것이다. 그림 2.1에 소개된 문제가 되는 대처방식은 술에 의존하는 것, 폭식하는 것, 약물을 남용하는 것, 비난하는 것, 반추하는 것, 걱정하는 것 등을 포함한다. 정서도식 모델은 이러한 문제가 되는 대처방식 대신에, 정서를 수용하고, 행동을 활성화하며, 더욱 의미 있는 지지적인 관계를 만들어 대처할 것을 제안한다. 정서도식은 양식 2.1(리히 감정 도식 척도, Leahy Emotional Schemas Scale, LESS)을 활용해서 평가할 수 있다. 정서도식 척도는 14개의 차원으로 구성되어 있다.

정서도식치료(Emotional Schema Therapy, EST)는 인지행동치료(Cognitive-behavioral therapy, CBT)의 한 종류이며, 아래의 몇 가지 주요 원리에 기초한다(Leahy, 2002, 2009).

- 고통스럽고 어려운 정서들은 도처에 있다.
- 정서는 진화의 과정에서 나타났고, 우리에게 위험이나 필요에 대해서 알려주는 적응적인 이점을 제공한다.
- 정서에 대한 신념이나 전략이 정서 경험을 더 악화하거나 유지시키는 데 영향을 미친다. 예를 들어, 불안에 대한 재앙적 믿음이 불안의 증폭을 이끌게 되는데,

이는 Barlow와 동료들의 공황 모델과 유사하다(Barlow, 2002; Barlow & Craske, 2006; Clark, 1986).

- 문제가 되는 스키마는 정서를 재앙화 하는 것, 정서들이 이해되지 않는 것, 자신의 정서가 영구적이며, 통제불능이고, 수치스럽고, 자신에게만 해당하는 것이며, 그래서 남들에게 들키지 않으려 노력하는 것 등을 포함한다.
- 정서를 통제하려는 전략들(예, 억제, 무시, 술을 마시거나, 폭식 등을 통해 없애거나 무마하려는 행동)은 정서가 견뎌낼 수 없는 것이라는 부정적인 믿음을 확고히 한다.
- 정서의 표현과 타당화는 도움이 되는데, 이를 통해 정서 경험이 정상적이고, 도처에서 경험하며, 정서를 이해하고, 다양한 정서들을 구분 짓고, 죄책감과 수치심을 줄이며, 견뎌낼 수 있다는 신념을 높이는 데 도움이 된다.

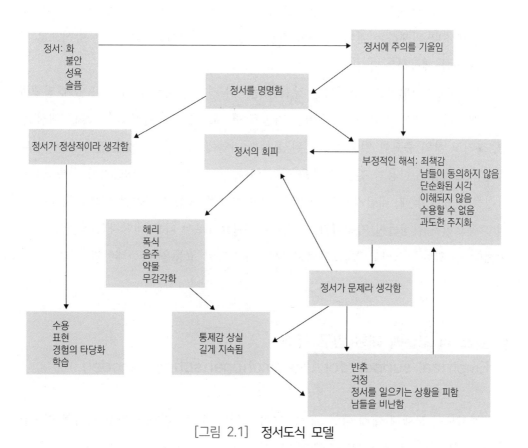

[그림 2.1] 정서도식 모델

정서도식치료는 내담자가 다양한 감정들을 식별하고, 명명할 수 있도록 돕는다: 고통스럽고 어려운 정서를 포함한 모든 정서 경험을 정상화함; 정서를 자신의 욕구와 대인관계에 연계함; 내담자가 정서를 해석하고, 판단하고, 통제하며, 정서에 반응하는 전략과 신념을 식별함; 정보를 수집하고, 경험적 기법들을 사용하고, 내담자 자신이 지니고 있는 정서에 반응하는 더 도움이 되는 방식을 개발하기 위해서 행동, 대인, 정서적 실험을 시도함; 자신의 정서 경험에 대해 더 유연하고, 더 적응적인 믿음과 전략을 수립함.

정서도식치료는 내담자가 정서를 이해할 수 있도록 돕고, 정서를 의미 있고 가치 있는 삶의 맥락에서 해석할 수 있도록 도우며, 정서를 정상화하고, 매일의 삶에서 다양한 정서를 탐색할 수 있도록 돕는다. 그러므로 정서도식치료는 내담자가 다양한 정서를 구별하고, 가능한 목표로 정서를 탐색할 수 있도록 돕는다. 정서도식치료의 목표는 정서를 없애거나 억제하는 것이 아니라, 정서 경험을 건설적이고 의미 있는 방식으로 사용할 기회를 제공하는 것이다.

치료자들은 내담자가 표현하는 강렬한 정서와 경험이 치료를 더 깊이 있게 진행하도록 돕는다는 것을 알고 있는데, 이런 경험을 할 때, "뜨거운 인지(hot cognition)," 핵심 신념, 그리고 삶의 중요한 일들과 관련된 심상과 기억에 접근할 수 있게 된다. 이런 상황에서 치료자들은 다음과 같은 생각을 할 것이다(Leahy, 2005a, 2009). "내담자가 고통스러운 감정들을 표현할 때, 내담자와 더 가까운 치료 관계를 형성할 기회를 얻는다," "내담자의 고통스러운 감정들이 지속되지는 않는다," "치료자로서 나도 내담자의 상황을 더 잘 이해할 수 있다," 그리고 "치료자로서 나는 내담자의 고통을 존중해야만 한다."

▋정서도식 모델에 대한 연구 결과 (Empirical support for the emotional schema model)

정서도식 모델에 대해 불안, 우울, 그리고 기타 정신병리와 관련된 경험적 연구결과가 축적되었다. 정서도식을 측정하는 LESS(양식 2.1과 2.2를 참고하라)는 적절한 신뢰도를 갖는다. 1,286명의 참가자에게서 얻은 내적 일치도는 0.808이었다. 14개의 정서도식 차원 중 많은 차원이 Beck Depression Inventory(BDI)와 Beck Anxiety Inventory(BAI)와 유의미한 상관을 보였다(Leahy, 2002). 다른 연구에서(사례수=1,363) 단계적 다중회귀분석 결과 우울점수를 유의하게 예측한 정서도식 차원은 반추(rumination), 죄책감(guilty), 비타당화(invalidation), 높은 가치의 결여(lack of higher values), 통제(control), 이해하지 못함(incomprehensibility), 표현(expression, 정적관계), 그리고 낮은 동의(low consensus) 순이었다. 또 다른 단계적 다중회귀분석 연구(사례수 =1,245)에서는 불안점수를 유의하게 예측한 정서도식 차원은 통제결여, 이해하지 못함, 반추, 그리고 표현(정적관계)이었다. 두 번의 다중회귀분석 결과, 즉 높은 우울과 불안은 높은 표현 수준과 관련됨이 나타났고, 이는 카타르시스 모델과는 대조된다. 정서에 대한 부정적 신념이 Wells 모델의 메타인지 요인들과 유의미한 관계를 보였는데, 이는 LESS 의 구성타당도의 근거가 된다고 볼 수 있다. LESS 차원들과 메타인지 요인들의 우울증 상에 대한 예측 타당도를 본 또 다른 연구에서 다음의 순서로 예측의 강도가 높았다: 반추, 죄책감, 비타당화, 통제결여, 인지적 유능감/자신감(Metacognitions Questionnaire, MCQ), 긍정적 걱정(MCQ: 부적관계), 비통제감과 걱정에 대한 걱정(MCQ), 그리고 표현(부적관계). LESS, MCQ, 그리고 우울증상 간의 관계에 대한 결과로부터, 걱정에 대한 메타인지 요소들이 부분적으로 정서에 대한 부정적 신념과 독립적으로 하지만 연관되어 우울에 영향을 미침을 추측할 수 있다. 불안증상을 종속변인으로 한 단계적 다중회귀 분석 결과에서도 메타 정서/메타 인지의 통합적 모델을 지지한다(불안증상에 대한 예측 값의 강도는 다음의 순으로 나타났다): 통제, 비통제감과 걱정에 대한 걱정(MCQ), 긍정적 걱정(MCQ, 부적관계), 인지적 자기 의식 (self-consciouness, MCQ), 이해(comprehensibility), 표현(부적관계), 그리고 비타당화. 예상하지 못한 결과는 걱정에 대한 긍정적 생각이 낮은 우울과 낮은 불안과 관련이 있다는 점이다. 친밀한 관계에 있어서의 만족감에 대한 연구에서(사례수=662명), LESS의 14개 차원 모두 결혼 만족도(Dyadic Adjustment Scale로 측정한)와 유의한 상관이 있었다. 이 연구에서 행한 다중회귀분석 에서 흥미로운 결과를 얻었는데, 바로 비타당화의 중요성에 대한 것이다. 예측 요인들 의 강도는 아래와 같은 순이었다. 비타당화, 비난, 높은 가치의 결여, 정서에 대한 단순화된 관점, 이해하지 못함, 감정의 낮은 수용. 이전 연구에서 타당화의 중요성이 보고되었던 점을 감안하여, 타당화를 예측변인으로 다중회귀분석을 실시했을 때, 다음의 순서로 예측요인의 강도가 보고되었다. 죄책감, 낮은 표현, 반추, 감정에 대한 낮은 수용, 비난, 낮은 동의, 무감각화. 이러한 결과는 타당화가 다른 정서도식을 바꿀 수 있고, 정서조절에 도움을 줄 수 있다는 점을 알려준다. 이런 점에서 정서에 압도당하고 있는 내담자들이 주변 사람들에게 타당화를 받으려고 안간힘을 쓰는지를 이해할 수 있다.

비타당화의 중요성은 Milon Clinical Multiaxial Inventory(MCMI)와 LESS의 관계에 대한 연구에서도 발견할 수 있다. MCMI의 알코올 의존 점수를 예측하는 LESS 차원들의 다중회귀분석 결과 다음의 순서로 예측 값의 강도가 나타났다: 비타당화, 높은 가치의 결여, 정서에 대한 단순한 관점, 비난, 낮은 동의 그리고 무감각화. 아마도 알코올 의존을 겪는 사람들은 타당화, 높은 가치와의 연계, 복잡한 정서의 구분, 낮은 비난, 지지집단에서 받는 정서적 고통에 대한 동의가 필요할 것이다. MCMC 경계선 성격장애 차원을 예측하는 LESS 변인들은 다음의 순서로 예측 값을 보였다: 이해하지 못함, 반추, 비타당화, 무감각화, 비난, 정서에 대한 단순한 관점, 통제결여, 높은 가치의 결여, 주지화. 이런 연구 결과는 정서도식이 정신병리와 강한 관련을 맺는다는 것을 보여준다.

심리학적 유연성, 마음챙김 성향, 정서도식들 간에 유의미한 관련이 있다는 것이 최근 연구에서 보고되었다(Tirch, Silberstein, & Leahy, 2009). 횡단적 관찰연구에서, 외래 인지행동치료에 참여하는 202명의 참가자가 심리적 유연성(Acceptance and Action Questionnaire-II; Bond & Bunce, 2000), 마음챙김 성향(Mindful Attention Awareness Scale, MAAS; Brown & Ryan, 2003), 정서도식(Leahy; Leahy, 2002)을 평정받았다. 이 연구에서 마음챙김 성향은 심리적 유연성과 유의미하게 관련 있었다. 정서도식의 14개 차원 모두 심리적 유연성과 마음챙김 성향과 유의미한 관련이 있었다. 이 세 가지 척도들 간에 나타난 유의미한 상관 결과로부터, 정서에 대한 보다 적응적인 인지적 도식 처리과정이 높은 정도의 심리적 유연성과 현재 주변에서 일어나고 있는 사건과 경험에 대한 수용적인 주의와 인식과 관련이 있다는 것을 추측할 수 있다. 즉, 높은 인지적 유연성과 마음챙김 성향이 있는 사람들이 더 적응적인 정서도식을 지녔을 가능성이 있다. 실제로, 이러한 정서도식들은 심리적 유연성과 적응적인 정서관련 기능을 형성하고 유지하는 데 관여된 것으로 생각된다.

정서도식, 마음챙김 그리고 심리적 유연성의 특정적인 관계를 알아보기 위해, 단계적 다중회귀분석을 실시하였다. 심리적 유연성을 종속변인으로 하였을 때, 정서도식 중

표현과 주지화는 관련이 적었으나, 반추, 감정의 낮은 수용, 그리고 마음챙김 성향 순으로 유의미한 예측변인으로 나타났다. 이 결과는 반추하는 생각을 흘려보내고, 감정을 있는 그대로 수용할 수 있는 태도, 그리고 주변 상황과 경험에 주의를 기울이는 능력이 심리적 유연성을 형성하는 데 기여한다는 추론을 가능하게 한다. 심리적 유연성에 있어서는 과도한 주지화나 정서를 언어로 표현하는 것이 크게 연관된 것으로 보이지는 않는다. 이 연구 결과는 ACT의 6가지 치료 요소 모델(Hexaflex model)과 일치하는데, 수용, 탈융합, 그리고 현재 순간에 접촉하는 것이 심리적 유연성의 주요 요소로 보인다. 정서도식치료는 몇 가지 제3세대 인지 및 행동이론들과 공통적인 목적과 개념의 방향성을 공유한다.

▋ 정서도식치료와 정서조절에 대한 개관
(An overview of EST and emotion regulation)

이 책 전반에 걸쳐 내담자가 정서에 대처하도록 돕는 다양한 전략들과 기법들을 소개하였다. 치료자는 원하는 전략과 기법을 담고 있는 각 장을 선택해서 기법을 배워 적용해 볼 수 있을 것이다. 하지만 정서도식치료는 정서조절의 통합적 모델을 제안하고, 그 안에서 임상가가 내담자가 지니고 있는 정서에 대한 전반적인 믿음을 더 잘 이해하며, 사례 개념화 내에서 가장 적절한 전략과 기법을 선택할 수 있다고 제안한다. 때로 정서를 통제해야만 하거나, 없애야만 한다고 생각하거나 정서가 위험하다고 생각하는 내담자에게는 그 순간을 경험하고 정서의 파도를 (거스르는 것이 아닌) 타보는 DBT 기법을 활용할 수 있을 것이다. 일을 마무리 짓기 위해서 정서를 피해야만 한다고 믿는 사람에게는 정서에서 자신이 생각하는 중요한 삶의 가치를 발견하고 그 가치에 전념할 수 있도록 돕는 수용전념치료 기법을 활용하도록 할 수 있을 것이다. 내담자가 "원하지 않는" 정서를 경험할 때, 상황을 보다 유연하고 기능적으로 해석할 수 있도록 도와, 특정 상황과 정서 반응에 대해 더 높은 효능감을 느낄 수 있도록 돕는 인지재구성 기법을 활용할 수 있을 것이다. 어떤 내담자에게는 자율신경계의 각성을 낮추도록 돕는 기법들(예. 점진적 근육 이완, 호흡법)을 활용하여 강한 정서 반응에 대처할 수 있도록 도울 수 있다. 타당화 전략을 이용해 내담자가 사회적 지지를 보다 효율적으로 얻을 수 있도록 도울 수 있다. 각 사례와 문제에 따라, 개별화된 정서조절 전략과 기법을 정서도식의 측면에서 이해하고 도움을 줄 수 있을 것이다.

정서도식 모델이 제안하는 정서조절에 대한 전반적 관점을 그림 2.2에 제시하였다. 이 그림이 모든 정서조절 전략을 담고 있지는 않지만, 다양한 전략들과 기법들이 사용될 수 있음을 보여준다. 문제가 되는 전략은 회피, 억제, 그리고 반추/걱정 등이다. 이외에도 비난, 무감각화, 해리, 약물사용 등도 있을 것이다. 정서조절에 도움이 되는 전략들(다음 장들에서 보다 자세히 설명할 것임)은 정서도식을 수정하기(이번 장에서 소개함), 수용과 마음챙김, 각성을 낮추기, 문제 해결, 행동 활성화, 인지재구성, 그리고 사회적 지지를 얻기 위한 적응적 행동들이 있을 것이다.

임상가는 어떻게 가장 적절한 정서조절 전략을 선택할 수 있을까? 아마도 모두에게 적용되는 단순한 규칙은 없을 것이다. 하지만 한 가지 생각해야 할 이슈는 선행 사건(정서 반응을 이끈)이 인지재구성이나 문제 해결을 통해 변화가능한가이다. 만약 그렇다면, 인지재구성이나 문제 해결이 첫 번째로 시도해야 할 전략으로 고려되어야 한다. 실제로 때로는 회피가 도움이 될 때가 있는데, 학대를 당하는 관계는 피할 수 있다면 피하는 것이 우선이다. 내담자가 고통스러운 정서에 대처하기 위해서 수동적으로 행동하거나 고립을 하고 있다면, 행동활성화가 고려될 수 있을 것이다. 이 경우에, 임상가는 내담자가 고립, 수동성 혹은 우울하게 만드는 행동을 하고 나서 실제 불쾌감을 경험하는지 평가할 수 있을 것이고, 이것이 문제가 될 때 행동활성화는 좋은 전략이 될 수 있을 것이다. 내담자가 감정에 압도되어 있을 때, 다양한 기법들이 도움이 될 수 있는데, 제4장에서 소개하는 DBT기법들, 수용, 마음챙김, 스트레스 감소 기법들이 그 예가 될 것이다. 정서에 대한 그릇된 이해가 문제가 되는 경우, 정서도식 모델이나 DBT의 정서에 대한 오해를 논의해 보는 것이 도움이 될 수 있다. 자신을 싫어하고 미워하는 내담자의 경우 자비 명상, 인지재구성, 혹은 정서도식치료가 도움이 될 것이다. 마지막으로 우울(과 자살)을 예측하는 가장 강력한 변인 중 하나가 우리가 제3장에서 논의할 타당화 저항과 관련된 역기능적인 대인관계 양식이다. 많은 경우, 정서에 압도되는 내담자들은 타당화에 대한 이해가 왜곡되거나, 타당화를 받기 위해 사용하는 대인관계 양식에 문제가 있을 수 있다. 이런 경우, 자비의 마음, 수용 그리고 비판단적 태도를 유지하면서 자신의 부정적 신념과 대인관계 양식을 바라볼 기회를 갖는 것이 정서조절을 위해 핵심적인 요소가 될 것이다. 이와 같이 임상가는 각 내담자에게 필요한 정서조절 전략을 평가하여 제공할 수 있다. 이러한 심리치료 작업을 통해, 내담자가 자신에게 문제가 되는 정서에 대한 생각을 수정하고, 정서적 탄력성을 증진할 수 있는 보다 적응적인 해석, 평가 및 전략들을 갖추게 될 수 있기를 희망한다.

정서도식치료는 위에서 논의한 주요 원리에 기반을 두고 있으며, 다양한 개입 전략을 활용한다. 이 장의 나머지 부분에서는 정서와 관련된 해석, 평가, 귀인 그리고 전략들을 다루는 기법을 소개할 것이다. 이러한 기법 각각을 소개할 때, 기법에 대해 설명하고, 개입을 위한 팁과 질문들을 제시하며, 치료 세션에서 기법이 어떻게 활용되는지에 대한 예시, 과제를 제시하는 방법, 각 기법을 활용할 때 가능한 어려움이나 문제점, 그리고 관련 있는 다른 기법들을 제시할 것이다.

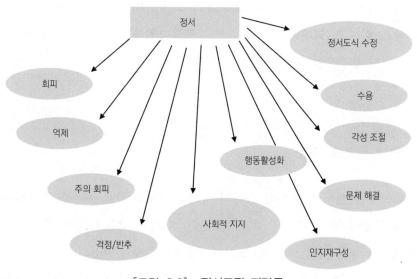

[그림 2.2] **정서조절 전략들**

기법: 정서도식 식별하기(Identifying emotional schemas)

설명

위에서 소개한 대로, 사람마다 자신의 정서 경험을 인지하고, 재인하며, 구별하고, 해석하고 평가하며, 다루는 전략에 있어서 차이가 있다. 내담자가 자신의 정서도식을 이해하도록 돕는 첫 번째 단계는 정서도식 모델과 도식의 개념을 소개하는 것이다. 정서에 대한 부정적인 해석은 정서를 두렵게 만들거나 정서를 견딜 수 없게 만들어, 정서에 압도되거나 조절하지 못할 것 같은 느낌이 들게 하여, 문제가 되는 조절 전략들(예, 걱정, 반추, 폭식, 음주, 억제, 무감각화 등)을 사용하게 한다. 이전에 언급한 것과 같이, LESS(양식 2.1)는 50문항으로 구성된 자기 보고 척도이며, 14개 차원으로 정서도식을 평가한다: 비타당화(invalidation), 이해하지 못함(incomprehensibility), 죄책감(guilt), 정서에 대한 단순화된 관점(simplistic view of emotion), 높은 가치의 결여(lack of higher values), 통제 결여(lack of control), 무감각화(numbness), 주지화(need to be rational), 기간(duration), 낮은 동의(low consensus), 감정의 수용(acceptance of feelings), 반추(rumination), 표현(expression), 그리고 비난(blame). LESS 척도의 개별 문항은 양식 2.2에 있고, 역채점 문항은 괄호로 표시하였다. 이 척도에서 점수가 높을수록 정서에 대한 부정적인 도식을 갖는 것을 의미한다. 현재까지는 LESS에 대한 규준은 마련되어 있지 않다.

개입을 위한 팁과 질문

"우리 모두는 때에 따라 다른 종류의 정서를 경험합니다. 우리는 모두 슬픔, 불안, 두려움, 화, 무망감, 복, 무기력감, 즐거움, 혼란스러움과 같은 다양한 정서를 경험합니다. 제가 평가 척도를 하나 드릴 텐데요, 여기에서 ○○씨가 자신의 감정을 어떻게 생각하는지, 감정이 들 때 어떻게 대처하는지를 물어볼 것입니다" 내담자에게 정서도식의 14가지 차원을 측정하는 LESS 척도를 제공한다(양식 2.1). 내담자가 LESS 척도를 마치고 나면, 치료자는 아래와 같이 이야기할 수 있다. "평가 결과를 같이 보겠습니다. ○○씨는 자신이 느끼는 다양한 감정을 명명하고, 인식하는 데 어려움을 겪는 것 같습니다. 그리고 ○○씨는 이런 감정들에 대해서 어려워하고 부정적으로 생각하는 것 같네요. 예를 들면, 이런 감정이 느껴지는 게 수치스럽거나 정상적이지 않다고 생각하거나, 이런 감정을 느끼는 자신이 독특하고 외로운 사람이라고 생각하는 것 같습니다. 이런 감정들이 어렵기 때문에 감정을 억제하려고 노력을 하는데, 억제하는 노력이 단기간에는 감정의 고통을 피할 수 있지만, 종국에는 상황을 더 악화시키게 됩니다. 이처럼 ○○씨가 감정에 대해 가지고 있는 생각, 감정을 다루는 전략을 정서도식이라고 합니다" 정서도식은 우리가 가지고 있는 정서에 대한 이론이며, 정서를 어떻게 다루는지에 대한 믿음에 대한 것이다.

예시

치료자: LESS 검사지를 보니, ○○씨에게 감정이 잘 이해가 되지 않는 것 같네요. 주변 사람들은 ○○씨가 느끼는 감정을 전혀 이해하지 못한다고 생각하는 것 같아요. 특히 어떤 감정이 그런지 이야기해줄 수 있을까요?

내담자: 저는 때때로 왜 내가 슬프고 멍한 기분에 휩싸이는지 모르겠어요. 설명하기가 어렵고, 아무도 내 감정에는 관심이 없다고 생각해요.

치료자: 네. 그런 감정들이 마음에 드는 것은 참 어려운 일일 거예요. 더구나 그런 어려움을 다른 사람들과 나눌 수 없다는 것도요. 언제 슬픈 감정이 드나요?

내담자: 내가 아파트에 들어오면, 마음에 슬픈 감정과 두려움이 들기 시작해요.

치료자: 집에 왔을 때, 어떤 상황이 되면 기분이 좋아질까요?

내담자: 집에 나를 진정으로 아끼는 누군가가 있다면 기분이 더 나아질 것 같아요.

치료자: 그럼 ○○씨의 슬픔은 외로운 감정과 관련이 있군요. 누군가와 연결되지 못하는 것. ○○씨에게 그런 사람이 있다는 것은 매우 중요한 일인 것 같네요.

내담자: 네. 제가 사랑했던 사람이 곁에 있었고 결혼도 했지만, 그가 떠나고 나서 저는 계속 외로운 것 같아요.

치료자: 이런 슬픔과 외로운 감정이 들 때, 이런 감정이 계속 지속되고 끝이 나지 않을 것 같나요?

내담자: 네. 이런 감정들이 마치 저의 나머지 인생 전체에 가득 차 있는 것 같아요.

치료자: ○○씨는 이런 슬픔을 어떤 방식으로 다루시나요?

내담자: 슬픈 감정이 사그라들어 멍해질 때까지 술을 마셔요.

과제

내담자가 LESS를 작성하지 않았을 경우에는 과제로 척도를 제공할 수 있다. 또한 내담자에게 정서도식 모델(그림 2.1)이 담긴 그림을 주고 살펴볼 것을 권할 수 있다. 정서도식 모델과 LESS 결과를 제공하고, 자신의 정서도식, 즉 감정에 대한 생각과 행동에 대한 예시를 생각해 볼 것을 권할 수 있다. 예로, 치료자는 수치심이나 죄책감에 대한 정서도식이 자신의 삶에 어떤 영향을 미치는지 생각해 볼 수 있으며, 혹은 정서에 대한 기간(얼마나 오래 지속될 것인지)과 통제할 수 없을 것 같은 생각이 문제가 되는 대처 방식(예. 음주, 폭식, 반추 등)과 어떻게 연계가 되는지를 생각해 볼 수 있다.

가능한 문제

많은 내담자가 도식의 개념에 대해 관심을 갖고 유익하다고 생각하지만, 몇몇 내담자들은 자신들의 정서는 실재이고, 자신은 스스로 경험하는 정서에 대해 현실적인 생각과 해석을 하고 있다고 주장하기도 한다. 치료자는 이에 대해, 내담자가 경험하는 정서는 실재라는 것을 공감하고, 내담자가 경험하는 고통이 타당한 것이라는 점을 강조할 수 있다. 정서도식을 이야기하는 것이 내담자의 감정 경험을 판단하거나 부정하려는 것이 아니고, 오히려 내담자의 정서를 더 잘 이해하고 경험하는 것을 돕기 위해 감정을 내가 어떻게 바라보고 해석하는지에 대해 알아보기 위한 것임을 강조할 수 있다. 예를 들어, 우리가 몸에 상처가 났을 때 강한 고통을 경험할 수 있다. 이때 그런 고통이 상처에 대한 정상적인 반응인지, 일시적인 것인지, 치료가 가능한 것인지에 대해 생각해 보는 것과 유사하다.

관련 있는 다른 기법

정서 명명하기, 구분짓기, 정서 모니터링, 활동계획이 도움이 될 수 있다. 정서에 대한 잘못된 신념을 찾아보는 것도 도움이 된다. Linehan(1993b)은 많은 내담자들이 가지고 있는 정서에 대한 공통된 잘못된 신념을 파악해 제시하였는데, 이 책에서는 제4장에서 소개할 것이다.

양식

양식 2.1: 리히 감정 도식 척도(LESS)

양식 2.2: 리히 정서 도식 척도(LESS)의 14가지 차원

▎기법: 가능한 정서를 명명하고 변별하기
(Labeling and differentiating other possible emotions)

설명

제1장에서 정서 중심치료를 이야기하면서 정서를 명명하는 것은 정서 경험을 처리하는 데 중요하다고 강조하였다. 정서를 명명하면서 우리는 그 정서를 회상하고 그 정서가 일어나는 맥락을 인식할 수 있다. 감정표현 불능증(alexithymia)이 있는 사람들은 정서를 명명하는 데 어려움을 겪으며, 정서와 자신의 경험을 연결 짓고, 자신이 경험한 정서를 회상하거나 처리하는 데 어려움을 겪는다. 감정표현 불능증은 이런 의미에서 메타정서(meta-emotion)의 장애로 이해된다(Taylor, Bagby, & Parker, 1997). 전반적인 불안의 수준이 감정표현 불능증과 관련되는 것 같다(Culhane & Watson, 2003; Eizaguirre, Saenz de Cabezon, Alda, Olariaga, & Juaniz, 2004). 85명의 전쟁 참전 군인을 대상으로 한 연구에서 감정표현 불능증은 외상후스트레스장애를 예측하였다(Monson, Price, Rodriguez, Ripley, & Warner, 2004). 또 다른 연구에서는 감정표현 불능증이 외상후스트레스장애의 핵심 증상(정서적 무감각화)이라는 것이 보고되었다(Bandura, 2003). 감정표현 불능증은 또한 불안을 다루는 부적응적인 대처기제와도 관련되는데, 예를 들면 더 많은 양의 음주를 하거나 완벽주의적인 대처를 하려는 것이다(Lundh, Johnsson, Sundqvist, & Olsson, 2002; S.H. Stewart, Zvolensky, & Eifert, 2002).

정서를 변별하기 위해서는 두 가지 방법이 있다. 하나는 고전적인 정서 중심적 기법으로 1차 정서와 2차 정서를 구분짓는 것이다. 예를 들면, 당신이 화가 나지 않는다면, 혹시 이것에 대해 불안함을 느끼나요?(Greenberg & Watson, 2005). 두 번째는 현재는 느껴지지 않지만, 이 상황에서 느낄 수 있는 다른 정서들을 상상해보는 것이다. 두 번째 기법은 정서적 반응에 대한 유연성을 기를 수 있도록 돕는다.

개입을 위한 팁과 질문

"이 일에 대해 화가 나신 것 같네요. 지금은 이 일에 화 이외의 감정은 잘 느껴지지 않지만, 아마도 또 다른 감정들도 있을 것 같습니다. 이런 상황에서는 다른 사람들이 느낄 수 있는 감정의 예를 한번 생각해볼까요? 어떤 사람들은 무관심할 수도 있고, 좋아할 수도 있고, 신기해할 수도 있고, 도전받는다는 느낌을 받을 수도 있고, 심지어는 안도감도 느낄 수도 있을까요?" 치료자는 내담자에게 가능한 감정이 적힌 체크리스트를 주고 생각해보도록 할 수 있다. "누군가 이 상황에 처했을 때, 느낄 수 있는 가능한 감정들을 생각해 보세요. 혹시 지금 느끼는 화의 감정보다 다른 감정을 느꼈으면 좋겠다고 생각하시나요? 그 감정들은 무엇인가요?"

예시

숙희 씨는 친구가 자신을 저녁에 초대하지 않아 속이 상했다고 한다. 치료자는 숙희 씨의 감정이 그럴 수 있고 당연한 반응이라는 점을 공유하고 나서, 이 상황에서 느껴질 수 있는 다른 감정들은 무엇이 있을지 살펴보았다.

치료자: 숙희 씨는 방금 속이 상한다고 했는데요, 그 감정에 대해 조금 더 구체적으로 이야기해주실 수 있는지 궁금합니다.
내담자: 모르겠어요. 그냥 심장이 빨리 뛰고 긴장이 돼요. 그냥 속상해요.
치료자: 속상한 감정이 숙희 씨를 힘들게 하는 것 같군요. 그 감정이 어떻게 느껴지나요?
내담자: 마음이 아프고 상처가 돼요.
치료자: 네. 아플 것 같아요. 지금 느껴지는 또 다른 감정이 있나요? 무엇이 느껴지는지 상

상해보죠. 심상이 빨리 뛰고, 긴장되고, 속이 상하고. 파티에 초대받지 못한 것을 생각해보죠.

내담자: 슬픈 감정이 들어요.

치료자: 네. 그래요. 왜 슬픈지 생각해볼 수 있어요?

내담자: 아무도 나를 상관하지 않고, 내 주변에 있고 싶어 하지 않는다는 생각이 드네요.

치료자: 아무도 나를 원하지 않는다고 생각하면, 또 마음에 느껴지는 감정이 있나요?

내담자: 화가 나요. 사람들이 나를 그런 방식으로 대하는 데 정말 화가 나요.

치료자: 네. 이 상황에서 여러 다른 감정들이 느껴지는 것을 알 수 있네요. 처음에는 속이 상한다고 했고, 상처받았다고 했고, 슬프고 화가 난다고 했어요. 심장도 빨리 뛰고 긴장도 되고요.

내담자: 네. 그 감정들이 내 마음에 모두 있네요.

치료자: 한번 다른 사람이 같은 상황에 처했다고 상상을 해봐요. 그 사람은 상처받고, 슬프고, 화가 난 감정 이외에 또 어떤 감정을 느낄 수 있을까요?

내담자: 내가 그런 감정을 느끼는 것이 잘못된 건가요?

치료자: 아뇨. 숙희 씨가 그런 감정을 느낄 수 있고 당연한 거라고 생각합니다. 다만 이 상황에서 느낄 수 있는 다양한 감정들과 생각들을 탐색해보고자 하는 거예요. 이를 통해서 숙희 씨가 경험할 수 있는 감정의 폭을 확장할 수 있다고 생각해요.

내담자: 불안한 감정이요. 사람들이 나를 좋아하지 않고, 내가 다른 일에도 참여하지 못할까 봐 두려워요.

치료자: 네. 그런 감정이 들 수도 있겠어요. 다른 사람들이 느낄 만한 또 다른 감정이 있을까요? 숙희 씨에게 느껴지지 않는 감정도 포함해서 생각해보죠.

내담자: 어떤 사람 중에는 이런 상황에 별 신경을 안 쓰는 사람도 있기는 할 것 같아요.

치료자: 그런 사람들은 이 상황을 어떻게 생각하길래 신경을 안 쓸 수 있나요?

내담자: 아마도 이 시간에 파티에 안 가고 자기에게 더 필요한 것을 할 수 있다고 생각할 수도 있을 것 같아요.

과제

내담자에게 Greenberg의 정서 중심치료 매뉴얼에 있는 정서 체크리스트와 정서 모니터링 양식을 제공할 수 있다(양식 2.3을 참고하라). 또한 내담자는 정서와 관련된 다양한 생각을 탐색하고, 특정 상황에서 느껴지는 정서를 모니터링하고 명명하는 일을 할 수도 있다. 이 작업을 할 때, 그 상황에서 느껴지는 생각(예, "나는 패배자다")과 이런 생각이 일으키는 정서들(예, 슬픔, 무기력감)을 함께 식별하는 것이 중요하다. 이렇게 해서 생각을 바꿀 수 있는 인지재구성 기법을 활용하거나, 감정을 조절할 수 있는 기법을 활용할 기회가 생긴다. 치료자는 같은 상황에서 느껴질 수 있는 가능한 정서들을 생각해보도록 독려할 수 있는데, 이런 정서들 가운데 내담자가 추후에 같은 상황에 처했을 때 느낄 수 있도록 도울 수 있을 것이다(양식 2.4 참조). 예를 들어, 무관심과 같은 덜 힘든 정서와 생각(예, "잘됐네. 이 시간에 다른 일하면 되지")을 대안적 감정과 생각으로 파악했다면, 추후에 활용할 수 있다. 이런 연습을 통해서 같은 상황에서 보다 유연하게 느끼고 생각할 힘을 길러주며, 이전에 활용하지 않았던 대처 전략을 연습할 수 있다.

가능한 문제

어떤 내담자들을 생각("내가 할 수 있는 일은 아무것도 없어")과 정서("슬픔" 혹은 "무기력감")를 구분하는 데 어려움을 겪는다. 이런 어려움은 피할 수 없고 필연적으로 발생하는데, 이유는 정서(emotions)에는 인지적 해석(cognitive appraisals)이 포함되기 때문이다. 그렇지만 내담자가 정서와 생각을 구분하는 연습을 하는 것은 자신의 감정과 생각에서 한 발짝 떨어지는 메타적 연습을 하는 데 도움이 되므로, 정서(emotion)는 감정(feeling)과 유사하고, 생각(thought)은 믿음(belief)과 유사하다고 이야기하면서 구분을 도와줄 수 있다. 추후 치료 세션에서, 생각은 증거의 측면에서 검토할 수 있고, 감정은 내담자의 주관적 경험의 측면에서 나눌 수 있다.

관련 있는 다른 기법

내담자가 유사한 상황에서 얼마나 다른 감정이 느껴지는지 살펴볼 수 있도록 하기 위해 활동기록지를 제안할 수 있다.

양식

기법: 정서 경험의 정상화(Normalizing emotion)

설명

강박장애를 위한 인지치료에서 주요한 치료 요소는 침습적 사고(원하지 않거나 괴상한 특성을 지님)가 비임상군에 속하는 사람들에게도 상당히 자주 발생한다는 것을 내담자가 깨닫도록 돕는 것이다. 메타인지치료는 내담자들이 침습적 사고의 본식을 다시 평가하고 이해할 수 있도록 돕는 데 매우 효과적이다. 메타인지치료에서 내담자는 생각에 대한 책임이 자신에게 있는 것은 아니며, 생각이 항상 행동을 이끄는 것은 아님을 알게 된다(Clark, 2002; Wells, 2009). 정서도식치료에서 다양한 정서(주로 원하지 않는 정서들)를 정상화하는데, 이를 통해 내담자가 정서를 처리하는 것을 쉽게 도와주고, 자신이 느끼는 방식에 대해 갖는 두려움이나 죄책감을 줄여준다. 다른 사람들도 주어진 상황에서는 비슷한 정서를 갖을 것이라는 것을 알게 되면, 내담자는 덜 외롭다고 느낄 것이며, 정서 경험을 더 잘 이해하게 되며, 덜 "병리적"이 될 것이다. 정서를 정상화하는 것은 결국 내담자의 경험을 타당화하는 것이다.

개입을 위한 팁과 질문

"자신의 감정이 이상하고, 낯설다고 생각하시는 것 같네요. 그리고 아마도 다른 사람은 이런 감정을 느끼지 않는다고도 생각하시는 것 같아요. 말씀하신 질투, 화, 불안의 감정을 같이 살펴보죠. 다른 사람들도 이런 감정을 느낀다고 생각하시나요? 이런 감정을 담은 노래, 시, 소설, 이야기들이 세상에 많이 있잖아요. 주변 친구분들에게 이런 감정들을 느끼는지 물어보실 수 있으세요? 주변 사람들이라 친구들이 이런 감정들을 느낀다면 그 사람들이 이상하거나 비정상적이라고 생각하나요? 왜 그렇지 않죠?"

예시

영서는 남자 친구가 예전 여자 친구와 점심 식사를 하는 것을 알고는 질투를 느끼고 있다. 치료자는 이런 질투의 감정을 정상화하고자 한다.

치료자: 지금 질투를 느끼시는 것 같지만, 동시에 질투를 느낀다는 것 자체에 기분이 나쁘신 것 같아요. 왜 그럴까요?

내담자: 저는 신경증적인 질투심 가득한 여자 친구가 되고 싶지는 않거든요.

치료자: 질투심과 신경증을 동일시하고 계시는 것 같네요. 혹시 친구들에게 영서 씨 남자 친구인 남훈 씨가 전 여자 친구와 점심 식사를 하는 것에 대해 말해 본 적이 있나요?

내담자: 네. 아마 제 친구들 중 몇몇은 제 감정을 완전히 이해할 거예요. 실제로 제 친구중에 한 명은 저 보다 더 기분 나빠했어요. 그리고 다른 친구는 제게 "뭘 걱정해. 남훈 씨는 지금 네 남자 친구인데!"라고도 했어요.

치료자: 지금 영서 씨 이야기를 들어보니, 질투라는 감정은 보편적이고 정상적인 것 같네요. 물론 질투가 상당히 고통스러운 감정이라는 것은 알지만, 영서 씨가 질투를 느끼는 것 자체가 영서 씨에게 무언가 문제가 있다고 생각하는 것은 생각해볼 필요가 있어 보여요.

내담자: 남자 친구가 제가 이렇게 질투를 느끼는 것을 알면, 제가 심리적으로 불안정하다고 생각할까 봐 걱정돼요.

치료자: 질투는 모든 사람들이 느끼는 감정이에요. 그래서 사람이라면 질투를 느끼는 것이 당연하죠. 그리고 질투는 무언가 나에게 중요한 일이 일어나고 있다는 것을 알려주고 있다는 점에 주목해야 해요.

내담자: 무슨 의미죠?

치료자: 자. 영서 씨 남자 친구가 이렇게 이야기했다고 생각해봐요. "영서야 나는 네가 이전 남자 친구랑 저녁을 먹으러 나가도 완전 괜찮아. 나는 그때 무슨 얘기를 했고 무슨 일을 했는지에 대해서 전혀 궁금하지도 않고 물어보지도 않을 거야."

내담자: 이런 얘기를 들으면 무언가 나를 화나게 하려고 한다고 생각할 거 같아요.

치료자: 그렇죠. 질투는 어떤 사람이 내게 매우 중요할 때 느껴지는 감정이고 그 사람이 중요하다는 것을 알려주는 감정일 겁니다.

과제

내담자와 "비정상적"이라고 생각하는 감정들을 생각해보고 적어볼 수 있을 것이다. 그리고 이런 감정들이 정상이라고 생각할 때 얻을 수 있는 장점과 단점을 생각해볼 수 있다. 내담자에게 자신에게는 비정상적이라고 생각되는 감정들(예, 질투, 시기, 화)을 주변 사람들도 느끼는지 일종의 서베이를 해보도록 독려할 수 있다. 내담자는 자신의 감정과 유사한 시, 소설, 이야기 등을 찾아볼 수도 있다. 예를 들어, 내담자가 질투를 느낀다면, 셰익스피어의 『오셀로』와 같은 소설이나 노래를 찾아 볼 수 있다. 온라인에서 자신이 느끼는 특정 감정을 다른 사람들도 느끼는지 찾아볼 수도 있다. 내담자는 양식 2.5(내 정서가 비정상적이라고 생각하는 것의 이익과 손실)를 활용해서 자신이 생각하는 비정상적인 감정들을 실제 비정상적이라고 계속해서 생각하는 것의 장점과 단점을 생각해볼 수 있다. 어떤 내담자들은 자신을 병리화하면, 자신을 더 좋은 방향으로 변화하는 데 도움이 될 것이라고 믿기도 한다. 이런 경우 제9장에서 기술한 인지재구성을 통해 접근해볼 수 있다. 이 외에도 양식 2.6(이러한 정서를 느끼는 다른 사람들을 조사하기)을 이용해서 자신의 정서 경험에 대해 타인에게 물어볼 수 있다. 이러한 시도를 통해 많은 내담자들이 주변 사람들도 같은 정서를 느낀다는 것을 깨닫게 될 뿐 아니라, 내담자가 갖는 감정, 생각, 대처방법 외의 대안도 있음을 배울 수 있다.

가능한 문제

내담자들 가운데에는 남들도 자신과 동일한 감정을 느낀다는 것을 알게 될 때, 오히려 그런 감정 반응 이외에는 방법이 없다는, 혹은 그 감정에서 헤어나올 수 없을 것이라고 생각하기도 한다. 치료자는 내담자가 이런 감정들이 일시적이며, 상황에 따라 바뀔 수 있고, 어떤 대처전략을 사용하느냐에 따라서도 바뀔 수 있음을 알도록 도울 수 있다.

관련 있는 다른 기법

자기 타당화(self-validation)가 정서를 정상화하는 데 도움이 될 수 있다. 또한 정서에 대한 잘못된 믿음을 식별하는 것도 관련된다.

양식

양식 2.5: 내 정서가 비정상적이라고 생각하는 것의 이익과 손실
양식 2.6: 이런 정서를 느끼는 다른 사람들을 조사하기

▌기법: 정서가 일시적임을 이해하기
(Seeing that emotions are temporary)

설명

사람들이 정서에 대해 갖는 두려움 중 하나는 이런 고통스러운 정서가 끝나지 않고 하루 종일 지속될 것이라는 것이다. 이런 태도는 정서를 없애고 싶어 하도록 하며, 결국 실망, 불안, 정서를 견디지 못하는 결과를 낳게 된다. 정서가 일시적이라는 것을 이해하기 위해 내담자는 잠시 시간을 두고 정서에서 한 발짝 떨어져 관찰하면서, 하루 동안 경험한 정서들과 그들의 강도를 기록해 볼 수 있다. 이런 연습을 통해 하루 동안 정말 다양한 종류의 긍정적, 부정적, 중립적 정서들이 나타났다가 사라지는 것을 볼 수 있을 것이고, 이것은 마치 우리가 하는 걱정이 들었다 나가는 것과 유사하다.

개입을 위한 팁과 질문

"때때로 우리는 고통스러운 감정들이 사라지지 않고 계속 지속될 것 같다는 두려

움을 느끼곤 합니다. 하지만 감정들은 일시적이고 순간순간 바뀌는 속성을 가지고 있습니다. 지금은 느끼지 않지만 과거에 느꼈었던 감정들이 있나요? 우리가 함께 대화를 하는 도중에도 우리의 감정이 계속 변한다는 것을 알아차리셨나요? 감정의 강도가 높아졌다가 낮아졌다 하나요? 감정의 기복이 생길 때 우리가 하는 행동이나 생각에도 변화가 생기나요? 어떤 일이 생기나요? 치료자는 내담자에게 감정이 실제 일시적이라고 믿는다면 결과가 어떻게 바뀔 것 같은지 물어볼 수 있다. 이런 감정들이 덜 두려울까요? 이런 감정들을 다루기 위해 덜 위험한(해가 되는) 전략을 사용하지는 않을까요?"

예시

치료자: 외로움이 ○○씨를 많이 괴롭히고 있는 것 같네요. 이전에 제게 이렇게 말씀하셨는데요. "나는 항상 외로워요. 외로움은 정말 강렬해요."

내담자: 네. 제가 일 마치고 빈 아파트에 들어가면, 이 외로움에 압도되는 느낌을 받아요. 그리고 바로 나는 평생 외로울 거라는 생각이 들어요.

치료자: ○○씨가 평생 외로울 거라는 생각이 들면 정말 힘들 것 같아요. 이 생각이 정말 사실과 가까운 것인지 한번 살펴보도록 해요. 예를 들면, 어제저녁에 외로움 말고 다른 감정들은 어떤 것이 있었나요?

내담자: 어제저녁에는 TV를 보았는데, 제가 좋아하는 프로그램이라 푹 빠져서 봤어요.

치료자: 어제저녁에는 강한 흥미를 느끼셨군요. TV를 보면서 또 다른 감정은 어떤 것이 있었나요?

내담자: 그 예능 프로그램이 마지막에는 꽤 흥미롭더라고요.

치료자: 그 예능 프로그램은 저도 좋아하는 프로그램이에요. 그 프로그램을 보던 중에 말고 언제 또 다른 감정을 느끼셨나요?

내담자: 음. 샤워하고 나서 제가 좋아하는 음악을 들었는데 편안했어요.

치료자: 네. 좋습니다. 이야기를 들어보니, ○○씨의 외로움은 다른 감정들이 느껴질 때는 조금 누그러졌던 것 같네요. 이런 점이 '감정은 일시적이다'라는 것을 알려주는 예입니다. 감정은 순간순간 바뀌기도 하구요.

과제

이 기법을 연습하기 위해서 몇 가지 자기 연습 과제를 제안할 수 있다. 활동기록지에 활동, 생각, 감정(감정의 강도)을 기록할 수 있다. 이 연습을 통해 감정은 활동, 하루의 시간, 생각, 다른 상황 요소에 따라 바뀐다는 것을 알 수 있다. 또한 감정이 일시적이라고 믿는 것의 비용 혜택을 분석해볼 수 있고, 하나의 감정에 몰입되지 않고 다양한 감정들을 느껴볼 수 있도록 계획을 세워볼 수도 있다. 양식 2.7(활동 계획, 감정 그리고 생각)과 양식 2.8(정서가 일시적임을 믿는 것의 이익과 손실)을 활용하여 정서가 어떻게 변화하는지, 정서가 변화하는 것을 인식할 때 어떤 변화가 나타나는지를 볼 수 있다. 예를 들어, 활동, 정서 생각 기록지에서 특정 정서와 그것의 강도는 활동, 생각, 관계, 하루 중의 시간(아침, 점심, 오후, 저녁 등)에 따라 변화하는 것을 볼 수 있어, 정서가 고정되어 있거나 영속적인 것이 아님을 보여준다. 또한 내담자는 정서가 변화하는 속성을 가지고 있음을 깨달을 때 얻는 비용과 혜택을 인식하게 도와주어, 정서가 "영원할" 것이라는 믿음에서 벗어날 수 있도록 돕는다.

가능한 문제

몇몇 내담자들은 정서가 일시적이라고 믿는 것이, 자신들이 겪는 정서적 고통을 과소평가하고, 치료자가 고통의 크기를 이해하지 못하는 것이라고 불평하기도 한다. 치료자는 이럴 때 변화와 타당화 사이의 균형이 중요함을 강조할 수 있다. 즉, 과거에 자신이 겪은 혹은 현재 겪고 있는 감정의 고통을 타당화하는 것과 여기에서 한걸음 나아가 변화하는 것 사이의 균형을 생각해보고 선택을 할 수 있음을 이야기할 수 있다.

관련 있는 다른 기법

자비 명상 훈련, 타당화 연습과 자기 타당화 연습이 도움이 될 수 있다.

양식

▌기법: 정서를 더 수용하기(Increasing acceptance of emotion)

설명

정서조절의 어려움을 겪는 많은 내담자들은 걱정이나 강박장애로 고생하는 사람들이 침습적 생각을 없애야만 한다고 생각하듯이 불필요한 정서는 없애야만 한다고 믿는다. 이들은 정서가 결국 자신들을 압도할 것이고, 무능하게 만들 것이며, 없애지 않는 한 계속 지속될 것이라고 생각한다. 그래서 감정을 가능한 한 빨리 없애야 한다는 긴박함을 지닌다. 생각을 억제하거나 통제하려는 전략들이 결코 성공적이지 않고, 오히려 통제되거나 억제되지 않는 생각에 더 영향을 받는 것처럼, 정서 억제 전략이나 정서를 없애야 한다는 긴박함은 유사한 결과를 가져온다.

정서의 수용은 단순히 정서가 좋다거나 나쁘다고 믿거나 판단하는 것이 아니라, 그 순간에 느껴지는 정서 경험을 무비판적으로 인정하는 것이다. 정서를 수용하는 연습을 하면서 정서에 대한 긴박함이나 정서를 없애려는 노력에서 벗어날 수 있다.

개입을 위한 팁과 질문

"○○씨가 겪고 있는 감정들(불안, 슬픔, 화, 질투)을 받아들이기 어려운 것 같네요. 이런 감정들을 받아들이는 것의 이점과 단점은 무엇이 있을까요? 정서를 받아들이면 어떤 일이 일어날 것이라고 생각하세요? 정서를 받아들이게 되면 기존에 가지고 있던 생각, 행동, 타인과의 관계, 대처방법 중에 포기해야만 하는 것이 있을까요? 현재 어떤 감정을 가지고 있다는 사실을 받아들이면, 혹시 이전에 하지 않았던 어떤 다른 행동, 경험, 관계에 더 집중하게 될 수 있을까요? 예를 들어, 만약 당신이 불안한 것을 받아들이고, '내가 지금 불안하다는 것을 알아'라고 말을 한다면, 이때 '(불안함에도 불구하고) 나에게 보상이 되는 어떤 것을 할 수 있을 거야'라고 말할 수 있을까요?"

예시

내담자가 자신의 빈 아파트에 돌아와 외로움을 느끼고, 이런 외로운 감정을 없애야만 한다는 일종의 두려움과 불안에 휩싸였다.

치료자: 이런 외로움의 감정이 ○○씨에게 매우 고통스럽다는 것을 알겠어요. 그리고 이런 고통을 느끼면 술을 마시게 되는 것도요. 외로움의 감정을 받아들일 수는 없다고 생각하시나요?

내담자: 이 감정을 그냥 없애버렸으면 좋겠어요. 그냥 아무런 감정도 느끼고 싶지 않아요.

치료자: 무감각하게 만드는 것이 많은 사람들이 이런 경우 사용하는 전략 중에 하나입니다. "나는 이 감정을 받아들일 수 없고, 견딜 수도 없어"라고 말하는 것과 같아요. 하지만 이 감정을 받아들이기 보다 없애려고 노력해왔는데, 어떤 결과가 나타났나요?

내담자: 취할 때까지 술을 마셔요. 외로운 것이 무서워요.

치료자: 이렇게 한번 상상해보죠. ○○씨의 감정, 외로운 감정을 방금 나타난 방문객이라고 상상해보세요. 방문객으로 그냥 그 자리에 있다고요. 큰 저녁 식사 모임에 온 손님 중 하나이고요. 이 모임에는 많은 다른 손님들이 있어요. "외로운 감정"은 그 중 한 명의 손님입니다.

내담자: 흥미로운 이미지예요. 마치 제 가족 중 한 명 같은 느낌이 들어요.

치료자: 네. 그렇게 느껴질 수 있어요. 이미 가족이라고 하신 것 보니, 상당히 익숙하게 느껴지고 그 감정에게 친절하고 존중하는 것 같은 느낌이 드네요. 하지만 그 손님이 모임의 모든 중심이 되도록 하지는 말죠. 다른 손님들도 있고 다른 할 일들도 있으니까요.

내담자: 외로운 감정을 손님이라고 생각하는 것이 조금 생소하네요. 하지만 이런 방식으로 생각해 볼 수 있을 것 같아요.

치료자: 도움이 될 만한 다른 기법은 감정이 ○○씨의 몸에 들어오는 것을 상상하고 느껴보는 거예요. 외로운 감정을 느낄 때 몸의 어디에서 느낄 수 있나요?

내담자: 제 가슴에서 위쪽으로 무거운 무언가가 짓누르는 느낌이에요. 이 감정을 내보내고 싶어서 매우 피곤하지만 동시에 초조하기도 해요.

치료자: 소진되는 느낌이고 그 느낌에서 빨리 벗어나고 싶군요. 그래서 초조하기도 하고요.

내담자: 맞아요.

치료자: 좋습니다. 자. 이제 그 감정이 당신의 가슴으로 들어오고요. 그것에 둘러싸여 있는 느낌이네요. 그 감정이 그냥 몸 안으로 들어오게 해보죠. 당신은 바위이고, 잔잔한 물결이 쳐서 바위를 흠뻑 적시고 다시 빠져나가는 것과 같습니다. 그다음에는 다시 다른 감정의 물결이 들어오고 나갑니다.

내담자: 냇가에 바위라고 상상하라는 거죠. 흠. 저는 항상 감정을 없애고만 싶어 했는데, 지금은 그 감정이 저를 적시고 가는 것을 상상하고 있어요.

치료자: 당신은 바위이고, 무덤덤하고, 강하며, 그 감정이 들어왔다 나가는 것을 바라보고 있어요. 그 감정이 물속으로 다시 합쳐지고 강물이 계속 흘러가는 것을 보고 있습니다.

내담자: 이렇게 상상하니 편안해지네요.

치료자: ○○씨가 빈 아파트에서 외로움의 감정이 들 때, 스스로에게 이렇게 말할 수 있습니다. "지금 이 감정을 없앨 필요는 없어. 나는 이 감정을 받아들이고 견딜 수 있어. 그냥 파티에 손님이 오듯이 반길 뿐이야."

내담자: 제가 이제까지 느끼고 경험한 것과는 상당히 다르네요.

치료자: 네. 마음에 드는 감정을 받아들이지 않으면 결국 그 감정과 싸움을 하게 됩니다. 그러니 대신 이렇게 말해보는 거죠. "너 여기 또 왔구나. 다시 한번 환영한다. 나는 지금 바빠서 다른 사람들과 할 일을 하고 있을 테니, 너는 여기에 앉아 쉬고 있으렴" 그리고 나서 ○○씨가 좋아하는 일을 하는 겁니다.

내담자: 그럼 외로운 감정은 어떻게 되는 거죠?

치료자: 아마도 거기에 계속 있을 수도 있겠죠. 하지만 상황의 배경 속으로 가 있을 거예요. 외로움의 감정에 초점을 두지 않고, 대신 더 중요하고 즐거운 일에 집중을 하니까요.

과제

리히 박사의 저서 『우울이 나를 집어 삼키기 전에 우울을 이겨라』(2010)에 소개된 반추에 관한 장에, 침습적인 생각과 감정을 다루는 여러 가지 방안이 소개되어 있다. 내담자는 감정과 감각과 싸우기 보다, 어울리며 마치 바위에 물결이 왔다가 사라지듯이 상상해 보는 연습을 할 수 있다. 양식 2.9(어려운 감정들을 받아들이는 방법)를 제공할 수도 있다. 감정을 수용하는 방법의 예로 이렇게 연습해 볼 수 있다. "감정과 싸우지 말고, 그대로 두세요. 한 발짝 떨어져 바라보세요. 그 감정이 둥둥 떠 오다가 옆으로 지나가는 것을 상상하세요. 매 순간 감정이 오르락내리락하거나, 다가왔다가 멀어지는 것을 바라보세요"

가능한 문제

몇몇 내담자들은 정서를 수용하는 것이 고통에 굴복하는 것과 같다고 생각하기도 한다. 정서에 대항하기를 포기하는 것이 정서를 다루기 위해 아무것도 하지 않는 것을 의미하지는 않는다. 마치 비가 내리는 것을 그대로 둔다는 것이 내가 우산을 쓰고 있지 않은 것을 의미하지 않는 것과 같다. 다양한 정서를 인식하고, 마음속에 정서를 위한 공간을 마련하는 것은 더 의미 있고 가능성 있는 삶의 관점으로 정서를 통합하도록 돕는다. 주의 훈련 연습을 통해 어떤 것에 함몰되지 않으면서도 그 존재를 인식할 수 있음을 알 수 있다. 예를 들어, 내담자가 불안하다고 이야기할 때, 사무실에 있는 책의 모든 색이 어떤지 물어볼 수 있다. 내담자가 대답을 할 때 불안이 줄어든다. 내담자가 자신의 불안을 인식하면서도 동시에 자신의 주의를 다른 곳에 돌릴 수 있다는 것을 보여준다. 정서의 수용이 비유연성이나 그 순간에 특정 정서에 함몰된다는 것을 의미하지 않는다. 치료자는 현재의 순간에 불안한 감정을 수용하면서도, 그 정서를 바꿀 수 있는 행동을 할 수 있다는 점을 지적할 수 있다. 또한 수용은 반추를 의미하지 않는다. 사실, 반추는 일종의 경험적 회피이다. 예를 들어, 내가 슬프다는 것을 수용하는 것은 내가 "대답하기 어려운 질문(예, 이런 일이 왜 나한테 생겼지?)"에 대해 계속 반추할 필요가 없다는 것을 의미하기도 한다. 오히려 슬픈 감정을 수용하는 것은 반추와는 다른 결과를 가져온다. "나는 내가 슬프다는 것을 인정해. 이게 바로 내가 지금 느끼는 거야. 하지만 슬픔이 알려준 것처럼 (지금 나한테 빠져 있는) 나한테 더 가치있는 목표(예, 중요한 사람에게 잘 하는 것, 중요한 일을 달성하기 위해 노력하는 것 등)를 이루기 위해 어떤 목표에 부합하는 행동을 할 수 있어"

관련 있는 다른 기법

마음챙김 훈련을 함께 할 수 있다. 수용과 의지(willingness) 훈련 또한 도움이 될 것이다.

양식

양식 2.9: 어려운 감정들을 받아들이는 방법

▌기법: 복합적 감정을 견디기(Tolerating mixed feelings)

설명

불안한 사람들은 불명확성을 견디기 어려워한다. 실제, Dugas, Ladouceur, 그리고 그들의 동료들은 걱정이 많은 내담자들에게 불명확성을 견디는 능력을 향상시켜 범불안장애를 치료하는 데 진보를 이루어냈다(Dugas & Robichaud, 2007; 또한 Wells, 2009를 참고하라). 사실, 불명확성을 견디지 못하는 것은 강박적 침투사고에 대한 부적응적인 평가가 내재해 있고, 결과적으로 반추하는 과정으로 연결된다. 사람들은 불명확성을 줄이기 위해서 걱정이나 반추의 전략을 사용하는데, 이러한 전략은 결국 무책임감과 함께 부정적인 결과를 낳는다. 복합적이고 양가적인 감정들은 정서적인 불확실성을 띠는데, 이유는 어떤 사람, 경험 혹은 자신에 대해서 상치되는 감정을 경험하게 되기 때문이다. 이러한 양가적 감정을 느낄 때, "내가 실제 느끼는 것은 무엇이지?"라고 생각하며, 불안과 "혼란"을 경험한다. 하지만 단 하나의 감정("나는 실제 그를 좋아해" 혹은 "나는 실제 그를 좋아하지 않아")만을 느끼는 것은 많은 경우 비현실적인데, 이유는 사람들은 상당히 복잡하고, 상황은 계속 변화하며, 같은 상황에서도 사람들의 행동이나 반응이 바뀌며, 사람의 특질보다 상황의 영향이 더 큰 경우가 많기 때문이다. 실제, Michel은 "특성 심리학"을 거부하고, "사람 상황"

상호작용의 개념을 채택했는데, 이유는 이렇게 사람의 특성과 상황이 상호작용하는 것을 보는 것이 과학적으로 더 타당하기 때문이다(Dugas, Buhr, & Ladouceur, 2004; Mischel, 2001; Mischel & Shoda, 2010).

양가성, 모호함, 불확실성을 고려하고 다소 견뎌내면 이점을 얻을 수 있다. 첫째, 특성(시간과 장소에 상관없이 유지되는 특성)에 대한 추론은 행동을 예측할 때, 맥락이나 상황을 고려할 때보다 덜 정확하다. 그래서 특질들은 실제로는 "미신"일 가능성이 높고, 모호함이나 불확실함을 유지하는 것이 더 현실적인 판단일 수 있다. 한 개인의 행동이 특질에 기반한다기 보다는 맥락이나 상황에 따라 변한다고 보는 것이 더 정확하기 때문에, 어떤 사람의 행동이나 상황을 파악할 때 일종의 모호함이나 불확실성을 견뎌내며 시간을 가지고 파악하는 것이 필요하다. 둘째, 다양성과 맥락을 고려할 때, 행동의 유연성을 높일 수 있는 가능성이 높다. 예를 들어, 당신이 다양한 맥락과 행동의 결과에 따라 행동을 달리할 수 있다는 것을 이해하면, 일관된 특성에 대해서는 불확실함을 가질 수밖에 없지만, 당신이 나에게 더 기분 좋게 행동할 수 있도록 돕기 위해 다양한 강화물을 생각할 수 있을 것이다. 우리 연구에 따르면 결혼 불만족을 예측하는 주요 변인은 이런 복합적이고 모호한 감정들을 견디지 못하는 것으로 나타났다(Leahy & Kaplan, 2004).

복합적 감정들을 수용하는 기법은 내담자들이 감정들을 분별하고, 변증법적인 방식으로 감정들을 바라볼 수 있도록 돕는다. 복합적 감정들을 수용할 때, 우리는 다양한 감정들, 그들의 복잡성을 인지하고, 인간 본질의 현실을 이해하게 된다. 실제, 우리는 감정들이 "모순되는가?" 혹은 "상호보완적인가?"라는 질문을 던질 수 있다. 예를 들어, "붉은 색과 푸른 색이 서로 상호보완적인가? 악보에 있는 특정 음표들은 서로 상호보완적이어서 멜로디를 구성하는가?"라는 질문을 할 수도 있다. 감정은 색이나 음들과 같이 서로 모순되지 않는다. 다만, 논리적이지 않을 수는 있다. 정서를 일차원적이고 논리적인 경험으로 보게 되면, 정서가 서로 다른 관점들, 인식, 욕구 그리고 삶의 미묘한 뉘앙스를 담고 있다는 사실을 왜곡하게 된다.

개입을 위한 팁과 질문

"복합적인 감정을 수용할 때 얻는 이득이 있나요? 불이익은 무엇일까요? 복합적 감정을 생각할 때, 단순히 상황에 대해 더 많이 알게 되는 기회로 생각할 가능성도 있나요? 사람들에게 하나의 감정만을 느끼기에는 상당히 복잡하지 않나요? 복합적 감정은 그러한 사람의 복잡성을 반영하는 것으로 생각해볼 수 있을까요? 다른 사람들도 복합적인 감정을 느끼나요? 당신의 친구들이나 가족들에게 복합적인 감정을 느끼고 있나요? 그 사람들도 당신에 대해 복합적인 감정을 느끼고 있을까요? 복합적인 감정이 어려운 것이 일종의 완벽주의와 관련이 있을까요? 만약 당신이 복합적인 감정들을 수용하거나 견뎌낸다면, 덜 걱정하고 덜 반추하게 될까요?"

예시

젊은 여성이 자신의 약혼자에 대해 복합적인 감정을 느끼고 있다. 약혼자의 어떤 측면은 상당히 좋아하고 가치 있게 여기지만, 또 다른 측면들은 자신을 화나게 하고 짜증나게 한다. 그 젊은 여성은 자신이 정말로 약혼자에게 느끼는 감정이 무엇인지 모르겠다고 호소한다.

치료자: 약혼자인 영수 씨에게 복합적인 감정을 느끼는 것을 이해하기 어렵다고 생각하는 것 같아요. 이런 복합적인 감정들이 왜 ○○씨에게 어려운지 궁금합니다.

내담자: 내가 놓치고 있는 것이 있는 것 같아서요. 내가 복합적인 감정을 느끼고 있다면, 그건 제가 실수한다는 의미인 것 같아요.

치료자: 자. 스스로를 위해 옳은 결정을 하는 것은 중요합니다. 그런데 ○○씨는 복합적인 감정과 "실수"를 동일시하는 것 같네요. [치료자와 내담자는 약혼자로서의 영수 씨의 장점과 단점을 살펴보았다. 그리고 영수 씨는 약혼자로서 80%의 장점과 20%의 약점을 가지고 있다고 판단했다.] 80-20으로 영수 씨에게 좋은 점수를 주셨네요. 지금은 어떤 감정이 드세요?

내담자: 영수 씨가 많은 장점이 있다는 것을 알아요. 사실 꽤나 괜찮은 사람이고, 제가 만났던 사람 중에는 최고의 남자예요. 하지만 지금과 같은 혼란스런 감정을 가지고 이런 결정을 하는 것이 불편해요.

치료자: ○○씨는 혼란스런 감정을 나쁜 것이라고 생각하는 것 같네요. ○○씨의 인생에서

장점과 단점이 없었던 의사결정이 있었나요? ○○씨가 오래 사귄 친구 중에 혼란스럽거나 복합적인 감정을 느끼지 않는 사람이 있나요?

내담자: 선생님 말씀이 맞는 거 같아요. 하지만 그 사람들은 제 친구이지, 제가 결혼할 사람은 아니잖아요.

치료자: 결혼한 사람들은 서로에게 복합적인 감정이 없다고 생각하세요?

내담자: 그렇지는 않죠. 제 부모님만 봐도요. 그런데도 제 부모님은 현재 35년 결혼생활을 하고 계시죠.

치료자: 복합적인 감정을 느낀다는 것은 그 사람을 아주 잘 알고 있다는 것일 수 있어요. 복합적 감정을 바라보는 다른 방식은 (복합적 감정을 느끼고 있다는 것을) 받아들이고, 견디고, 판단하지 않는 거예요.

내담자: 하지만 내가 이런 감정들을 받아들이며, 내가 이 상황에 만족한다는 것을 의미하지는 않나요?

치료자: 우리가 중요한 결정을 할 때마다, 장점과 단점을 고려하고 어느 정도 균형이 맞춰지면 만족하지 않나요? 이렇게 말하면서요. "뭐 완벽하지는 않아도, 이 정도면 꽤 괜찮아"

내담자: 제 생각에는 영수 씨도 제게 복합적인 감정을 느끼고 있을 것 같아요.

치료자: 바로 그 점이 두 분이 서로 매우 잘 알고 있다는 증거일 수 있어요. 그리고 그런 점이 바로 사람들은 매우 복잡한 존재이고, 그래도(복잡해도) 괜찮은 거라는 것을 말하는 것이기도 하죠.

과제

내담자에게 양식 2.10(복합적 감정의 예시)과 양식 2.11(복합적 감정 받아들이기의 이득과 손실)을 제공하고 작성하도록 제안할 수 있다.

가능한 문제

몇몇 내담자들은 복합적인 감정들을 견디는 것이 자신을 혼란스럽게 하고 결국에는 무기력하게 한다고 믿기도 한다. 이런 분들은 어떤 상황이나 대상에 대해서 느낄 수 있는 단 하나의 감정이 있다는 가정을 하는데, 그래서 그 단 하나의 감정을 찾기 위해서 노력한다. 이런 가정을 지닌 내담자에게는 "그림 그림기"의 비유를 제공해볼 수 있다. "하나의 그림에 하나의 색깔만 사용할 때와 다양한 색깔을 사용할 때 어떤 그림이 더 표현에 있어 풍부하거나 작가의 의도를 잘 드러내거나 더 많은 정서를 표현할 가능성이 높을까요?"

관련 있는 다른 기법

양식 2.3(감정 기록지)은 같은 상황이나 다른 상황들에서 느낄 수 있는 다양한 감정을 인식할 수 있도록 돕는다. 또한 생각과 감정이 자동적 사고와 더불어 어떻게 변화하는지를 모니터링하는 것은 생각과 감정이 지속적으로 변화가능하다는 것을 보여주기에 도움이 되며, 다양한 감정과 생각이 복합적으로 존재할 수 있다는 것을 보여주기도 한다.

양식

양식 2.10: 복합적 감정의 예시
양식 2.11: 복합적 감정 받아들이기의 이익과 손실

▌기법: 정서를 목표로 삼기(Exploring emotions as goals)

설명

Greenberg와 Safran은 어떤 감정 경험은 1차적이고, 다른 감정 경험은 2차적이 될 수 있다고 기술하였다(Greenberg & Safran, 1987, 1990). 예를 들어, 내담자가 화의 감정을 보이지만, 화의 기저에는 불안의 감정이 있을 수 있다. 내담자 자신에게 불안이 더 견디기 어렵고 더 위협적이기 때문에 내담자는 불안을 대체하여 화를 내곤 한다. 정서도식 모델에서 정서는 그 자체로 목표가 될 수 있고, 이를 통해 감정에 고착된 상태에서 자유롭게 되도록 도울 수 있다. 우리는 때때로 감정이 왔다가 가는 것처럼 "감정이 그저 우리에게 생기는 일"로 생각한다. 이런 생각은 우리는 감정의 피해자로 여기게 하고, 감정의 피해자가 된 우리는 감정이 마음속에 들도록 허용하는 것이 두렵고, 감정을 어떻게 해서든 없애거나 통제하려고 노력하게 된다. 하지만 마음속에 드는 그 감정만이 우리가 경험하거나 할 수 있는 모든 감정일 리는 없다. 어떤 일에 대해 화가 난 내담자는 (그것과는 다른 결과를 낳았던) 다른 일에 대해서는 감사하는 감정을 느끼고 있을 수 있다. 실망의 감정은 또 한편으로는 호기심을 불러일으킨다.

뷔페에 가서 먹고 싶은 음식을 고르는 것처럼, 오늘 내가 목표로 하는 감정을 선택해볼 수 있다. 현재 순간을 보다 즐기기 위한 DBT 기법과 유사하게(Linehan, 1993a, 1993b) 정서도식치료에서도 어떤 정서를 내가 느낄지를 결정할 수 있다고 본다(Greenberg & Safran, 1987; Leahy, 2010). 정서도식치료는 긍정심리학을 중요하게 생각하는데, 특별히 스트레스에 반하여 작동하는 긍정적인 정서의 역할에 주목한다. 양식 2.12에서 Fredrickson이 식별해놓은 10가지 가장 중요한 긍정정서를 소개하였다(Fredrickson & Branigan, 2005; Fredrickson & Lasada, 2005).

다음에 기술한 전략들이 정서를 목표로 삼는 데 도움이 될 것이다. (1) 선택지를 인식하기("당신은 지금 마음속에 드는 감정을 경험하고 그 감정에 초점을 둘지, 다른 감정을 살펴볼 기회를 가질지 결정할 수 있습니다," "현재의 정서 이외에 다른 정서를 느끼는 것은 당신의 삶에서 어떤 이점이 있을까요?") (2) 정서를 목표로 설정하기("자신을 위해 어떤 정서를 만들고 싶으세요? 행복, 호기심, 감탄, 공포, 혼란, 도전, 고마움?") (3) 기억과 심상을 활성화하기("'자랑스러운' 감정을 선택해보죠. 눈을 감고 지난 삶에서 어떤 것에 자랑스러워 했던 순간을 떠올려 보세요" – 치료자는 내담자가 기억, 심상, 생각, 감각, 감정을 통해 떠올릴 수 있도록 심상유도 기법을 사용할 수 있다); 혹은 가족 앨범을 이용하여 지난 기억을 회상해 볼 수 있다) (4) 실제 감정을 불러일으킬 활동을 계획할 수 있다("다음 주에 스스로 혹은 다른 사람들이 자부심을 갖도록 한다면, 어떤 활동을 할 수 있을까요? ○○씨가 할 수 있는 일이 무엇이 있을까요? 사소하고 작은 일부터 생각해보죠"). 또한 전통적인 활동계획도 내담자가 자신이 하는 활동에 따라 다른 감정들이 생긴다는 것을 인지할 수 있도록 돕는 데 활용할 수 있다.

개입을 위한 팁과 질문

"현재 어떤 감정을 느끼고 계신 것 같고, 이 감정 때문에 괴로우신 것 같아요. 지금은 이 감정이 나쁘게 생각되는 것이 이해가 됩니다. 잠시 이 감정을 몇 분간 찬장의 선반 위에 올려놓는다고 생각하고, ○○씨가 원하는 다른 감정들은 어떤 것이 있나 생각해볼까요?" 예를 들어, 치료자는 이렇게 말할 수 있다. "일이 잘 진행되지 않아 매우 실망스러우신 것 같아요. 무관심한 감정을 한번 느껴보는 것을 목표로 한다면, 어떤 생각을 해야 할까요?" 혹은 "이 일이 ○○씨를 매우 화나게 만드는 것 같네요. 이 화나는 감정을 몇 분간만 선반 위에 두고, ○○씨의 삶에서 일어나는 다른 일들을 한번 생각해보죠. 예를 들면 ○○씨가 최근에 감사했었던 일을 다시 상상해 보는 것도 방법일 것 같아요. 이 생각을 할 때 어떤 생각과 심상이 떠오르나요?"

예시

용석 씨는 직장 동료들에게 화가 났고 실망했다. 용석 씨는 그의 동료들이 옹졸하고 부당하다고 호소했다. 용석 씨는 동료들 때문에 직장에서 자신의 일을 완수하는 데 어려움이 있다고 보고했다.

치료자: 지금 상당히 화가 나 있는 것 같고, 이 상황에서는 누구나 그렇듯이 용석 씨도 화가 나는 것이 당연한 것 같습니다. 동료들이 용석 씨를 부당하게 대우했네요. 하지만 현재 화나는 감정에 휩싸여 있는 것이 용석 씨를 마치 덫에 걸린 것처럼 느끼게 하는 것 같기도 합니다.

내담자: 네. 이 일에 대해 계속 곱씹게 됩니다. 화가 나고, 실망스럽고요. 도저히 다른 일을 할 수가 없어요.

치료자: 이 일에 대해 화나는 감정이 든다는 것을 우리는 잘 인지했어요. 오늘은 조금 다른 연습을 해보려 합니다. 이 사건에 대해 다른 종류의 감정을 탐색해 보는 거예요. 지금 화나는 감정이 매우 크지만, 그 감정을 몇 분간만 찬장의 선반 위에 잠시 올려 놓는다고 상상해보죠. 그리고 이 상황에서 느낄 수 있는 다른 감정들이 또 있을지 생각해보는 거예요.

내담자: 어떻게 하는 것인지 잘 이해가 되지 않네요.

치료자: 자. 동료들에게 두 가지 정도의 다른 감정이 마음에 든다고 하죠. 하나는 무관심, 그리고 다른 하나는 호기심. 만약 이 두 가지 감정이 용석 씨의 마음에 든다면 어떨 것 같으세요?

내담자: 훨씬 덜 화가 날 것 같아요.

치료자: 네. 그렇죠. 아마 화나는 감정에 덜 휩싸여 있을 거예요. 좋습니다. 한번 노력을 해서 무관심의 감정을 느껴보도록 해보죠. "그 사람들이 뭐라고 생각하든 난 진짜 상관 안 해"라는 태도예요. 진짜 무관심의 평정심과 자유로움을 느낄 수 있도록 하려면 어떤 생각을 할 수 있을까요?

내담자: 아마도, "그 사람들은 원래 그렇고, 앞으로도 절대 변하지 않을 거야. 난 이 상황에서 내가 할 수 있는 건 다 했어. 그 사람들, 이전에도 지금도 내게 필요한 사람들이 아니야. 그렇다면 내가 왜 그 사람들의 생각에 신경을 써야 하지? 내가 그 사람들한테 원하는 것도 아니잖아."라고 생각할 수 있어요.

치료자: 좋습니다. 진정 무관심의 경지에 오른 것 같이 들리네요. 이번에는 이번 일에 대해 호기심을 발동시켜 보죠. 예를 들면, 이번 일에 대처할 수 있는 몇 가지 전략들을 찾아본다면 어떨까요? 대안책들에 대해 호기심을 발동시켜보는 거예요.

내담자: 아마도, 그 사람들하고 어떻게 일을 해 나갈지 생각해 볼 것 같아요. "이제까지 했던 일 말고 다른 방법이 있을까?" 하는 생각이요. 이 회사와 이 사람들에 대해 내가 들어왔던 모든 것을 조합해서 이번 일을 어떻게 이해하면 좋을지 생각할 수 있을 것 같아요. 이런 생각을 해보면 "이번일이 발생한 건 전혀 놀라울 일도 아니잖아?"라는 결론에 이를 것 같네요.

치료자: 호기심을 가져 본 것이 어땠나요?

내담자: 괜찮았던 것 같아요. 하지만 저는 무관심의 감정이 더 편했어요.

치료자: 네. 좋습니다. 그럼 이번 일에 대해 용석 씨는 무관심을 느껴보는 것을 목표로 잡아보죠.

과제

양식 2.12를 사용하여 대안적이고, 더 즐겁고 혹은 더 보상이 되는 감정을 찾아보는 것을 과제로 부여할 수 있다. Greenberg의 감정 기록지를 활용할 수도 있다. 내담자는 정서를 이끄는 활동들과 생각들을 적어볼 수 있고, 이를 위해 양식 2.13을 활용할 수 있다(감정 목표 세베이). 양식 2.13에서 내담자는 새로운 정서를 목표로 작업할 수 있는 방안을 제안한다. 이러한 연습은 정서를 경험함에 있어 보다 높은 유연성을 키워주며, 내담자가 하나의 감정에 고착되거나 계속해서 반추하지 않도록 도와준다.

가능한 문제

많은 사람들이 감정은 저절로 드는 것이고, 스스로 만들어 낼 수 없다고 믿는다. "제가 어떻게 어떤 감정을 느끼는 것을 목표로 삼을 수 있어요. 감정은 그냥 제 마음속에 드는 거잖아요? 저는 제 감정을 통제할 능력이 없어요." 이처럼 감정에 대한 무기력감을 호소하는 경우에는 일상활동계획이나 사고 기록지 등을 이용하여, 감정이 우리의 행동과 생각에 따라 어떻게 변화하는지를 살펴보도록 독려할 수 있다. 치료 회기 내에서는 내담자가 심상유도, 마음챙김 연습, 자비 명상 등을 이용하여, 우리가 실제 새로운 감정을 유도하거나 만들어낼 수 있다는 것을 경험하도록 도울 수 있다.

관련 있는 다른 기법

활동계획, 자비 명상, 마음챙김, 호흡법이 활용될 수 있다.

양식

양식 2.12: 긍정적 감정을 찾아보기
양식 2.13: 감정 목표 서베이

기법: 정서를 위한 공간 만들기(Making room for emotion)

설명

내담자는 종종 자신들이 하나의 감정만을 느낄 수 있어서, 이 감정 혹은 다른 감정 중에 하나를 선택해야만 한다고 생각하기도 한다. 이러한 신념을 굳게 가지고 있는 경우, 하나의 감정이 들면 또 드는 다른 감정은 여러 가지 방법(예, 폭식, 음주 등)을 이용하여 억제하거나 무감각하게 하려고 한다. "정서를 위한 공간 만들기"의 기법을 이용하며, 내담자가 인생에서 여러 가지 감정을 조화롭게 느낄 수 있도록 마음의 공간을 확장하는 것을 도울 수 있다.

개입을 위한 팁과 질문

"우리는 종종 고통스러운 감정에 상당히 집중하고, 그 고통이 너무 심해서 견딜 수 없다고 생각합니다. 하지만 감정들은 모두 우리의 삶에서 어떤 중요한 역할을 합니다. 그래서 현재 그 고통스러운 감정을 없애려고 하지 않고, 오히려 받아들인다면 장점과 단점은 무엇일까요? 혹시 내가 현재 느끼고 있는 감정 이외에 내 삶에서 중요한 것을 이야기해주고 있는 또 다른 감정들이 있을까요? 이러한 감정들이 내 삶을 더 크고 의미 있게 하는 데 어떤 역할을 할까요?"

예시

아래 내담자는 60대이고, 부인은 오랜 병환으로 세상을 떠났다. 아내와 사별한 지 몇 달이 지난 후에도 감정의 고통에 시달렸고 어떻게 대처해야 할지 모르겠다며 상담에서 호소했다.

치료자: 아내분을 잃고 나서 시간이 많이 지났는데도 사별의 아픔에서 벗어날 수 없다고 이야기하신 것 같아요.

내담자: 네. 극복할 수 없을 것 같아요. 정말 오랜 기간 동안 제 아내는 암으로 투병을 했

고, 오히려 하늘나라에서 고통이 없이 있는 것이 아내에게는 더 잘된 일이라 위로도 해봅니다. 하지만 위로가 되지도 않고, 6개월이 지난 지금도 사별의 아픔을 떨쳐 버릴 수가 없네요.

치료자: 근 40년 동안 결혼생활을 하셨다고 하셨죠. 40년의 세월은 정말 오랜 기간이고 그 기간 속에는 정말 많은 의미, 사랑, 기억 경험이 있을 것 같아요. 그런 40년의 시간을 함께 하신 분과의 사별의 아픔을 반드시 극복할 필요가 있을까요?

내담자: 그럼 이 시간을 어떻게 지내죠?

치료자: 이렇게 생각해 보면 어떨까요? "나는 이 사별의 고통을 절대 극복할 수 없어." 사실 저는 ○○씨에게 이렇게 이야기하고 싶어요. "아내분과 사별한 것이 생각이 날 때, 슬퍼할 수 있으면 좋겠습니다. 저는 ○○씨께서 그 상실과 사별을 마음속에 있을 수 있도록 마음을 열어 두었으면 합니다." 마음속에 사별과 그것이 ○○씨의 삶에서 의미하는 것들을 담아둘 수 있을 만큼 삶을 크게 만들 수 있기를 바랍니다. 그 속에서 아내분과 보냈던 즐겁고 행복했던 순간들을 기억하고, 현재 아내분이 없는 것에 대한 슬픔도 넣어두고요. 이런 방식으로, ○○씨는 아내분을 마음속에 영원히 간직할 수 있는 것이죠.

내담자: (눈물을 흘리며) 그 말이 위안이 많이 됩니다. 네. 저는 그저 극복하려고만 했었어요.

치료자: 고통은 때로는 없앨 수 없을 뿐 아니라, 그 안에 삶에 소중한 것을 전하는 메시지가 있는 경우가 있습니다. ○○씨의 경우에는 부인과의 시간, 기억 등이 소중하기 때문에 그만큼 고통스러워하시는 거고요.

내담자: 고맙습니다.

치료자: 스스로에게 질문을 해보죠. 아내분과 지냈던 시간을 떠올리시면, 아내분은 ○○씨가 어떤 삶을 살기를 원하실 것 같으세요?

내담자: 제 와이프는 저의 삶을 살기를 원할 거예요.

치료자: ○○씨의 삶을 살면서 아내분에 대한 기억을 ○○씨의 삶 속에 담아줄 수도 있습니다. 여전히 ○○씨의 삶에는 사별이라는 아픔이 있지만, ○○씨의 삶 속에는 또 다른 여러 가지 감정들이 함께 살아 있기 때문에 이전보다는 사별의 아픔이 덜 고통스러울 것입니다. 아내분과의 즐거웠던 시간들과 ○○씨의 삶에서 아내분이 가지셨던 의미와 함께요. ○○씨의 삶은 바로 아내분에 대한 모든 기억과 의미를 담게 되는 것이죠.

과제

내담자에게 양식 2.14(삶의 여러 가지 의미들)와 양식 2.15(내가 또 가질 수 있는 감정)를 과제로 제시할 수 있다.

가능한 문제

많은 내담자들이 슬픔은 삶에서 없애야 하고, 그대로 두면 삶이 황폐화되고 더는 견딜 수 없게 될 것이라고 믿는다. 이러한 감정을 없애려거나 억제하려는 노력은 자기 보호적인 전략인데, 오히려 감정들을 무서워하게 만든다. 내담자는 이러한 슬프거나 불안한 감정들을 인식하고(없애려고 하기 보다) 경험할 수 있도록 도와야 하는데, 힘든 상황들(예, 여러 가지 상실, 목적을 이루지 못한 경험 등)에서 느껴지는 어려운 감정들이 더 이상 나를 괴롭히지 않게 된다. 삶에 새로운 의미를 쌓아가면서 시간이 흐르다 보면, 어느덧 이전에는 몹시 견디기 힘들었던 경험들이 이미 나의 삶 속에 한때의 기억으로 통합되어 있는 것을 발견하게 된다.

관련 있는 다른 기법

Greenberg의 양식 2.3(감정 기록지)과 양식 2.13(감정 목표 서베이), 자비 명상, 일일활동계획 등이 도움이 될 것이다.

양식

양식 2.14: 삶의 여러 가지 의미들
양식 2.15: 내가 또 가질 수 있는 감정

▌기법: 삶의 의미를 찾는 사다리 오르기
(Climbing a ladder of higher meaning)

설명

정서는 우리의 경험에 의미를 제공한다. 정서가 없다면 우리는 중요한 일이나 대안들 사이에 의사결정을 하지 못해 꽁꽁 얼어붙을 것이다. 고통스러운 정서는 그 일이 우리에게 중요한 무언가가 있다는 것을 알려주고, 우리 존재에 내재하는 의미와 가치를 알려준다. "사다리 오르기" 기법은 개인 구성 이론에서 파생했으며, 정서와 경험이 전달하는 고차적인 가치를 깨닫는 데 도움을 준다(Cohn & Fredrickson, 2009). 사다리 오르기 기법을 통해 내담자가 경험하는 현재의 고통스러운 경험 속 더 높은 가치를 차근차근 발견해 낼 수 있다. 이를 통해 내담자는 현재 경험하는 고통의 가치를 발견할 수 있게 된다. 개인 구성 이론가들은 사다리 오르기 기법을 통해 다양한 의미를 찾을 수 있다고 제안하지만, 이번 장에서 우리는 욕구/요구를 깨닫는 데 있어, 긍정적인 가치와 함의를 얻는 데 활용할 것이다.

개입을 위한 팁과 질문

"때로 우리의 욕구나 가치를 잘 모르겠어서 실망스럽기도 하고 속상하기도 합니다. 지금 ○○씨의 상황을 살펴보도록 하겠습니다. ○○씨는 [상황A] 때문에 [감정A]를 경험합니다. 하지만 ○○씨가 자신이 원하는 바를 달성할 수 있다면 어떨지 상상해 보죠. ○○씨의 마음에 드는 생각들을 아래의 문장으로 한번 이야기해 주시겠어요? '내가 이것을 얻으면, 기분이 좋을 것이다. 왜냐하면 그것은 내 삶에 혹은 나에 대해, 혹은 나의 미래에 어떤 의미가 있기 때문이다.' 관계가 틀어져 슬픈 상황이라고 해요. 슬픈 이유는 관계가 ○○씨에게 중요한데 틀어졌기 때문이고, ○○씨에게는 이 관계가 가치가 높은 것이라는 것을 알 수 있습니다. 이처럼 내 삶에서 중요한 가치를 이루기 원한다는 것을 아는 것이 항상 나쁜 것을 의미하지는 않을 것입니다. 우리는 아무것도 원하지 않는 냉소적인 사람이 되고 싶어 하지는 않습니다. 비슷한 어려움(예, 관계)을 겪고 있는 주변의 지인들에게 어떤 충고를 해주시겠어요?"

예시

내담자는 알코올 남용 이력이 있는 미망인이었다. 그녀는 빈 아파트에 들어와 슬픔을 견딜 수 없을까 봐 집에 오기 전에 항상 술에 취한다.

치료자: 아파트 문을 열었을 때, 술에 취해 있지 않으면 어떤 기분일 것 같으세요?
내담자: 정말 슬플 것 같아요. 그리고 공허하고요.
치료자: 아파트 문에 들어서면서 슬프고 공허함을 느낄 때 어떤 생각이 드나요?
내담자: 나는 혼자다. 이젠 누구도 내 곁에 없다.
치료자: 아무도 없이 외로움을 느끼는 것은 매우 힘든 것입니다. 만약 아파트에 들어왔을 때, 누군가가 그 안에 있다면 어떤 이유로 기분이 더 좋을 것 같으신가요?
내담자: "나를 아끼는 누군가가 있구나"라는 생각이 들 것 같아요.
치료자: 네. 누군가 나를 아껴주는 사람이 있다는 생각에 기분이 좋아지는 것이군요. 나를 아껴주는 누군가가 있다는 것은 ○○씨에게 어떤 의미인가요?
내담자: 나는 혼자가 아니다. 나도 누군가와 나의 삶을 나눌 수 있다.
치료자: 누군가와 나의 삶을 나눈다는 것이 또 ○○씨에게는 어떤 의미인가요?
내담자: 내가 누군가에게 사랑을 줄 수 있다.
치료자: 누군가에게 사랑을 주고자 하는 이유는?
내다자: 나도 사랑을 하는 사람이다.
치료자: 방금 외롭고 공허한 감정에서부터 인생 의미의 사다리 타기를 해보니, 마지막에는 사랑하는 사람이 되는 것이 상위의 가치에 있네요. 그것이 ○○씨 삶의 중요한 의미가 되는 것 같습니다. 여기에 우리 삶의 딜레마가 있는 것 같습니다. 즉, 인생에는 우리에게 가치를 알려주는 고통스러운 것들이 있습니다. 하지만 고통스럽기 때문에 가치를 알려주는 일들을 외면해 버린다면, 그것이 진정한 공허감을 가져올 것입니다. ○○씨는 바로 '사랑하는 사람'이라는 중요한 가치를 지닌 분이라는 것을 외로움과 공허함의 고통을 통해 알게 되었습니다.
내담자: 네. 그렇네요. 저는 그런 사람이에요.
치료자: 지니고 있을 만한 가치입니다. 하지만 고통스러울 수 있습니다. 그래서 현재 느끼는 고통에 대해 나쁘게 생각하지 않아야 합니다. 이유는 바로 가치를 알려주는 기능을 가지고 있기 때문이지요. 그 고통을 돌봄과 사랑의 가치를 원하는 ○○씨의

본질에서 나오는 것이니까요.

내담자: 하지만 이 과정은 제게 실망스럽기만 해요.

치료자: 네. 그럴 수 있습니다. 하지만 사랑하는 사람이 되는 것에는 여러 가지 방안이 있을 것입니다. (사별한 남편 이외에) 사랑할 수 있는 다른 사람들이 있고, 자신도 있습니다. 아마도 스스로를 사랑하는 사람이 되는 것에 대해 생각할 수 있겠어요.

내담자: 이런 식으로는 생각해보지 못했던 것 같아요.

과제

내담자는 자신이 열망하는 높은 가치들의 목록을 적어볼 수 있다. 그리고 근래에 경험하는 불안, 스트레스, 화 혹은 다른 어려운 감정들을 생각하고, 이런 감정들이 자신의 가치들과 어떤 관련이 있는지 살펴볼 수 있다. 내담자는 양식 2.16(더 높은 가치와의 관계)와 양식 2.17(성격 강점에 대한 설문조사)을 이용해 볼 수 있다. VIA는 24개의 성격 강점을 가치, 개인의 특성, 삶을 조직하는 데 사용할 수 있는 목표들로 파악하는 데 도움이 된다. 창조성, 호기심, 배움의 열망, 열린 마음, 용감함, 지속성, 통합, 활력, 친절, 사회적 지능, 시민의식, 공정함, 리더쉽, 용서/자비, 겸손, 신중함, 자기 조절, 탁월함과 아름다움의 이해, 희망, 유머 그리고 영성.

가능한 문제

내담자가 열망하는 더 높은 가치들을 열거하다보면, 때로 순간적인 상실감과 실패감을 느낄 수도 있다. 치료자는 내담자가 느끼는 실망과 좌절감이 더 중요한 가치들과 목표를 원하는 긍정적인 동기일 수 있다는 점을 인식하도록 도울 수 있다. 현재의 부정적인 감정이 자신이 그토록 열망하는 가치와 목표를 알려주는 신호라는 점을 깨닫게 되면, 장애물을 극복할 수 있는 힘을 얻게 된다. 반추하고 후회하는 것은 실제로는 내게 주어진 기회들을 회피하는 방안임을 논의할 수 있다. 사랑하고 친절함에 대한 목표와 가치가 항상 친밀한 배우자나 동료가 있어야만 하는 것은 아니다. 그러한 가치를 주변 친구들, 낯선 이들, 애완동물 그리고 물론 자신에게 실천할 수 있다.

관련 있는 다른 기법

자비 명상 기법이 더 긍정적이고 힘이 되는 가치에 마음을 열도록 도움이 될 수 있다. 활동계획과 긍정활성 계획도 이러한 중요한 가치와 목표를 인식하는 데 도움이 될 수 있다

양식

양식 2.16: 더 높은 가치와의 관계
양식 2.17: 성격 강점에 대한 설문조사

결론

정서도식 모델은 정서의 암묵적 이론인 사회인지 모델에 기반한다. 다시 말해, 내담자가 지니는 의미, 원인, 통제하고자 하는 욕구, 정서 경험이 갖는 함의에 대해 갖는 신념에 대해 기술한다. 정서에 대해 부정적인 신념을 갖게 되면, 어려운 감정이 더 어렵고 복잡해지고 결국 그러한 감정을 조절하기 위해 부적응적인 전략을 사용하게 된다. 이러한 부정적인 정서도식을 수정함으로써, 내담자는 정서를 정상화하고, 수용하며, 부적응적인 정서조절 전략(예, 회피, 억제, 폭식, 자해, 물질 남용 등)을 멈추는 데 도움을 줄 수 있다. Linehan의 치료기법에 기술된 정서에 대한 잘못된 신념들(myths)과 유사하게, 정서도식 모델도 내담자들이 정서에 대한 (그리고 정서조절 방식에 대한) 암묵적 모델을 인식하고 정교화할 수 있도록 도와, 더 현실적이고 도움이 되는 방식으로 정서를 경험하도록 돕는다.

03
타당화(Validation)

여러 이론들이 심리치료의 과정에서 타당화, 공감 그리고 정서적 연계를 중요하게 강조한다. Rogers(1965)는 비판단적인 긍정적 관심을 강조하였고, Kohut(1977)는 거울 반응과 공감의 실패가 치료 관계에서 피할 수 없는 요소임을 주장하였다. 그 외에도 다른 근대 실존주의 그리고 인지행동적 접근 등 다양한 이론가들이 공감과 자비(compassion)를 강조하였다(Gilbert, 2007; Greenberg & Safran, 1987; Leahy, 2005a; Linehan, 1993a, Safran, Muran, Samstag, & Stevens, 2002). 공감은 다른 사람이 지니는 감정을 인식하고 공유하는 (거울 반응을 하는) 것을 뜻한다("화나 난 것 같군요," 혹은 "○○씨가 느끼는 슬픔이 느껴집니다"). 타당화는 감정 안에 있는 진실/사실을 발견하는 것을 뜻한다("○○씨가 그것을 꼭 달성하고 싶었는데, 잘되지 않아서 화가 나신 것 같네요"). 그리고 자비는 다른 사람을 위로하고 편안하도록 돕는 시도를 말한다("매우 화가 나신 것 같아요. ○○씨가 소중하고 사랑을 받고 있는 사람이라는 느낌을 받을 수 있도록 도울 수 있다면 좋겠네요").

타당화, 공감, 그리고 자비(타인의 감정에 반응하고, 반영하고, 위로하고, 연계하는)는 유아와 부모의 상호작용에서 나타나는 과정이다. 부모는 (주로 엄마) 아이의 울음과 불편감에 촉을 곤두세우고 있다. Bowlby는 고전적 정신분석 이론에서 주장한 추동 감소 모델의 한계를 지적하면서, 유아들은 주로 한 명의 양육자와 애착을 형성하고 유지하도록 타고났으며, 이러한 애착 관계에 문제가 생기면, 애착이 다시 안정화될 때까지 애착을 형성하기 위한 행동 체계를 활성화시킨다고 주장하였다. Bowlby는 애착의 행태학적 모델은 유아가 적절한 방식으로 자신을 보호하고, 양육하고, 사회화시켜 줄 수 있는 성인과 근접성(proximity)을 형성한다는 진화적인 의미를 강조한다(Ainsworth, Blehar, Waters, & Wall, 1978; Bowlby, 1968, 1973). 이후 애착 이론가들이 이 모델을 더 정교화하면서, 아이들이 애착 시에 형성하는 것은 단순히 근접성이 아니라 안전감(sense of security)이라고 강조하였다(Sroufe & Waters, 1977). 안전감은 아이의 양육자가 예측가능한 방식으로 반응하는 것을 의미한다. 몇몇 이론가들은 초기 애착과 성인 애착 유형 사이에 어느 정도의 연속성이 있다고 주장하지만, 다른 이론가들은 이러한 주장에 타당성이 적다고 반박한다(Fox, 1995; van IJzendoorn, 1995).

Ainsworth와 동료들은 다양한 종류의 애착 유형을 구분하였다: 안정, 불안, 회피, 혼란 애착. 다른 방식으로 구분하는 사람들은 애착을 세 종류로 구분한다: 안정, 회피, 양가적 애착(Troy & Sroufe, 1987; Urban, Carlson, Egeland, & Sroufe, 1991). 애착 유형에 대한 연구들은 초기 아동기의 애착이 아동기 중반과 초기 성인기의 사회적 기능을 예측한다고 보고하는데, 특히 친구 관계, 우울, 공격성, 의존성 그리고 사회적 유능감을 예측한다(Cassidy, 1995; Urban et al., 1991).

Bowlby는 애착에서의 안전감은 애착 대상에 대한 내적작동모델(internal working models)이나 인지적 표상을 발달하면서 얻어진다고 주장하였다. 특히, 안정 애착을 형성한 유아들의 내적작동모델에는 양육자가 자신들의 울음에 반응하고, 상호작용하며 아이를 위로해줄 것이고, 처벌하는 방식보다는 긍정적인 방식으로 대해줄 것이라는 예측이 있을 것이다(Main, Kaplan, & Cassidy, 1985). 애착이론에서는 내적작동모델이 초기 아동기에 형성이 되어, 지속적인 삶 속에서 타인과 상호작용하면서 다른 사람들과의 지속적인 애착 경험에 영향을 줄 것이라고 가정한다. 초기 부적응적 스키마에 대한 다양한 인지 모델에도 내적작동모델이 확장되어 반영되어 있다(Guidano & Liotti, 1983; Smucker & Dancu, 1999; Young et al., 2003).

타당화에는 애착의 이슈가 나타난다. 먼저, 초기 아동기에 형성하고 유지하는 애착의 과정에서 공감, 거울 반응, 타당화의 기초는 아동의 고충에 대한 양육자의 반응이며, 양육자의 반응이 아이의 정신적 표상에 영향을 미친다 — 예, "내 감정이 타인에게도 이해가 되는 구나" 두 번째, 양육자가 아이의 감정을 위로하면 아이는 이와 같이 생각을 할 것이다. "내 고통스런 감정들도 위로 받을 수 있구나" 처음에 이 "위로"는 양육자의 관심과 안심시키려는 노력으로 전달이 되지만, 나중에는 아이 스스로 자신을 위로하고 자신에게 긍정적인 이야기를 할 수 있도록 내재화된다. 이 과정을 내적 표상(internal representation)이라고 하며, Bowlby의 언어로는 내적작동모델이라고 한다. 세 번째, 아이가 자신의 감정을 양육자와 의사소통하는 것은 자신의 감정을 표할 수 있는 기회가 될 뿐만 아니라, 그 감정을 일으킨 외부 사건과 자신의 감정을 연결할 수 있는 기회가 된다. "네 형이 너를 때려서 지금 몹시 화가 났구나" 감정의 원인을 이해하고 그 것을 양육자와 공유하려는 시도가 여러 감정들을 분별하는 데 도움을 준다 — 예, "네가 화가 나고 속상한 것처럼 들린다" — 또한 자기 자신과 타인 모두에게 적용되는 마음이론을 형성하는 데에도 도움이 된다. 실제, 적정한 마음이론이 없이는 아이가 공감, 타당화, 그리고 타인을 향한 자비를 보이는 데 어려움이 있을 것이고, 타인의 감정이나 자신의 감정을 추스르기 어려울 것이다(Eisenberg & Fabes, 1994; Gilbert, 2007, 2009; Leahy, 2001, 2005a, Twemlow, Fonagy, Sacco, O'Toole, & Veernberg, 2002).

심리치료에 온 내담자는 다양한 애착 유형을 지니고 있다: 안정, 불안, 회피, 혹은 혼란 애착. 불안 애착을 형성한 내담자는 안심을 얻기 위한 행동에 몰입하며, 타인에게 타당화를 받지 못할까 봐 두려워한다. 게다가 불안 애착을 형성한 사람들은 타당화에 대해서도 독특한 믿음을 지니고 있다(예, "나를 이해하기 위해서는 내가 느끼는 것을 완전히 느낄 수 있어야만 한다"). 또한 치료자가 비판하거나 도망갈까 봐 두려워할 수 있다. 그럼에도 불구하고 이러한 내담자들은 치료자에게 타당화를 얻고자 하며, 치료자와 애착을 형성하고자 한다. 대조적으로, 회피 애착을 형성한 내담자들은 경계하고 거리를 두며, 가까운 접촉을 피하고, 치료 관계에서도 개방적이지 않다. 혼란된 애착을 형성한 내담자들은 자신의 욕구가 무엇인지 헤아리기 어려워하며, 때로는 자신의 의견이나 욕구가 전달되지 않거나 요구가 관철되지 않을 것을 두려워하여 자신들의 요구를 과도하게 격양되어 표현하기도 한다. 이러한 애착 유형을 지닌 사람들은 자신의 감정이 격양되면, 문제가 되는 방식으로 타당화를 얻으려 하고, 이를 통해 정서를 조절하려고 시도한다. 스스로 타당화를 받는지에 대한 지각 여부 혹은 타당화에 대한 믿음(예, 상대방은 나에게 100% 동의해야만 한다")에 따라 정서 조절이 영향을 받는다. 문제가 되는 방식(예, 격양되어 불만을 토로하거나, 소리를 지르거나, 과도하게 표현하거나,

숨어버리거나)으로 타당화를 이끌려고 하는 자기 패배적인 시도가 정서조절을 어렵게 하거나 문제를 장기화하는 데 일조한다. 정서도식치료에 대한 제2장에서 기술한 대로, 타당화를 어떻게 생각하느냐가 우울, 물질남용, 결혼 갈등, 그리고 경계선 성격장애를 예측하는 주요 예측 요소 중 하나가 된다. 이번 장에서 자기 패배적이거나 문제가 되는 타당화 전략에 나타나는 정서조절 장애에 공통적으로 나타나는 문제들을 살펴볼 것이다.

기법: 타당화 저항(Validation resistance)

설명

타당화, 공감, 무조건적인 긍정적 관심을 받고 경험하는 것은 다양한 이론들에서 핵심적 요소로 제시되었다. Rogers는 비판단적이고 비지시적인 무조건적인 내담자의 수용을 강조하였고, Bowlby는 애착 시스템과 안정적인 베이스 캠프가 정서와 자기 정체성을 통합하는 데 얼마나 중요한지를 강조하였고, Kohut는 치료에서 거울반응과 공감적 실패의 역할을 기술하였다. Greenberg는 정서처리와 공감을 강조하였고, Safran은 치료 동맹과 치유적 결렬(healing ruptures)을 기술하였고, Linehan은 타당하지 않은 환경 (invalidating environments)이 일반적으로 경계선 성격장애와 정서조절 장애를 야기하는 주요 요소라고 제안하였다. 실제로, 타당화는 다양한 장애에 적용할 수 있는 초진단적이고 초이론적인 과정이라고 할 수 있다. 타당화의 중요성을 고려할 때, 정서조절의 문제가 있는 내담자가 치료 내, 그리고 치료 밖 그들의 삶 속에서 타당화 받지 못했다고 느끼는 것은 그리 놀랍지 않다.

Leahy는 치료에서의 저항과 비순응은 내담자가 치료에서 타당화를 얻는 데 실패했다고 믿었거나, 타당화를 얻기 위한 잘못된 기준과 전략을 사용할 때 나타난다고 제안하였다(Leahy, 2001). 예를 들어, 자신의 정서의 고통 때문에 타당화에 대한 문제가 되는 기준을 갖게 될 수 있는데, 타인은 자신이 말한 모든 것에 동의해야 한다고 생각하거나,

자신에게 도움을 주기 위해서는 자신이 겪은 동일한 고통을 느껴야만 가능하다고 믿거나, "진짜 자신을 이해한다면" 자신이 이야기한 모든 정서에 대한 모든 세세한 부분을 듣고 기억하고 있어야 한다고 믿는 것이 그 예이다(Leahy, 2001, 2009). 다음에 제시할 기법은 치료에서 나타나는 비타당화의 이슈를 다루고, 타당화를 얻는 데 있어 내담자가 지닌 문제가 무엇인지를 평가하는 데 다양한 정보를 제공할 것이다.

개입을 위한 팁과 질문

"누군가가 나를 이해하고 아낀다는 것, 즉 나의 경험이 타당하다고 느끼는 것은 치료뿐 아니라 전반적인 삶에서 매우 중요한 요소입니다. ○○씨께서 치료 회기 내에서 몇 번이나 타당화를 받지 못했던 느낌을 받았다고 이야기를 해주셨는데요. 그 몇 가지 예를 들어 주시겠어요? 혹시 치료 회기 내에서 타당화를 받았다고 느낀 적도 있으신가요? 그렇다면 그 예도 말씀해 주시겠어요? 때로 어떤 사람들은 어떤 이야기를 듣지 못하면, 자신이 타당화를 받지 못했다고 생각합니다. ○○씨에게 타당화를 받는다고 생각할 때 기준은 어떤 것인가요? 타당화를 받지 못했다고 느낄 때, 그다음에는 어떤 행동을 하시나요?" 치료자는 감정의 격양, 불만, 반복해서 이야기하기, 공격하기, 삐치기, 자해 행동, 그리고 다른 문제 전략들을 탐색할 수 있다.

예시

아래는 남자 친구와 헤어진 후 고통을 겪는 여성 내담자의 예이다. 그녀는 슬프고 화가 나며, 이런 감정에 대처하는 몇 가지 방법을 제시한 치료자에게 실망감을 느낀다.

치료자: 지금이 ○○씨에게는 매우 힘든 시간이네요. 그리고 우리가 방금 대처 방안에 대해 이야기한 것에 대해서도 실망감을 느끼신 것 같네요. 오늘 우리가 논의한 것에 대해 어떻게 느끼고 어떤 생각이 드는지 이야기해주실 수 있으세요?

내담자: 선생님은 제가 이 일에 대해 생각하는 방식을 바꾸라고 하시는 것 같아요. 그렇게 말씀하신 것이 제게는 상처가 되고, 선생님이 저를 진짜 이해하신 건지 잘 모르겠

어요.

치료자: 네. 이해가 됩니다. 제가 ○○씨를 이해하지 못한다면 당연히 화가 날 것입니다. 제가 ○○씨의 고통과 ○○씨가 전달하려는 것을 잘 이해하지 못한 점에 대해 죄송스럽게 생각합니다. 우리가 이 부분에 대해 함께 더 이야기해볼 수 있을까요?

내담자: 네.

치료자: 제가 ○○씨가 현재 얼마나 힘든지를 이해하지 못한다고 느끼게 한 부분이 어떤 것이었나요?

내담자: 선생님은 다른 사람들처럼 제 스스로를 도울 방법을 찾고 사용하라고 이야기하시는 것 같았어요. 활동을 한다거나 뭐 그런 종류들이요.

치료자: 네. 제가 이런 변화에 대한 전략이나 활동에 대해 이야기할 때, 제가 ○○씨의 감정은 이해하지 못한 채로 상관하지 않고 내버려 두었다고 생각하셨군요?

내담자: 네. 저는 이 상황에서 당연히 화가 나고 슬플 권리가 있잖아요.

치료자: 동의합니다. 말씀하신 부분이 사실 치료에서의 딜레마입니다. 한편으로는 변화를 꾀하고, 다른 한편으로는 현재의 감정에 머물러 자신이 느끼는 방식을 존중하고 지금 겪고 있는 것이 얼마나 어려운 것인지 타당화(정당화)하는 것이 필요합니다. 저도 때로는 이 둘 간의 균형을 맞추는 것에 어려움이 있어서, 제가 감정을 이해하지 못하거나 관심이 없는 것처럼 느껴지는 때도 있을 것 같습니다.

내담자: 네. 저는 지금 많이 속상하네요. 이번 일 때문에 너무 많은 일들이 일어나고 있고, 제게는 이 일들이 너무 힘들어요.

치료자: 네. 바로 여기에 우리가 당면한 딜레마가 있는 것 같네요. 어쩌면 저의 딜레마일 수도 있습니다. 저는 ○○씨의 기분이 더 좋아지도록 돕고 싶지만, ○○씨는 지금 상한 기분에 깊이 매몰되어 있어, 변화에 대해 이야기하면 상한 기분에 관심이 없는 것으로 생각하게 됩니다. 어떻게 하면 좋을까요? ─ 변화에 대해 이야기하는 것과 ○○씨의 감정을 존중하는 것 사이에서요. 제가 여기에서 ○○씨를 도울 더 좋은 방안이나 다른 방안을 생각해볼 수 있을까요?

내담자: 음. 사실 방금 선생님이 제게 해주신 말씀들은 제게 도움이 됩니다.

치료자: 그 말씀은 제가 했던 말이 ○○씨가 지금 느끼는 감정을 타당화해 준 것이고, 이것이 ○○씨의 기분을 낮게 하는 데 도움이 되었다는 말씀이죠? 좋습니다. 제가 이것을 기억하고 있겠습니다. 제가 ○○씨의 경험이나 감정을 (이해하거나) 타당화하지 못하는 것 같을 때는 제게 말씀해주시기 바랍니다. 그리고 변화에 대해서는 어떻게 생각하세요?

내담자: 저도 변화하고 싶어요. 음. 아마도 이제는 변화에 대해 이야기해도 좋을 것 같네요.

치료자: 이건 어떠세요? 우리가 변화에 대해 이야기하면서, 제가 ○○씨의 감정을 잘 이해하려고 노력하고, 타당화하려고 하겠습니다. 그리고 제가 ○○씨의 감정을 잘 이

해했고, 충분히 관심을 가지고 타당화했는지를 종종 물어볼 텐데, 어떠세요?

내담자: 좋아요.

과제

타당화의 이슈들을 다루기 위해 제공할 수 있는 다양한 과제들이 있다. 첫째, 감정이 타당화되었는지 그렇지 못했는지를 모니터링하는 것이다. 두 번째, 누군가 나 혹은 나의 감정을 타당화하지 못했을 때, "내가 할 수 있는 일"의 예를 나열해보는 것이다. 치료자는 회기 내에서 비타당화에 반응하는 문제가 되는 반응양식들을 논의해 볼 수 있다: 예를 들어, 불만을 토로하는 것, 감정이 격양되는 것, 공격하는 것, 삐치는 것, 혹은 도망가는 것. 내담자는 타당화를 받지 못했을 때, "성공적"으로 반응했던 예들을 생각해 볼 수 있다. 예를 들면, "제 의견이 효과적으로 전달되지 않은 것 같아요," "여기에서 제 감정이 잘 이해되지 않은 것 같네요," 혹은 "이것에 대해 제게 어느 정도 지지를 보내주실 수 있을지 궁금합니다"와 같이 이야기하는 것은 성공적인 반응을 이끌어 내는 예가 될 것이다. 치료자는 양식 3.1(타당화(validation) 받거나 그렇지 못할 때의 예)을 제공하고, 이전에 이야기한 예시들을 적어 볼 수 있을 것이다.

가능한 문제

타당화의 저항이 있는 내담자들은 치료자가 혹시라도 자신의 감정이 신경증적이거나 중요하지 않다고 생각할까 봐 몹시 예민해져 있다. 때로는 타당화의 이슈에 집중해서 이야기할 때에도 타당화를 받지 못한다고 느끼기도 한다. "선생님은 제가 너무 예민하다고 생각하시는군요. 저는 그렇지 않아요. 정말 맘이 아프네요!" 치료자는 타당화를 받지 못한 내담자의 감정을 주의 깊게 타당화해 줄 수 있는데, 이렇게 이야기할 수 있을 것이다. "자신의 감정이 치료자에게는 중요하지 않다고 느낀다면, 이것은 (누구에게나) 너무나 속상하고 힘들 것입니다. 지금 ○○씨의 감정을 제가 잘 이해하지 못한 것 같습니다. 죄송하게 생각합니다. 제가 ○○씨의 감정을 이해할 방법을 배울 필요가 있는데,

저를 도와주실 수 있을까요? ○○씨께서 저의 위치에 있고, ○○씨에게 이야기한다면, ○○씨의 감정을 타당화 하고 관심 갖고 지지하기 위해 어떻게 이야기할 수 있을까요?" 치료자는 빈 의자 역할 연기를 하면서 역할 바꾸기(치료자가 내담자가 되고, 다시 그 반대가 되는)를 시도할 수 있다.

관련 있는 다른 기법

치료자는 내담자와 비타당화를 다루는 보다 적응적인 전략들을 찾아볼 수 있다.

양식

양식 3.1: 타당화(validation)받거나 그렇지 못할 때의 예

▌기법: 비타당화에 대한 문제가 되는 반응을 식별하기
   (Identifying problematic responses to invalidation)

설명

몇몇 내담자들은 타당화를 추구하는 데 있어서 자기 패배적인 방식들을 사용하기도 한다. 반추(지속적으로 부정적인 생각과 감정을 반복하여, 결국 다른 사람들이 자신을 타당화해주기를 희망함), 재앙화(자신의 문제를 극대화하여 다른 사람들이 그 문제를 인식하고, 자신이 얼마나 힘들지를 이해할 수 있도록 함), 치료자에게 감정을 불러일으키려는 시도("만약 선생님도 기분이 나쁘다면, 제가 얼마나 기분이 안 좋은지 비로소 알 수 있을 것입니다"), 거리두기("선생님을 신뢰할 수 있도록 증명할 때까지 선생님을 믿을 수 없습니다" 혹은 "선생님이 저를 얼마나 걱정하는지 보여주셔야만 합니다"), 혹은 편 가르기("보세요. 제 주치의가 선생님보다 저를 더 잘 이해해요. 제 주치의보다 선생님이 더 저를 보살핀다는 것을 증명해보세요")(Leahy, 2001; Leahy, Beck, & Beck, 2005).

이런 전략들 중 몇몇은 Bowlby와 동료들이 논의한 불안정 애착 양식에서 찾을 수

있다. 불만을 토로하고, 격양되고, 타인에게 벌을 주고, 삐치는 등의 행동은 결국 남들을 더 멀어지고 그들이 이해하지 못하고 타당화하지 못하게 만든다. 내담자가 이러한 문제적 전략들을 알 수 있도록 돕는 전략은 악순환의 고리에서 나올 수 있도록 돕고, 치료적 협력을 증진하는 데 도움이 된다.

개입을 위한 팁과 질문

"되돌아보면 남들이 우리를 이해하지 못하거나, 내 의견이 전달되지 않거나, 타당화되지 못하는 때가 많이 있습니다. 이런 경험은 때로 ○○씨를 화나거나, 슬프고, 불안하게 하거나 이 모든 감정 모두를 느끼게 할 것입니다. 남들이 내 경험이 타당하다고 생각하지 않을 때, 다양한 방식으로 대응합니다. 예를 들면, 관계에서 철수할 수 있고, 화를 낼 수도 있습니다. 남들을 비판하거나 공격하는 때도 있을 것입니다. 다르게 행동할 수도 있고요. 내 경험이 타당하다고 받아들여지지 않을 때, 어떻게 대응하는지 살펴보는 것이 도움이 됩니다. 그리고 대응하는 방법이 어떤 결과를 가져오는지를 살펴보는 것도 도움이 될 것입니다."

예시

치료자: 방금 말씀하신 것을 들으니, ○○씨 친구가 ○○씨를 이해하지 못해서 화가 났고, 그래서 친구에게 이기적이라고 말씀하셨다는 거죠. 매우 화가 나신 것 같아요. 친구에게 이기적이라고 말씀하면서 어떤 것을 전달하고, 어떤 결과를 얻고 싶으셨던 건가요?

내담자: 제가 얼마나 기분이 상했는지 제 친구가 이해하기를 바랐어요. 제 친구도 저와 비슷하게 기분이 상해봐야 알 것 같았어요.

치료자: 이렇게 생각하신 것 같네요, "네가 나처럼 기분이 상해보면, 나를 이해할 수 있을 거야"

내담자: 네. 좀 이상하게 들릴 수 있겠지만, 사람들이 저를 이해하지 못하면 저는 정말 짜증이 나요.

치료자: 여기에서 두 가지를 함께 생각해 볼 수 있겠어요. 하나는 이 상황이 나를 왜 화가

나게 하는가? 그리고 두 번째는 화가 날 때 어떻게 행동할 수 있는가? 먼저 두 번째를 이야기해볼까요?

내담자: 좋아요.

치료자: 아시다시피, 우리 모두는 이해 받지 못했다고 느낄 때 실망합니다. 왜냐하면 이해 받고 타당화를 받는 것이 정말로 중요한 것이기 때문입니다. 인간이기 때문이기도 합니다(내담자가 고개를 끄덕임). 그리고 우리가 타당화받지 못했다고 느낄 때 하는 행동들이 상황을 더 악화시키기도 합니다. 즉, 타당화를 받으려고 한 행동인데, 예를 들면 친구에게 소리를 친 다거나 하는 행동인데, 친구와 더 멀어져 타당화를 받기 더 힘들어지게 되는 것이죠.

내담자: 이해합니다. 하지만 제가 뭘 해야 할지 모르겠어요.

치료자: 그래서 이 부분을 함께 이야기하고자 합니다. 제가 알기로는 많은 사람들이 타당화를 받지 못할 때 문제가 되는 방식으로 대처합니다. 예를 들어, 어떤 사람들은 계속해서 불평을 하거나, 목소리를 높입니다. 이렇게 하는 이유는 자신의 의견이 관철되도록 하기 위함입니다. 다른 사람들은 사회적으로 철수하거나 삐치거나, 남들이 알아차리고 와서 위안을 주기를 바라기도 합니다. 때로 정말 화가 나면 그 사람들을 위협하기도 하고, 그들을 떠나거나 자해를 한다고 위협을 하기도 합니다. 이러한 방법들은 자신이 너무 힘들기 때문에 사용하는 도움을 요청하는 행동들입니다.

내담자: 제게는 익숙한 방법들이네요.

치료자: ○○씨를 돕는 첫 번째는 방안은 ○○씨가 속상하거나 남들이 이해하지 못한다고 생각할 때, 사용하거나 말하는 방식을 살펴보는 것입니다. 이 과정에서 감정을 다루는 데 사용할 수 있는 다른 방안들을 찾을 수 있을 것입니다.

과제

내담자는 양식 3.2(다른 사람들의 반응을 유발하는 나의 문제적인 전략들)을 작성하고, 다음 주에 타당화받지 못했을 때 사용하는 자신의 언어적 신체적 반응을 모니터할 수 있을 것이다. 또한 남들이 자신의 행동에 어떻게 반응하는지 살펴볼 수 있다: 남들이 내 감정을 타당화해주는지, 논쟁을 하게 되는지, 혹은 거리를 두는지? 내담자들은 이러한 전략들 하나하나의 장단점들을 나열하고, 실제 남들이 나를 이해하는 데 도움이 되는지 살펴볼 수 있다.

가능한 문제

어떤 내담자들은 이 기법이 비판적이고 자신에게 타당화를 주지 못한다고 생각한다—나쁜 감정에 대해 자신을 비난하고 남들에게 타당화를 얻지 못하는 자신을 발견하므로. 치료자가 마음에 염두해두어야 할 부분은, 타당화의 이슈를 살펴보는 과정은 어느 정도 비타당화의 경험을 포함한다는 점이다. 이유는 심리치료에서는 감정의 타당화와 변화 방법을 모색하는 것을 모두 포함하기 때문이다. 치료자는 내담자가 어려운 감정들을 다루는 더 좋은 전략들을 습득하면서, 어려운 감정 속에 있는 다른 중요한 감정들을 타당화할 수 있다는 점을 인식할 수 있도록 도울 수 있다.

관련 있는 다른 기법

비타당화에 대한 하향식 화살기법(down arrow 혹은 vertical descent)과 타당화 저항의 예시를 활용할 수 있다.

양식

양식 3.2: 다른 사람들의 반응을 유발하는 나의 문제적인 전략들

▌기법: 비타당화의 의미를 찾기
(Examining the meaning of invalidation)

설명

Leahy(2001, 2005a, 2009)는 타당화 저항에 활용할 수 있는 다양한 개입법들을 제안하였다. 치료자는 내담자의 "저항"을 비합리적인 신념이나 동기의 결여로 보기 보다는 먼

저 저항을 수용할 수 있다. 또한, 치료자는 현재 치료에서의 교착상태에서 벗어나 내담자의 이전 삶에서 타당하지 않은 환경이 있었는지 탐색할 수 있고, 그런 환경이나 경험이 이끈 생각과 감정들을 불러일으킬 수 있다. 현재의 비타당화 경험도 탐색할 수 있다. 하향식 화살기법은 우리가 타당화를 받지 못했을 때에 기저하는 생각과 감정들을 발견하는 데 활용할 수 있다. 예를 들어, 한 내담자는 다음과 같은 일련의 생각들을 지닐 수 있다. "내가 느끼는 방식을 타당화하지 못하면(당연한 것으로 이해하지 못하면), 선생님은 저를 아끼지 않는 거예요. 만약 선생님이 저를 아끼지 않는다면, 저를 도울 수 없다는 것을 의미해요. 선생님이 저를 도울 수 없다면, 저는 무기력해집니다. 그리고 저는 아마 자살을 할 수도 있어요" 이러한 일련의 생각들은 자신과 타인에 대한 스키마를 활성화할 수 있다. 예를 들어, "내 감정은 중요하지 않다. 사람들은 비판적이다. 사람들을 믿을 수 없다." 비타당화에 대한 논의를 확장하면서, 내담자가 더 타당화를 받는 경험을 하기 시작할 것이다. 다시 말해, 내담자는 치료자가 자신이 이해받지 못하는 경험을 인식하고 있으며, 함께 이런 내담자의 경험이 갖는 의미와 결과를 탐색해 볼 것이라는 것을 깨닫는다. 마지막으로, 치료자가 모든 고통과 아픔을 결코 잘 이해할 수 없고 완전히 그러한 경험을 타당화할 수 없다는 것을 인정하는 것이 중요하다. 이를 통해 내담자는 "치료자도 공감적 실패(empathic failures)"를 유사하게 겪는다는 것을 알고는 이 과정에서 스스로 타당화를 받았다고 느낄 수 있다. 한 내담자는 이렇게 말했다. "이제, 선생님이 저를 이해하네요" 타당화는 역설적일 수 있고 딜레마를 인정하는 것일 수 있고(예, "변화의 방법을 찾는 것과 지금 감정을 진정 이해하는 것 사이에 균형을 맞추는 것은 상당히 어렵습니다"). 타당화의 기준과 스케일을 확장하는 것일 수 있다(예, "아마도 타당화에는 다양한 정도가 있는 것 같습니다. 우리가 그것을 함께 탐색해 볼 수도 있습니다—하지만 우리가 바라는 것만큼 완전한 타당화는 없을 수 있습니다. 함께 최대한 정도의 타당화를 할 수 있도록 시도해볼 수 있습니다.").

개입을 위한 팁과 질문

"우리가 타당화를 받지 못한다는 것이 어떤 특별한 의미를 지닐 수 있습니다. 때로 우리는 그것을 그대로 수용하고 다른 사람들도 완전하지 못하고, 다른 것들로 마음이 복잡하다고 생각할 수도 있습니다. 혹은 나를 이해하기에는 충분한 정보가 없다고도 생각할 수 있습니다. 하지만 다른 경우에는 남들이 나를 배려하지 않고, 나를 무시하며, 나에게 비판적이라고 생각할 수도 있습니다. ○○씨가 타당화를 받지 못했을 때, 그것이 어떤 의미로 다가왔고, 어떻게 느끼셨는지 살펴볼 수 있습니다."

예시

치료자: 제가 ○○씨가 이야기한 것을 충분히 이해하지 못했다고 생각하시는 것 같네요. ○○씨의 친구가 저녁에 초대하지 않았고, 그 일에 화가 많이 나신 것으로 이해했어요.

내담자: 선생님은 제가 이런 식으로 느끼지 않아야 한다고 말씀하시려는 것 같아요. 하지만 이게 제 감정들인걸요.

치료자: ○○씨의 감정은 매우 중요합니다. 저는 여러 번 제가 ○○씨를 잘 이해하지 못한다고 실망하고 화가 나신 것을 기억합니다. 이 부분에 대해 이야기해볼 수 있을 것 같습니다.

내담자: 좋아요. 하지만 제가 어떻게 느껴야 한다고는 말하지 않으시면 좋겠어요.

치료자: 네. 알겠습니다. 제가 ○○씨의 경험을 타당화 하지 않은 것이 ○○씨에게는 어떤 의미인가요? 제가 ○○씨를 더 잘 이해할 수 있도록 도와주실 수 있으세요? 예를 들어, 제가 ○○씨를 이해하지 못하고 타당화하지 못한다고 생각이 들면, 어떤 생각들이 마음에 드시나요?

내담자: '선생님은 별로 상관하지 않는구나. 선생님은 그저 선생님 방식을 따르게 하려고만 하는구나'라는 생각이 들어요.

치료자: ○○씨를 화나게 했던 이유를 더 잘 이해할 수 있게 된 것 같습니다. 제가 제 방식을 따르게 하려고 한다고 생각하면, 또 어떤 생각이 드나요?

내담자: 선생님은 절대 나를 이해할 수 없고, 절대 나를 도울 수 없다고 생각해요. 그리고 만약 선생님이 저를 도울 수 없다면 저는 무기력해집니다.

치료자: 제가 ○○씨를 이해하지 못한다는 것은 무기력감을 느끼게 하고, 제가 ○○씨를 통제하려고만 한다고 생각이 드는 것이군요.

내담자: 네. 이제 선생님이 이해하시는 것 같네요.

과제

치료자는 타당화 받지 못한 감정에 하향식 화살기법을 이용해볼 수 있다. "타당화 받지 못했을 때, 그것이 어떤 의미인가요?" 또한 내담자는 타당화가 의미하는 것에 대한 자신의 생각들을 나열해볼 수 있다 — 타당화를 받는 것의 기준 등 하향식 화살기법을 이용하여 자동적 사고를 살펴보고, 타당화를 받는 특정 기준을 갖는 것의 장점들과 단점들을 나열해 볼 수 있다. 예를 들어, "당신은 내가 느끼는 모든 감정들을 이해해야만 한다"와 같은 완벽주의적 기준의 비용과 이점을 평가해볼 수 있다. 이 기준을 유지하는 비용은 아마도 절대 남들에게 타당화를 받을 수 없을 것이라는 점이며, 이점은 그런 사람을 만난다면 이상적이고 지지적인 관계를 맺을 수 있을 것이라는 점이다. 내담자는 이런 기준(규칙)이 자신에게 도움이 되는지 혹은 갈등이나 실망을 안겨주는지 살펴볼 수 있다. 관련된 과제로는 양식 3.3(타당화에 대한 나의 생각)과 양식 3.4(타당화를 받지 못했을 때 활용할 수 있는 하향식 화살기법)가 있다. 하향식 화살기법은 타인이 완벽하지 못한 것을 수용하거나, 실망스러운 감정에 대해 대처할 수 있는 더 적응적인 방식("이번에는 네가 이 부분은 놓친 것 같아 보이네"와 같이 특정 부분을 놓쳤을 수 있음을 인정함)을 개발하는 측면에서 활용할 수 있다.

가능한 문제

몇몇 내담자들은 하향식 화살기법을 활용하거나 타당화에 대한 신념을 찾는 것을 어려워할 수 있다. 내담자가 생각과 감정을 구분하는 과정에서 정서적으로 격양되거나 소진될 수 있다. "그냥 끔찍해요. 이게 제 생각이에요." 이때, 몇 가지 인지재구성 기법들을 사용하면 생각과 감정을 구분하는 것을 도울 수 있다. 때로는 내담자의 정서적 강도가 높을 수 있는데, 이때는 하향식 화살기법 전에 마음챙김이나 이완 훈련을 해볼 수 있다. 많은 내담자들이 하향식 화살기법을 사용할 때, 이것이 또 다른 비타당화의 경험으로 생각하면서 결국 자신이 비합리적이라는 것을 증명하는 것으로 받아들일 수 있다. 자신의 생각에 대한 질문을 받는 것에 대한 내담자의 생각을 살펴볼 수 있고, 생각들의 장점과 단점을 논의할 수 있다. 또한 치료자가 내담자의 비타당화의 의미와 그때의 감정에 대해 질문하는 것이 내담자에게는 치료자가 관심을 보이고, 자신이 경험하는 감정들을 존중한다는 의미로 해석될 수 있다.

관련 있는 다른 기법

하향식 화살기법과 함께 몇 가지 인지재구성 기법들(예, 근거를 찾아보고, 장점과 단점을 생각해보기 등)을 활용할 수 있다. "믿음(생각)"의 양면을 고려해 역할 연기를 해보거나, 친구에게 해줄 조언을 생각하는 것도 조망을 넓혀 생각하는 데 도움이 된다. 이외에도 하나의 사건을 연속선상에서 다양한 측면에서 파악해보는 것이나, 수용, 마음챙김적 관찰 등이 도움이 된다.

양식

양식 3.3: 타당화에 대한 나의 생각
양식 3.4: 타당화를 받지 못했을 때 활용할 수 있는 하향식 화살기법

기법: 비타당화 경험을 다루기 위한 보다 적응적인 전략을 세우기 (Developing more adaptive strategies to deal with invalidation)

설명

자신의 경험이 이해받지 못했다고 생각하는 내담자들 중에는 이해받고 타당화 받기 위해 다양한 부적응적인 전략들을 사용하기도 한다: 반추, 지속적인 불만 토로, 감정적 격양, 타인을 벌주기, 치료자도 자신들처럼 느끼도록 하기, 삐치기, 관계에서 철수하기, 그리고 자해로 위협하기 등. 우리는 모두 어느 순간에서는 이해받지 못하고 타당화 받지 못하기 때문에(정서조절의 문제가 있는 내담자는 이런 순간이 더 잦아지기 때문에), 비타당화 경험을 다루

기 위한 보다 적응적인 전략을 세우는 것은 매우 중요하다: 주장하기, 상호적 문제 해결, 수용, 조망하기, 관심 돌리기, 자기 위로, 그리고 다른 정서조절 전략들. 이번 기법에서 이러한 전략들에 대해 생각해보겠다.

개입을 위한 팁과 질문

"○○씨가 이해받지 못하거나 타당화받지 못했을 때, 어떤 생각이나 감정이 들 것이고, 도움이 되기도 하고 그렇지 않기도 한 방식으로 행동할 수도 있습니다. ○○씨에게 도움이 되는 방식의 전략들을 한번 살펴보도록 해요. 예를 들면, 감정들을 위로하고 가라앉히기, 나의 요구를 충족시키기 등은 내가 타당화를 받지 못한 경우에도 활용할 수 있어요. 이런 전략들을 활용하게 되면, ○○씨가 원하는 방식으로 느낄 수 있도록(남들에게 의지하기 보다) 자신에게 더 의지할 수 있게 됩니다."

예시

치료자: 친구들과 있을 때나 혹은 저와 만나시면서 여러 번 이해 받지 못하고 타당화받지 못했다고 느끼는 것을 알았습니다. 이런 상황에서 ○○씨께서 스스로 이런 상황에 대처하고 자신을 돕기 위해 할 수 있는 전략들이 있을지 궁금합니다.

내담자: 제가 왜 이런 상황에 대처해야 하죠? 다른 사람들은 왜 제가 보고 느끼는데 그걸 이해하지 못하나요?

치료자: 만약 그럴 수 있다면 가장 좋을 것입니다. 하지만 이런 생각을 가지고 있을 때, 더 외로워지고 더 실망스러워지는 것은 아닐까 궁금합니다.

내담자: 네. 정말 짜증이 나요. 아마도 다른 전략들이 도움이 될 수도 있겠죠. 모르겠어요.

치료자: 자. 만약 이해받지 못하고 타당화받지 못한다고 느낄 때, 활용해볼 수 있는 몇 가지 전략을 가지고 있다면 어떨 것 같으세요? 한번 시작은 해볼 만할까요?

내담자: 그럴 수 있겠어요. 어떤 전략이 있나요?

치료자: 이런 상황에서 활용할 수 있는 여러 가지 전략들이 있습니다. 한 가지씩 이야기해 볼 수 있어요. 먼저 효과적으로 도움을 요청하는 방법이 있는데요. 이것에 대해 이야기해 볼 수 있습니다. 혹은 남들이 나를 실망시킬 때 수용하는 법에 대해 이야기해 볼 수 있어요. 혹은 남들에게 의존하지 않고 나 스스로 타당화하는 것에

대해 이야기할 수 있습니다. 혹은 안도감이나 안심을 느끼려 하기 보다, 문제를 해결하는 방식에 대해서도 이야기할 수도 있습니다.

내담자: 할 수 있는 것이 여러 가지네요.

치료자: 이해받지 못하고 타당화 받지 못했다고 느낄 때, 내 감정을 다룰 수 있는 기법을 많이 가지고 있을수록 더 좋습니다. 이해받지 못하거나 타당화받지 못했다고 느끼는 것은 매우 어려운 감정을 들게 하기 때문에, 대처할 수 있는 방안이 많이 있으면 도움이 됩니다.

과제

내담자가 이해받지 못한다고 생각할 때 사용할 수 있는 여러 전략들을 함께 나열해 볼 수 있다. 여러 가지 기법들은 이 책에 포함되어 있어 참고하면 좋다: 수용, 마음챙김적 관찰, 비용과 이점, 하향식 화살기법, 나를 이해해주는(타당화해주는) 사람을 타당화해주는 법 등. 내담자는 양식 3.5(이해받지 못한다고 느낄 때 할 수 있는 것)를 작성해볼 수 있다.

가능한 문제

이런 기법들을 논의할 때, 종종 내담자가 이해받지 못하거나 타당화받지 못한다고 생각할 수 있다. 이 과정에서 때로 내담자가 자신의 감정이 무시되었다거나, 자신의 감정에 대해 비난받거나 희생자가 되는 듯한 기분을 느낄 수 있다. 이런 전략을 가지고 있는 것의 장점과 단점을 생각해 볼 수 있고, 이런 전략을 갖고 있는 것이 자신의 감정을 위로하는 데 어느 정도 도움이 되는지를 살펴볼 수 있다. 만약 이 전략들이 감정을 위로하고 가라앉히는 데 도움이 된다면, 자신의 감정들이 중요하다는 것을 인식하게 될 것이고, 이런 기법들이 자신의 경험을 오히려 타당화하고 이해하는 데 도움이 된다는 것을 깨달을 수 있을 것이다.

관련 있는 다른 기법

타인을 타당화하는 법, 수용, 비용과 혜택 분석, 자신을 타당화하기 등의 기법이 도움이 된다.

양식

양식 3.5: 이해받지 못한다고 느낄 때 할 수 있는 것

▌기법: 타인이 나를 타당화 하도록 돕는 방법
(How to help others validate you)

설명

타당화의 문제를 지닌 내담자들은 종종 남들이 나를 타당화하고 이해하기 위한 기준(규칙)을 당연히 알 것이라고 믿는다: 마음 읽기("내가 타당화가 필요하다는 것을 너는 알고 있어. 그런데 왜 그렇게 하지 않는 거지?"), 개인화 하기("너는 너 자신의 문제로 둘러싸여 있어서 나를 경청하지 못하는 거지"), 당위 진술("이 것이 끔찍하다는 것에 너는 동의해야만 한다"), 혹은 재앙화("네가 내 방식으로 볼 수 없다는 것은 정말 끔찍한 거야"). 그 결과, 남들이 나를 이해하고, 타당화하는 데에는 일종의 도움과 안내가 필요하다는 것을 깨닫지 못한다. 이런 것은 커플 치료에서 상호 문제 해결하는 과정에서도 볼 수 있다. 다른 사람이 자신을 도울 수 있도록 돕는 과정에서 특정 행동들이 이 과정에 도움이 된다는 것을 알 수 있다. 또한 자신들이 "이해받지 못하는 감정"을 어떻게 경험하는지, 이 경험이 불필요한 갈등을 만드는 데 어떤 영향을 미치는지를 이야기할 수 있다.

개입을 위한 팁과 질문

"많은 경우에 사람들이 ○○씨가 느끼는 것과 어떻게 하면 ○○씨를 이해하고 타당화 할 수 있는지 알고 있을 것이라고 생각하시는 것 같네요. 아마도 이런 기대는 비현실적일 수 있어요. 왜냐하면 다른 사람들은 우리가 어떻게 느끼고 무엇을 필요로 하는지 모르는 경우가 많기 때문이에요. 하지만 좋은 소식은 우리가 다른 사람들이 그런 부분을 알 수 있도록 도울 수 있다는 것입니다. 치료에서 ○○씨께서 제가 더 잘 이해할 수 있도록 도움을 준 것처럼, 다른 사람들에게도 동일하게 할 수 있답니다. 저는 이것을 상호적 문제 해결이라 생각합니다. 상호적 문제 해결에는 우리 모두가 생각, 말이나 행동을 통해 문제에 영향을 주고 있다는 의미도 포함됩니다. 남들에게 이렇게 다가갈 수 있을 것 같습니다. '제가 잘 이해받지 못하는 기분이 들어요. 아마도 ○○씨께서 노력을 하신 것 같지만, 저는 여전히 이해 받지 못한 기분입니다. 어쩌면 제가 표현을 다소 불명확하게 해서 그럴 수도 있을 것 같습니다. 제가 원하는 지지(support)에 대해 ○○씨는 다르게 생각할 수도 있고, 제 감정을 지금보다는 더 잘 표현하는 방법도 있을 것 같아요. 제가 이해 받지 못한다고 느낄 때, ○○씨에게 차분하게 이렇게 말하는 것이 도움이 될 수도 있겠어요. 제가 드린 말씀이 잘 이해되지 않는 것 같습니다. 혹시 제 의견에 대해 이해하신 부분을 다시 말해 주실 수 있으실까요?'"

예시

치료자: 때때로 다른 사람들은 우리가 그들에게 무엇을 원하는지 잘 모를 때가 있습니다. 그리고 이때는 문제 해결 기술을 활용할 좋은 기회입니다. 예를 들면, 때로 다른 사람들이 나를 이해하지 못해서 화가 나는 경우가 있죠. 이때 화를 내는 대신, 그 사람들이 나를 이해할 수 있도록 차분하고 공손하게 몇 가지 방안을 제안해볼 수 있습니다.

내담자: 좋을 것 같아요. 저는 이해받지 못한다고 느낄 때가 많거든요.

치료자: 다른 사람들은 우리의 마음을 읽지 못하고 우리가 필요한 것을 잘 알 수 없습니다. 만약 식당에 들어가서 웨이터에게 내가 원하는 것이 무엇일지 말해 보라고 하

는 것과 같습니다. 사람들이 나를 더 잘 이해하고 타당화할 수 있도록 돕는 몇 가지 방안을 생각해보도록 하죠.

내담자: 다른 사람들이 경청하면 좋겠네요.

치료자: 경청하는 것은 중요합니다. 다만, 사람들이 ○○씨를 더 잘 이해할 수 있도록 도울 수 있습니다. 우리가 이렇게 말하면 어떨까요? "제 의견이 잘 전달이 된 것 같지 않아요. 혹시 제가 말한 것을 어떻게 이해하셨는지 제게 말씀해주실 수 있으세요?" 이런 방식으로 다른 사람들이 ○○씨가 말한 것을 어떻게 이해했는지 직접적으로 물을 수 있습니다.

내담자: 네. 괜찮은 것 같아요.

치료자: 그것만으로는 아마 부족할 수도 있어요. 이에 더하여 그 사람들이 ○○씨가 가진 생각과 감정을 타당화해줄 수 있는지 물어볼 수도 있을 것입니다. 즉, ○○씨가 왜 이런 방식으로 느끼는지 그 이유를 이해할 수 있도록 도울 것입니다.

내담자: 좋아요.

치료자: 만약 ○○씨께서 상호적인 것을 원하시면 — 이전에 상호적 문제 해결에 대해 이야기한 것처럼 — ○○씨가 이해 받지 못하는 것에 기여한 부분을 추가해볼 수 있을 것입니다. 예를 들면, "때때로 제가 잘 이해받지 못한다고 느낄 때가 있는데, 이유 중에는 제 감정이 너무 강해서 그럴 수도 있을 것 같아요. 다른 사람이 제게 완전히 동의하지 않으면, 나를 배려하거나 돌보는 마음이 없다고 생각이 들기도 합니다. 그래서 저도 몇 가지는 바뀔 필요가 있다는 것을 알고 있어요."

내담자: 기억해야 할 것이 상당히 많네요. 하지만 이런 것이 도움이 될 것 같아요.

과제

내담자는 양식 3.6(타당화받지 못했다고 느낄 때, 말하거나 할 수 있는 적응적인 방안)을 작성할 수 있고, 상호적 문제 해결 기술을 사용해 볼 기회를 찾아보거나, 다른 사람에게 정중하게 도움을 요청하거나 (내게 타당화를 해주는) 다른 사람들을 강화해줄 수 있다.

가능한 문제

타당화의 문제를 지닌 많은 내담자들이 남들에게 말을 하지 않아도 그 사람들이 자신의 욕구를 이해해야만 한다고 믿는다. 이러한 믿음은 다양한 방식으로 생각에 반영된다. 예를 들어, "내 파트너는 내 마음을 알아야만 한다" 치료자는 내담자가 다른 사람의 마음을 읽을 수 있는지 물어보면서, 이것이 남들에게도 어려운 것임을 설명할 수 있다. 만약 내담자도 남들의 마음을 읽을 수 없다면, 내담자가 자신의 친구를 배려하지 않거나 아끼지 않는 것이라는 의미인지 물어볼 수 있다. 또한 치료자는 내담자에게 비타당화에 대해 배운 새로운 방식이 가져올 수 있는 이점에 대해서도 물을 수 있다. "이런 방식이 정서조절에도 도움이 되나요?"

관련 있는 다른 기법

유용한 다른 기법들은 더 좋은 친구관계 맺기(building better friendships), 비타당화를 위한 하향식 화살기법, 비타당화와 관련된 생각에 도전하기, 비타당화와 타당화의 예시를 모니터링하기 등이 있다.

양식

양식 3.6: 타당화받지 못했다고 느낄 때, 말하거나 할 수 있는 적응적인 방안

▎기법: 자기의 비타당화 극복하기
(Overcoming invalidation of the self)

설명

몇몇 내담자들은 자신의 경험을 타당화하지 않으며 "자신이 감정들을 느낄 권리가 있다는 사실"을 과소평가한다. 이런 생각들이 정서에 대한 죄책감이나 수치심에 스며들어 있고, 자신의 감정은 이해되지 않고, 감정을 다스리기 위해 할 수 있는 일이 없으며,

감정을 표현할 수도 타당화를 받을 수도 없다는 생각에 영향을 준다. 이러한 생각을 지니고 있을 때, 나타나는 일반적인 반응은 자신의 욕구를 이야기하려 하지 않고, 욕구(요구)를 약한 것으로 생각하며, CBT를 욕구를 방어하는 도구로 삼으며 ("CBT를 사용하면 내 가족 일들을 감당하지 않아도 된다"), 자신의 욕구에 대해 미안해 하고("내가 아기처럼 구는 것 같네요"), 욕구에 대한 정보를 처리할 능력이 결여되어 있고((정서, 트라우마, 혹은 어려움들에 대해 이야기할 때) "선생님이 무슨 말을 하는지 이해하지 못하겠어요"), 해리되거나, 기대를 낮추려 하고("아마도 제 결혼에 대해 너무 많은 것을 기대하고 있나 봐요"), 신체화한다(정서에 대해 이야기하지 않고 신체적 문제에 대해 집중한다)(Leahy, 2001, 2005a). 예를 들면, 어떤 내담자들은 자신의 욕구가 중요하지 않다거나, 약하다는 증거로 보고, 만약 자신의 감정을 표현했다가는 창피해질 것이라고 두려워하며, 도망갈 것이다. 또 어떤 내담자는 자신의 욕구와 정서를 처리하는 것이 어려워, 거리를 두거나(해리), 자신들의 정서에 대해 기억하지 못할 것이다. 심상 관련 작업에서 말하는 "뜨거운 지점(hot spot)"과 유사하게, 치료자는 내담자와 욕구에 대해 이야기할 때 내담자가 말하고 경험하는 방식에 집중할 수 있다(Holmes & Hackmann, 2004). 예를 들어, 내담자와 이전의 우울, 자살시도, 약물남용 경험에 대해 이야기할 때, 마치 사소한 것이나 무언가 누군가에게 즐거운 일인 것처럼 얼굴에 웃음을 띠고 있을 수 있다.

개입을 위한 팁과 질문

내담자의 고통과 그들이 문제에 대해 표현하는 방식 사이에 일종의 괴리가 있다면 그 부분에 대해 질문할 수 있다. 예를 들어, "이 일이 ○○씨를 상당히 불쾌하게 하는 것 같지만, 이 일에 대해 이야기할 때 그런 감정을 느끼지는 않으시는 것 같아요," 혹은 "이 일에 대해 이야기하실 때, 문제를 축소하시는 듯합니다," "왜 그렇지요?" 보다 구체적이고 특정적 상황에서 할 수 있는 질문으로는 "○○씨가 방금 '아마도 제가 너무 많이 기대하나 봐요,' 혹은 '제가 진짜 이상한 사람이거나 아이 같아 보일 것이 분명해요' 라고 말씀하실 때를 보니, ○○씨가 감정을 느낄 만한 권리가 있다는 사실을 부정하거나 축소하시는 것처럼 보입니다" 후속 질문으로는 "왜 ○○씨는 자신, 감정, 욕구를 이런 식으로 과소평가하거나 당연하지 않은 것으로 생각하세요? 자신의 감정을 과소평가 하여 얻을 수 있는 것은 무엇인가요? 자신의 감정이 중요하지 않다는 것은 어디에서 배운 것일까요?" 등이 있다.

욕구와 감정을 과소평가하는 것은 내담자의 관계에서 중요한 요소가 될 수 있을 것이다. 아래의 질문을 통해서 살펴볼 수 있을 것이다. "대인관계를 할 때, 자신의 욕구가 잘 존중되지 않았던 적이 있나요? 자신의 감정은 두 번째이거나 권리가 중요하지 않았던 관계가 있었나요? 자신의 욕구를 충족해주지 않는 사람들을 선택하나요? 그 사람들은 더 자기 중심적인가요? ○○씨가 찾을 수 있는 더 자비심이 많은 사람들이 있을까요?"

예시

치료자: 방금 ○○씨께서 이전에 경험했던 정말 끔찍한 일에 대해 이야기하시면서, 얼굴에는 미소를 띠며 말씀하셔서, 그렇게 힘들지 않았던 것처럼 보였어요.

내담자: 정말요? 저는 몰랐어요.

치료자: 제가 들으면서 느꼈던 것은 ○○씨가 "이 일들은 중요하지 않아"라는 뜻을 전달하는 것 같았어요. ○○씨가 경험한 어려웠던 일이나, 자신의 욕구에 대해 이야기할 때, 다소 어색하신지 궁금합니다.

내담자: 저는 궁색해지고 싶지 않아요.

치료자: 궁색한 것으로 들리는 것이 ○○씨에게는 어떤 의미인가요?

내담자: 무언가 병적이다. 저는 저 때문에 누군가가 미안해하는 것을 원치 않아요.

치료자: 그러면 상처받은 감정, 아픈 경험에 대해 이야기하는 것이 누군가에게 미안함을 느끼게 할 것이고, 그것은 ○○씨가 병적이라는 것을 의미한다는 것이군요. 가족들은 ― 아버지나 어머니를 포함하여 ―○○씨가 이런 욕구를 이야기했을 때, 어떻게 ○○씨를 대하셨나요?

내담자: 부모님은 제게 그런 거는 이겨내라고 하셨어요. 부모님들도 자신들 문제로 힘드셨거든요.

치료자: ○○씨가 자신의 욕구와 감정을 이야기할 사람이 없었군요. 이 때문에 지금도 자신의 감정을 남들에게 공유하지 않는지 궁금합니다.

내담자: 사람들은 제 문제에 대해 듣고 싶어하지 않아요.

치료자: 마치 가족들에게서 들었던 말처럼 들리네요. 아마도 그런 상황에서 ○○씨가 대처할 수 있는 방법은 나의 욕구와 고통을 부정하는 것이었겠네요.

내담자: 선생님 말씀을 잘 이해하지 못하겠어요.

치료자: ○○씨가 정말 불행하다는 것을 부정하고, 그것을 스스로만 간직하고, 자신에게도 돌보고, 존중하고 받아들이고, 사랑받고 싶은 욕구가 있다는 것을 인정하지 않은 것 같아요. 단지 '이런 욕구들은 나에게는 실제가 아니다'라고 스스로 다독였을 거 같네요.

내담자: 네. 제가 그런 욕구가 있었지만, 아무도 들어주지 않았을 테니까요.

내담자와 추가적 논의를 통해 그녀가 자신의 욕구를 인정하는 것이 오히려 더 실망과 슬픔을 안겨줄 것이라 생각하여, 욕구를 인정하기 두려웠다는 것을 알았다. 그녀는 자신의 욕구들과 과거를 "하자가 있는 물건들"로 보았고, 마리화나와 술에 의존하여 그러한 감정들을 없애버리고자 했다.

과제

내담자들은 자신들이 욕구를 과소평가하거나 자신을 타당화하지 않았던 예를 찾아 볼 수 있다. 예를 들면, "과거나 혹은 최근에 ○○씨의 감정이 중요하지 않다고 스스로나 남들에게 이야기하려고 있던 적이 있는지 예들을 한번 생각해보죠. 자신의 욕구를 최소화하거나 부정하는 것의 장점과 단점들을 나열해 봅시다. 자신이 최소화하려고 했던 욕구는 어떤 것이었나요? 왜 그렇죠? 자신의 감정들을 최소화하려고 했던 말이나 행동이 있나요? 예를 들면, 자신의 감정 때문에 사과하거나, 스스로를 놀리거나, 다른 사람에게 감정에 대해 말하는 것을 삼가거나 한 적이 있나요? 혹은 감정에 거리를 두어서 주의를 기울이지 않았던 적이 있나요? 불편한 감정들과 관련이 있나요? 내담자는 양식 3.7(나의 욕구를 최소화하는 방법)을 작성할 수 있다. 치료자는 다음과 같은 질문을 할 수 있다. "○○씨는 친구의 욕구나 고통을 과소평가하나요? 왜 그렇지 않죠? 욕구나 고통을 과소평가하는 것이 다소 잔인하거나 무시하는 것처럼 들리나요? 친구에게 보다 애정을 담아 타당화한다면 어떻게 이야기할 수 있을까요? 이런 말들을 스스로에게 하지 않는 이유가 있을까요?

가능한 문제

몇몇 내담자들은 자신을 타당화하는 것을 자기 연민(self-pity)과 동일시한다. 치료자는 연민은 자신의 감정이 중요하고 가치가 있다고 생각하기 보다는 병적이라고 생각하는 것을 의미한다는 점을 지적할 수 있다. 타당화는 자신이 감정을 느낄 권리가 있고, 감정이 실제라는 것을 인정하는 것이다. 어떤 내담자들은 자신이 사랑받을 만하지 않고 결함이 있다고 생각하여서 자기 타당화를 할 권리가 없다고 생각한다. 이러한 생각은 인지재구성 기법을 사용해 평가해볼 수 있고, 혹은 자기 돌봄의 능력을 키우기 위해 자비 명상 기법을 활용할 수 있다. 또한 감정을 수용하고 감정을 더 높은 가치/의미와 연계하는 법을 배우며, 자신이 느끼는 감정은 인간에게는 모두 필연적이고 필요한 것이라는 것을 이해하도록 하는 것이 내담자가 자기 타당화를 하도록 도울 수 있다.

관련 있는 다른 기법

자비 명상과 인지재구성이 도움이 될 수 있다.

양식

양식 3.7: 나의 욕구를 최소화하는 방법

▌기법: 자비적 자기 타당화(Compassionate self-validation)

설명

여러 연구에서 치료에서 경험한 공감과 타당화가 긍정적 치료 결과에 강력한 예측 요인이라고 보고되었다. 자비적 자기 타당화는 내담자가 스스로 자신의 감정들에 직접적으로 돌봄과 타당화를 제공할 수 있는 기회가 된다. Gilbert의 자비적 마음 치료 (compassionate mind therapy)에서 유래한 자애(慈愛, loving kindness)를 통한 자기 타당화가 내담자에게 자기 혐오적 경향성을 줄이고, 지지적이고 진정감을 주는 정서적 지지와 자기 돌봄을 제공할 수 있다(Gilbert, 2009, 2010).

개입을 위한 팁과 질문

"우리는 때로 누군가 우리의 감정을 타당화해주고, 이해해주고, 돌보아 준다고 생각할 때, 기분이 나아집니다. 우리는 이것을 '자비적 타당화(compassionate validation)'라고 하며, 실제로 나를 소중하게 생각하는 친한 친구나 그런 누군가가 우리에게 줄 수 있는 자애(loving kindness)의 일종입니다. 만약 스스로 자신에게 자비적이고 사랑이 넘치는 친구가 되어 준다면 어떨 것 같으세요? 마음이 상했을 때, 스스로에게 타당화를 하면서, 스스로(내가) 이해하고 돌본다고 말을 하고, 따뜻하고, 사랑 가득한 정서적 지지를 준다면 어떻겠습니까?"

예시

치료자: ○○씨가 지금 외로운 감정이 들고, 또 슬픈 감정이 든다는 것을 알겠습니다. 종종 우리의 삶에서 누군가가 정말 우리의 감정에 관심을 가지고, 따뜻함과 자비의 마음으로 우리를 위로할 때가 있습니다. 그런 경험이 있으신가요?

내담자: 네. 제 할머니가 그러셨어요. 할머니는 정말 사랑이 넘치고, 부드럽고, 다정하셨어요.

치료자: 인생에서 그런 분이 계셔서 이야기하고 감정을 나눌 수 있다는 것은 정말 다행입니다. 하지만 이런 분과 이야기할 수 있는 기회가 항상 가능하지는 않습니다. 하지만 내 스스로에게 그렇게 하는 것은 언제든 가능하죠. 즉, 자신의 상처 난 마음과 고통스러운 감정을 부드러움과 사랑으로 대하는 것이요.

내담자: 하지만 어떻게 그렇게 할 수 있나요?

치료자: 그럼, 지금 잠시 ○○씨가 할머니라고 상상을 해보세요. 그리고 ○○씨의 감정을 자비와 사랑의 감정으로 바라보세요. 할머니의 목소리가 어떤가요?

내담자: 위로가 되고, 사랑스러워요.

치료자: 할머니가 무엇이라고 말씀하시나요?

내담자: 이렇게 말할 것 같아요. "혼자인 것을 걱정하지 마렴. 나는 언제나 너와 함께 있단다. 너를 사랑해. 외로울 때면 나를 생각하렴."

치료자: 기분이 어떠신가요?

내담자: 감정이 복잡해요. 할머니가 돌아가셔서 슬프지만, 내가 할머니를 따뜻하게 기억하고 그 따뜻함을 조금이라도 느낄 수 있어서 다소 안도가 돼요.

치료자: 아마도 ○○씨께서 할머니의 이미지를 사용하여, 스스로에게 자비와 타당화를 해볼 수 있을 것 같습니다. 이런 방식으로 외로움이 느껴질 때, 스스로 자신을 돌보는 느낌을 받을 수 있습니다.

내담자: 제가 할 수 있다면 좋을 것 같네요.

치료자: 지치거나 외로울 때, 할머니를 상상하고, 사랑과 친절함(자애)으로 자신을 바라본다고 상상해 보세요. 할머니의 이미지에서 얼굴, 머리카락, 눈을 마음에 떠올릴 수 있나요? 부드럽고 상냥한 목소리를 생각해 볼까요? 할머니는 ○○씨를 위로하고 사랑하고 돌보는 기분을 느끼게 할 수 있습니다. 하루에 15분 정도 스스로에게 자비적 자애감을 느끼게 해볼 수 있을지 궁금합니다.

내담자: 우리가 이야기할 때, 마음에 평안감이 드네요.

과제

내담자는 양식 3.8(온정적으로 자기를 인정하기)을 작성하고, 스스로에게 자비와 자애를 연습할 수 있다.

가능한 문제

자기 혐오감을 지닌 사람들은 스스로에게 자비의 마음을 갖는 것을 꺼릴 수 있다. 자신을 싫어하기 때문에 자신이 그러한 친절을 받을 만하지 않다고 생각한다. "그저 곤경을 면하려 하는 거야," 혹은 "이런 것이 필요한 것을 보면 내가 병이 있는게 맞아"라고 생각하기도 한다. 자신을 사랑했던 사람들에게 처벌을 받았을 수 있기 때문에 "자비적인 사람"에 대해서도 양가감정을 지니고 있는 사람들도 있다(Gilbert & Irons, 2005). 이럴 경우, 먼저 다른 사람에 대해 자비를 외면화해보는 것이 도움이 되기도 한다. 예를 들면, "○○씨가 아끼는 친구 중에 자신을 비난하는 친구가 있어서, 지지를 해주고 싶다고 생각해봅시다. 이 경우에 그 친구에게 어떤 자비적인 일을 할 수 있을까요? 이렇게 타인에게 자비를 외현화하는 연습을 하면, 종종 낯선 사람들조차도 자비를 받을 만하고, 자비를 행하는 것이 위로를 주며, 타인들에게 친절할 수 있는 것처럼, 자신에게도 친절할 때 손해 볼 것이 없다는 것을 깨닫는다. 애착 대상에 대한 양가적 감정을 갖는 경우에는 그러한 양가성을 지녔을 수 있는 경험(환경)이 있었는지 탐색할 수 있고, 타인 대신에 스스로 "안전한 안식처"를 만들어 자기 자비와 타당화를 얻을 수 있음을 깨닫도록 도울 수 있다.

관련 있는 다른 기법

자비 마음 기법(compassionate mind techniques)이 활용될 수 있다.

양식

양식 3.8: 온정적으로 자기를 인정하기

▌기법: 더 나은 친구 관계 맺기(Building better friendships)

설명

재발성 우울 삽화의 예측 요인 중 하나는 문제가 되는 대인관계 방식이다(Joiner et al., 2006; Joiner, Van Orden, Witte, & Rudd, 2009). 타당화의 문제나 정서조절의 문제를 지닌 내담자는 대인관계에서의 어려움을 경험한다. 타인을 비난하고, 요구하며, 감정이 격양되고, 대우받는 것을 당연하게 생각하고, 타인을 힘들게 하고, 자신이 받은 도움에 대해 별로 감사나 인정을 하지 않는다. 그 결과, 대인관계에서 거절당하게 되고, 이로 인해 화, 우울, 무력감을 느낀다. 그러므로 이러한 정서조절 장애가 대인관계에서 지지를 얻으려 시도했던 잘못된 대인관계 전략으로 인한 경우가 생긴다. 이번 기법에서는 더 나은 관계－친구뿐 아니라 내담자의 삶에 지지와 의미가 되는 사람들을 포함－를 맺는데 도움이 될 수 있는 공통적인 이슈들을 알아보겠다.

개입을 위한 팁과 질문

"우리를 화나게 하는 많은 경우, 우리도 실제 다른 사람들에게 영향력이 있다는 것은 깨닫지 못하기도 합니다. 남들에게 지지를 받는 것이 중요하지만, 동시에 타인에게 지지를 주는 것도 중요합니다. 우리에게 친구가 필요하듯이, 남들도 우리가 필요합니다. 앞에서 상호적인 문제 해결을 사용하고, 타당화받는 것의 기준(규칙)을 바꾸어 타당화를 얻는 몇 가지 방안에 대해 살펴보았습니다. 이제는 더 나은 친구관계를 맺을지에 대해 살펴보겠습니다. 먼저 ○○씨가 너무 많은 경우에 전투적인지는 않은지, 우리가 불평하는 것을 조금 줄이거나 다시 생각해 보는 것이 중요할 수 있다는 것을 고려하지 않는지에 대해 솔직하게 바라볼 필요가 있을 것입니다. 또한 친구들에게 감사하고, 그들의 긍정적 행동을 강화하고, 그 사람들이 우리에게 선한 일을 했을 때 인정하는 것이 중요합니다. 친구들과의 관계를 향상하기 위해서 어떤 일들을 할 수 있는지 몇 가지 예들을 살펴보도록 하죠."

예시

서아 씨는 친구인 경미 씨가 자신을 이해하지 못하고 비난한다고 불평하였다. 이 두 사람의 관계를 살펴보니, 실제 경미 씨가 비판적인 것처럼 보였다. 하지만 서아 씨에게는 지지적인 다른 친구들이 있었다.

치료자: 친구 경미 씨가 서아 씨에게 비판적으로 대할 때, 왜 기분이 상했는지 이해했습니다. 친구에게 마음을 열어 놓을 때는 친구에게 지지를 받고 싶은 것이지 비판 받

고 싶은 것을 아니었을 것 같습니다. 경미 씨는 주로 이런 식으로 반응하나요?

내담자: 항상 그렇지는 않아요. 하지만 저의 다른 친구들보다는 훨씬 비판적일 때가 많아요.

치료자: 그럼 서아 씨에게 더 지지적인 친구들이 있군요. 그분들은 누구예요?

내담자: 수경이와 민서예요. 그 친구들이 정말 좋아요. 그래서 어떤 것이든 이야기할 수 있어요.

치료자: 그럼 경미 씨 보다는 수경 씨와 민서 씨에게 서아 씨의 감정을 더 이야기할 수 있는지 궁금합니다.

내담자: 좋은 생각 같아요.

치료자: 아시다시피, 우리가 때로 옳지 않은 시간에 옳지 않은 사람에게 마음을 열면, 기분이 나빠집니다. 그래도 서아 씨에게는 다른 친구들이 있네요. [치료자는 내담자도 의사소통과 타당화를 받는 기술이 능숙하지 않음을 인지하고 있다]. 때로 우리가 감정을 표현하거나 타당화를 받으려고 할 때, 능숙하게 할 수도 있고, 그렇지 않게 시도할 때도 있습니다. 과거에 제가 남들 생각은 하지 않고 계속해서 불평하고 불평할 때, 남들은 상관하지 않는다고 생각했어요. 하지만 나중에 저의 말하는 방법을 바꿀 필요가 있다는 것을 깨달았어요.

내담자: 저도 불평불만을 상당히 지속하곤 하는데요. 그게 주변 사람들을 제게서 떠나게 한 것 같아요.

치료자: 저도 수년 전에 제 친구들 중 한 명과 그런 경험이 있었어요. 그때, 그 친구는 제게 지지적이려고 노력을 했었어요. 그래서 저도 과거의 경험에서 배우려고 했었죠. 제가 배운 것은 제가 하려는 말의 양을 제한하고, 너무 많이 반복해서 이야기하지 않는 것, 그리고 저를 이해해주려는 사람에게 감사하는 것입니다. 저는 이 과정을 "타당화하는 사람을 타당화해주기"라고 부릅니다.

내담자: 네. 제가 친구들에게 너무 많은 것을 쏟아 부은 것은 아닌가 궁금하네요. 제 모든 감정들을 쏟아 붓듯이 이야기했어요.

치료자: 음. 친구들은 그때 서아 씨를 지지하려고 했고요. 제가 배운 경험은 친구들도 자신들이 나를 지지할 때, 그러한 자신들도 나에게 지지를 받는 것이 필요하다는 것이었어요.

내담자: 이해돼요.

치료자: 저는 제 친구들에게 이렇게 이야기하는 것이 도움이 된다는 것을 알았어요. "내가 불평이 많고, 네가 나에게 귀 기울여줬다는 걸 알아. 너에게 정말 고맙다고 이야기하고 싶어. 이제 나 스스로를 도울 무언가를 하려고 해. 너는 내가 어려운 시기에도 정말 좋은 친구였어."

과제

Leahy 박사의 2010년 저서 『우울이 나를 집어 삼키기 전에 우울을 이겨라』 중에 "친구 관계를 더 가치 있게 만들기" 장(chapter)에서 친구관계에서의 역기능적 방식들을 소개하고, 친구들에게 지지를 받을 수 있는 구체적인 제안점을 제시하였다. 이 부분을 읽도록 제안할 수 있다. 내담자에게 양식 3.9를 제공하고, 타당화를 받기 위해 변화해야 할 부분을 나열해볼 수 있다. 치료자는 내담자가 다음의 변화를 줄 수 있도록 도울 수 있다: 친구들에게 보내는 메시지를 수정하고, 불평을 줄이기, 불평하는 대신 같은 내용을 보다 긍정적으로 친구에게 전달하기, "타당화하는 사람을 타당화해주기"(다시 말해, "누군가가 나를 타당화해준다면, 그 사람에게 "나에게 준 모든 지지에 감사합니다"라고 말하는 것).

내담자에게 다른 사람들이 감정을 타당화 해주었던 예가 있었는지 물을 수 있다: "○○씨의 감정을 수용하고 이해해주었던 사람이 있었나요?" 타당화에 대한 자신만의 규칙(기준)이 있나요? 사람들은 ○○씨가 이야기한 모든 것에 동의해야만 하나요? 비판적인 사람들과 자신의 정서를 공유하나요? ○○씨도 유사한 감정을 경험하는 다른 사람들을 수용하고 지지하나요? 이중 잣대를 가지고 있나요? 왜 그런가요?

가능한 문제

앞에서 이야기한 것처럼 어떤 내담자들은 타당화에 대해서 비현실적인 기준을 가지고 있다. 즉, 자신의 모든 생각과 감정이 남들에게 수용되고 이해되어야 한다고 기대한다. 이러한 기준의 장점과 단점(비용)을 살펴보고, 더 현실적인 기준을 찾아본다.

관련 있는 다른 기법

다른 사람에게 도움을 요청하거나, 남들이 나를 도울 수 있도록 돕는 법에 대한 기법이 도움이 된다.

양식

양식 3.9: 친구들에게 더 많은 지지를 받는 방법

▋결론

정서조절의 문제를 지닌 많은 내담자들이 자조 기법들(self-help)을 사용하는 것을 원하지 않을 때가 많은데, 이유는 이러한 (쉬운) 기법들이 자신의 정서적 고통을 줄일 수 있다는 치료자가 자신의 고통을 진짜로 이해하지 못한다는 비타당화를 경험하기 때문이다. 정서도식에 대해 이전 장에서 논의한 것처럼, 사람들은 주변 사람들이 자신을 아끼고 자신의 감정을 이해해 주기를 바란다. 이것은 상담에 오는 내담자에게는 더욱 커다란 요구가 된다. 공감, 거울 반응(mirroring), 애착과 전 발달단계에서 받을 수 있는 타당화는 다양한 이론들의 공통되고 핵심적인 요소이다. 하지만 몇몇 내담자들은 자신만의 독특한 규칙과 방식으로 타인에게 타당화를 받으려 하는데, 도움이 되지 않고 오히려 점점 타당화를 받기 어려운 상황에 놓이게 된다. 타당화와 변화 사이의 균형을 맞추는 것이 중요하지만, 때로 타당화의 문제를 치료 전면에서 다루는 것이 어렵기도 하다. 많은 내담자들이 자신의 감정에 대해 비난을 받았거나 오해를 받았다고 주장한다. 치료자는 이러한 내담자들이 타당화의 덫에 빠져있는 것이고 치료에서 반드시 다루어야 하는 내용임을 인식해야 한다.

04
정서에 대한 오해를 확인하고 반박하기
(Identification and Refutation of Emotion myths)

"정서에 대한 오해(emotion myth)"는 변증법적 행동 치료(DBT)에서 사용되는 용어로 정서에 대한 잘못된 믿음을 말한다(Lenehan, 1993, 1993b). Linehan은 경계선 성격장애가 있는 사람들이 자신의 정서 반응을 부정적으로 평가하는 경향에 주목한다. 경계성 성격장애 내담자들은 정서는 통제 불가능하다고 믿을 뿐만 아니라, 자신의 정서가 끝이 나지 않는다고 믿는 경향이 있다. 이러한 믿음들은 이 장애의 특징인 정서를 두려워하고 광범위하게 정서를 회피하는 원인이 되는 것 같다(Gratz, Rosenthal, Tull, Lejuez, & Gunderson, 2006; Yen, Zlotnick, & Costello, 2002). 또한 물질 남용(Grilo, Walker, Becker, Edell, & McGlashan, 1997), 해리 장애(Wagner & Linehan, 1998), 폭식(Paxton & Diggins, 1997)과 같은 경계성 성격장애에 만연한 많은 임상적인 문제점들은 정서적 회피를 주된 특징으로 한다.

연구는 정서에 대한 오해가 축 I 과 축 II 장애들의 부적응적인 정서조절을 증가시킨다는 예비적인 증거를 제공한다. Campbell—Sills, Barlow, Brown, and Hofmann(2006)과 동료들은 "슬픈 감정은 나쁜 거야", "부정적인 정서를 보이는 것은 약하다는 표시야"와 같은 정서에 대한 오해는 불안 장애들의 억제(suppression)의 사용을 증가시키는 것과 관련있다는 사실을 발견하였다. Mennin, Heimberg, Turk, and Fresco(2002)는 부정적인 정서를 받아들일 수 없는 것으로 평가하는 것은 정서적 회피 활동(activity)인 걱정의 증가와 관련 있음을 발견하였다. 성격장애들 사이에서의 정서도식에 대한 연구에서 Leahy and Napolitano(2005)는 경계선 성격장애가 있는 사람들은 부정적인 정서들은 받아들여질 수 없고 이해할 수 없는 것이라는 믿음들에 응답함을 발견하였다. 후속 연구에서 경계선 성격장애나 감정에 대한 부정적인 믿음을 특징으로 하는 다른 성격 장애를 가진 사람들은 정서적 회피 활동인 걱정을 더 많이 할 가능성이 있음을 발견했다(Leahy & Napolitano, 2006). 정서에 대한 오해는 좀 더 넓은 범위의 정서 도식들—즉, 정서를 다루기 위해 활용되는 개념, 평가, 행동 경향성(action tendency), 대인관계 전략, 대처전략을 의미하는—의 좁은 부분으로 간주될 수 있다(Leahy, 2002). 인지적이기 보다 더 행동적인 DBT는 정서조절의 어려움을 치료하는 데 정서에 대한 오해에 주된 초점을 두지 않는다. 정서도식치료와 달리 DBT는 정서의 메타인지적 모델에 기반하고 있지 않다. 그럼에도 불구하고 DBT는 EST의 주된 초점이 되는 정서에 대한 부정확한 믿음에 주로 도전하는 기법을 전달하는 풍부한 출처이다.

몇몇 DBT에서 사용하는 정서조절 기법—정서를 변화시키거나 정서의 강도를 감소시키기 위해 주로 해석을 바꾸는 것—들은 다른 인지행동치료들에서도 흔한 것이다. DBT 관점에서 경계선 성격장애가 있는 사람들은 변증법이지 않은, 즉 이분법적 사고를 주로 한다. 경계선 성격장애에서 이분법적 사고에 대한 연구들은 이런 개념화를 지지한다(Napolitano & McKay, 2005; Veen & Arntz, 2000). 자기, 타인, 환경에 대한 극단적인 평가는 정서, 행동, 관계의 불안정성뿐만 아니라 극단적인 정서 반응에 영향을 끼친다. 따라서 좀 더 변증법적이고, 덜 극단적인 사고 유형을 발전시킬 수 있도록 경계선 성격장애가 있는 사람들을 돕는 것은 중요한 치료 목표가 되어야 한다.

DBT는 내담자들에게 정서 모델을 제시하는 방식이 다른 유형의 CBT와 다르다. 이 모델은 Gross와 다른 사람들의 연구에 근거하여 정서를 오랜 시간 동안 해결되지 않은 (unfold) 사건들에 대한 복잡하고 패턴화된 반응들로 묘사한다(Ekman & Davidson, 1994; Gross, 1998a, 1998b). 이 모델은 정서, 즉 정서조절의 주요 양상에 대한 이해를 촉진하도록 구성되어 있다. 이 모델은 또한 정서에 대한 잘못된 믿음들에 도전하기 위해 필요한 정보들을 제공한다. 정서조절 전략들은 정서를 일으키는 사건 전, 후를 포함하여 정서 경험과정의 서로 다른 지점에서 사용될 수 있다(Gross, 1998a, 1998b). 중요한 것은 이 모델이 정서 표현(emotional expression)과 정서 경험(emotional experience)을 구분하고 있다는 점이다. 정서 표현과 경험을 구분하지 못하는 것은 정서를 두려워하거나 정서를 회피하는 것에 영향을 끼친다. DBT는 정서조절이 개인이 태어날 때부터 갖고 있었던 기술들은 아니지만, 개개인의 환경 맥락에서 배울 수 있는 것임을 강조한다. 이 기술들은 정서에 이름을 붙이기, 이를 사건과 연결짓기, 정서의 강도를 감소시키거나 증가시키기, 정서에 반응하기(acting on)를 억제하기, 정서적 자극이나 유발 요인(triggers)에 접촉하는 것을 제한하기를 포함하지만, 이것들에만 국한된 것은 아니다.

 DBT의 마음챙김 요소는 내담자들에게 자신의 정서에 대한 비판단적인 태도를 가지라고 가르친다. 이는 정서를 수용하고 기꺼이 경험하는 것을 촉진한다. 정서에 대한 비판단적인 태도는 정서를 부정적으로 평가하거나 판단하는 경향성을 상쇄하기(counteract) 위해서 시행한다. 그런 판단들은 정서적 경험을 복잡하게 만드는 추가적인 정서들을 만들어낸다(Greenberg & Safran, 1987; Linehan, 1993b). 정서에 대한 부정적인 평가는 습관적인 정서 회피를 유발한다(Campbell-Sills et al., 2006; Hayes et al., 2004; Mennin et al., 2002). 마음챙김의 정서조절에 대한 유익한 효과는 기존에 회피했던 정서들에 대해 노출시켰기 때문이라는 가설이 제기되어 왔다. 마음챙김 연습은 정서 경험과 덜 부정적인 연합을 개발할 수 있고 오래된 연합들은 소거될 수 있는 맥락을 제공한다고 여겨진다(Lynch, Chapman, Rosenthal, Kuo, & Linehan, 2006).

 내담자들에게 정서 이론을 제공하는 것에 더해, DBT는 내담자들에게 정서의 기능에 대하여 가르친다. 정서의 유용성에 대해 강조함으로써, DBT는 "정서가 공포스러운(emotionally phobic)" 혹은 정서적으로 회피적인 내담자들에게 정서를 경험하기 위한 유인을 제공한다. 이 장에서는 정서의 잠재적인 기원뿐만 아니라 정서에 대한 오해를 내담자들에게 알려주는 것을 돕는 방법에 대해 먼저 논의할 것이다. 그리고 내담자들이 자신의 이런 믿음들에 도전하는 것을 돕기 위한 심리교육과 노출 기반 기법들에 대하여 제시하고자 한다.

기법: 정서에 대한 오해 확인하기(Identifying emotion myths)

설명

DBT는 내담자들이 "정서에 대한 오해"를 확인하는 것을 돕는다. 정서에 대한 오해는 이러한 속설들의 잠재적인 기원뿐만 아니라 정서조절에 영향을 끼친다. 정서에 대한 오해를 확인하는 매우 많은 방법이 있다. 내담자들은 자신들이 어떤 믿음들에 응답했는지 확인하기 위해 경계선 성격장애 치료를 위한 기술 훈련 매뉴얼(Skills Training Manual for Treating Borderline Personality Disorder; Linehan, 1993b)의 정서에 대한 오해 인쇄물을 검토할 수 있다. 대안적으로 내담자들의 정서에 대한 잘못된 신념들은 Beck과 동료들(1979)의 역기능적 사고 기록지에 나타날 수도 있다. 예를 들어, 슬픈 기분에 대한 반응으로 "나는 약해"라는 자동적 사고를 가질 수 있다. 치료자의 질문에 따라 내담자는 "슬프다는 것은 약하다는 거예요"라고 설명할 수 있다. 정서에 대한 오해는 회기 내에서 자발적으로 표현되기도 한다. 이는 회기 내의 내담자의 행동에 대한 치료자의 질문을 통해서 드러날 수도 있다. 예를 들어, 내담자가 자신의 치료 이후 시간이 망쳐질 것이라고 믿기 때문에 치료 시간에 불쾌한 것에 대해 이야기하기를 거절한다면, 이는 정서의 지속 시간에 대한 부정확한 믿음일 가능성이 있다. 혹은 내담자가 정서를 표현하는 것에 대해 사과한다면, 이는 정서 표현을 수용할 수 없는 능력에 대한 믿음일 수 있다.

내담자들의 정서에 대한 오해를 확인하는 것을 도운 다음, DBT는 심리교육, 마음챙김, 노출 기반 기법들을 내담자들이 자신의 믿음들을 수정하는 것을 돕기 위해 사용한다. 내담자들에게 정서 이론들을 알려주고 난 다음, DBT는 내담자들에게 정서의 기능에 대해 가르친다. 정서의 기능에 대한 이해가 증가한 다음에 정서적으로 회피적인 내담자들은 자신의 정서 경험을 좀 더 잘 수용할 수 있게 된다.

개입을 위한 팁과 질문

"정서에 대한 우리의 믿음은 우리가 어떻게 정서를 대하는지에 영향을 줍니다. 예를 들어, 제가 만약 불안이 영원히 지속될 것이라고 믿는다면, 저는 불안을 회피하거나 막으려고 노력하는 것이 맞을 겁니다. 불행히도 어느 정도의 불안은 피할 수 없고, 불안을 막으려고 하거나 억제하려고 하는 나의 노력은 불안을 늘리거나 강화시킬 뿐입니다. 사실은 어떤 정서도 영원히 지속되지는 않습니다. 모든 정서는 일시적입니다. 여러분들은 정서를 다루는 데 어려움을 초래하는 부정확한 정서에 대한 믿음들을 갖고 있는 것일 수 있습니다."

예시

치료자: 남편의 외도에 대해 어떤 감정을 느끼시나요?

내담자: 솔직히 말해서 그것에 대해 생각하지 않으려고 하고 있어요. 그 사람은 나쁜 사람이 아니에요. 이런 일들은 매일 일어나지 않나요? 그렇죠?

치료자: 실제로 그런지는 잘 모르겠네요. 그러나 우리가 이 얘기를 계속 하기 위해서 만일 그렇다고 한다면, 이것이 당신에게 어떤 의미인가요?

내담자: 제가 화날 이유가 없다는 것을 의미해요. 제가 어떻게 느껴야만 할까요?

치료자: 저는 어떻게 느껴야만 한다는 것은 없다고 생각해요. 외도로 느낄 수 있는 많은 정서적 반응들이 가능합니다. 우리가 이 얘기를 하고 있는 지금 어떤 기분을 느끼시나요?

내담자: (울며) 말도 못하게 슬퍼요. 죄송해요. 울려고 그런 것은 아니었는데….

치료자: 사과를 하는 이유가 무엇인가요?

내담자: 제 감정으로 선생님께 폐를 끼치고 싶지 않아요.

치료자: 왜 우는 것이 저한테 폐가 된다고 생각하시나요?

내담자: 사람들은 부정적인 정서를 다루고 싶어 하지 않잖아요. 선생님은 행복하셔야 하니까요.

치료자: 저는 ○○씨의 슬픔이 전혀 폐가 되지 않아요. 저는 ○○씨가 슬픔을 저와 함께 나눠주셔서 오히려 감사해요. 그렇지만 ○○씨는 슬픔을 다른 사람들에게 표현하는 것은 받아들여질 수 없고 언제나 항상 행복해야 한다고 믿고 계시는 것 같아요.

내담자: 네. 모든 사람들이 그렇게 믿지 않나요?

치료자: 실제로 모든 사람이 그렇게 믿는 것은 아닙니다. 맥락에 따라, 예를 들어 직장에서 슬픔을 표현하는 것은 효과적이지 않을 수도 있습니다. 그러나 친구나 치료자와 같이 있을 때는 받아들여질 수 있습니다. 항상 행복해 보이는 것은 가능하지 않다

고 생각해요. 우리가 ○○씨의 정서에 대한 믿음에 대해 좀 더 집중해서 얘기해 봐야 할 것 같다고 생각해요[치료자는 내담자에게 양식 4.1: 정서에 대한 오해를 건넨다]. 이것은 정서에 대한 좀 더 일반적이고 부정확한 믿음들의 목록이에요. 한 번 살펴보시고 본인의 생각과 맞는 것이 있으면 체크해 보세요.

과제

내담자들은 과제로 정서에 대한 오해 목록(양식 4.1)을 살펴보고 자신이 동의하는 믿음들에 표시할 수 있다. 또한 마음에 떠오르는 정서에 대한 다른 믿음들을 기록해 올 수 있다. 믿음들에 도전하는 것은 다음 회기에서 치료자의 도움을 통해 공식화될 수 있으며, 이를 확인하기 위한 실험들을 구성할 수 있다.

가능한 문제

정서에 대한 오해를 강하게 믿는 내담자들은 이런 오해가 잘못된 것일 수 있다는 생각에 저항할 수 있다. 이런 저항은 실제적이거나 과학적인 정서에 대한 정보를 제공하거나 정서에 대한 오해를 시험할 수 있는 실험들을 계획함으로써 다룰 수 있다. 그러나 치료자는 이러한 수정 기법들을 사용하는 것과 내담자들의 경험을 생각해 보면 그런 믿음들을 가지는 것이 이해가 된다고 타당화해 주는(validation) 것 간에 균형을 맞춰야 한다. 예를 들어, 치료자는 공황장애 내담자에게 "당신이 불안을 통제할 수 없다고 믿는 것을 이해할 수 있다"라고 얘기할 수 있다. 그러나 치료자는 불안이 통제할 수 있을 정도의 낮은 강도로 경험될 수도 있다는 점을 이야기해야 한다. 또한 통제할 수 없을 거라고 믿는 것은 실제로 통제하지 못하는 것과 같은 것이 아니라는 점 또한 이야기할 필요가 있다.

관련 있는 다른 기법

관련 있는 기법들에는 정서 모델과 정서 이론을 내담자들에게 제시하는 것이 있다. 다른 기법들은 2장 정서도식치료에서 설명하였다. 지속 기간, 통제 능력, 독특성, 정서와 연결되는 것의 가치에 대한 믿음들을 확인하는 것이 있다. 정서에 대한 내담자의 믿음들을 시험할 수 있을 때, 회기 내 실험을 계획하는 것도 도움이 된다. 정서를 비판단적으로 관찰하고 기술하는 기법은 정서에 대한 오해를 약화시킬 수 있는 정서에 대한 노출 기법의 한 형태이다.

양식

양식 4.1: 정서에 대한 오해

기법: 정서에 대한 오해의 기원 확인하기
(Identifying the origins of emotion myths)

설명

정서에 대한 믿음들에 도전하기 전에 내담자들이 이러한 믿음들이 학습되고 강화되어 온 맥락을 이해하는 것이 도움이 된다. 이러한 발달적 기원을 강조함으로써 치료자들은 정서에 대한 오해는 사실이 아닌 믿음이라는 것을 강조한다. 1장의 "다양한 정신장애에서 정서조절의 역할" 단락에서 정서조절 어려움의 발달 과정에서 타당화되지 않는(invalidating) 환경의 역할에 대해서 논의하였다. 꼭 필요한 정서조절 기술을 가르치지 않는 것에 더하여, 정서가 타당화되지 않는 환경은 정서에 대한 잘못된 믿음들을 자라나게 한다. 만약 환경이 지속적으로 정서들을 무시한다면, 이는 내담자들에게 그들의 정서가 중요하지 않다는 것을 가르치는 것일 수 있다. 대체적으로 환경이 정서를 벌하는 것이라면, 그들은 자신의 정서가 받아들여질 수 없다는 것을 배우게 될지도 모른다.

개입을 위한 팁과 질문

"정서조절을 방해하는 다양한 믿음들은 정서가 타당화되지 않는 환경에서 학습하게 됩니다. 우리 부모님이 발달 과정에서 우리의 감정에 어떻게 반응했는지는 감정에 대한 우리의 믿음과 그들을 어떻게 다루어야 하는지에 영향을 미칠 수 있습니다. 만일 당신의 감정이 인정되지 못했다면, 당신은 정서는 수용될 수 없다는 것을 학습해 왔을 것입니다. 만약 당신의 정서가 무시되었다면, 당신은 정서가 중요하지 않고 정서를 무시하는 경향을 학습해 왔을 것입니다."

예시

치료자: 당신은 슬픔을 느끼는 것이 이기적이라고 얘기했어요. 왜 그렇게 얘기하나요? 그런 믿음은 어디서부터 온 걸까요?

내담자: 어렸을 때 우리 아버지는 항상 제가 행복해야 할 모든 좋은 환경과 이유를 가지고 태어났다고 말씀하셨어요. 아버지는 제가 슬픈 것이 이기적이라고 말씀하셨죠.

치료자: 아버지가 당신에게 슬픔에 대한 믿음을 가르쳤군요. 이러한 믿음이 당신의 슬픔에 대한 반응에 어떤 영향을 끼쳤다고 생각하나요?

내담자: 제가 슬픔을 억제해야 한다고 배웠어요.

치료자: 그게 잘되던가요?

내담자: 그렇지는 않아요. 전 여전히 슬퍼요.

치료자: 정서를 막으려는 시도는 자주 이를 강화시킬 뿐이지요. 슬픔이 기본 정서라는 것을 알고 있었나요? 우리가 그런 능력을 타고 났다는 것을 알고 있나요?

내담자: 선생님은 슬픔을 느끼는 것이 정상이라고 얘기하시는군요. 저는 그렇게 생각해 본 적이 없어요. 우리가 갖고 태어났다고요.

치료자: 당신이 만약 슬픔이 단지 또 다른 정서 중 하나라는 것을 알았다면, 이를 다루는 방식이 바뀌었을까요?

내담자: 아마도 그걸 그냥 느끼도록 했을 거예요.

과제

과제로 내담자들은 자신들의 정서에 대한 오해가 어떻게 발달해 왔는지에 대한 경험을 적어 올 수 있다. 또한 양식 4.2(정서에 대한 기본적 사실)을 읽어올 수 있다.

가능한 문제

내담자들은 자신의 정서에 대한 오해에 부모가 끼친 영향을 확인하는 것에 대해 꺼릴 수 있다. 왜냐하면 이러한 시도가 자신이 갖고 있는 문제들에 대해 그들을 실질적으로 비난하는 것이라고 믿기 때문이다. 치료자는 이와 같은 문제를 부모가 정서를 타당화해 주지 않은 것이 우발적일 수 있음을 강조함으로써 해결할 수 있다. 최선을 다했음에도 불구하고 부모들은 그들의 자녀의 정서적 요구를 이해하는 데 실패할 수 있다. 이에 더해, 내담자가 이런 문제들을 유발하지 않았음에도 불구하고, 이를 고치는 것에 책임이 있다.

관련 있는 다른 기법

관련 있는 기법들로 무효화하는 환경이 정서조절의 어려움이나 정서 사회화(emotional socialization)에 끼치는 역할에 대해 설명해 주는 것이 포함된다.

양식

양식 4.2: 정서에 대한 기본적 사실

기법: 정서 이론을 내담자에게 제시하기
(Presenting the patient with a theory of emotions)

설명

내담자들이 정서에 대한 오해에 도전하도록 돕기 위해서 치료자는 정서에 대한 정보를 제공할 필요가 있다. 어떤 혹은 모든 정서는 받아들여질 수 없다는 믿음을 반박할 때, 내담자들이 인간들은 기본 정서를 갖고 태어난다는 것을 학습하는 것이 도움이 된다. 여기에는 화, 기쁨/행복, 흥미, 슬픔, 두려움, 혐오 등이 포함된다(Izard, 2007). 비록 인간들은 죄책감과 수치심에 대한 생물학적 준비성(readiness)을 타고나기는 하지만, 이런 정서들은 인지적 발달이 더 요구되며, 그 결과 유아기보다 더 늦게 나타난다. 정서의 지속 시간에 대한 질못된 믿음에 도전하기 위해서 내담자들은 정서는 일시적인 현상이라는 것을 알아야 할 필요가 있다. 파도와 같이 정서는 최고점에 다다른 후 사라진다. 내담자들은 또한 기분(mood)과 정서(emotion)의 차이를 알아야 한다. 정서와 달리 기분은 분명한 초점이나 쉽게 구별할 수 있는 자극 사건이 없다. 기분은 확산(diffuse)되고 며칠, 몇 달, 혹은 몇 년 동안 지속될 수 있다(Baston, Shaw, & Oldeson, 1992). DBT에서 내담자들은 정서는 자기 영속적일 수 있다는 것을 배운다. 예를 들어, 슬픔을 일으키는 사건은 다른 슬픈 사건들을 회상하도록 할 수 있고 정서를 영속화시킨다. 만약 정서가 며칠 동안 지속된다면, 이 정서는 기분이 된다.

개입을 위한 팁과 질문

"정서는 인간에게 매우 중요한 부분입니다. 우리는 슬픔, 화, 기쁨, 혐오, 흥미, 두려움과 같은 몇몇 정서를 갖고 태어났습니다. 우리는 죄책감과 부끄러움도 갖고 태어납니다만, 이들은 좀 더 인지적인 발달이 필요하기 때문에 삶의 좀 더 뒷부분까지 이런 정서들을 경험하지는 않습니다. 모든 다른 정서들은 이 정서들의 조합이거나 학습된 것입니다. 정서들은 시간 제한이 있는 경험으로 확인 가능한 사건에 반응하여 일어납니다. 정서는 파도와 같아서 강도의 정점에 다다르면 곧 사그라듭니다. 그러나 자기 영속적이기도 합니다. 예를 들면, 어떤 것이 나에게 분노의 파도를 일으킬 수 있고, 내 분노로 인해 내가 분노했던 다른 것들을 회상할 수 있으며, 이는 또 다른 분노의 파도가 됩니다. 기분은 정서와 달라서 며칠 혹은 몇 주간 지속될 수 있습니다. 기분은 정서보다 더 오래 지속되며, 일반적으로 어떤 사건의 반응과 연결될 수 없습니다"

예시

치료자: 우울해지고 싶지 않기 때문에 슬픔을 느끼는 것을 두려워한다고 말씀하셨지요? 맞나요?

내담자: 네. 3년 전에 우울했었어요. 그리고 그 밑바닥으로 되돌아가고 싶지 않아요.

치료자: 슬픔과 우울은 서로 다릅니다. 슬픔은 정서이고 우울은 기분이에요.

내담자: 어떤 차이가 있나요?

치료자: 정서는 파도와 같아요. 그래서 최고 강도에 도달한 후에는 사그라듭니다. 기분은 몇 주에서부터 몇 달 혹은 그보다 길게 갈 수 있어요. 우울해지지 않고서도 슬픔을 경험하는 것이 가능합니다. 슬픔을 느꼈지만 우울해지지 않았던 예를 생각해볼 수 있을까요?

내담자: 글쎄요. 지난주에 영화를 보고는 울었는데요. 우울해지지는 않았어요. 제 아파트에 돌아간 다음에는 바로 그 일에 대해서 잊어버렸어요.

치료자: 아주 좋은 예입니다. 당신의 슬픔이 우울해지지 않고 지나갔군요. 다음번에 당신이 슬픔이 우울로 이끌 것이라고 믿기 때문에 슬픔을 기꺼이 경험하지 않으려는 것을 알아차리게 된다면, 이 우울과 정서의 차이점에 대해서 기억해 주세요.

과제

이 회기가 끝난 다음에 치료자는 내담자에게 복습을 위해 정서에 대한 기본 사실 인쇄물(양식 4.2)을 줄 수 있다.

가능한 문제

내담자들은 정서 이론에 대해 회의적일 수 있다. 그런 회의적인 태도는 이론에 대한 과학적 근거를 강조하거나 적절한 문헌을 증거로 제시함으로써 다룰 수 있다. 혹은 이론의 타당성에 대하여 인식할지 모르지만 자신의 정서에 대한 오해가 지속된다고 얘기할 수도 있다. 치료자는 그들의 정서에 대한 오해가 단지 이 정보를 복습하는 것으로만 바뀔 것이라 기대해서는 안 된다는 것을 지적해야만 한다. 오히려 이 정보는 이러한 믿음들이 마음에 떠오를 때마다 반박하는 근거로 사용되어야 한다. 믿음들을 시험하기 위한 실험 같은 부가적인 기법들이 이런 믿음에 효과적으로 도전하기 위해 필요할 수 있다.

관련 있는 다른 기법

관련 있는 기법들로 내담자들에게 정서 모델을 제시하거나 정서를 파도처럼 경험하는 것을 포함할 수 있다.

양식

양식 4.2: 정서에 대한 기본적 사실

▌기법: 내담자들에게 정서 모델 제시하기
(Presenting the patient with a model of emotions)

설명

이 모델은 내담자들에게 자신의 정서적 경험을 개념화할 수 있도록 하고, 이를 묘사하기 위한 틀을 제공한다. 이 모델에 따르면 정서는 시간이 지나도 잘 처리되지 않은 사건들에 대한 복잡한 패턴의 반응들이다(Gross, 1998b; Gross & Thompson, 2007; Linehan, 1993a; Linehan, Bohus, & Lynch, 2007). 정서처리는 순서대로 진행된다. 처음에는 심리적으로 관련 있는 상황으로 시작한다. 전형적으로 상황은 개인 외적인 것이다(예: 자신의 환경에서 일어난 어떤 것). 그러나 정서를 촉발하는 사건은 내적인 것일 수도 있다(예: 사고, 심상, 다른 감정 등). 수면 부족이나 배고픔과 같은 특정 요인들이 이 사건들에 대한 취약성과 정서적 각성에 대한 취약성을 증가시킬 수 있다. 다음 순서로 개인은 이 사건의 중요성과 관련성을 결정하기 위한 판단을 한다. 판단은 정서의 강도뿐만 아니라 특정 정서를 경험할 것인지도 결정한다. 일반적으로 더 극단적인 해석은 더 극단적인 정서를 유발하는 경향이 있다. 극단적인 해석을 하기 쉬운 내담자들의 중요한 정서조절 기법은 해석을 수정하는 것이다.

중요한 것은 DBT의 정서 모델이 정서 표현과 정서 경험을 구분하고 있다는 점이다. 사건을 평가하면, 다음, 뇌와 몸의 변화가 일어난다. 이는 정서 경험의 일부분이다. 신경화학적 변화들은 몸의 변화를 유발한다. 예를 들어, 상황이 위험하다고 판단되면 개인은 사고가 빨라지는 것을 경험하고 심장 박동과 호흡이 빨라지며, 근육 긴장이 증가하고, 손발의 혈류량이 감소하게 된다. 행동 경향성 혹은 행동 충동(action tendencies or action urges) 또한 정서 경험의 일부분이다. 공포의 경우 일반적인 행동 충동은 도망가는 것이다. 이런 행동 경향성들은 조절되거나 억제될 수 있다. 정서 경험의 일부분은 이러한 변화나 행동 충동을 알아차리는 것을 포함한다.

정서 표현은 말로 나오는 것, 얼굴 표정, 몸의 자세뿐만 아니라 취해지는 행동을 모두 포함한다. 이 모델은 정서 표현은 억제될 수 있다고 강조한다. 내담자가 정서 표현과 정서 경험을 같다고 여기는 것은 정서에 대한 두려움과 정서 회피에 기여한다. 정서 과정의 다음 단계는 경험에 슬픔, 기쁨과 같은 이름을 붙이는 것이다. 마지막으로 모델은 정서들이 일어난 후에는 사고 과정, 행동, 생리적인 것에 영향을 끼친다는(aftereffect) 것을 지적한다. DBT에서 내담자들은 "정서들은 자기들을 사랑한다", 즉 정서들은 자기 영속적이라는 것을 배운다. 예를 들어, 슬픔이 일어난 후에는 피로, 철수, 다른 슬픈 사건들에 대한 회상이 일어날 수 있다. 이런 방식으로 정서가 일어난 후의 영향력은 슬픔을 영속화한다. 그러나 한 정서의 사후 영향력은 다른 정서들을 일으킬 수도 있다.

개입을 위한 팁과 질문

"우리의 지각과는 달리 정서들은 항상 유발 사건과 함께 시작합니다. 이는 내적인 것일 수도 있고 외적인 것일 수도 있습니다. 다시 말하면, 정서는 당신 스스로의 생각이나 감정, 혹은 당신의 환경에서 일어나는 것들에 의해서 촉발될 수 있습니다. 어떤 요인들, 예를 들어 수면 부족이나 배고픔 혹은 이미 일어난 정서가 포함된 다른 사건들은 앞에서 얘기했던 유발 사건에 우리를 더 취약하게 만들 수 있습니다. 또한 정서 모델(양식 4.3)을 보면, 대부분의 정서들은 유발 사건에 대한 해석을 포함하고 있습니다. 사나운 동물을 만났을 때 일어나는 공포나 당신이 사랑하는 사람을 봤을 때 일어나는 기쁨은 예외입니다. 당신의 해석은 정서의 강도뿐만 아니라 어떤 정서를 갖게 될지를 결정합니다. 각각의 정서들은 어떤 것을 하고 싶어 하는 충동뿐만 아니라 신체적인 변화나 뇌의 변화를 동반합니다. 정서들은 바디랭귀지, 얼굴 표정, 어떤 활동을 했느냐를 통해서도 표현됩니다. 그러나 정서들은 전혀 표현되지 않을 수도 있습니다. 마지막으로 정서들은 영향력이 있습니다. 이는 현재 정서를 유지시키거나 다른 정서를 유발하기도 합니다."

예시

치료자: 정서들이 서서히 커지는 경향이 있다고 말씀하신 적이 있어요. 이 도표를 함께 보고 싶네요. [양식 4.3을 언급한다]

내담자: 복잡하네요.

치료자: 그래요. 정서는 복잡한 양식의 반응들입니다. 정서는 아무데도 아닌 곳에서 오는 것처럼 느껴지지요. 하지만 이 도표를 보시면, 정서들은 항상 유발 사건과 함께 시작된다는 것을 알 수 있습니다. 보통 당신이 경험하는 정서의 종류와 강도에 영향을 끼치는 이 사건에 대한 해석이 존재합니다. 해석이 극단적일수록 더 극단적인 정서 반응을 유발합니다.

내담자: 이 네모 상자들은 뭘 나타내나요?

치료자: 첫 번째 상자는 정서 경험은 뇌의 변화, 몸의 변화, 무엇인가를 하고 싶은 충동의 변화를 포함한다는 것을 나타냅니다. 두 번째 상자는 정서가 어떻게 표현될 수 있

는지를 나타냅니다. 정서는 몸의 자세, 얼굴 표정, 취해진 행동으로 나타날 수 있습니다.

과제

내담자는 양식 4.3에 제시된 정서 모델을 복습해 올 수 있다.

가능한 문제

내담자들은 모델을 이해하는 게 어려울 수 있다. 치료자가 회기 내에서 내담자가 모델을 얼마나 이해했는지 확인하는 것을 추천한다. 이는 모델에 따라 자신이 경험한 정서를 표현해 보라고 시킴으로써 확인할 수 있다. 습관적으로 정서를 막거나 자주 정서가 둔해진다고 보고하는 내담자들은 자신들의 정서 경험에 동반되는 신체적 변화들에 대해 묘사하는 것에 어려움을 느낄 수 있다. 치료자는 그런 내담자들에게 정서가 신체에 주는 영향을 알아차리는 것은 연습을 통해 개발될 수 있다는 것을 강조함으로써 용기를 북돋아야 한다.

관련 있는 다른 기법

관련 있는 기법들은 정서를 관찰하고 묘사하기, 정서에 대한 믿음들을 확인하기 위한 실험 수행하기, 취해진 활동과 활동 욕구 구분하기, 정서를 파도로서 경험하기 등이 있다.

양식

양식 4.3: 정서 모델

기법: 내담자에게 정서의 기능에 대하여 가르치기 (Teaching patients about the function of emotion)

설명

자신의 정서를 조절하는 것에 어려움이 있는 사람들이 정서를 쓸모 없는 것이라고 여기는 것은 드문 일이 아니다. 정서에 대한 이런 관점은 정서를 경험하는 것에 유인을 거의 제공하지 않으며, 정서를 회피하는 것을 정당화한다. 내담자들에게 정서의 기능에 대해 교육하는 것은 그들이 정서를 기꺼이 경험하는 것을 증가시킨다. 알려진 정서의 기능은 의사결정을 촉진하는 것, 활동을 취할 수 있도록 내담자를 준비시키고 동기화시키는 것, 환경에 대한 정보를 제공하는 것, 의사소통, 타인에게 영향을 주는 것들이 포함된다(Gross, 1988b). 정서의 다른 기능은 자기타당화(self-validation)이다(Linehan, 1993b). 정서는 자기에게 정보를 전달할 때 자기타당화된다. 예를 들어, 정서는 상황에 대한 자신의 지각이나 경험이 타당하다는 증거로서 사용될 수도 있다(예, 사람들은 상황이 부당하기 때문에 분노를 느낀다. 그러므로 화가 난다는 것은 정당한 이유가 있다는 것이다). 극단적인 경우, 자기타당화는 정서를 사실로서 취급하게 된다. 예를 들어, "나는 두려워. 그러므로 상황은 위험해"라고 추론할 수 있다.

정서의 기능을 확인하는 것은 왜 특정 정서가 개인의 소망과 반대로 되는지를 결정하는 것에도 도움을 준다. 예를 들어, 한 내담자가 오래 가는 분노에 불평한다면, 그럴만한 동기가 있는지, 타인에게 영향을 끼치지는 않는지, 자기타당화는 아닌지 결정하는 것이 중요하다. 정서가 어떤 기능을 하는 한, 내담자는 정서가 사라지는 것에 주저할 수 있다.

개입을 위한 팁과 질문

"우리 각각의 정서는 기능이나 목적이 있습니다. 예를 들어, 만약 우리가 화가 나서 이를 표현한다면, 화의 기능은 타인에게 그들의 행동이 우리에게 받아들여질 수 없다는 것을 알리는 것일 수 있습니다. 이는 그 사람들이 자신의 행동을 바꾸는 것에 영향을 끼칠 수 있습니다. 또한 우리의 화는 부당한 상황을 바꾸기 위한 행동을 취할 수 있도록 동기화할 수 있습니다. 때때로 정서는 자기타당화되기도 합니다. 우리는 화가 날 이유가 있기 때문에 화를 느낍니다. 정서는 우리에게 어떤 것이 옳고 그른지를 결정하는 것을 도울 수도 있습니다. 다음번에 만약 강한 정서를 경험한다면, 정서에 어떤 기능들이 있는지 스스로에게 물어보세요."

예시

치료자: 지하실에 물이 넘쳤던 것을 발견했을 때 화가 머리 끝까지 났다고 말씀하셨지요? 그리고 난 다음에 그렇게 느낀 것에 대해 자기 자신에게 너무 불쾌했다고 하셨구요.

내담자: 맞아요. 정말 멍청했죠. 그래봤자 아무것도 바뀌지 않는데 말이죠. 과했다고 생각해요.

치료자: 화가 머리 끝까지 났을 때, 어떻게 하셨나요?

내담자: 저는 지하실로 달려가서 가족들의 추억이 담겨져 있는 박스들을 위층으로 옮겼어요. 하지만 모든 것들을 다 할 수는 없었죠. 많은 물건들이 망가졌어요.

치료자: 화가 많이 났다는 것이 당신이 빨리 행동을 취할 수 있는 동기가 됐다는 것처럼 들립니다. 이런 식으로 화가 많이 났다는 것이 당신에게 도움이 됐다고 말할 수 있을까요?

내담자: 네. 그럴 것 같아요. 하지만 망가진 물건에 대해 제가 느낀 슬픔은 뭔가요? 그 감정의 요점은 뭘까요? 시간 낭비처럼 보이는데요.

치료자: 글쎄요. 때때로 우리의 정서는 어떤 것을 우리가 가치 있게 여기는지 알려주기도 합니다. 당신의 슬픔이 그런 일을 해 올 수 있었다고 생각할 수 있을까요? 만약 가족들의 기념품이 망가진 것을 보고 기쁨을 느꼈다면 이것은 무엇을 의미할까요?

내담자: 아마도 나의 슬픔은 나에게 내가 제 가족과 그들과 함께 성장하면서 경험했던 것들을 가치 있게 여긴다는 것을 알려주고 있었던 것 같아요. 제가 그런 것에 무관심하거나 싫어했다면 그 물건들이 그렇게 된 것을 보고 기뻤겠죠.

치료자: 다음번에 정서를 느끼는 것이 바보 같거나 무의미하다고 느껴지면, 정서의 기능에 대해서 생각해 보시길 바랍니다.

과제

내담자는 양식 4.4에 제시된 정서 기능에 대한 요약을 복습해 올 수 있다.

가능한 문제

내담자들은 정서의 기능과 정서의 정당성을 헷갈릴 수 있다. 예를 들면, 불안장애가 있는 사람은 만성적인 공포는 실질적인 위험이 부재하는 상황에서 아무런 기능을 하지 않는다고 주장할 수 있다. 이는 공포는 정당하지 않지만, 공포의 기능은 심지어 그 지각이 잘못되었다고 하더라도 지각된 위협에 대해 행동을 취할 수 있도록 사람을 동기화시키거나 준비시키는 기능을 여전히 한다는 것을 설명해 줌으로써 다룰 수 있다. 다른 잠재적인 문제는 각각의 정서가 오직 하나의 확인할 수 있는 기능을 갖고 있으며, 치료자가 내담자보다 이 기능이 무엇인지 더 잘 안다고 가정하는 경향이 있다는 것이다. 정서의 기능을 알아내는 것은 다소 주관적이고 같은 정서라도 다양한 기능들을 가질 수 있다는 것을 강조하는 것이 중요하다.

관련 있는 다른 기법

관련 있는 기법들에는 정서를 관찰하고 묘사하기, 정서 모델 복습하기, 정서에 대한 심리교육 제공하기 등이 있다.

양식

양식 4.4: 정서의 기능은 무엇인가?

기법: 정서를 관찰하고 묘사하기
(Observing and describing emotions)

설명

　정서조절의 기본은 자신의 정서를 알아차리는 것과 정서를 묘사하고 이름을 붙이는 능력이다. 이 연습을 통해서 내담자들은 자신의 정서를 비판단적이고 마음챙김적으로 혹은 충분한 알아차림으로 관찰하고 묘사한다. 이런 관찰들은 양식 4.5를 사용하여 기록된다. 정서조절에 어려움이 있는 많은 사람들은 정서 경험을 회피하기를 시도한다. 그들은 정서에 대한 부정적인 관점과 잘못된 믿음들을 갖고 있는 경향이 있다. 이에 더해, 정서를 감내하는 능력의 결핍은 정서를 탈출하려는 충동적인 노력들을 하게 만든다. 정서를 관찰하고 묘사하는 연습은 정서를 회피하려는 경향성을 상쇄한다. 이런 의미에서 이는 정서 경험에 노출하는 한 방식이라고 볼 수 있다. 비판단적인 태도로 연습하기 때문에 정서를 관찰하고 묘사하는 것은 또한 정서에 대한 부정적인 관점을 상쇄할 수 있는 정서 수용을 촉진할 수 있다. 내담자들이 자신의 정서 경험을 기록할 때 내담자들은 정서를 촉진시킨 사건들에 대한 해석뿐만 아니라 무엇이 자신의 정서를 촉발시켰는지도 작성하게 한다. 내담자들이 정서와 이를 촉발시킨 사건을 연결시킬 수 있는 기술을 발전시키는 것이 중요하다. 이 기술은 정서 경험을 더 명료하게 이해하도록 돕는다. 관찰 및 묘사 연습은 내담자들이 정서에 동반되는 행위 충동(action urges)에 마음챙김할 수 있도록 돕기도 한다. 이 알아차림은 이런 충동에 의해 충동적으로 행동할 가능성을 줄인다. 자신의 정서들을 다루기 위해 차단 전략을 사용하는 많은 내담자들은 정서의 생리적인 양상과 접촉하지 않는다. 관찰과 묘사는 내담자들이 정서에 동반되는 신체적 변화를 묘사하게 함으로써 이러한 차단 경향성을 상쇄한다. 정서조절 전략으로써 차단이나 무디게 하는 것을 사용하는 내담자들은 자신의 얼굴 표현을 감추거나 이를 알아차리는 것이 부족한 경향이 있다. 관찰 및 묘사 연습은 몸의 자세와 같은 다른 비언어적 정서 표현뿐만 아니라 내담자들의 얼굴 표정에 대한 내담자의 알아차림을 증가시킨다.

개입을 위한 팁과 질문

"우리의 정서를 조절하는 첫 번째 단계는 우리가 경험하는 대로 정서를 알아차리는 것입니다. 다시 말하면 내가 분노를 경험하고 있다는 것을 알아차리기 전에는 나의 화를 조절할 수 없습니다. 내가 화가 났을 때 공격하고 싶은 나의 충동을 지각하는 것만이 그에 따라 행동하지 않을 선택을 하게 합니다. 우리가 우리의 정서에 접촉하지 않을 때, 우리가 그 정서에 따라 행동한 이후에—분노한 단어를 말하거나 문을 쾅 닫고난 다음에—그 정서들을 알아차리게 될지 모릅니다. 그러나 정서를 알아차리는 것은 연습만으로 개발할 수 있는 기술입니다. 이 기술을 개발시킬 한 가지 방법은 정서를 관찰하고 묘사하는 연습을 하는 것입니다. 이 연습은 비판단적이고 충분한 알아차림이나 마음챙김을 통해서 할 수 있습니다."

예시

내담자: 저는 불안해요. 기분이 쭉 가라 앉아 있고 저는 깊고 어두운 우울로 다시 돌아가는 것 같아요.

치료자: 기분이 가라 앉아 있다고 하셨어요. 좀 더 구체적으로 지금 느끼고 계신 정서가 어떤 것인지 말씀해 주실 수 있겠어요?

내담자: 잘 모르겠어요. 몇 가지 이유로 토요일부터 쭉 정말 기분이 안 좋았어요.

치료자: 우리가 이것을 좀 더 쉽게 이해할 수 없는지 한번 봅시다. 토요일에 무슨 일이 있었나요?

내담자: 글쎄요. 저는 온라인으로 만난 어떤 사람과 데이트를 하려고 했어요. 그런데 그 사람은 확실히 만나겠다는 전화를 주지 않았죠.

치료자: 어떤 정서가 일어 났나요?

내담자: 저는 그저 내가 충분히 괜찮지 않나보다. 나는 결코 어떤 사람도 못 만날거야라고 느꼈어요.

치료자: 그건 그 사람이 전화하지 않은 것에 대한 ○○씨의 생각들인 것 같아요. 정서는 어떤 것을 느꼈나요?

내담자: 슬픔을 느끼고 있었다고 생각해요. 그때는 확실하지는 않았지만요.

치료자: 토요일 전에는 어떻게 느꼈나요?

내담자: 꽤 좋았어요. 친구 갤러리의 그림 전시회도 갔었고요. 학교도 이번 주에는 좋았어요.

치료자: 우리가 얘기한 것으로 볼 때, 당신의 기분이 토요일부터 가라앉기 시작한 것이 좀 더 명확해지네요. 그리고 데이트를 하지 못하게 된 것이 원인이었고요. 지금도 여전히 불안함을 느끼시나요?

내담자: 좀 나아졌어요. 이해가 되네요. 저는 내가 왜 기분이 나쁜지 잘 이해하지 못했어요. 그래서 무서웠죠.

치료자: 제 생각에 정서를 확인하고 원인과 정서를 연결하는 것을 해 보실 필요가 있겠어요. 그래서 정서가 신비롭거나 무서운 것이 아니라는 것을 알 수 있게요. 또한 정서가 일어날 때마다 잘 알아차릴 수 있게 되는 것 또한 필요하다고 생각해요. ○○씨 생각은 어떤가요?

내담자: 그게 좋겠어요. 그런데 어떻게요?

치료자: 자신의 정서를 관찰하고 묘사하는 연습을 하는 것이 좋을 것 같아요.

과제

내담자는 다음 시간까지 일주일 동안 특히 강도가 세거나 오랫동안 지속되는 정서에 대해서 양식 4.5(정서 관찰하고 묘사하기)를 채워와야 한다. 만일 내담자들이 아무런 정서도 느끼지 않는다고 보고한다면, 그날의 특정 시간대를 채워오거나 과거에 경험했던 정서를 묘사해 오라고 할 수 있다. 정서 관찰하기와 묘사하기는 회기 내에서 정서를 유발한 이후에도 할 수 있다.

가능한 문제

내담자들은 한 번에 하나 이상의 정서를 동시에 경험하게 되면 정서를 관찰하고 묘사해 오는 것이 어려울 수 있다. 각각의 정서를 따로 기록해 오는 것을 추천한다.

관련 있는 다른 기법

관련 있는 기법들에는 마음챙김, 정서 경험과 행위 충동 구분하기, 정서에 대해 비판단적인 태도 연습하기, 정서를 파도처럼 경험하기 등이 있다.

양식

양식 4.5: 정서 관찰하고 묘사하기

▌기법: 정서에 대한 비판단적인 태도 (Nonjudgemental stance toward emotions)

설명

정서조절에 문제가 있는 많은 내담자들이 자신들의 정서를 부정적으로 판단한다. 이런 판단들은 결국 다른 정서들이나 이차적인 정서를 촉진한다(Linehan, 1993b). 예를 들면, 어떤 사람은 자신의 기쁨 경험을 자기 경멸을 유발할 수 있는 순진함의 표시로 해석할 수 있다. 이차 정서는 정서 경험을 복잡하게 하며, 종종 일차 정서가 무엇인지 알아차리는 것을 어렵게 만든다. 게다가 정서에 대한 부정적인 평가들은 정서의 억압이나 회피를 촉진한다. 정서에 대한 비판단적인 태도를 취함으로써 내담자들은 정서 경험의 수용을 기를 수 있다. 정서 경험의 수용은 슬픔을 느끼는 것을 마지못해 받아들이는 것을 의미하지 않으며 오직 슬픔을 인식하는 것을 의미한다. 정서를 수용하는 것은 정서가 일어나면 비판단적으로 그것을 인식하는 것이다.

개입을 위한 팁과 질문

"자신의 정서를 판단할 때, 우리는 부가적인 정서들이나 이차 정서를 만들어냅니다. 예를 들면, 제가 만약 슬픔을 느끼고 내 슬픔을 약점으로 판단한다면, 저는 제 자신에게 화를 느끼게 될 것입니다. 만약 제가 저의 화를 위험한 것으로 판단한다면, 결국에는 두려움을 느끼게 될 것입니다. 지금 저는 슬픔, 화, 두려움을 느끼고 있습니다. 어떻게 정서에 대한 각각의 판단이 제 정서 경험을 복잡하게 만들었는지 보십시오. 만약 제가 제 정서를 판단하지 않았다면, 단지 슬픔만 느꼈을 것입니다. 나의 정서를 판단하지 않는다는 것은 정서를 긍정적으로 보아야만 한다는 것이 아닙니다. 슬픈 것에 대해 행복을 느낄 필요는 없습니다. 그저 알아차리기만 하면 됩니다. 정서에 대한 비판단적인 태도를 연습하는 첫 번째 단계는 자신의 정서를 판단하는 자신의 경향성에 마음챙김하거나 알아차리는 것입니다. 여러분들은 아마도 다른 사람들보다 어떤 정서들을 좀 더 판단하는 경향이 있다는 것을 알아차릴 것입니다. 여러분이 이런 판단들을 알아차리게 될 때, 그 판단들이 그냥 지나가게 해 보세요."

예시

치료자: 사고 기록지를 보니 남자 친구가 전화를 하지 않았을 때, "걔는 날 신경쓰지 않아" 라는 생각이 들었고 슬픔을 느꼈다고 했네요. 그런데 그다음에 "이런 식으로 느끼다니 나는 패배자야"라는 생각이 들었군요. 그 생각이 났을 때 어떤 기분이 올라왔나요?

내담자: 나 자신에 대한 화와 실망감이요.

치료자: 처음에는 그냥 슬픔만 느끼셨다는 거군요. 그런데 그다음에 자신의 슬픔에 대해 판단하게 되었고 결국에는 슬픔, 화, 실망감으로 끝나게 됐구요. 만약 자신의 슬픔을 판단하지 않았다면 어떤 일이 일어났을 것이라고 생각하세요?

내담자: 무슨 뜻이세요?

치료자: 만약 슬픔을 느꼈다는 것 때문에 자신을 비판하는 것 없이 그냥 슬픔만 느끼게 놔두었다면 어땠을까요?

내담자: 다른 정서들을 느끼지 않았겠죠. 화나 실망감 같은 것들이요. 그냥 단지 슬픔만 느꼈을 거예요.

과제

치료자는 내담자들에게 다음 일주일 동안 자신의 정서에 대해 비판단적인 태도를 연습해 오도록 시킬 수 있다. 만약 이것이 너무 광범위해 보인다면, 한 두가지의 특정한 문제가 되는 정서들에 집중해 보도록 함께 결정할 수 있다. 아니면 내담자들에게 특정 상황들에서 자신의 정서에 판단하지 않고 집중할 수도 있다. 내담자들은 비판단적인 태도를 취하는 첫 번째 단계가 자신의 정서에 대한 판단을 의식으로 가져오는 것에 있다는 것을 알아야만 한다. 자신의 판단들을 양식 4.6: 정서를 향한 비판단적인 태도 연습하기 를 사용해서 기록할 수 있다. 내담자들은 자신의 판단을 판단하지 말아야 한다. 대신에 자신의 판단을 자각하게 되면, 그 판단을 그냥 지나가도록(letting it go) 연습해야 한다.

가능한 문제

자신의 정서를 향한 비판단적인 태도를 연습하는 것에 대한 저항은 정서의 본질에 대한 잘못된 믿음들로부터 나올 수 있다. 예를 들어, 어떤 내담자는 정서가 무한정 지속될 수 있다고 믿기 때문에 슬픔을 인식하거나 수용하는 것을 거부할 수도 있다. 저항 이면에 있는 믿음들은 내담자들에게 과제를 해 오면 어떤 것이 일어날 것이라고 믿는지를 물어봄으로써 회기 내에서 밝혀낼 수 있다. 이런 믿음들은 정서의 본질에 대해서 알려줌으로써 또한 내담자의 이전 정서 경험으로부터 이러한 믿음들을 지지하거나 반박하는 증거들을 검토함으로써 함께 논의될 수 있다. 비판단적인 태도를 연습하는 것에 대한 저항은 치료자가 내담자에게 자신의 부정적인 감정들을 마지 못해 받아들이거나 부정적인 감정을 갖는 것에 대해 긍정적으로 느끼라고 요구하는 것처럼 인식되는 것에서 비롯될 수도 있다. 이는 과제가 단순히 긍정적이거나 부정적인 평가 없이 자신에게 일어나는 정서들을 인식하는 것이라는 것을 반복해서 이야기해 주는 것으로 다룰 수 있다. 치료자는 정서를 수용하는 것이 정서를 마지 못해 받아들이는 것을 의미하지 않는다는 것을 강조해야만 한다.

관련 있는 다른 기법

관련 있는 기법들에는 명상, 정서에 대한 사실들에 관한 심리교육, 정서를 관찰하고 묘사하기가 포함된다.

양식

양식 4.6: 정서를 향한 비판단적인 태도 연습하기

기법: 행위 충동과 실제 행위를 하는 것을 구분하기 (Differentiating action urges and actions taken)

설명

정서들을 경험하는 것의 두려움은 정서가 필연적으로 행위(action)를 포함하고 있다는 믿음에서부터 나온다. 예를 들어, 한 내담자는 자신이 분노 정서를 경험하는 것이 필연적으로 타인을 공격하는 것을 포함한다고 믿기 때문에 자신의 분노를 막으려고 시도할 수 있다. 이 믿음에 도전하기 위해 한 정서에 동반되는 행위 충동(action urge)과 실제 행위들을 하는 것(actions taken)을 구분할 필요가 있다. 언어적으로 공격하고 싶은 충동을 경험하지만 아무 말도 하지 않고 조용하게 있는 것도 가능하다. 정서 경험과 정서 표현 사이를 구분하는 것은 DBT가 내담자들에게 제공하는 정서 모델에 포함되어 있다. 그러나 치료자가 이러한 차이를 강조해서 내담자들이 확실히 알아듣게 하는 것을 추천한다.

개입을 위한 팁과 질문

"모든 정서들에는 어떤 행위를 하고 싶은 충동이 동반됩니다. 예를 들어 화가 날 때 충동은 보통 언어적으로 혹은 물리적으로 공격하는 것입니다. 그러나 그 충동은 항상 행해지지는 않습니다. 아마도 화가 나지만 공격하기 보다는 그저 가만히 있을 때가 있을 겁니다. 그 행위를 하고 싶은 충동은 정서 경험의 일부분입니다. 이 충동에 의해 행위를 하느냐 하지 않느냐는 정서 표현의 일부분입니다. 때때로 어렵기는 하지만, 정서를 따라 행하지 않고 정서를 경험하는 것이 가능합니다"

예시

치료자: 자신이 화가 나도록 놓아 두는 것이 두렵다고 하시네요.
내담자: 네. 저는 제가 할지도 모르는 행동이 두려워요.
치료자: 뭘 할 것 같다고 생각하시나요?
내담자: 통제력을 잃을 것 같고, 소리를 치기 시작하거나 물건을 던질 것 같아요.
치료자: 그럴 수도 있겠죠. 그렇지만 그렇지 않을 수도 있죠. 화가 나면 그런 것들을 주로 하나요?
내담자: 아니요.
치료자: 물건들을 던지고 소리를 치고 싶은 충동을 느끼는 것은 분노 경험의 일부분입니다. 우리가 화가날 때, 우리는 공격하고 싶은 충동을 갖게 됩니다. 단지 이런 충동들을 알아차리거나 마음챙김하는 것은 충동적으로 그런 것들을 행할 가능성을 줄입니다. 이런 알아차림은 그 충동에 다른 방식으로 반응할 기회를 만들어냅니다. 그 충동을 알아차리는 것이 없으면 다르게 반응할 기회도 없는 거지요.

과제

내담자들은 정서 경험에 동반되는 충동과 정서 표현의 일부분인 행위들을 기록하기 위해 양식 4.5를 사용할 수 있다.

가능한 문제

자신의 정서들에 충동적으로 반응해왔던 경험 때문에 어떤 내담자들은 정서 경험과 표현을 합치는 것을 배워왔을 수 있고 이 둘의 차이를 명확하게 구분하는 것에 회의 적일 수 있다. 이는 그 내담자들에게 덜 문제가 되는 정서들을 구분해 보도록 강조하는 것으로 다룰 수 있다. 예를 들어, 분노 조절 문제로 상담받고 있는 내담자에게 분노를 경험할 때보다 두려움을 경험할 때 자신의 행위 충동과 실제 행위하는 것을 감찰하도록 안내할 수 있다.

관련 있는 다른 기법

관련 있는 기법들에는 정서를 관찰하고 묘사하기, 정서들을 마음챙김하는 연습하기, 정서를 파도처럼 경험하기 등이 있다.

양식

양식 4.5: 정서 관찰하고 묘사하기

▌ 기법: 정서를 파도처럼 경험하기(Experiencing an emotion as a wave)

설명

어떤 사람들은 정서가 일어날 때마다 그것의 강도를 줄이기 위해 반드시 기법을 사용해야 한다고 믿는다. 어떤 사람들은 정서들은 무한대로 지속된다고 믿는다. 그래서 정서가 일어나는 것을 멈추거나 막아야 한다고 믿는다. 한편 다른 사람들은 자신의 정서 경험을 증폭시키거나 강화시키지 않을 수 없다고 느끼기도 한다. 치료자는 이런 내담자들에게 다른 선택으로 단순히 한걸음 뒤로 물러서서 정서를 파도처럼 경험하는 것을 가르치는 것이 중요하다. 이런 기법은 본질적으로 현재의 정서를 마음챙김하는 것이다. 정서를 파도처럼 묘사함으로써 치료자는 정서들이 제한 시간이 있는 현상이고 영원히 지속되지 않는다고 알려주게 된다.

개입을 위한 팁과 질문

"정서는 파도와 같습니다. [치료자는 파도를 그린다.] 최고 강도에 다다르게 되면 곧 빠져나갑니다. 개별 감정들은 몇 초에서 몇 분 정도 지속됩니다. 만약 여러분이 정서들을 막으려고 하지 않는 대신에 갈 길을 가게 놓아 둔다면, 감정들은 시간이 지나면 사라집니다(They will pass as a function of time). 정서를 막으려고 하는 것은 단지 정서들을 지속하게 만들 뿐입니다. 그냥 한걸음 물러 나서 정서를 파도처럼 경험하세요. 정서들을 불쾌하다고 그것을 없애버리려고 하지 마세요. 또는 정서가 기분이 좋다고 늘이려고도 하지 마세요. 그냥 파도를 타세요. 각각의 파도는 몇 초에서 몇 분 정도 지속됩니다. 하지만 정서들은 자기 영속적이죠. 만약 제가 뭔가 슬픈 것을 생각했다면, 저는 슬픔의 파도를 경험합니다. 이건 제가 다른 슬픈 것을 회상하기 쉽게 만들죠. 이는 또 다른 슬픔의 파도를 일으키는 것입니다."

예시

치료자: 이번 주 기분이 어땠나요?

내담자: 좋지 않았어요. 제 경기(race)가 있기 전 금요일에 저는 매우 불안해졌어요. 선생님이 가르쳐주신 심호흡을 해 보려고 했는데, 잘되지는 않았어요.

치료자: 잘되지 않았다고 하셨는데요. 그게 무슨 뜻인가요?

내담자: 그게 제 불안을 없애주지 않았어요. 사실 더 심해지는 것 같았죠.

치료자: 정말 실망스러웠겠어요. 하지만 그 기법은 불안에서 조금 떨어지기 위해서 사용하는 것이지 불안을 없애는 것은 아니에요. 불안이 본인에게 다가올 때 이를 막아야만 한다고 느끼셨나봐요.

내담자: 네. 제가 뭘 더 할 수가 있나요?

치료자: 한 가지 선택은 아무것도 하지 않는 것이에요. 정서는 파도와 같죠. 정서가 최고점을 찍으면 아무것도 하지 않아도 떨어지게 되어 있어요.

내담자: 정서가 파도처럼 느껴지지 않아요. 영원히 갈 것 같다구요.

치료자: 제 생각에 그건 정서를 처음 알아차렸을 때 이를 막으려고 시도하기 때문이에요. 만약 정서를 막는 것에 실패한다면 자신이 이걸 멈추게 해야만 한다고 믿기 때문에 좀 더 불안해지는 것 같아요.

내담자: 네. 맞아요. 저는 제가 만약 정서를 막지 않았을 때 어떤 것이 일어날지 두려워요.

치료자: 하지만 정서를 막을 필요는 없어요. 만약 정서를 원래 가는 방향으로 가게 놓아 둔다면, 스스로 진정될 거예요. 그걸 기꺼이 시도해 보실래요?

내담자: 그래볼게요. 근데 먹힐 것 같지는 않아요.

치료자: 좋아요. 정서를 제거하려고 시도하는 것이 아니라는 것을 기억하세요. 자신의 슬픔이 어떻게 강렬해지는지, 떨어질 때까지 얼마나 걸리는지 확인해 보세요. 아마 불안 말고 다른 정서로 먼저 연습해 보는 것도 좋을 것 같아요.

과제

치료자는 양식 4.7(정서를 파도처럼 경험하기)를 참고하여 다음 한 주 동안 때때로 특정 정서를 경험하게 될 때 이 기법을 연습해 보도록 내담자들에게 얘기할 수 있다. 혹은 정서를 유도하여 이 기법을 연습할 수 있도록 내담자들을 교육할 수 있다.

가능한 문제

정서의 지속 시간에 대한 믿음과 정서가 시간이 지나면 사그라든다는 것에 대한 회의로 인해 저항이 생길 수 있다. 치료자는 내담자에게 긍정 정서나 낮은 강도의 정서로 연습해 볼 것을 제안할 수 있다. 혹은 회기 내에서 내담자와 함께 이 기법을 연습할 수도 있다.

관련 있는 다른 기법

관련 있는 기법들에는 정서를 관찰하고 묘사하기, 정서 유도가 있다.

양식

양식 4.7: 정서를 파도처럼 경험하기

▌기법: 정서 유도(Emotion induction)

설명

정서 회피는 정서에 대한 두려움을 유지시키기 때문에 문제가 된다. 이는 즉각적이고 단기간에 고통이 감소되기 때문에 강화되며, 이는 회피가 다시 일어날 확률을 증가시킨다. 이런 이유로 내담자들은 정서 회피를 극복하려고 하지만 결국 다시 정서 회피를 하게 된다. 정서 회피는 주의 분산, 처방 받은 혹은 처방 받지 않은 약물의 사용, 폭식, 또는 다른 충동적인 행동과 같은 회피 행동(escape behaviors)들을 포함한다. 회기 내 혹은 회기 밖에서의 정서 유도는 모두 내담자들에게 정서 경험을 할 기회와 정서조절 기법을 연습할 기회를 제공한다. 정서를 맞닥뜨리게 됨으로써 내담자들은 자신의 정서에 대한 오해를 점검하고 자신의 두려움을 극복할 수 있는 정보를 얻을 수 있다. 음악, 영화, 사진, 대화 주제는 모두 정서 유도에 사용될 수 있다. 예를 들어, 치료자는 내담자에게 정서가 유발되는 음악을 듣고, 그 경험에 참여하여 정서가 올라왔다가 내려가는 것을 관찰하도록 알려줄 수 있다.

개입을 위한 팁과 질문

"계속해서 정서를 회피하게 되면 정서를 두려워하는 것이 강화됩니다. 우리는 정서에 대한 우리의 믿음을 시험해볼 수 있는 기회나 정서를 어떻게 다룰 수 있는지 배울 수 있는 기회를 놓치게 됩니다. 정서를 회피할 때, 짧은 기간 동안 고통이 감소될지도 모릅니다. 이러한 고통의 경감은 미래에도 정서를 좀 더 회피하도록 만듭니다. 다시 말하면, 이는 회피를 강화시킵니다. 이 순환을 끝낼 한 가지 방법은 기꺼이 자신의 정서를 맞닥뜨리는 것입니다. 정서적인 어떤 것이 일어날 때까지 기다리거나, 보다 적극적으로 정서 경험을 만들어 볼 수도 있습니다. 예를 들어, 슬픈 음악을 듣고 스스로 슬픔을 경험할 수 있습니다. 슬픔이 나의 몸 어디에서 느껴지는지, 얼마나 강렬한지, 이것이 어떻게 올라왔다가 내려가는지를 관찰해볼 수 있습니다."

예시

치료자: 이번 주에 정서 관찰하기와 묘사하기를 연습해 보셨나요?

내담자: 솔직히 말할게요. 그게 저한테 도움이 될 것 같아서 연습해 보려고 했어요. 그런데 정서가 저한테 오는 것을 느낄 때마다 그걸 피해버렸어요. 거의 자동적인 것 같아요.

치료자: 좋습니다. 이해가 되네요. 정서를 회피하는 것은 자신의 고통감을 줄여줍니다. 그리고 고통이 감소하는 것은 회피할 가능성을 다시 증가시키지요. 다시 말하면, ○○씨가 정서를 회피하는 경향성은 강화되어 온 것입니다.

내담자: 어떻게 하면 회피를 멈출 수 있을까요?

치료자: 글쎄요. 회피의 순환을 멈추는 한 가지 방법은 회기 내에서 정서를 유도해 보는 것입니다. ○○씨에게 강한 정서를 유발하는 음악 같은 것을 가져올 수도 있겠네요. 여기서 그 음악을 듣고 어떤 것이 느껴지는지 알아차리는 것입니다. 제가 ○○씨가 느낄 정서를 계속 알아차릴 수 있도록 돕겠습니다. 어떨 것 같으세요?

내담자: 좋은 생각이네요. 다음 주에 해 봐요.

과제

과제로 내담자들은 정서 유도에 사용될 어떤 것(예, 음악, 사진, 대화 주제 등)을 선택해 오도록 할 수 있다. 회기 내에서 정서 유도가 끝난 다음에는 내담자들은 양식 4.8을 참고하여 회기 밖에서 정서를 유도할 수도 있다. 그리고 정서를 파도처럼 경험하기를 연습할 수 있다.

가능한 문제

내담자들은 부정적인 정서를 경험하는 것을 주저할 수 있다. 이런 경우, 정서 유도 는 긍정적인 정서를 만드는 것에 집중할 수 있다. 광범위한 정서 회피를 하고 있는 내담 자들은 정서 유도를 위한 재료를 선택하는 것에 어려움을 겪을 수 있다. 이런 경우, 치 료자가 몇 가지 제안을 해 주어야 한다.

관련 있는 다른 기법

관련 있는 기법들에는 정서를 파도처럼 경험하기, 정서 관찰하기 및 묘사하기 등 이 있다.

양식

양식 4.8: 정서 유도 기록지

▌기법: 정서에 대한 오해를 시험할 실험 계획하기 (Designing experiments to test emotion myths)

설명

내담자들이 자신의 정서에 대한 오해를 점검할 수 있는 가장 강력한 방법 중 하나 는 경험적으로 시험해 보는 것이다. 실험들은 치료 회기 동안 시행될 수도 있고 과제로 회기 밖에서 해 볼 수도 있다. 실험을 진행하기 전에 내담자들이 시험해볼 가설을 정하 고 예측을 확신하는 정도를 구체적으로 확인하는 것이 중요하다. 실험을 한 다음에 내 담자들은 실제 결과가 어땠는지를 반드시 기록해야 하고, 이것이 예측을 지지 했는지 혹은 지지 하지 않았는지 적어야 한다. 치료자는 정서에 대한 오해에 반하는 결과를 평가절하하려는 경향성이 이런 잘못된 믿음들을 유지하는 역할을 한다는 것을 내담자에게 설명해야만 한다. 이런 이유로 실험의 실제 결과를 알아차리는 것에 초점을 맞추는 것이 중요하다. 예를 들어, 내담자가 슬픔은 영원히 지속된다는 부정확한 믿음을 가질 수 있다. 이전에 기술했던 정서 유도 기법을 사용하여 이러한 믿음을 회기 내에서 시험해볼 수 있다.

개입을 위한 팁과 질문

"정서에 대한 자신의 믿음의 정확성을 평가할 수 있는 한 가지 방법은 그걸 시험해보는 것입니다. 종종 우리는 반대되는 증거에도 불구하고 어떤 것을 믿는 경향성이 있습니다. 이는 우리의 믿음에 반하거나 지지하는 증거들을 끝까지 따져 보지 않기 때문입니다. 예를 들어, 우리는 슬픔은 영원히 지속된다는 ○○씨의 믿음을 시험해볼 실험을 계획할 수 있습니다. 실험을 시작하기 전에 어떤 것이 일어날 것이라고 생각하는지, 얼마나 자신의 예측을 확신하는지 구체화할 필요가 있습니다. 그리고 나서 회기 내에서 슬픔을 경험할 기회를 만들고 무엇이 일어났는지 정확히 적을 수 있습니다."

예시

치료자: 어머니랑 다퉜던 일에 대해서는 얘기하지 않는 것이 낫겠다고 말씀하셨어요. 왜 그런가요?

내담자: 음 …. 오늘 저녁에 수업에 가야만 하고, 집중할 수 있어야 해서요.

치료자: 우리가 다툼에 대해서 지금 얘기한다면 오늘 저녁 수업에 집중할 수 없을 거라 예상하고 있는 것처럼 들리네요.

내담자: 맞아요. 그것에 대해서는 얘기하고 싶지 않아요. 저는 슬퍼질 거고 그러면 오늘 하루를 망치게 될 거예요. 어쩌면 이번 주를 망칠지도 모르지요.

치료자: 왜 이야기하고 싶어하지 않는지 너무 잘 이해가 되네요. 만약 슬픔 정서가 하루 종일 혹은 심지어 일주일 동안 지속된다고 믿는다면, 저도 슬픔이 유발되는 이야기를 하고 싶지 않을 거예요.

내담자: 제 믿음이 틀렸다는 말씀인가요?

치료자: 한 가지 실험을 통해 이걸 시험해 보는 것은 어떨까요?

내담자: 어떻게요?

치료자: 어머니랑 다퉜던 일에 대해서 얘기해본 다음에 얼마나 오랫동안 슬픔이 유지되는지, 이것이 하루를 망치는지 살펴 보는 것은 어떨까요? 하지만 우리가 실험을 시작하기 전에, 얼마나 슬퍼질 것이라고 생각하는지, 얼마나 자신의 예상을 확신하는지 0에서 100으로 예측해 볼 필요가 있겠어요.

과제

과제로 내담자들에게 정서에 대한 실험을 계획하고 시행하고 그 결과를 기록해 오라고 할 수 있다.

가능한 문제

정서적으로 회피적인 내담자들은 회기 밖에서 실험을 하는 것을 주저할 수 있다. 이런 경우, 치료자는 회기 내 실험을 좀 더 자주 시행해야만 한다. 또한 내담자들은 자신이 실험을 해 보았지만 실험 기록지(양식 4.9)를 작성하지 않았다고 할 수도 있다. 이런 경우 치료자는 실제 결과를 기록하는 것이 중요함을 강조해야 한다. 이는 자신의 믿음들과 불일치하는 정보를 평가절하하는 경향성을 상쇄할 수 있는 한 가지 방법이다.

관련 있는 다른 기법

관련 있는 기법들에는 정서를 파도처럼 경험하기, 정서를 관찰하고 묘사하기, 정서 유도 등이 있다.

양식

양식 4.9: 실험 기록지

기법: 반대 행위(Opposite action)

설명

정서의 강도를 약화시킬 수 있는 가장 효과적인 방법 중의 하나는 정서에 동반되는 행위 경향성을 상쇄하는 행동을 하는 것이다(Izard, 1971). 이 원칙은 공포증 노출 기반 치료의 기초가 된다. 내담자들은 두려워하는 대상에 회피하기 보다 다가가며, 그 결과 두려움이 약화된다. 장애가 있는 정서와 관련 없는 행위 경향성을 촉진하는 것은 Barlow의 부정적 정서 증후군 통합 치료(Barlow's unified treatment for negative affect syndrome)의 주된 요소이다. 반대 행위 원칙은 Beck과 그의 동료들이 우울증의 행동 활성화 치료에서 활용해 왔던 것이기도 하다. 슬픔과 무망감에 동반되는 철수하고 싶은 충동에 빠지는 대신, 우울한 내담자들은 활동적이 되도록 격려받는다. 반대 행위의 원칙은 수치심과 분노를 포함하는 광범위한 범위를 다루는 DBT에서 Linehan에 의해 더 확장되었다. DBT에서 내담자들은 정서조절 전략의 하나로 반대 행위 기법을 배운다. 어떤 정서와 관련 있는 행위 충동에 대항하여 행동함으로써, 내담자들은 만약 정서가 정당화되지 않는다면(예, 두려움을 느낄 타당한 이유가 없음) 정서의 강도를 약화시킬 수 있다. 반대 행위의 사용에 익숙해지면 내담자들은 정서가 통제할 수 없거나 결코 끝나지 않는다는 믿음에 반대되는 정보들을 모으게 된다.

개입을 위한 팁과 질문

"모든 정서는 행위 충동, 즉 무엇인가를 하고 싶은 충동이 동반됩니다. 화가 날 때,

우리는 공격하고 싶습니다. 우리가 그 충동대로 행동하게 되면, 그 정서는 유지되거나 강화됩니다. 그러나 우리가 그 충동에 반대로 행동한다면, 그 정서의 강도를 감소시킬 수 있습니다. 이것이 반대 행위 기법입니다. 이 기법은 정서가 정당하지 않을 때, 즉 정서가 상황에 잘 맞지 않을 때 제일 효과적으로 작용합니다. 다시 말해, 만약 어떤 동물이 정말로 위험하다면 그 동물에 다가간다고 자신의 두려움이 줄어들지는 않을 것입니다. 이 법칙의 한 가지 예는 분노입니다. 심지어 자신이 다른 사람에게 정당하게 화가 났다고 하더라도, 반대 행위를 사용함으로써 그 사람에 대한 자신의 분노를 감소시킬 수 있습니다"

예시

치료자: 그러니까 오늘 수업 시간에 질문을 한 뒤로 죄책감을 느꼈다는 거군요. 왜 죄책감을 느꼈다고 생각하시나요?

내담자: 모르겠어요. 제 바보 같은 질문으로 수업 시간을 낭비하고 싶지 않았어요. 제가 폐를 끼치는 듯한 기분이었어요. 저는 단지 과제였던 자기 주장적이 되는 연습을 하기 위해 그랬을 뿐이거든요.

치료자: 하지만 ○○씨도 수업 듣는 사람 중 한 명 아니었나요? ○○씨도 다른 학생들처럼 질문할 권리가 있지 않나요?

내담자: 이게 말이 안 된다는 것을 알아요. 하지만 저는 특별한 이유 없이도 많은 것들에 대해 죄책감을 느껴요.

치료자: 모든 정서에는 행위 충동이 있다고 얘기했던 것을 기억하나요? 죄책감을 느낄 때 어떤 충동이 드나요?

내담자: 도망가고 싶고 숨고 싶어요.

치료자: 도망가고 싶고 숨고 싶은 충동대로 행동하면 죄책감은 어떻게 될까요?

내담자: 커지나요?

치료자: 맞아요. 그리고 그런 충동에 반대로 행동함으로써 느끼고 있는 죄책감을 약화시킬 수 있어요. 다시 말하면, 수업 시간에 더 질문을 하게 된다면, 수업 시간을 방해하고 있다는 죄책감은 덜 느껴지게 될 거예요. 한번 해 볼 수 있을까요?

과제

내담자에게 다음 한 주 동안 목표로한 정서에 대한 반대 행위를 연습해오라고 할 수 있다. 그리고 양식 4.10(반대 행위)을 사용하여 정서의 강도가 변화하는지 적어올 수 있다.

가능한 문제

반대 행위를 진실이 아니거나 거짓으로 오해함으로써 이 개입에 대한 저항이 일어날 수 있다. 반대 행위는 다양한 감정들의 강도를 감소시키기 위해 자신의 재량으로 사용할 수 있는 행동 기법임을 강조하는 것이 중요하다. 정서를 숨기는 것과 정서의 행위 경향성과 반대로 행동하는 것은 다르다. 예를 들어, 두려움의 반대 행위는 두렵지 않은 척 하는 것이 아니다. 오히려 내담자는 자신의 두려움과 도망가고 싶은 충동에 마음챙김하고 두려움에 다가가려는 의도적인 결정을 하는 것이다.

관련 있는 다른 기법

관련 있는 기법들에는 정서 모델 설명하기, 마음챙김 연습하기, 명상 등이 있다.

양식

양식 4.10: 반대 행위

결론

DBT의 접근법이 인지적이기 보다는 좀 더 행동적이지만, DBT는 정서조절의 어려움에 인지가 영향을 미친다는 것을 알려주고 있다. 특히 정서에 대한 잘못된 믿음들,

즉 정서에 대한 오해들은 부적응적인 정서조절 전략의 사용에 영향을 끼치는 것으로 보인다. 정서에 대한 잘못된 믿음들을 확인하고 수정하는 것이 DBT의 주요 목표는 아니지만, 정서에 대한 메타인지 모델에 기반한 정서도식치료(EST) 접근의 중요한 부분이다. 이론과 연구 모두 정서에 대한 믿음은 정서조절에 부정적으로 영향을 끼친다고 제안하고 있다. 이에 더해, 정서조절의 어려움을 효과적으로 다루기 위해 치료자는 내담자가 자신이 갖고 있는 정서에 대한 잘못된 믿음을 확인하고, 이를 변화시킬 수 있도록 도와야 한다. DBT에는 그 목표를 위한 다양한 기법들이 있다. 다른 마음챙김 기반 치료들과 같이(제5장에서 좀 더 자세히 설명할 것임), DBT에서 정서를 비판단적으로 알아차리는 것은 기본적인 정서조절 기술이다. 마음챙김의 비판단적인 태도는 정서를 부정적으로 평가하는 경향성을 상쇄한다. 마음챙김은 노출의 한 형태이기도 하며, 정서 경험과의 덜 부정적인 연합을 개발하기 위한 맥락을 제공할 수 있다. 그러나 DBT는 정서 이론과 모델을 내담자들에게 제공한다는 점에서 다른 마음챙김 기반 치료들이나 인지행동치료들과 차이가 있다. 이 강력한 심리교육적 요인은 정서에 대한 오해를 효과적으로 수정할 수 있는 필수불가결한 요소이다.

05
마음챙김(Mindfulness)

CBT에서 가장 유명하고 널리 사용되는 명상 기법은 대체로 "마음챙김 훈련"으로 알려져 있다. 정서적 어려움이 있는 내담자들을 돕는 데 경험적으로 효과성이 검증되어 있기 때문에(Baer, 2003; Hofmann, Sawyer, Witt, & Oh, 2010), 마음챙김 훈련은 정서조절 능력을 증가시키기 위한 CBT의 범위를 확장하고자 하는 치료자들의 특정한 관심을 받아 왔다. 마음챙김은 알아차림(awareness)이라는 핵심 능력으로서 정서도식치료와 관련 있다. 알아차림은 정서경험을 적응적이고 유연하게 만드는 데 기초가 된다. 마음챙김은 정서를 수용하게 해 주고, 정서에 대한 비판단적인 태도를 갖게 하며, 정서를 느낄 때 죄책감을 덜 느끼게 해 준다. 그리고 정서가 통제되거나 억압될 필요가 없을 뿐만 아니라 허용될 수 있고 경험될 수 있다는 것을 알려준다. 마음챙김 연습은 지금 이 순간의 접촉 속에서 강렬한 행동 반응 없이 정서를 충분히 경험하는 것에 개방적이 되도록 촉진하는 것에 목표가 있다. 유명한 인지 행동적 접근들, 예를 들면 ACT(Hayes et al., 1999), 마음챙김 기반 인지치료(MBCT; Segal, Williams, & Teasdale, 2002), 자비 중심 치료(compassion-focused therapy; Gilbert, 2009), DBT(Linehan, 1993a; 4장 참조)는 점점 더 마음챙김 훈련을 감정을 견디는 것(affect tolerance)과 정서조절 작업의 주된 특성으로 사용해 왔다.

이처럼 점점 더 인기가 생기는 마음챙김의 개념은 어디에서 시작된 것인가? 비록 비슷한 명상 훈련은 아마도 기원전 1000년 전으로 거슬러 올라가겠지만, 마음챙김 훈련이라고 생각할 수 있는 것은 2500년 전 "부처(the Buddha)"로 알려진 역사적인 스승의 방법으로 시작되었다. 흥미롭게도 "부처"라는 용어는 단순히 "깨어 있는 사람"을 의미한다. 부처에 따르면 사티(Sati, 正念)를 훈련하는 것은 매우 중요하다. 사티는 원래 팔리어(고대 산스크리트) 불교 용어로서 영어로는 "mindfulness"라고 번역된다(역자주: 한국어로는 팔정도 중 하나인 "정념(正念)"으로 번역된다). 사티는 마음의 특정적이고 의도적인 상태로, 지금 순간에 주의를 기울이는 것, 열린 알아차림, 자신에 대한 기억을 포함한다고 말할 수 있다(Kabat-Zinn, 2009; R. Siegel, Germer, & Olendzki, 2009). 삼마 사티(Samma-sati; "올바른 마음챙김(correct mindfulness)"이라고 번역됨)는 "팔정도"(Rahula, 1958)라고 알려진 불교식 마음 훈련의 핵심을 구성하는 여덟 가지 기본 도구 중의 하나이다. 마음챙김 훈련은 부처의 원래 가르침의 중요한 요소가 분명하다.

마음챙김 명상 훈련이 CBT의 주류로 들어오게 되면서 마음챙김의 표준화된 조작적 정의가 나타났다. 마음챙김 기반 스트레스 감소(mindfulness-based stress reduction, MBSR) 방법(Kabat-Zinn, 1994)을 개발한 Jon Kabat-Zinn에 따르면, 마음챙김은 "의도적으로 지금 이 순간에 어떤 판단도 하지 않고 순간순간 일어나는 경험에 주의를 기울임으로써 나타나는 자각"이라고 할 수 있다(p. 4). 이 과정은 우리 경험들에 대한 특별한 방식의 주의 기울임을 개발하는 것을 포함한다. 이 경험들은 우리의 삶에 참여하는 전형적이고, 일상적인 방식과는 다르다. 마음챙김은 우리 의식 내에 존재하는 생각, 감정, 신체 감각의 흐름에 대해 집중적이고 유연하게 매 순간을 관찰하는 것을 나타낸다. 내담자 및 알아차림 관찰자의 관점에서 우리는 생각을 생각으로, 정서를 정서로, 신체 감각을 신체 감각으로 경험하게 된다. 우리는 경험에 대한 판단을 그만 두고, 부지런히 하지만 부드럽게 우리의 의식 안에서 일어나는 사건의 흐름에 대해 계속해서 알아차림을 하라고 초대받는다.

마음챙김 훈련과 우리의 전형적인 작동 방식(typical way of operating)을 명확하게 구분하는 한 가지 방법은 "수행 양식(doing mode)"과 "존재 양식(being mode)"을 비교하는 것이다. 우리가 우리의 전형적인 행위들, 즉 목표를 추구하거나, 주변 환경을 변화시키려고 시도하거나, 세상 속의 목적들을 추구하는 것을 향해 움직일 때, "수행 양식" 속에서 행동하는 것이라고 할 수 있다. Segal과 동료들(2002)은 이 "수행 양식"은 우리의 마음이 우리가 마주친 현실 상태에 만족하지 못할 때 행동에 들어간다는 점에 주목하였다. 우리가 갖지 못하거나 우리가 원하지 않는 것을 버리지 못했을 때, 우리의 마음은 이 "수행 양식"에 들어가게 된다. 부정적인 감정이나 욕망이 촉발되고, 마음은 습관적인 생각, 감정, 행동의 패턴을 따라 행동하게 되어, 어떤 목표를 이루거나 상황을 바꾸려고 행동하게 된다. 이런 것은 자주 문제가 되지 않는다. 우리는 목마르기 때문에 마실 것을 찾는다. 우리는 우리 진로에 방해물을 보고 그것을 돌아간다.

그러나 때로는 어떻게 사물들이 존재하는가와 사물들이 어떻게 되기를 바라는가 사이의 불일치를 해결하기 어려울 수 있다. 아마 요구되는 행동이 모호하거나 불가능할 수 있다. 우리가 취할 수 있는 행위가 있을 수 있지만, 우리가 당장 하기는 어려운 것일 수도 있다. 그런 경우에 우리의 "수행 양식"은 도움이 되지 않는다.

마찬가지로 우리는 자주 감정과 생각에 의해 곤란해진다. "수행 양식"이 우리에게 무언가를 해야 한다고 제안하는 것은 자연스러운 일이다. 종종 그런 행위는 결국 이런 생각들을 미루거나 그런 경험들을 회피하도록 할 수 있다. 곧 보게 되겠지만, 많은 연구자들은 개인적이고 내적인 경험들을 이런 방식으로 다루려고 시도하는 것이 더 큰 고통을 초래한다고 주장한다(Hayes et al., 2001). 자신의 감정, 생각, 정신적 사건들(mental events)을 억압하려고 시도하면, 그들은 더 강력해지고 더 자주 알아차리게 된다(Wegner, Schneider, Carter, & White, 1987). 사실 이 "수행 양식"의 특징들은 불만족, 강박적인 자기 상태의 감찰, 서두름, 자기 비난, 변화시킬 수 없는 것을 변화시키려는 쓸데 없는 노력들로 종종 나타난다. 우리가 "수행 양식"을 정서에 적용하게 되면, 불유쾌한 감정들을 우리 스스로 제거하려고 애쓰는 것이 된다. 그러나 이는 제거하려는 노력에 비례하여 고통의 강도와 지속 시간이 늘어나는 결과만을 초래하게 된다.

마음챙김이 포함된 주의 집중 양식은 때때로 "존재 양식"이라고 언급된다. 이 "존재 양식"일 때, 우리는 현상학적 세계에서 목적이나 목표를 추구하는 것에 집중하지 않게 된다. 마음챙김 알아차림을 연습할 때, 우리는 자신의 의식의 흐름을 판단이나 기술, 평가 없이 단순히 관찰하게 된다. 이를 통해, 우리는 지금 이 순간의 존재와 깊이 있는 접촉을 하게 된다. 마음챙김의 경험은 알아차림의 증가, 지각의 명료함, 지금 여기의 현실을 있는 그대로 기꺼이 받아들이는 정신을 포함한다고 할 수 있다. 그런 관점을 개발함으로써 우리는 살아 있다는 의미가 무엇인지를 충분히 경험하게 되는 것이다.

현대 티벳 명상 전문가 Yongyey Mingyur Rinpoche(2007)는 마음챙김을 "불교 수련 방법의 핵심은 사고, 감정, 지각이 일어나는 대로 순수하게 알아차리면서(bare awareness) 그냥 쉬는 법을 배우는 것이다"라고 기술했다. 마음챙김을 키우는 방법은 자신의 현재 순간은 비판단적이고 충분하게 경험하도록 부드럽게 허락하면서, 역설적으로 자신의 의식적인 생각의 내용과 자신은 동일시하지 않는 의도적인 알아차림 양식을 계발하는 것이다(Segal et al, 2002).

몇몇 해설자들은 전형적인 마음의 상태를 존재의 몽유병 양식과 연관 지었다. 우리가 그렇게 계발해 온 정신의 형성, 과거 경험의 투사, 일반화된 관계 기대, 정서적 기억들은 마치 꿈 같고 왜곡된 존재 행위의 경험을 만들어내는 직조하는 것 같이 우리의 개인적인 현실의 경험을 형성하고 영향을 끼친다. 우리가 확인했던 것처럼, "부처"(예, 완전히 깨달은 존재)라는 단어의 언어적 뿌리는 "깨어 있는 자"이다. 따라서 아시아인의 생각을 수천 년 동안 지배해 온 심리영적인(psychospiritual) 이상은, 단순히 삶이라는 고통스러운 꿈(문자화된 역기능적 사고와 정서적인 기억 패턴을 통해 경험되는)으로부터 깨어나는 것을 나타낸다(Gilbert & Tirch, 2007). 많은 연구들이 마음챙김 훈련이 재발성 우울, 불안 장애, 만성 통증, 병에 대한 대처, 그 외 많은 심리학적 문제들의 치료에 이득이 있음을 검증해 왔다(Baer, 2003). 최근 마음챙김의 신경생물학적 연구는 마음챙김 훈련이 정서들과 이야기 기억의 과도한 연결 없이 신체 감각을 정서로 직접 번역시키는 것을 강화함으로써 정서처리 기능을 강화할 수 있다는 결과를 제시한다. 이 과정은 뇌섬엽(insula)과 전대상피질(anterior cingulate cortex)의 기능을 잠재적으로 증가시키는 것처럼 보인다(Farb et al., 2007).

이 장에서 기술할 기법들은 상대적으로 간단하고 정서작업과 관련 있는 점을 고려해 선택하였다. 첫째, 기법들은 많은 마음챙김 훈련 모델에서 기초적인 훈련으로 사용하는 것이다. 둘째, 기법들은 임상가와 내담자의 헌신과 일관성을 감안할 때 CBT를 진행하는 맥락에서 상대적으로 가르치기 간단하고 배우기 쉬운 것들이다. 마지막으로, 기법들은 모두 정서조절 역량 강화를 계발하는 것에 직접적으로 관련 있는 것들이다.

기법: 바디 스캔(Body scan)

설명

이 기법은 MBSR 훈련에서 이름 붙인 대로 "바디 스캔"이라고 자주 부른다(Kabat-Zinn, 1990). 이 훈련의 변형들은 요가에서 찾을 수 있는데, 요가에서는 이를 요가 니드라(yoga nidra)라고 부른다. 이를 넘어, 이 훈련의 다른 예들은 이슬람교 신비주의(Sufism), 비전 그리스도교(Esoteric Christianity), 유대교와 같은 국제적인 영적 전통들에서 찾을 수 있다. 이 기법은 점진적이고 신중한 속도로 몸을 통해 마음챙김적이고 비판단적인 알아차림을 가르치는 것이 포함되어 있다. 이를 시행하는 사람은 그 순간에 존재하는 어떤 감각이라도 순수하게 주의를 기울이면서 순서대로 몸의 각 부분에 주의를 돌린다. 몸을 이완시키는 것을 포함한 사실상 어떤 상태의 변화를 이루려는 노력도 하지 않는다.

강력한 정서는 종종 신체 감각들로 나타난다. 내담자들에게 단순히 이런 신체 감각을 탈중심화된 방식으로 관찰할 수 있도록 가르치는 것은 심리적 유연성과 더불어 궁극적으로는 자신의 감정을 조절하는 지렛대를 제공하게 된다. 많은 내담자들의 정서 도식과 정서에 대한 오해가 융합되어 있기 때문에 정서처리의 회피 시도나 이성의 과도한 의존을 유발할지도 모른다. 몸에서 이런 신체 감각을 접촉하게 하고 충분히 경험하게 함으로써, 내담자들은 정서 처리의 좀 더 충분하고 포괄적인 양식을 향한 첫걸음을 떼게 된다.

개입을 위한 팁과 질문

이 연습은 개인 혹은 집단 형태로 배울 수 있다. 내담자들이 이 방법을 배우고 난 다음에는 매일 바디 스캔 연습을 해 오라고 할 수 있다. 전형적으로 내담자들에게 안내 명상(guided meditation)이 담겨져 있는 오디오 파일과 과제를 얼마나 자주 했는지, 그 과정에서 어떤 관찰들을 했는지 감찰할 수 있는 기록 양식을 주게 된다.

마음챙김 훈련을 내담자들에게 안내하기 위해 치료자는 먼저 몇 가지 실질적인 문제들을 고려해야만 한다. 내담자들이 요가 매트 위에 누울 충분한 물리적인 공간이 있는가? 바르게 앉는 자세를 취할 수 있는 자리가 있는가? 치료자는 사무실에서 마음챙김 훈련을 지속적으로 해봄으로써 이 훈련을 위해 환경을 어떻게 마련해야 할지 감을 잡을 수 있다. 또한 치료자는 주어진 회기 내에서 마음챙김 훈련에 얼마나 많은 시간을 투자할 것인지 고려해야 한다. 마음챙김 개입을 포함한 CBT 회기의 의제 설정 단계에서 내담자와 연습하는 데 몇 회기를 할애할 것인지, 그들의 경험에 대해 이야기하고 질문할 시간에 대해 함께 논의하고 계획을 세우는 것이 유용하다.

내담자들이 처음으로 바디 스캔 연습을 한 이후에는 그 경험에서 관찰한 것들에 대해서 나누어야 한다. 치료자는 내담자가 관찰한 것들에 대해서 개방형 질문으로 물어보는 것이 중요하며, 내담자가 평가적인 용어로 연습을 논의하도록 제안해서는 안 된다. 치료자는 단순히 "어떠셨나요?" 혹은 "첫 연습에 대해서 나누고 싶은 관찰들이 있나요?"라고 물어볼 수 있다.

치료자와 내담자들은 안내된 훈련(guided practice)의 목표를 명확하게 정의해야 할 필요가 있다. 전형적으로 마음챙김 초기 훈련으로 하루에 30~45분의 바디 스캔 연습이 유용하다. 내담자들은 안내된 훈련 CD나 mp3 파일을 받을 수 있다.

과제 순응도를 높이기 위해 내담자들은 자기 감찰 양식을 작성해 와야 한다. 내담자들은 안내된 녹음을 사용하든지 하지 않든지, 바디 스캔을 연습하든지 하지 않든지 상관 없이 매일 기록해야 하며, 마음챙김 연습에 대한 매일의 관찰을 적어 와야 한다.

예시

본장에서 고딕으로 제시된 부분은 시작할 때 각본으로 쓰면 된다. 임상가는 이 구조를 따르되, 자신의 경험을 활용하여 자기 자신의 언어로 이야기하는 것이 권고된다.

이 연습은 보통 누워서 하거나 등을 곧게 펴고 앉아서 진행됩니다만, 편한 것을 선택해서 할 수 있습니다. 편안한 장소를 찾아서 요가 매트나 러그, 담요 위에 누워서 하면 제일 좋습니다. 편안한 분위기와 장소, 시간에 해야 하며, 주의를 분산하거나 방해받는 것이 없어야 합니다. 시작할 때, 눈을 감고 가만히 있으세요(fall still). 지금 이 순간에 경험하고 있는 신체 감각으로 부드럽게 주의를 옮기세요. 자신의 주의를 몸 안의 생명의 존재에 기울이세요. 잠시 동안 방 안에 자신을 둘러싸고 있는 소리에 주의를 기울이세요. 그다음 이 감각 경험을 이 방을 바로 넘어서는 소리까지로 넓히세요. 그다음 더 먼 곳의 소리까지 관찰해 보세요. 다음에 숨을 들이 마시면서 주의를 몸으로, 그리고 호흡 경험으로 되돌리세요. 호흡의 흐름이 부드럽게 몸에 들어왔다가 나갔다가 하는 것을 스스로 관찰하게 놓아 두세요. 특별한 방식으로 호흡하실 필요는 없습니다. 시간에 맞춰 호흡의 리듬을 알 수 있도록 호흡하세요. 숨을 들이 마시면서 흡입할 때 일어나는 신체 감각을 확인하세요. 호흡을 내쉴 때, 일어나는 흐름에 주의를 기울이세요. 각각의 호흡에는 주의를 모으고 수집하는 과정이 포함되고, 숨을 내쉴 때는 그 알아차림을 놓아 두는(letting go) 과정이 포함됩니다. 지금 이 순간 몸 전체에서 경험하고 있는 신체적 감각으로 주의를 돌리세요. 숨을 들이마실 때 마다 몸이 닿아 있는 부분, 즉 자신을 받쳐주고 있는 매트, 의자, 쿠션 등과 같은 곳에 주의를 돌리세요. 숨을 내쉴 때마다 땅바닥에 받쳐져 있는 몸이 무거워지고 있는 느낌을 확인해 보세요. 이 연습을 하는 동안 특별한 상태에 다다르는 것을 목표로 할 필요는 없습니다. 이완시키려고 노력하거나 어떤 것을 "하려고" 애쓸 필요가 없습니다. 이 작업의 목표는 단순히 순간순간 경험하는 것을 관찰하는 것입니다. 판단, 분석, 심지어 자신의 경험을 묘사하는 것조차 없이 몸의 다른 부분으로 주의를 돌리기를 시작할 것입니다. 신체 감각에 주의를 모으기 시작했다면, 어떤 평가도 버리고 자신이 관찰하는 것은 무엇이든지 단지 "주의를 기울여 보세요."라고 해 보세요. 다음번 숨을 들이 마실 때, 복부의 신체 감각으로 주의를 옮겨 보세요. 숨을 들이 마시고 내쉴 때 각각 동반되는 다양한 감각을 확인해 보세요. 몇 초 동안 이 경험에 머무른 다음에, 복부로부터 위쪽으로 주의를 돌리세요. 왼쪽 팔을 따라서 왼쪽 손으로 주의를 돌리세요. 몸 안에 생명의 존재를 알아차리는 동안, 마치 팔을 따라 퍼져 내려오는 따뜻한 존재가 있는 것처럼 주의가 퍼져 나가도록 하세요. 손의 감각을 그냥 관찰하세요. 숨을 들이쉴 때마다 숨이 가슴과 복부로 흘러 들어와 왼팔과 왼손으로 퍼져간다고 상상해 보세요. 숨을 들이마실 때 주의를 기울이면, 마치 왼손에 있는 신체 감각을 알아차리는 것이 "숨을 들이마시는 것"처럼 느껴질 것입니다. 의도적으로 손의 상태를 아무것도 바꾸려고 하지 않고, 몇 초 동안 손의 각각의 부위에서 일어나는 감각으로 호흡하도록 하세요. 숨을 내쉴 때마다 그러한 알아차림이 그냥 지나가게 하세요. 이를 하면서 엄지, 검지, 중지, 약지, 새끼 손가락을 확인해 보세요. 그다음, 손등, 손바닥, 손 전체의 감각을 알아차리면서 호흡하세요. 왼손의 감각을 부드럽게 관찰하는 것이 끝났다고 느껴지면, 팔 아랫 부분, 이두 박근, 삼두 박근, 그리고 팔의 모든 부분에서 생명의 존재를 확인하면서 왼팔에서 주의를 거두어 들이세요. 다음 호흡을 내 쉬면서 복부로 다시 주의를 모으세요. 그다음 이 주의를 왼쪽에서 한 것과 같은 방법으로 오른팔과 오른손의 감각으로 돌리세요. 편안한 장소에서 부드럽고 비판단적인 호기심을 가지고, 차례대로 몸의 각각의 부분들에 주의를 돌리세요. 발(그리고 발가락)의 각 부분, 다리 아래쪽, 정강이, 장딴지, 골반 부분, 허리, 복부, 등 윗부분, 어깨, 목, 머리와 척추뼈가 닿는 부분, 얼굴 근육, 이마, 두

피의 감각들로 호흡하세요. 이 과정을 천천히 받아들이고 이 연습을 초심자의 마음으로 호기심을 받아들이면서 진행하세요. 몸의 어떤 부분에서 불편함이나 긴장을 관찰한다면, 다시 그 감각에 머물러 호흡해 보세요. 할 수 있는 만큼 각각의 감각에 머무르기를 시도하면서, 단지 그것을 관찰하면서, 순간순간 존재하려고 해 보세요. 우리의 마음이 돌아다니는 것은 자연스러운 일이며, 이는 우리의 마음이 그냥 하는 가장 자연스러운 일입니다. 이 연습을 할 때, 신체 감각들에 초점을 두는 것에서부터 마음이 떠돌아다니는 것을 확인하면, 이런 일이 일어날 수 있음을 받아들이고, 자신의 알아차림 속에 이 경험을 위한 공간을 만들어 두고, 부드럽게 자신의 주의를 숨을 들이마시며 신체 감각으로 돌리세요. 이 연습으로 얼마간의 시간을 보냈다면, 신체에 대한 마음챙김적 알아차림을 수십 분 과정으로 진행해 보세요(이 연습은 15분에서 45분, 혹은 그 이상 진행될 수 있습니다). 그리고 부드럽게 자신의 호흡과 주의를 복부의 신체 감각으로 돌아오세요. 지금 다음 숨을 들이마시면서 이 방에 자신의 주위의 소리에 주의 초점을 기울이세요. 이를 따라가면서 주의를 부드럽게 그것 보다 더 먼 곳의 소리로까지 기울여 보세요. 매트 위에 내가 존재하는 것에 주의를 돌리고 지남력을 회복하도록 잠시 시간을 두시고, 눈을 뜨고, 일상 생활을 시작하세요.

과제

내담자들은 바디 스캔을 매일매일 연습할 수 있다. 이 작업을 시작할 때 내담자들을 안내하기 위해 대략 30분 정도의 녹음된 연습이 있어야 한다. 내담자들이 자신의 훈련을 더 잘 감찰하고 구조화하기 위해 내담자들에게 일지 양식(양식 5.1)을 제공하는 것이 유용하다.

가능한 문제

마음챙김 훈련은 이를 해 보려는 각각의 사람들마다 서로 다른 도전과 잠재적인 문제들을 일으킬 것이다. 이 책에서 사용 가능한 다양한 기술들을 검토해 놓았기 때문에, 문제 해결 시 하나 이상의 기법들을 적용하는 것이 가능하다.

비록 내담자들은 비판단적 알아차림의 개념을 지적으로는 이해할 수 있지만, 마음챙김 훈련을 연습하는 동안 자주 판단에 집착하게 된다. 이는 충분히 예상할 수 있는 일이고, 수용의 자세로 돌아가기 위한 과정의 일부이다. 내담자들과 관찰한 것들에 대해서 나눌 때 치료자가 묻는 질문들은 기꺼이 경험하려는 태도(an attitude of willingness)의 개발을 촉진하려는 것이다. 이는 인지재구조화를 촉진하기 위해 치료 동안 대화를 자주 사용하는 많은 인지행동치료자들에게 좋은 출발점이 될 수 있다.

내담자들이 연습을 "올바르게" 했는지 혹은 "잘못" 했는지 이야기하기 시작할 때, 내담자들이 이런 판단과 인식을 그냥 지나치도록 돕는 것이 치료자의 일이다. 치료자는 내담자의 연습에 대한 평가를 잘 듣고 나서, 그들이 결국에는 알아차림을 있는 그대로 경험하고 그 경험과 함께 앉아 있도록 치료적 대화를 돌려 나가야 한다. 이럴 때는 "수행" 양식과 "존재" 양식 사이를 비교하는 것으로 돌아가는 것이 유용하다. 생각들은 지금 이 순간의 신체 감각을 관찰하거나 경험하는 과정을 통해서는 확인할 수 없는 의식 흐름의 방해물로 볼 수 있다.

내담자들은 깊이 이완되기 때문에 바디 스캔 연습 동안 종종 잠에 빠질 수 있다. 치료자가 이 반응을 일반화해 주고 내담자들에게 바디 스캔은 "잠에 빠지는" 연습 보다는 "깨어남에 빠지는(falling awake)" 연습이 되어야 한다고 일깨워주는 것이 중요하다. 이 연습 동안 깨어 있기 특별히 어려워하는 내담자들은 바디 스캔을 앉아서 하거나 눈을 뜨고 할 수 있다.

관련 있는 다른 기법

바디 스캔과 결합할 수 있는 다른 기법은 정서 지적 사고 기록지(Emotionally Intelligent Thought Record; 양식 8.2), "전쟁 끝내기(Stoppng the war)" 기록지(양식 6.4)뿐만 아니라, 이 장에서 모두 다루게 될 호흡 마음챙김, 움직임을 마음챙김으로 알아차리기, 공간 만들기 연습, 소리 마음챙김, 3분 호흡 공간(3-minute breathing space), 3분 대처 호흡 공간, 마음챙김 요리가 있다.

양식

양식 5.1: 일일 마음챙김 연습 기록지

기법: 호흡 마음챙김(Mindfulness of the breath)

설명

주의를 집중하여 호흡을 알아차리는 것(Awareness of the breath as a focus of attention)은 전
세계적으로 가장 기초적인 명상 방법이다. 특히 마음챙김 훈련에서 호흡을 알아차리는
것은 매우 기초적인 방법이다. 그럼에도 불구하고 내담자들이 마음챙김 호흡 연습에 주
의를 두는 방법은 다른 이완이나 명상과는 매우 다르다. 우리가 주의에 초점두는 전형
적 방법은 한 곳에 강하게 주의를 집중하는 알아차림이다. 그래야 우리가 주의를 오랫
동안 유지할 수 있다. 집중 명상과 같은 몇몇의 명상 방법은 한 가지 대상에 "레이저
같은" 초점을 두는 것을 연마하려 한다. 마음챙김은 조금 다르다. 마음챙김 호흡 연습을
하는 동안 내담자들은 호흡을 자신들의 알아차림에 "닻"으로 사용한다. 그러나 그 주의
는 호흡을 "가볍게 붙잡는 것"이다.

내담자들은 이 호흡 마음챙김을 자신의 사고와 감정에 대한 새로운 관점을 개발하
는 도구로 사용하는 것을 배운다. 이 연습이 시행될 시점에 내담자들은 이미 마음챙김
의 정의와 관찰의 목적, 의식의 내용에서부터 한발 떨어지는 것(decentering)을 배워야만
한다. 바디 스캔은 이 관점을 아주 훌륭하게 소개할 수 있다. 내담자들이 마음챙김 호흡
훈련을 시작하기 전에 바디 스캔을 훈련하는 동안 직접적으로 마음챙김을 이미 경험하
는 경우가 종종 있다.

개입을 위한 팁과 질문

치료자들은 주로 회기 동안 안내된 명상을 통해 내담자들에게 호흡 마음챙김을 훈련시킨다. 종종 이는 집단 형태로 진행되기도 한다. 이 집단 형태의 훈련은 MBCT, MBSR이나 다른 형식의 마음챙김 훈련에서 발견할 수 있다. 안내된 훈련은 개인 치료 회기에서도 할 수 있다. 바디 스캔의 경우와 마찬가지로 안내된 호흡 마음챙김 연습을 이끌 때 치료자는 훈련의 단계를 자기 자신의 언어로 이야기할 뿐만 아니라, 마음챙김 명상에도 직접 참여해야 한다. 이는 이 훈련의 매우 중요한 양상이다. 치료자가 스스로 이 연습에 익숙해져서 이 책이나 다른 곳에 있는 기법 설명을 읽기 보다는 자신의 기억으로부터 명상을 이끄는 것이 좋다. 이를 통해, 치료자는 지금 이 순간에 완전히 참여하는 것을 모델링 할 수 있으며, 자신이 할 수 있는 한 최대로 마음챙김적 관점을 보이게 된다.

치료자는 교훈적인 방식의 지시 보다는 반영적인 듣기와 타당화를 사용할 수 있다. 치료자는 내담자들이 그들의 경험의 본질에 대해 수용과 친절한 호기심을 갖도록 북돋기 위해 실제로 이런 질문과 논의 시간을 사용한다. 이 질문들의 예는 다음과 같다: "훈련 기간 동안 어떤 것을 깨달았나요?". "이 방식이 우리가 일상적으로 주의를 기울이는 양식과 어떤 점이 다른가요?" "우리의 호흡에 주의를 기울이는 이 훈련이 어려운 정서들을 다루는 것과 어떤 관련이 있을까요?" 이 훈련의 핵심은 그 순간에 일어나는 것이면 무엇이든지 있는 그대로 판단, 분석이나 경험에 대한 왜곡이나 변화 없이 허락하는 것에 있다. 그렇게 함으로써, 이 영역에 있는 내담자의 관찰, 논의, 질문들은 이성적으로 분석되기 보다는 초대되고, 허락되고, 숙고되고, 타당화되어야 한다.

예시

마음챙김 호흡을 위해 이어지는 지시사항을 사용할 수 있다.

편안하고, 조용하고, 주의 산만이나 방해로부터 상대적으로 자유로운 장소를 찾으세요. 이것은 전형적으로 앉은 자세로 하는 명상입니다. 등받이가 있는 의자에 다리를 꼬지 않고 앉을 수도 있고, 명상 쿠션에 앉을 수도 있고, 심지어 베개 위에 앉으셔도 됩니다. 의자를 사용하지 않으시는 분들의 경우 바닥에 앉아서 하는 명상에 익숙하시다면 그런 자세를 사용하실 수 있습니다. 이런 자세들이 익숙하지 않아도 전혀 문제될 것이 없습니다. 단지 엉덩이 아래에 쿠션이나 베개를 넣고 양반다리 하고 앉을 수도 있습니다. 여기서의 주된 목적은 등을 곧게 펴지만 이완된 자세를 유지하는 것입니다. 이는 폐 아래부분까지 깊게 충분히 호흡을 할 수 있게 해 줄 것입니다. 이것을 하기 위해 골반보다 무릎을 아래쪽에 두는 것이 좋습니다. 이렇게 하면 뒤로 덜 기대거나 앞으로 덜 고꾸라지게 됩니다. 이것은 조금 익숙해져야 할지도 모릅니다. 우리가 항상 곧게, 스스로 지지하는 자세로 앉는 것에 익숙하지 않기 때문입니다. 하지만 조금만 연습을 하면 꽤 자연스럽게 느끼실 것입니다. 자신의 척추가 마치 포커 칩을 쌓아 놓은 것과 같다고 상상하거나 목에 긴장을 풀고 얇은 실이 부드럽게 자신의 머리 위를 당겨서 곧은 자세를 취한다고 상상해 볼 수 있습니다. 의자에 앉을 때는 발을 마룻바닥에 두는 것이 좋습니다. 쿠션 위에 앉는다면, 무릎을 마루 위에 쉬게 두세요. 이를 통해, 땅에 더 닿아 있다고 느끼고, 척추와 좀 더 연결되어 있다고 느낄 수 있습니다. 시작할 때 눈을 감으세요. 그다음, 자신의 주의를 방 주변의 소리로 돌리세요. 조용하거나 아무 소리가 나지 않는다면, 소리가 없는 것을 단지 알아차리시고 자신 주변을 둘러싸고 있는 공간을 느껴보세요. 몇 초 정도 후 준비가 된다면, 방 밖에 있는 소리로 주의를 옮겨가세요. 그다음, 그 보다 더 멀리 있는 소리까지 주의를 돌리세요. 다음 숨을 들이마시면서, 이완된 자세로 그냥 앉아 있으면서 자신이 경험하고 있는 신체 감각으로 주의를 돌리세요. 단지 몸에 대한 마음챙김을 연습하면서, 주의를 호흡을 들이마시는 것으로 모으시고, 알아차림 속에서 일어나는 모든 감각을 관찰하세요. 숨을 내쉴 때, 호흡이 몸에서 나갈 때 그것에 대한 알아차림도 단순히 흘려보냅니다. 자신의 주의를 아랫배의 생명의 존재로 옮기세요. 숨을 들이마시고 내쉬는 것을 지속하면서 자신의 호흡 패턴에서 존재하는 어떤 감각이라도 알아차리세요. 자신의 호흡 리듬에 따라 팽창하고 수축하는 복부 근육의 감각을 느껴보세요. 특별한 리듬이나 방법으로 호흡할 필요는 없습니다. 호흡이 스스로 페이스를 찾아가게 해 두세요. 본질적으로 "스스로 호흡하게" 놓아 두세요. 편안하지만 알아차림에 집중하여, 호흡 순환을 지속하면서 변화하는 감각에 주목하세요. 이를 할 때, 이 경험을 어떤 방식으로든 바꿀 필요가 없다는 것을 알아차리세요. 마찬가지로 어떤 특별한 이완의 상태나 초월의 상태를 만드는 것을 목표로 하지 않습니다. 우리는 단지 우리 자신에게 순간순간에 대하여 기꺼이 받아들이는 태도를 갖고, 판단을 버린 채로 이런 근본적인 수준의 경험과 함께 존재하는 것을 허락할 뿐입니다. 때때로 마음은 돌아다닐 것입니다. 이것이 일어나면 이것이 마음의 본질이며, 이것이 진실된 마음챙김 연습의 일부분임을 스스로에게 일깨워주세요. 호흡 마음챙김 연습은 우리의 주의를 부드럽게 호흡으로 돌리는 과정이며, 어떤 방식으로든 애쓰는 경험은 아닙니다. 생각, 심상, 정서, 기억이 일어나면, 우리의 알아차림 안에 이들을 위한 공간을 만들어서 그 자리에 그냥 있도록 허락할 뿐입니다. 이런 정신적인 사건들과 싸울 필요도 없고, 여기에 집착할 필요도 없습니다. 우리의 마음이 돌아다니고 있었다는 것을 알아차리면, 그냥 주의를 부드럽게 호흡의 흐름으로 돌아오게 하면 됩니다. 이 전체 과정 동안, 우리의 의식에서 일어나는 사건의 흐름에 대하여 의식적으로 부드럽고 자비적인 (compassionate) 관점을 가지면 됩니다. 비판단적이고 완전히 수용하는 관찰자로서, 우리는 이런 친절하고 유순한 바라봄을 우리 마음 활동의 강으로 가져오는 것입니다. 때때로 자신이 경험하고 있는 신체 감각을 느낌으로써 지금 이 순간에 발을 딛고 있는 것이 도움이 됩니다. 이렇게 하면 발이나 무릎이 땅에 닿아 있는 감각, 엉덩이가 의자나 쿠션에 닿아 있는 감각, 곧게 서서 지지하고 있는 척추의 감각, 몸으로 들어갔다 나왔다 하는 호흡 흐름의 감각과 접촉할 수 있습니다. 끝마치기 전에 이 훈련을 대략 20분 정도 지속할 수 있습니다. 이 연습을 지나가게 하기 위해 다시 마음챙김적 주의를 방 안의 자신을 둘러싸고 있는 소리로, 바로 방 밖의 소리로, 이보다 더 멀리 있는 소리로 가져올 수 있습니다. 준비가 되면 눈을 뜨고, 부드럽게 일어나서, 일상적인 활동을 지속하세요.

과제

호흡 마음챙김 연습은 매일 훈련하도록 과제로 내줄 수 있다. 회기 내에서 이 연습의 형태와 구조를 배운 적이 있다면, 내담자들은 이 훈련을 스스로 할 수 있도록 녹음된 안내문을 사용할 수 있다. 시간이 좀 지나면 내담자들은 녹음 파일을 사용하지 않고 침묵 속에서 연습하는 것을 선택하기도 한다. 그러나 내담자들이 처음에는 안내된 녹음을 사용하는 것으로 시작할 것을 추천한다.

가능한 문제

내담자들은 자신이 매일 훈련하는 동안 어려운 정서를 맞닥뜨리고 마음챙김 기법이 "효과가 없다"고 불평할 수 있다. 이것은 마음챙김 기반 접근과 증상 완화 및 증상 조절에 더 집중한 접근의 차이를 밝혀준다. 마음챙김 훈련을 하는 동안 내담자들의 목표는 자신의 마음 앞에, 매 순간 펼쳐지는 것이라면 무엇이든지, 기꺼이, 호기심을 갖고, 열린 마음으로 완전히 경험하는 것이다. 이는 불편한 경험을 없애버리려고 하는 것이나 자신의 정서가 일어나고 사라지는 것을 통제하려는 시도와는 매우 다른 것이다.

내담자가 힘들어 하는 정서(challenging emotion) 때문에 마음챙김이 "효과가 없다"는 걱정을 갖고 회기에 오면, 치료자는 내담자의 정서 경험을 타당화하기 시작해야 한다. 공감적이고 비판단적인 정신으로 치료자는 마음챙김이 "효과가 있다"나 "효과가 없다"는 내담자의 가정을 탐색하기 위해 부드럽게 질문할 수 있다. 내담자는 정서 경험을 통제하거나 억제하려는 시도는 실제로 심리적 고통을 증폭시키거나 영속화 시킨다는 것을 능동적으로 배울 수 있다. 치료자는 이 반응에 대해 심리교육과 반영적인 듣기를 통해 반응할 수 있다. 반영적인 듣기는 내담자의 마음챙김 훈련에서 일어난 경험이 무엇이든지 재진술하고 반영하는 형태로 취해질 수 있다. 심리교육은 치료자가 마음챙김에서 기꺼이 경험하는 것과 순수한 관찰의 중요성을 설명하는 것과, 훈련을 하는 동안 직접적으로 생각이나 감정을 바꾸는 것을 강조하지 않는 것을 포함한다.

관련 있는 다른 기법

마음챙김 호흡 연습은 다음 훈련들과 관련이 있다. 바디 스캔, 움직임을 마음챙김으로 알아차리기, 공간 만들기 연습, 마음챙김 듣기, 3분 공간 호흡, 3분 대처 공간 호흡, 마음챙김 요리, 정서 지적 사고 기록지(Emo- tionally Intelligent Thought Record)와 "전쟁 끝내기" 기록지를 완성하기

양식

양식 5.1: 일일 마음챙김 연습 기록지

기법: 공간 만들기 – 마음챙김적 사고와 정서의 수용 연습 (Making Space-An exercise in mindful acceptance of thoughts and emotions)

설명

공간 만들기 연습(making space exercise)은 내담자들이 주의 초점을 호흡이나 몸에서부터 곧바로 자신들의 내적 경험을 알아차리고 수용하는 것으로 옮겨가는 것을 돕기 위해 짜여졌다. 이 연습을 하는 동안 내담자들이 알아차림 그 자체를 예민하게 알아차리는 것이 아니라 알아차림의 방향을 더 부드럽게 유지하도록 격려한다. 이 마음챙김의 양상은 "선택 없는 알아차림"(Segal et al., 2002) 혹은 "순수한 주의(bare attention)"(Thera, 2003)라고 언급되어 왔다. 순수한 주의를 연습할 때, 의식적인 알아차림의 흐름 속에서 일어날 수 있는 것이면 무엇이든지, 마치 그것이 호흡이나 신체 감각인 것처럼 마음챙김적으로 관심을 쏟을 수 있다. 이를 통해 내담자들은 자신의 경험에 "공간을 만든다".

이 훈련의 목적이 "나쁜" 감정과 생각을 "없애버리는 것"이 아님을 내담자들에게 일깨워주는 것이 중요하다. 오히려 알아차림 속에 어떤 것이 일어날지 선택할 수 없음에도 불구하고, 우리는 어떻게 주의를 기울일 것인지를 선택할 기회가 있다는 것을 알 수 있는 기회이다. 또한 우리는 그 주의를 어디에 둘 것인지를 선택할 능력을 갖고 있다. 아마도 우리는 주의를 쏟는 그 자체의 행위에도 주의를 둘 수 있다. 그렇게 하면서 공간 만들기 연습은 내담자들을 역동적인 삶의 과정으로서 자신의 주의에 더욱 밀접하게 접촉할 수 있도록 하는 것을 목적으로 한다.

개입을 위한 팁과 질문

이 훈련에 참여하는 사람은 "제가 단지 저의 경험과 함께 앉아서, 허용하고, 기꺼이 경험하고, 순수하게 관찰하는 자세를 취할 수 있을까요?"라고 질문할 수 있다. 내담자들에게 이 훈련을 가르침으로써 우리는 내담자들이 부정적인 것을 "기분이 좋아지는" 것으로 바꾸기 보다는 자신의 감정과 사고에 어떻게 "더 잘" 접근하는지를 가르칠 수 있다. 어떤 관점에서 볼 때, 이와 같이 단순하게 기꺼이 받아들이는 행위와 개방적인 주의(open attention)가 (실제로) 기꺼이 받아들이는 것을 결정한다.

치료자는 내담자들이 이 연습을 통해 자애적이고, 따뜻하며, 비판단적인 태도로 자신의 경험을 바라보고 자기 존중을 하도록 제안하는 것이 좋다. 이는 치료자의 목소리 톤이나 표정(demeanor)을 통해 모델링 되거나 전해질 수 있다. 치료자는 이 훈련의 기초가 되는 교육 회기 동안 이를 명백히 보여줄 수 있다. 만약 치료자가 자신의 경험과 함께 마음챙김적으로 존재할 수 있다면, 내담자들이 그런 경험으로 가는 방법을 찾을 수 있도록 더 쉽게 도울 수 있다.

치료자와 함께하는 첫 교육 및 연습 회기가 끝나고, 내담자는 이 연습을 하는데 하루에 대략 20~30분 정도를 쓰면서 집에서 일정 기간 동안 연습할 수 있다. 치료자와 내담자는 공간 만들기 명상을 훈련하는 데 하루에 어느 정도의 시간을 할애할 것인지를 협력적으로 정할 수 있다. 이는 미리 결정되어야만 하며, 내담자는 각 회기의 기간, 이 연습에 참여하는 과정, 어디서 언제 이 훈련을 할 계획인지를 명확히 해야만 한다. 내담자들은 안내된 명상의 도움을 받을 수 있지만, 때때로 그것 없이 자신의 알아차림 속에 "그냥 앉아서" 시작하기를 선택할 수도 있다. 그렇게 함으로써 내담자는 전통적인 불교 명상 훈련인 시칸 타자(shikan-taza; "그냥 앉기(just sitting)")에 좀 더 근접하게 따를 수 있다. 좀 더 중요한 것은 침묵과 자신의 알아차림과 함께 존재하면서 내담자는 자신이 선택 하지 않은 알아차림과 좀 더 친밀하게 접촉하게 되는 것이다. 이것이 이 연습의 궁극적인 목적이다.

예시

마음챙김 호흡 훈련의 경우와 마찬가지로, 이 훈련은 보통 앉은 자세로 시행한다. 초반 지시사항들은 마음챙김 호흡 훈련과 같은 지시사항을 따른다.

보시다시피 호흡을 마음챙김적으로 알아차리는 훈련은 그다음의 연습들과 함께 일상에서 마음챙김적 주의를 수양하는데 기초가 됩니다. 시작할 때, 등받이가 있는 의자에 다리를 꼬지 않고 앉을 수도 있고, 명상 쿠션에 앉을 수도 있고, 베개 위에 앉으실 수도 있습니다. 의자를 사용하지 않으시는 분들의 경우 바닥에 앉아서 하는 명상에 익숙하시다면 그런 자세를 사용하실 수 있습니다. 만약 이런 자세들이 익숙하지 않아도 전혀 문제될 것이 없습니다. 엉덩이 아래 쿠션이나 베개를 깔고 "인디언 스타일"로 그냥 앉을 수 있습니다. 여기서의 주된 목적은 등을 곧게 펴지만 이완된 자세를 유지하는 것입니다. 이는 폐 아래부분까지 깊게 충분히 호흡을 할 수 있게 해 줄 것입니다. 이것을 하기 위해 엉덩이보다 무릎을 아래쪽에 두는 것이 좋습니다. 이렇게 하면 뒤로 덜 기대거나 앞으로 덜 고꾸라지게 됩니다. 이 자세는 조금 익숙해져야 할지도 모릅니다. 우리가 항상 곧게, 스스로 지지하는 자세로 앉는 것에 익숙하지 않기 때문입니다. 하지만 조금만 연습을 하면 꽤 자연스럽게 느끼실 것입니다. 자신의 척추가 마치 포커 칩을 쌓아 놓은 것과 같다고 상상하거나, 목에 긴장을 풀고 얇은 실이 부드럽게 자신의 머리 위를 남겨서 곧은 자세를 취한다고 상상하셔도 됩니다. 의자에 앉을 때는 발을 마룻바닥에 두는 것이 좋습니다. 쿠션 위에 앉는다면, 무릎을 마루 위에 쉬게 두세요. 이를 통해 땅에 더 닿아 있다고 느끼고, 자신의 척추와 좀 더 연결되어 있다고 느낄 수 있습니다. 시작할 때 눈을 감으세요. 그다음, 자신의 주의를 방 주변의 소리로 돌리세요. 조용하거나 아무 소리가 나지 않는다면, 소리가 없는 것을 그냥 알아차리시고 자신 주변을 둘러싸고 있는 공간을 느껴보세요. 몇 초 정도 후 준비가 된다면, 방 밖에 있는 소리로 주의를 옮겨가세요. 그다음, 그 보다 더 멀리 있는 소리까지 주의를 돌리세요. 다음 숨을 들이마시면서, 자신의 주의를 부드럽게 신체 감각으로 모으세요. 몸 안에서 호흡의 움직임을 관찰하세요. 호흡이 자신을 순환할 때 호흡의 흐름에 동반되는 신체 감각에 주의를 기울이세요. 자신이 지지하면서 맞대고 있는 부분으로 자신의 주의를 옮겨갈 수도 있습니다. 땅에 닿아 있는 자신의 발의 감각, 의자에 닿아 있는 엉덩이, 곧게 펴서 지지하고 있는 자신의 등을 느껴볼 수도 있습니다. 준비가 되면 자신의 알아차림을 복부 호흡의 움직임으로 가져오세요. 호흡으로 자신의 주의를 모으고 숨을 내쉴 때 특정 감각들을 알아차리는 것을 흘려 보내면서, 복부에 있는 감각이면 무엇이든지 관찰하세요. 이 호흡이 자신의 리듬대로 흐르게 하세요. 이외에도, 순수한 관찰의 상태를 지속하며, 판단, 평가, 심지어 기술까지 버리고 이 알아차림에 자신을 머무르게 하세요. 이전 훈련에서 경험했던 것처럼, 우리의 마음이 호흡에서부터 떨어져나와 돌아다니거나 부유하는 것은 자연스러운 일입니다. 주의가 부유하는 것을 알아차리면, 심지어 이를 스스로 알아차린 순간을 가졌다는 것을 간단히 축하해 줄 수 있습니다. 그리고 다시 주의를 호흡의 흐름으로 부드럽게 가져갑니다. 우리는 삶에서 얼마나 자주 자기 자신을 이러한 생각에 빠져들게 허락합니까? 이런 정신적 심상, 생각, 정서의 흐름을 확인하는 것이 얼마나 쉽습니까? 잠시 동안 있는 그대로 이런 정신적 사건들을 알아차려보세요. 의식의 흐름 속에 있는 것들입니다. 이것을 해 보면서 부드럽게 복부의 호흡 감각으로 자신의 알아차림을 돌리세요. 몇 분 동안 이 훈련에 머무른 다음, 자신의 마음 자체에 있는 것들에 다시 주의 초점을 돌려보세요. 각각의 새로운 생각이나 심상이 마음에 들어오면 단지 알아차리고 관찰만 하세요. 심지어 각각의 정신적 사건이 올라오고 내려갈 때 이름을 붙여주는 것이 도움이 될 수 있습니다. 예를 들어, 자기 자신에게 "판단하기, 나는 판단하고 있어" 혹은 "공상, 이건 공상이야"라고 조용히 얘기해 볼 수 있습니다. 이런 생각의 흐름이 의식으로 흘러들어오면, 이런 정신적 사건들 각각에 자애적이고 비판단적인 알아차림을 가져오세요. 이런 각각의 정신적 현상들을 허락하고 수용하고 기꺼이 함께 머무를 수 있습니까? 어떤 혹은 모든 생각, 정서, 심상을 위해 현재 순간의 경험의 넓은 장 안에 단순히 "공간을 만들어 두세요". 때로 고통스럽고 울컥하는 생각들이 일어날 수 있습니다. 단지 자신을 그런 경험들과 함께 머무르도록 허락하세요. 숨을 들이쉴 때 일어나는 것이면 무엇이든지 공간을 만드는 이런 경험을 알아차려보세요. 어떤 생각도 영원한 생각은 없습니다. 우리는 10년 전, 1년 전, 1주 전, 심지어 잠시 전과도 정확히 똑같은 것을 생각하지 않습니다. 정신적 사건의 흐름은 계속됩니다. 자신의 주의를 자기의 마음 그 자체로 돌리면서 스스로 이런 흐름의 관찰자가 되도록 해보세요.

때때로 자신이 경험하고 있는 신체 감각을 느낌으로써 지금 이 순간에 발을 딛고 있는 것이 도움이 됩니다. 이렇게 하면 발이나 무릎이 땅에 닿아 있는 감각, 엉덩이가 의자나 쿠션에 닿아 있는 감각, 곧게 서서 지지하고 있는 척추의 감각, 몸을 들어갔다 나갔다 하는 호흡 흐름의 감각과 접촉할 수 있습니다. 끝마치기 전에 이 훈련을 대략 20분 정도 지속할 수 있습니다. 이 연습을 지나가게 하기 위해 다시 마음챙김적 주의를 방 안의 자신을 둘러싸고 있는 소리로, 바로 방 밖의 소리로, 이보다 더 멀리 있는 소리로 가져올 수 있습니다. 준비가 되면 눈을 뜨고, 부드럽게 일어나서, 일상적인 활동을 지속하세요.

과제

이것은 몇몇 불교 명상 실천가들이 오랜 기간 동안 훈련해 온 연습이다. 사실 이 책이나 다른 제3세대 CBT에 있는 많은 마음챙김 훈련들은 실제로는 전체 삶에 걸쳐 추구되어야 하는 규율들이다. 그러나 정서조절과 같은 특정 심리학적 문제들에 이 기법을 적용하기 위해 평생에 걸쳐 명상 훈련에 헌신할 필요는 없다. 공간 만들기 연습과 같은 좀 더 진보된 마음챙김 기법을 적용하는 것은 단기간(예, 2~3주)에 시행할 수 있다. 그 시간 동안 치료자와 내담자는 각각의 주마다 만나, 관찰한 것들, 코멘트들, 연습 기간의 과정에 걸쳐 나타난 방해물들을 살펴보아야 한다. 내담자가 치료와 마음챙김 훈련을 진행하면서, 몇몇 연습들은 보다 긴 시간의 훈련으로 개발하는 것이 적절할 수 있다. 이는 의무사항은 아니지만 일어날 수 있는 일이다.

바디 스캔과 마찬가지로 내담자들의 과제 순응도, 관찰, 질문에 대한 자기 감찰을 위해서 일지 양식이 포함된다.

가능한 문제

공간 만들기 연습을 적용하는데 나타날 수 있는 가장 처음, 가장 명백한 문제는 "양날의 검" 현상이라고 불리는 것이다. 비록 마음챙김은 구체적이고 간결한 것처럼 보이지만, 어떻게 제시되느냐에 따라 추상적이고 복잡해 보일 수도 있다. 마음챙김 훈련은 정보는 덜 제공하고 더 체험적으로 해야 한다는 것을 기억하는 것이 중요하다.

내담자들이 겉으로 드러나고 느껴지는(overt and felt) 신체 감각을 관찰하는 것에서부터 호흡을 따라가는 것으로 옮겨갈 때, 자신들이 추구하고 있는 미묘한 주의와 개방성으로 미묘함에서 한 걸음 도약할 수 있다. 내담자들이 호흡을 따라가는 것에서부터 의도적으로 자기 자신의 사고와 감정들의 관찰을 수용하는 것으로 다음 도약을 할 때, 추상적 사고로 얽히거나 주의산만으로 빠지는 위험에 처할 수 있다. 아마도 이 두 방해물들은 실제로 정서와 더 건강한 관계를 맺기 위한 여정에서 불가피한 여행동반자일 것이다. 치료자는 알아차림 안에서 일어나는 것이 무엇이든 부드럽게 공간을 만드는 단순한 행위로 돌아갈 수 있도록 내담자를 도울 수 있다. 과도하게 설명하기 보다 내담자들이 마음챙김을 수련하기 위한 과정에서 동반하게 되는 질문과 자비적인 호기심(compassionate curiosity)의 과정에 더 깊이 들어가게 될 수 있도록, 반영적인 질문과 타당화하는 진술들을 사용하는 것이 좋다. 예를 들면, 치료자는 "연습 동안 경험하고 있는 어떤 생각과 감정들에 둘러싸이기 시작한 것처럼 들리네요. 이전 연습들과 마찬가지로 이게 일어났다는 것을 알아차릴 때, 잠시 시간을 내어 그걸 발견했다는 것 자체에 대해 스스로 보상을 주세요. 그리고 나서 단순하고 부드럽게 그게 무엇이든지 그냥 공간을 만들 수 있는지 보시고, 다음번 호흡을 들이 마시면서 현재 순간으로 주의를 가져오세요"라고 말할 수 있다.

관련 있는 다른 기법

공간 만들기 훈련은 다음 모든 것과 관련이 있다: 바디 스캔, 움직임을 마음챙김으로 알아차리기, 공간 만들기 연습, 마음챙김 듣기, 3분 공간 호흡, 3분 대처 공간 호흡, 마음챙김 요리, 정서 지적 사고 기록지와 "전쟁 끝내기" 기록지를 완성하기.

양식

양식 5.1: 일일 마음챙김 연습 기록지

기법: 3분 공간 호흡(3-minute breathing space)

설명

우리는 마음챙김 연습이 단지 명상 기간 동안 의식의 대안적인 상태를 잠시 방문하는 것을 의미하는 것은 아니라는 것을 안다(Tirch & Amodio, 2006). 이미 살펴본 것처럼 마음챙김 훈련은 한 사람과 자신의 경험 흐름 사이의 관계를 지속적으로 바꾸는 것을 개발하는 것을 목적으로 한다. 지금 여기에 주의를 가져옴으로써, 판단이나 논리적 분석에 몰두하지 않고, 사물이 이렇다라고 마음이 말하는 방식이 아니라 사물을 있는 그대로 경험할 수 있다. 이것은 적응적인 의사결정, 자기 돌봄, 가치 있는 방향으로 나아가는 것이 일어나는 플랫폼이 된다(K. G. Wilson & DuFrene, 2009). 당연하지만 명상 쿠션, 의자, 매트에서 하루에 한 번 마음챙김을 훈련하는 것만으로는 충분하지 않다. 마음챙김 훈련을 시키는 사람들(trainer)의 목표는 내담자들이 하루의 각 단계에서 스스로 마음챙김을 시작하도록 하는 것이다. 3분 공간 호흡 연습은 그런 종류의 일반화된 마음챙김 기술들을 촉진하기 위한 것이다. MBCT의 맥락에서 Segal과 그의 동료들(2002)에 의해 개발된 이 연습은 "훈련 일반화(generalization practice)"라고 할 수 있다. 이 연습은 내담자들이 삶의 스트레스원의 흐름 가운데에서 잠시 멈추고, 자신을 마음챙김적 관점으로 다시 돌아오도록 하는 구조화되고 의도적인 방식을 제공한다.

개입을 위한 팁과 질문

이 연습은 MBCT 집단 프로토콜에서 가져온 것이다(Segal et al., 2002). 집단 형태로 가르치기 쉬울 뿐만 아니라, 일대일 지도 방식으로 사용할 수도 있다. 이 책에 포함되어 있는 다른 마음챙김 훈련들과 마찬가지로, 처음에는 치료자가 치료 회기 내에서 내담자에게 직접 가르치게 되어 있다. 처음에 치료자는 내담자에게 하루 중 특정하게 계획된 시간에 몇 번씩 3분 공간 호흡을 훈련해 보라고 제안할 수 있다. 예를 들어, 어떤 내담자는 식사 하기 직전에 하루 세 번 이 연습을 해 보기로 동의할 수 있다. 이런 방식으로 내담자는 자신의 연습에 구조화와 규칙성을 제공해야 한다. 이 연습을 1~2주 정도 한 후, 내담자에게 3분 공간 호흡을 하루에 몇 번씩, 특히 내담자가 마음챙김적이고 수용적인 관점으로 돌아가는 것이 좋겠다는 느낌이 직관적으로 올 때 적용해 보라고 권장할 수 있다.

예시

3분 공간 호흡은 앉아서 시작하기 제일 좋습니다. 서 있을 때 이 훈련을 하는 것도 가능하지만, 우리는 앉아 있을 때 훈련을 시작하겠습니다. 이 훈련은 자신의 훈련을 명상 쿠션에서 벗어나 일상 생활의 흐름에 직접 적용함으로써 자신의 마음챙김 훈련에 생명을 불어 넣는 것을 돕기 위해 계획되었습니다. 이 마음챙김적 알아차림을 간단히 적용하기 위해 처음에 발로 자신의 주의를 옮기세요. 위엄 있고 곧지만 편안한 자세로 앉기 위해 필요하다면 앉아 있는 자세를 조정하세요. 등은 곧게 펴야 합니다. 양쪽 엉덩이 뼈가 몸을 잘 지탱하도록 앉으세요. 자신의 몸이 의자나 땅바닥에 맞닿는 부분으로 땅에 뿌리를 내리고 있는 것처럼 느낄 수 있습니다. 눈을 감거나 혹은 눈을 뜨는게 더 편하다면 눈을 편하게 뜨시고 앞에 있는 바닥으로 시선을 부드럽게 던져도 됩니다. 그다음, 자신의 마음 앞에 펼쳐지는 경험의 흐름에 주의를 가져가세요. 생각, 감정, 신체 감각을 관찰하면서 가능한 많이 바로 이 순간에 존재하고 있는 것을 알아차리도록 해 보세요. 우리는 이제 불쾌하거나 울컥하는(upsetting) 감정, 생각, 감각들에 특히 더 주의를 기울이고 있습니다. 이런 경험들을 없애려고 하지 말고, 있는 그대로 존재하게 하세요. 잠시 시간을 갖고 우리의 내적 관찰의 장 속으로 일어나거나 흘러 들어오는 것은 무엇이든 이를 위한 공간을 만들면서(making space) 단지 이런 경험들이 존재한다는 것만 스스로 인식해 보세요.

일어나는 것이 무엇이든지 간에 지금 이 순간의 존재 속에 앉아 있을 수 있다면, 이제 우리의 주의를 한 가지 사물로 모으고 집중할 시간입니다. 이 주의 초점은 부드럽고 개방적이지만, 우리 호흡의 흐름에 주의를 모아서 초점을 두는 것이 포함됩니다. 호흡을 관찰하면서 호흡할 때 몸의 움직임으로 주의를 돌리세요. 숨을 들이마시면서 지금 숨을 들이마시고 있다는 것을 알아차립니다. 숨을 내쉬면 지금 숨을 내쉬고 있다는 것을 알아차립니다. 순간 우리의 몸에 바로 그 공기가 들어오는 것을 부드럽게 허락하면서, 배가 오르락내리락 하는 움직임을 알아차리세요. 호흡의 흐름과 함께 잠시 머무르면서 자신이 할 수 있는 한 당신의 주의가 호흡 그 자체의 움직임과 잘 섞이도록 해 보세요.

그다음 이 훈련의 세 번째 단계로 주의를 옮겨 가겠습니다. 순간순간의 호흡 흐름에 주의를 모은 다음, 알아차림의 범위가 우리 몸 전체를 점차적으로 둘러싸도록 넓혀 보세요. 숨을 들이 마실 때 주의가 몸 전체로 들어가게 하세요. 마치 주의 그 자체로 호흡하는 것처럼 숨을 들이 마시면서 신체 감각을 부드럽게 확장시킵니다. 주의가 도달하는 내면과 그 공간을 알아 차리세요. 숨을 내 쉬면서 그 알아차림을 완전히 흘려 보냅니다. 이는 마치 우리의 경험을 부드럽게 하면서 우리의 몸 전체가 호흡하는 것과 같습니다. 몇 분 동안 이 경험과 함께 머무르면서, 어떤 것이 나타나든지 간에 우리가 할 수 있는 한 우리 안에 공간을 만드세요.

우리가 이 연습을 보낸(letting go) 다음, 발로 다시 주의를 옮깁니다. 그다음 주의를 머리 꼭대기로 옮깁니다. 그리고 나서 우리의 주의를 그 사이에 있는 모든 것으로 옮깁니다. 그리고 나서 준비가 되면 눈을 뜨고 이 연습을 모두 흘려 보내세요(let go of this exercise entirely).

과제

몇몇의 좀 더 긴 마음챙김 훈련들과는 달리, 3분 공간 호흡은 매우 직접적인 방식으로 구체적인 그 순간의 대처 기술로 적용될 수 있다. 과제로 연습할 때는 정해진 일정에 따라 하거나 내담자가 처한 환경에 따라 예측할 수 없는 상황에서 하거나, 이에 대한 반응으로 할 수 있다. 치료자는 내담자가 이런 종류의 적응력과 유연성을 준비할 수 있도록 하는 것이 좋다. 그렇게 함으로써 내담자는 삶의 흐름 속에서 직접적으로 정서조절과 정동을 인내하는 것(affect tolerance)에 마음챙김을 적용하기 시작한다.

가능한 문제

우리는 종종 "다섯가지 방해물"로 알려진 마음챙김을 계발하는 과정의 다섯 가지 잠재적인 장애물들에 대해서 살펴볼 수 있다(Kamalashila, 1992). 첫 번째 방해물은 감각 경험을 느끼려는 욕구이다. 우리의 환경이나 심지어 상상 속에서의 흥미로운 자극으로의 끌어당김은 우리를 즐겁거나 흥분되는 생각과 심상, 경험들과의 융합으로 지속적으로 빠져들게 할 수 있다. 이것은 매우 자연스러운 경향이지만, 동시에 마음챙김 훈련 동안 지속적인 주의 산만을 제공할 수 있는 것이기도 하다. 두 번째 방해물은 잘못된 의지(ill will) 즉, 첫 번째 방해물과 반대되는 것이다(mirror image). 고통스러운 경험들, 추위나 가려움과 같이 우리의 감각 영역을 자극하는 것들 그리고 일반적으로 유쾌하지 않은 것들과 습관적으로 얽히는 것은 지속적이고 만만치 않은 주의 산만의 요인이다. 이 처음의 두 방해물에서 우리는 갖기를 원하는 것을 갖는 것과 원하지 않는 것을 버리는 것에 우리가 어떻게 밀착 되어 있는지 알 수 있다. 이 두 가지는 우리를 현재의 순간에 직접 참여하지 않고 우리 마음이 끊임없이 짜내는 언어적 이야기에 몰입시키려는 음모를 꾸민다.

치료자는 감각 경험의 끌어당김을 예상함으로써 그리고 이를 내담자와 직접적으로 이야기함으로써 매우 간단하게 이 두 방해물을 다룰 수 있다. 치료자는 내담자들에게 즐겁거나 유쾌하지 않은 내적 경험들이 모두 마음챙김 훈련 동안 일어날 수 있으며, 그 두 가지 모두 순수한 주의와 각 개인 순간의 관찰로 주의를 되돌리는 과정에서 만날 수 있다는 것을 내담자에게 설명해야만 한다.

명상 훈련의 세 번째 방해물은 불안과 초조함이다. 이는 몇 분 동안 신체를 대략적으로 가만히 유지하려고 의도할 때 나타날 수 있는 꼼지락거림과 정신운동성 초조를 말한다. 이런 방해 속에서 우리는 수년간의 학습 역사가 마음과 몸에 미친 영향을 알 수 있다. 우리의 위험 지각 과정, 신경생리학적 각성, 혹은 심지어 단순한 걱정의 활성화는 수년간의 고전적, 도구적 조건 형성을 통해 반응을 유발하기 마련이다. 마음챙김 훈련은 이런 습관화된 패턴을 알아차리고 변화시키기 위해 행동을 취할 기회를 준다. 치료자는 내담자들이 안절부절 못함을 느낄 때 어떻게 전형적으로 반응하는지에 대한 생각과 감정들을 이끌어내야 한다. 내담자와 치료자는 함께 눈을 뜨고 이야기하는 과정

내내 마음챙김적으로 남으면서, 회기 내에서 불안하고 초조한 상태에 머무는 것을 직접적으로 연습할 수 있다.

네 번째 방해물은 나태함 혹은 무기력으로 알려져 있으며, 에너지 수준이 낮은 것, 소진의 상태, 일반적인 반응성이 느려지는 것을 나타낸다. 이 방해는 "게으른" 회피, 미루기, 우울증에 흔히 동반되는 무쾌감과 생장 증상들(vegetatives symptoms)로 나타날 수 있다. 마음챙김을 실천하는 사람에게 나태함이 일어날 때는 단순히 피곤하거나 과식한 것일 수도 있지만, 이것은 실제로 우울증 때문이거나, 처리되지 않은 정서들을 완전히 경험하는 것을 매우 싫어하는 것일 수도 있다. 미루고 싶은 충동 속에서도 훈련을 계획하고 전념하는 것은 이런 방해에 대응하여 치료자가 분명히 처방할 수 있는 것이다.

다섯 번째 방해물은 의심이나 우유부단으로 묘사될 수 있다. 이것의 일정 부분은 범불안장애 특성을 가진 사람들이 갖고 있는 불확실함을 불편해 하는 것과 연관있을 수 있다. 이런 의심은 자신의 역량과 장점에 대한 부정적인 믿음에서 일어나는 자기의심을 포함할 수도 있다. 그런 부정적인 자기 평가는 심리치료에 오는 내담자들 사이에 흔하다. 마음챙김 훈련의 목표 중의 하나는 내담자들이 마음에 흐르는 풍경의 일부로 그런 의심을 점진적으로 인식하는 것을 포함한다. 내담자들은 끊임없이 마음속에 떠오르는 개인적인 사건들이 자신의 행동을 통제하게 놓아두지 않고, 생각을 생각으로, 정서를 정서로, 신체 감각을 신체 감각으로 보기 위해 마음챙김적 알아차림을 적용한다.

3분 공간 호흡으로 우리는 실제 적용된 마음챙김의 예를 볼 수 있다. 따라서 내담자들이 마음챙김적 관점들을 자신의 삶에 짜 넣으려고 시도할 때 각각의 다섯 가지 방해물들이 어떻게 자연스럽게 나타나는지 알 수 있다. 3분 공간 호흡을 사용하여 한 사람을 훈련시키는 것은 마음챙김 훈련에서 방해물들은 피할 수 없는 부분이라고 타당화하고 일반화하는 기회를 제공한다. 우리들 중 어느 누구도 이 다섯 가지 방해물들의 영향을 받지 않을 수 없다. 마음챙김 알아차림 훈련 과정에 있는 개개인들은 이런 방해물들을 점차적이고 반복적으로 마주할 수밖에 없다. 우리가 의식적인 것과 끊임없이 만날 수밖에 없다는 바로 이 긴장이, 지금 이 순간과 자신의 경험을 참고 견디게 하기 위한 알아차림을 가질 수 있도록 우리를 훈련시키는 것이라 볼 수 있다.

관련 있는 다른 기법

3분 공간 호흡은 다음과 관련 있다. 정서 지적 사고 기록지, "전쟁 끝내기" 기록지, 바디 스캔, 호흡 마음챙김, 움직임을 마음챙김으로 알아차리기, 공간 만들기 연습, 소리 마음챙김, 3분 대처 공간 호흡, 마음챙김 요리가 있다.

양식

양식 5.1: 일일 마음챙김 연습 기록지

기법: 3분 대처 공간 호흡(3-minute coping breathing space)

설명

바디 스캔이나 마음챙김 호흡 훈련에 의해 준비된 기초는 이어지는 공식적인 연습들로 가는 길을 열어주는데, 공간 만들기 연습과 같이 주의 초점을 생각과 감정 그 자체로 돌리는 것이 이에 해당한다. 이와 유사하게 좀 더 긴 시간 진행되는 공식적인 훈련은 내담자들이 매일의 일상에서 일어나는 자신들의 경험을 품을 수 있는 마음챙김적 알아차림을 가질 수 있도록 준비시킨다. MBCT에서 마음챙김 기술을 일반화하고 적용하는 그다음 단계는 고통을 받고 있는 실제 기간 동안 마음챙김의 자세로 주의를 기울이는 것이다. 3분 공간 호흡 연습은 내담자들에게 직접적으로 마음챙김을 적용할 수 있는 충분히 구조적이지만 "사용자 친화적인" 접근을 제공한다. 이는 고통스러운 상황을 다루고, 압도되는 것처럼 보일 수 있는 사건들을 다룰 수 있는 감정 인내력(affect tolerance)을 위한 것이다.

3분 공간 호흡을 대처 기술로 사용하게 되면, 내담자들은 자신의 환경 속에서 스트레스에 대한 반응으로 일어날 수 있는 어려운 정서와 생각들에 대한 그 순간의 자연스러운 반응으로 때때로 공간 호흡 연습을 적용해 보는 것을 권유받을 수 있다. 이전의 공간 호흡 연습과 마찬가지로 이 공간 호흡 훈련도 강한 감정들과 문제가 되는 생각들이 다다르는 장소인 몸의 감각에 초점을 맞추는 것으로 시작할 수 있다. 그러나 3분 대처 공간 호흡 동안 내담자들은 현재 순간에 몸에서 느껴지는 것처럼 의식적으로 기꺼이 받아들이려는 감각을 넓히고 경험에 접촉하라는 권유를 받게 된다. 이는 순수한, 한발 떨어진 관찰을 말하기 보다는 내담자들이 자신의 경험에 "좋아(say yes)"라고 말하고, 자신의 경험의 흐름과 친밀한 관계를 맺는 것을 의미한다. 비록 이런 종류의 비판단적 관찰은 거리두기(distancing)의 한 형태처럼 보이지만, 이 경우는 역설적이게도 직접적인 경험에 대한 몰두를 의미한다. 이것은 내담자들의 일상생활에서 주의 초점이 "자동 조종" 상태에 있을 때 감각, 정서, 생각들이 진행되는 방식과 질적으로 다른 것이다. 3분 대처 공간 호흡의 지시사항들은 이런 기꺼이 경험하기와 경험에의 개방성의 개념을 확장시켜서 내담자들이 의도적이고 의식적으로 어떤 감정이나 생각이 일어나더라도 "그런 식으로 느껴도 괜찮아", "괜찮아. 어떤 것이든 괜찮아. 느껴 보지 뭐"라고 자신에게 이야기해 볼 수 있도록 북돋는다.

개입을 위한 팁과 질문

내담자에게 3분 대처 공간 호흡을 적응적인 대처 방법으로 직접적으로 적용하려고 훈련시키기 시작할 때, 치료자는 반드시 이 연습의 목적에 대한 잠재적인 오해에 대해 준비해야 한다. 경험을 회피하려는 경향성은 지속적이며, 마음챙김 훈련의 과정 내내 나타날 것이다. 3분 대처 공간 호흡을 알려주면서, 치료자는 내담자에게 어려운 조건에 놓여 있는 자신의 상태에 영향을 끼치기 위해서 무엇인가를 "하기를" 적극적으로 제안한다. 내담자들이 이것을 쉽게 오해할 수 있는데, 왜냐하면 내담자가 "나쁜" 경험들을 치워버리기 위해 마음챙김 연습을 사용하고 있다고 제안하는 것처럼 보이기 때문이다. 치료자가 이런 주요한 경향성을 더 잘 예측하고 설명할 수 있는 한 가지 방법은 대처 공간 호흡 기법을 소개하고 설명하는 과정에서 스스로 마음챙김적으로 참석하는 것이다. 그런 교환 과정에서 어느 정도 계발된 마음챙김적 알아차림을 치료적 관계로 가져옴으로써, 치료자는 문제가 되는 개인적인 경험들을 누그러뜨리는 것을 더 잘 모델링시켜주고, 가르쳐줄 수 있고, 강화할 수 있다. 치료자는 "지금 이 순간 자신 앞에 이 경험이 펼쳐지기 위한 공간을 만들어 주거나 이런 경험들이 펼쳐지는 것을 허락할 수 있나요?"와 같은 질문을 할 수 있다. 비록 그런 질문들이 지난 이십여 년 동안 인지행동 치료자들에게 익숙해진 인지적인 내용을 직접 일차적으로 바꾸는 것은 아닐 수 있지만, 탈중심화라는 대안적인 방식과, 불쾌한 내적 경험에 딱 몰두되어 있는 것으로부터의 잠재적인 피난처를 제공하는 방법이라고 볼 수 있다.

예시

이 다음 연습은 자신이 어려운 감정과 정서들을 마주하고 있을 때 적용할 수 있는 것입니다. 역사적으로 불쾌한 정서와 신체 감각, 생각을 알아차리면, 우리의 첫 번째 본능은 이런 경험들을 회피하려고 하거나 억누르려는 것이었습니다. 이 3분짜리 호흡과 몸의 알아차림을 통한 공간 만들기 훈련을 통해 우리는 자기 경험과 바로 이 순간 있는 그대로 연결되기 위해 적극적인 기꺼이 받아들임(radical willingness)을 훈련하려 합니다. 자, 시작하기에 앞서 자신의 알아차림의 일부분을 발로 가져가세요. 할 수 있는 만큼, 이 순간 자신의 신체적 경험에 주의를 기울이세요. 가능하다면 편안한 장소에 앉으세요. 바르고 곧지만 편안한 자세로 앉기 위해 필요하다면 앉아있는 자세를 조정하세요. 등은 곧게 펴야 합니다. 자신의 몸이 의자나 땅바닥에 맞닿는 부분으로 땅에 뿌리를 내리고 있는 것처럼 느낄 수 있습니다. 눈을 감거나 혹은 자신이 더 선호하기만 한다면 눈을 편하게 뜨고 자기 앞에 있는 바닥으로 시선을 부드럽게 던져도 됩니다. 그다음, 자신의 마음 앞에 펼쳐지는 경험의 흐름에 주의를 가져가세요. 생각, 감정, 신체 감각을 관찰하면서 가능한 많이 바로 이 순간에 존재하고 있는 것을 알아차리도록 해 보세요. 우리는 이제 불쾌하거나 울컥하는(upsetting) 감정, 생각, 감각들에 특히 더 주의를 기울이고 있습니다. 이런 경험들을 없애려고 하지 말고, 있는 그대로 존재하게 하세요. 잠시 시간을 갖고 우리의 내적 관찰의 장 속에서 일어나거나 흘러 들어오는 것이 무엇이든 이를 위한 공간을 만들면서(making space) 단지 이런 경험들이 존재한다는 것만 스스로 인식해 보세요. 떠오르는 힘든 경험들을 묘사하고 인식해 보세요. 잠시 동안 이런 경험들을 정신적인 사건들(mental events)이라고 알아차리면서 말로 바꿔보세요.—예를 들면, "나는 사랑받을만 하지 않다고 생각하는 중이다" 혹은 "나는 좌절과 질투를 느끼고 있다" 처럼요. 이런 방식으로 우리는 또 다시 공간을 만듭니다. 우리가 할 수 있는 최대한, 어떤 것이 일어나든지, 바로 이 순간에 친밀한 접촉을 만드세요. 그다음 부드럽지만 단호하게 자신의 주의를 호흡으로 옮기세요. 숨을 들이마시면서 우리는 우리가 지금 숨을 들이 마시고 있다는 것을 압니다. 숨을 내쉬면서 우리는 지금 우리가 숨을 내쉰다는 것을 압니다. 다음 몇 분 동안, 알아차림이 호흡을 따라가게 허락하세요. 숨이 콧구멍을 통해서 몸 안으로 들어갑니다. 몸 가운데를 통과하고, 숨을 내쉬는 것을 통해 우리를 떠나 갑니다. 바로 이 순간, 각 호흡의 깊이와 가득참을 관찰하세요. 호흡이 끝나고 새로운 순환이 시작될 때 호흡을 호흡 그 자체로 바라보면서 우리의 있는 그대로의 경험을 위한 공간을 그냥 만드는 것을 지속합니다.

우리 훈련의 다음 몇 분 동안, 자신의 알아차림을 넓히는 것을 허락하세요. 다음 숨을 들이마시는 것이 가능해지면, 자신의 몸 전체에 주의를 기울입니다. 이 순간에 불편하거나 불필요한 긴장과 같은 신체 감각에 특별히 주의를 기울입니다. 이런 경험들에서 돌아서려고 하기 보다는 자신의 주의를 호흡의 흐름과 잘 섞이게 해 보세요. "이 경험 속으로 호흡(breathe into)"해 보세요. 자연스럽게 숨을 내쉰 다음, 이 감각들을 부드럽게 하고 이에 열린 마음을 갖게 해 보세요. 숨을 내쉬면서 자신의 경험 흐름에서 일어나는 모든 것을 위한 공간을 계속 만드세요. 스스로에게 말하세요. "괜찮아. 무엇이든지 경험해도 괜찮아. 이걸 느끼게 해 보자" 자신의 알아차림의 일부를 얼굴의 근육으로 가져가세요. 판단 없이, 어떻게 얼굴 표정과 몸의 자세가 생각과 감정의 펼쳐지는 흐름과 관련 있는지 알아차리세요.

이 연습을 떠나 보낼 준비가 된다면, 자신의 주의의 일부분을 발로 가져가세요. 그 다음, 자신의 주의의 일부분을 머리 꼭대기로 가져가세요. 이제 이 순간을 다시 알아차리세요. 생각, 감정, 신체 감각을 포함한 이 사이에 있는 모든 것을 다시 알아차리세요. 숨을 내쉴 때, 눈을 뜨고 의식적으로 이 연습을 흘려 보내세요. 잠시 시간을 갖고 선택하며, 기꺼이 받아들이는 당신의 능력을 인식하세요. 당신은 지금 막 이 3분 동안 자신의 경험과 매 순간 완전히 함께 존재하기를 허락하도록 결심했습니다. 할 수 있는 한 최대로 이 개방감과 마음챙김적 알아차림을 하루 종일 갖도록 해 보세요.

과제

3분 대처 공간 호흡을 과제로 내줄 수 있지만, 유연하고 대응적인 방식(responsive way)으로 적용하는 것이 제일 좋다. 이 훈련은 주변 환경 스트레스 요인에 "반응하는(reacting to)" 것 보다는 "대응하는(responding)" 방식으로서 마음챙김과 수용을 적용하는 것을 목표로 한다. 내담자들은 이 방법을 충분히 연습해서, 몇몇 스트레스 상황에서 이 방법을 편안하게 사용하기를 바랄 수 있다. 이 시점에서, 내담자들은 이런 대처 기술을 실제적으로 사용할 필요가 있을 때까지 기다릴 수도 있다.

가능한 문제

다른 마음챙김 기법들에 적용할 수 있는 많은 잠재적인 문제점을 3분 대처 공간 호흡에도 적용할 수 있다. 그러나 이 연습에 고유하게 적용할 수 있는 문제들도 존재한다. 내담자들은 실제로 이 연습을 스트레스 상황이나 힘든 정서(difficult emotions)를 느끼는 상황에 적용하지 않을 수 있다. 우리가 이미 알고 있는 것과 같이, 사람들은 스트레스를 마주하게 되면 자주 이전에 반응하던 습관적인 방식을 사용하게 된다. 실제 상황에서 새로운 접근법을 적용하기로 선택하는 것은 두려운 일이고 막상 잘 떠오르지 않을 수 있다. 이에 더해, 3분 대처 공간 호흡은 그 순간의 회피를 그냥 지나가게 하는 반응 방법이다. 내담자들은 힘든 정서적 반응으로부터 멀리 도망가기 위한 대처 방법을 선택하기 보다 곤란한 감정과 생각들을 위한 공간을 만들고 이에 접근하는 것을 실제로 선택한다. 이는 그들의 일부분을 기꺼이 받아들이는 것을 필요로 한다. 치료자가 3분 공간 호흡을 적용할 때 내담자들이 느낄 수 있는 가능한 저항과 걱정에 대하여 개방적으로 이야기하는 것이 유용하다. 치료자와 그의 내담자들은 이 기법을 사용할 때 발생할 수 있는 잠재적인 방해물들에 대해서 브레인스토밍을 할 수도 있고, 이를 해결할 방법을 찾을 수도 있다. 예를 들어, 내담자들은 잠재적으로 당황할 수 있는 사회적 상황이나 장소 같이 이 기법을 적용할 때 주저하는 마음이 들게 되는 상황들에 대해서 이야기할 수 있다. 치료자와 내담자는 적극적인 대처 기제로서 이 방법을 자신의 중심에 놓고 적용할 수 있도록 몇 분 동안 자기 자신을 짧게 설득하는 방법들을 고려해 볼 수도 있다.

관련 있는 다른 기법

3분 대처 공간 호흡은 다음과 관련 있다. 정서 지적 사고 기록지, "전쟁 끝내기" 기록지를 완성하는 것 뿐만 아니라, 바디 스캔, 호흡 마음챙김, 움직임을 마음챙김으로 알아차리기, 공간 만들기 연습, 소리 마음챙김, 3분 공간 호흡, 마음챙김 요리가 있다.

양식

양식 5.1: 일일 마음챙김 연습 기록지[1]

기법: 움직임을 마음챙김적으로 알아차리기
(Mindful awareness of movement)

설명

치료자와 내담자가 마음챙김 알아차림을 명상 연습 맥락에서 일상 활동의 맥락으로 점진적으로 옮겨가기를 힘쓸 때, 마음챙김 움직임 특히, 마음챙김 걷기는 흔한 연습이다. 이 훈련은 선(禪: Zen)과 같은 고전적인 불교 명상 전통의 일부분이다. 이는 경행(經行: kinhin)이라 알려져 있는 천천히 걷는 연습과 비슷하다. 이 연습에서 내담자는 특히 신체 감각과 매 순간 연결되는 마음챙김을 걸을 때의 장소와 시간을 통해 움직임으로 가져오는 것을 배운다. 이는 수련생들이 매우 풍부한 경험을 할 수 있는 믿을 수 없을 만큼 단순한 연습이다. 이 연습은 또한 내담자가 안전한 상황에서 한 발을 다른 발 앞으로

---

1) 뒤이어 나오는 "진보된(applied)" 특성의 이 마음챙김 훈련 기법은 내담자들이 항상 3분 대처 공간 호흡을 시행할 때마다 모니터링 할 필요는 없다.

내밀 수 있다면 언제든지 매우 쉽게 적용할 수 있고 하루 종일 훈련할 수 있다는 장점
이 있다.

개입을 위한 팁과 질문

"마음챙김 걷기 훈련 동안 어떤 신체 감각을 알아차렸나요? 어떤 생각과 감정을
마음챙김적으로 움직이는 동안 알아차렸나요? 자신의 일상적인 알아차림과 비교할 때
마음챙김 걷기 경험을 하는 동안 자신의 주의가 어떤 점에서 다르던가요? 자신의 걸음
속도에 대해서 어떤 것을 알아차렸나요? 자신의 걸음의 리듬에서는 어떤 것을 알아차렸
나요? 어떻게 이 훈련이 자신의 정서와 더욱 건강한 관계를 맺도록 도와주나요?"

예시

우리가 이미 배웠던 것처럼 마음챙김은 우리 문제를 해결하는데 사용하는 단순한 기법 이상의
것입니다. 이것은 자연스러운 인간의 존재 상태이며, 현재 순간의 풍부함을 더욱 완전히 경험하
도록 허락할 수 있는 것입니다. 그렇게 함으로써 마음챙김 수용의 상태를 점차적으로 우리 일상
생활로 옮겨가는 것이 목표입니다. 우리는 특정 훈련을 눕거나 앉아서 시작할 수 있고, 그 후에
마음챙김적 활동으로 옮겨갈 수 있습니다. 좋은 시작 점은 단순히 걷는 행위입니다. 걷기를 마음
챙김적으로 알아차림하는 이 훈련은 안에서도 밖에서도 할 수 있습니다. 잠시 동안 구경꾼이나
방해받을 걱정 없이 걸을 수 있는 장소를 찾으세요. 공원, 도심, 심지어 집 안에서 방을 통과하
는 경로를 선택할 수도 있습니다. 어깨 넓이 보다 조금 좁게 발을 놓고 서는 걸로 시작합니다.
몸의 체중을 완전히 지탱하는 동안 무릎을 유연하게 유지하세요. 등은 곧게 펴야 하고, 팔은 어
깨로부터 편히 내려 놓으세요. 시선은 앞에 두고, 자신의 전체 시각장(entire visual field)에서
"넓은 각도(wide-angle)"로 초점을 두세요. 머리는 척추 맨 위에 곧게 머물러 있어야 하고, 목
의 긴장을 푸세요. 숨을 들이 마실 때 자신의 발바닥으로 주의를 모으세요. 자신의 발과 땅바닥
의 연결을 느껴보세요. 숨을 들이 마실 때 마다 몸 전체를 지탱하고 있는 무게감을 느끼면서 다
리와 발에 존재하는 생명감을 관찰하는데 주의를 기울이세요. 이전의 연습들처럼 숨을 내쉬면서
이 알아차림을 그냥 지나가게 하세요. 얼마 동안 이를 경험한 후, 체중을 오른 다리로 옮기면서,
이와 관여되는 감각들의 풍부함을 주목해 보세요. 그다음 왼쪽 다리로 주의를 옮기세요. 왼 다리
가 지지하고 있는 것이 줄어듦에 따라 다리가 가벼워지거나 "비워지는" 감각을 경험할 수 있습

니다. 하반신을 통해 존재하는 다른 감각들을 알아차리면서, 주의를 두 다리에 나누세요. 준비가 되면 왼발은 바닥에서부터 살짝 들어 보세요. 발을 들 때 다리의 근육과 조직들의 감각을 알아차리세요. 그리고 앞으로 첫발을 부드럽게 옮기세요. 점진적으로 그리고 의도적으로, 왼쪽 다리를 앞으로 옮기고, 이 동작에 동반되는 모든 신체 감각을 부드럽게 관찰하세요. 이 첫걸음이 끝난 다음, 왼쪽 발이 땅과 닿아 있는 곳의 감각을 알아차리세요. 이 발과 다리로 옮겨지는 무게를 느끼세요. 몸을 지지하기 위해 발과 다리를 사용할수록, 땅과 접촉은 더욱 무거워지고 더욱 실제처럼 느껴지게 됩니다. 이 과정이 일어날 때, 움직임이 지속될수록 더 가벼워지면서 오른쪽의 무게와 지지가 사라지는 것 같이 오른쪽 다리와 발에서 일어나는 감각들이면 무엇이든지 주의를 기울이세요. 안정된 자세에서 왼쪽 발로 체중이 옮겨졌던 것과 같이 이 과정을 오른쪽 발에도 반복하세요. 오른발이 땅바닥을 떠나가는 감각 속으로 호흡하세요. 오른 발이 앞으로 움직이면서 다음 걸음을 향해 갈 때 몸 안의 생명의 존재를 관찰하세요. 또다시, 이 오른 발이 땅바닥과 접촉하는 신체적 감각을 알아차리면서, 다음 걸음을 끝까지 내디디세요. 이걸 할 때, 이 걸음걸이를 따로 떨어진 로보트의 움직임들처럼 하지 말고 움직임이 한 걸음에서 다른 한 걸음으로 흘러가듯이 해 보세요. 자신의 의도가 어떻게 몸을 안내하는지 알아차리고 공간과 시간 속에서 천천히 앞으로 나아가게 하세요. 자신의 움직임은 태극권을 연마하는 사람들과 비슷할 것입니다. 그 사람들은 운동 과정 동안 천천히 하지만 부드럽게 움직이죠. 이런 방식으로 계속 걸음을 걸으면서, 자신이 선택한 경로를 따라가세요. 이것을 하게 되면 자신의 주의의 일부가 호흡의 흐름과 연결되어 있을 것이고, 몸을 통해 감각들이 퍼져나갈 것입니다. 걷게 되면 몸 전체에 있는 삶의 존재와 자신의 주의를 연결시키고, 친절하고 부드러운 수용의 태도와 함께 존재하는 어떤 감각이라도 알아차리세요. 시선은 부드럽게 앞 쪽으로 초점을 두고, 주변을 인식할 뿐만 아니라 지속적으로 자신의 몸 안의 자기 존재를 알아차리세요. 앞선 훈련들과 마찬가지로, 마음이 걷는 행위로부터 주의가 떠나 돌아다니는 것을 피할 수 없을 것입니다. 이것이 일어나면 그 순간에 마음이 어디에 있는지 주목한 다음, 걷는 행위로 주의를 친절하게 돌리세요. 땅바닥에 붙어 있는 발이나 곧게 편 편안한 척추의 감각 같이 순간순간 일어나는 신체 감각들을 주의가 돌아오는 초점으로 사용하시는 것이 유용합니다. 걸음 속도는 적당히 느리지만 꽤 편안해야 합니다. 이 연습을 천천히 점진적인 속도로, 현재 순간의 알아차림에 초대하는 것과 같이 시작하기를 원할 수도 있습니다. 때때로 자신이 좀 더 "보통" 속도로 걷는 것을 알아차릴 때도 있습니다. 마음챙김 훈련에서 주의산만을 알아차릴 때 속도가 과도하게 빨라지는 경향을 주목하세요. 그리고 숨을 들이마시는 것과 땅바닥과 신체 접촉을 통해 자신의 알아차림의 닻을 내리고, 걷는 신체 감각으로 자신의 주의를 점진적으로 되돌아오게 하세요. 이 연습은 15~20분 정도 할 수 있습니다. 며칠이나 몇 주 동안 이 연습을 시행한 후, 진보된 마음챙김 알아차림으로 옮겨가면서 이런 종류의 알아차림을 다른 행위들로 가져가는 것을 선택할 수 있습니다. 이를 통해 일상에서 마주하게 되는 관찰하는 자기(observing self)와 연결된 경험을 할 수 있습니다.

과제

이 연습을 일정 간격으로 훈련해야 하는 구조화된 과제로 내줄 수 있다. 또한 내담자의 일상 과정 동안 시행하게 될 상대적으로 자발적인 연습으로 지정할 수 있다.

가능한 문제

이전 연습들에서 존재했던 문제들과 방해물들이 당연히 마음챙김 움직임 훈련에 적용될 수 있다. 치료자가 회기 내에서 내담자에게 마음챙김 걷기를 훈련시키고 설명해 주는 것이 특히 중요하다. 상담실이 작거나 회기 중에는 앉아 있어야 한다는 관습 때문에 어떤 치료자들은 이를 해 보는 것을 꺼려할 수 있다. 그러나 실제로 해 보는 것은 매우 중요하다. 내담자들은 마음챙김 움직임을 너무 빠르게 하거나, 경험을 실제로 해 보지도 않고 어떤 개념인지 이해했다고 할 수도 있다. 또한 치료자와 내담자들은 실질적인 문제들을 풀어야 할 필요가 있을 수도 있다. 이 활동을 할 장소와 시간을 결정하는 것이 그 예가 될 수 있다. 사생활과 공간은 중요하다. 내담자들은 느리고 별난 움직임을 공개적으로 하는 것을 편안하게 여기지 않을 수도 있다. 크게 붐비지 않는 자연이나 안전하고 개방된 공간이 좋을 수 있다. 마음챙김 움직임의 실질적인 문제를 해결하는 것은 치료자에게는 너무 진부하거나 당연해 보일 수가 있지만, 이것이 내담자들이 과제를 해 오게 하는 것이나 이 과정에 저항하는 것을 극복할 수 있게 해준다. 치료자가 이런 이야기를 내담자와 가능한 마음챙김적으로, 인내심을 갖고, 바로 그때 하는 것이 좋다. 이런 방식으로 회기에서 세워진 마음챙김의 맥락은 마음챙김 움직임의 실제 훈련으로 옮겨갈 수 있다.

관련 있는 다른 기법

움직임을 마음챙김으로 알아차리기는 다음과 직접적으로 관련 있다. 정서 지적 사고 기록지, "전쟁 끝내기" 기록지를 완성하기, 호흡 마음챙김, 공간 만들기 연습, 소리 마음챙김, 3분 공간 호흡, 3분 대처 공간 호흡, 마음챙김 요리가 있다.

양식

양식 5.1: 일일 마음챙김 연습 기록지

기법: 마음챙김 요리(Mindful cooking)

설명

마음챙김적으로 주의를 기울이는 것은 대부분의 모든 활동에 적용될 수 있다. 비판단과 같은 마음챙김의 특성들은 현재 순간과 접촉한다. 그리고 관찰자 앞에 펼쳐지는 과정으로 정신적 사건들을 경험하는 능력은 선택한 활동을 통해 좀 더 생생하고 연결된 경험을 만들어 낸다. 이런 현상학적 차원 이외에도, 일상생활에 의식적으로 마음챙김적 알아차림을 가져오는 것은 필요한 혹은 종종 습관적인 행동들을 하고 있는 내담자들에게 정서 조절의 역량을 증진시키는 무수한 연습의 기회를 제공한다. 요리는 자주 간과되는 우리 삶의 한 측면이다. 우리 문화는 우리를 종종 패스트푸드나 최소한의 노력으로 효율적으로 준비되는 집에서의 식사에 의존하는 급한 존재가 되도록 내몬다. 자신의 속도를 늦추고 영양과 신체적 존재에 필수적인 행동을 하기 위해서는 매우 조심스럽고 주의깊게 환경과 친밀한 연결을 인식하는 것이 필요하다. 이어지는 연습은 차를 준비하는 상대적으로 매우 간단한 예이다. 차는 선(Zen) 전통에서 특별한 위치를 갖는다. 일본에서 다도는 예술의 형태와 마음챙김 훈련으로서 오랜 기간 존경받는 역사를 갖고 있다. 이 책의 예는 차를 준비하는 것에서부터 마시는 것까지로 되어 있다. 그렇게 함으로써 이 마음챙김 훈련은 음식의 변형 과정을 통해 개념화, 준비, 소비를 통해 내담자들을 안내한다. 또한 이 연습은 그 자체로 마음챙김 훈련의 형태일 뿐만 아니라 "일반화 훈련"의 형태로서 의미가 있다.

개입을 위한 팁과 질문

"차를 준비하면서 이전에 알아차리지 못했던 어떤 것을 알아차렸나요? 오감으로 어떤 것들을 알아차리셨나요? 이 훈련을 하는 동안 어떤 생각과 정서, 몸의 경험들이 있었나요? 이 경험이 자신이 보통 음식이나 마실 것을 준비하거나 먹는 과정과 어떻게 다른가요? 어떻게 이 경험이 자신의 정서와 건강한 관계를 맺는 것을 계발하는 것과 관련 있을까요?"

예시[2)]

첫 마음챙김 요리 연습은 어떤 종류의 음식 준비도 포함할 수 있습니다. 그러나 첫 시작은 명확한 지시사항이 있는 매우 작은 것으로 하는 것이 제일 좋습니다. 지금 해 볼 예는 간단히 차를 준비하는 것입니다. 이 연습을 시작하기 전에 어지럽게 흩어지지 않은 깨끗한 공간에서 작업하는지 확인하세요. 가스레인지 옆에 의자나 스툴이 있기를 바랄 수도 있습니다. 물을 끓이기 위한 주전자가 필요할 겁니다. 찻잔이나 머그 컵, 티백이나 찻잎 거름망, 아마 접시도 필요할 것입니다. 이 연습 단계들에 참여할 때 조심하세요. 왜냐하면 가스레인지와 뜨거운 물을 다루게 될 것이기 때문입니다. 뜨거운 물뿐만 아니라 불이나 전기 주전자같은 것을 사용하는 것의 잠재적인 위험은 마음챙김 알아차림을 연습할 때 "영역을 벗어나기(zone out)" 혹은 일종의 트랜스(trance) 상태에 빠지는 것을 상기시켜주는 것으로 볼 수 있습니다. 반대로 우리는 실제로 좀 더 "깨어 있기에 빠지"는 것에 목적을 두고 있고, 완전히 깨어 있는 상태로 우리의 의식의 장 안에 어떤 것이 일어나고 있는지 확인하려는 것입니다. 가스레인지 위에 주전자, 차, 그리고 차를 만

---

2) 이어지는 지시사항들은 몇몇 출처에서 채택한 것이다. 주로 존 카밧진(1990)의 유도 명상에서(guided meditations) 참고하였다. 차 준비 지시문의 일부는 Steven Hayes(Hyaes & Smith, 2005)의 연습에서부터 채택하였다. 몇몇 추가적인 아이디어와 문구들은 틱 낫 한(1992)의 저서와 다른 임상적 명상 출처들에서부터 채택하였다.

드는 데 필요한 어떤 것이든지 가져다 놓으세요. 눈을 뜨고 지금 이 순간에 자신과 함께 존재하는─어떤 것이라도 상관 없습니다─신체적 감각들에 주의를 기울이세요. 자신의 호흡 흐름을 알아차리기 시작하세요. 호흡이 몸 안으로 들어오고 나가는 과정 동안 호흡 흐름을 관찰하세요. "자신의 마음 뒤편"을 "가볍게 접촉"하고, 숨을 들이 마시면서 조용히 "숨을 들이 마실 때, 나는 지금 숨을 들이마시고 있는 것을 안다"라고 조용히 얘기하며 호흡하고, 숨을 내쉬면서 "숨을 내쉴 때, 나는 호흡을 내쉬고 있다는 것을 안다"라고 이야기하세요. 이것을 호흡을 몇 번 하는 동안 해 보세요. 그다음, 몸으로 주의의 일부를 가져갑니다. 숨을 들이 마실 때, 몸 전체에 주의를 기울이며 호흡하세요. 이걸 할 때 눈을 계속 뜨세요. 이 시점에서의 목표는 존재하는 것이면 무엇이든 단순히 관찰하는 것이지, 어떤 것을 바꾸려 하거나 이완하려 하거나 분석하려고 하는 것이 전혀 아닙니다. 편안함이 느껴진다면 그것은 완전히 수용하셔도 됩니다. 편안함은 겨울밤 갑자기 들린 신뢰할만한 손님처럼 여기셔도 됩니다.

이완은 환영할만한 일입니다만, 이를 만드는 것이 우리 목표는 아닙니다. 잠시 후에 의자에서 일어나세요. 할 수 있는 한 최선을 다해 조심스럽게 주전자를 채우고, 이를 가스레인지 위에 올려 놓는 동안 지금까지 조율하고 모아 온 마음챙김 알아차림의 일부를 생생하게 해 두세요. 자기 손 안의 주전자 손잡이를 느껴 보세요. 느낌이 어떤가요? 어떤 감촉인가요? 온도는 어떤가요? 물을 채우기 전과 후의 주전자는 얼마나 무거운가요? 자기 앞에서 어떤 소리가 들리나요? 뒤에서는요? 위에서는요? 이것을 할 때 발 쪽으로 주의를 집중하고 몸무게를 느껴 볼 수 있나요? 가스레인지를 켜고 물을 끓이세요. 물이 끓는 것을 기다리는 동안 마음속에 어떤 것이 스쳐 지나가나요? 각각의 새로운 생각, 심상, 정서가 자신의 알아차림으로 들어옵니다. 순간순간 마음챙김적으로 침착하게 관찰하세요. 이 생각이 언제 시작하나요? 언제 끝나나요? 생각 사이의 공간을 알아차릴 수 있나요? 기다리는 것이 어떤가요? 곧 물이 끓는 것을 알아차릴 것입니다. 물이 끓으면 가스레인지를 끄고 차에 물을 부을 시간임을 알아차리게 됩니다. 몸에서 무엇을 알아차리나요? 신체적 존재로서 행위를 향한 이 동기를 어떻게 경험하나요? 생각으로는요? 정서로는요? 불 위에서 차를 내려 놓고, 가스레인지를 끄세요. 그리고 컵에 뜨거운 물을 부으세요. 티백이나 거름망을 넣으세요. 물이 변화하기 시작하는 것을 바라보세요. 차로 변해 가는 물의 음영과 색깔을 알아차리세요. 변화를 관찰하세요. 몇 분 안에 차가 준비될 것입니다. 티백이나 거름망을 꺼내 옆으로 치워 놓으세요. 차의 색깔에 대해 어떤 것을 지금 알아차리나요? 손을 컵으로 가져가세요. 컵의 따뜻함을 알아차리세요. 컵 표면의 질감을 알아차리세요. 컵을 만지는 이 순간 자신 몸의 반응이 어떤지 알아차리세요. 차 컵의 경험이 어떻게 다른가요? 컵을 입술로 가져가서 한 모금 마실 준비를 하세요. 얼굴 앞에서 느껴지는 김(steam)을 알아차리세요. 차를 불어 보시고 무엇이 일어나는지 알아차리세요. 차 냄새를 맡으세요. 한 모금 드세요. 맛이 어떤가요? 입 안에서 느껴지는 질감은 어떤가요? 차의 온도는 어떤가요? 차를 한 모금 마시니까 마음에 어떤 이미지가 떠오르나요? 시간을 잠시 갖고 차를 마시는 이 단순한 행동과 연결된 흐름을 알아차리세요. 이 연습을 그만 둘 준비가 되면, 컵을 내려 놓고, 차 한잔을 마음챙김적으로 마시는 공식적인 훈련을 흘려 보내겠다고 결심하고, 숨을 내쉬세요. 숨을 내쉬면서 이 연습을 통째로 보내버리세요. 연습이 끝나면 자신의 일상 경험으로 존재를 조금 더 보냈다는 것에 칭찬해 주세요. 하루를 보내면서 이런 존재와 함께 갈 수 있는지 보세요.

과제

이전의 많은 다른 연습들과는 달리, 마음챙김 요리 연습은 정규적인 훈련이기 보다는 어떻게 마음챙김이 활동으로 옮겨질 수 있는지에 대한 예시에 가깝다. 예로써 이 훈련에 참가한 후, 내담자들은 요리, 이메일 확인, 집안일과 같은 활동으로 마음챙김 훈련을 넓혀볼 수 있다. 그럼에도 불구하고 이런 활동들은 반드시 공식적이거나 안내되는 방식으로 시행할 필요는 없다 .

가능한 문제

우리 책의 이 시점에 이 연습을 우리가 제시했듯이, 당신은 내담자들이 응용된 마음챙김을 시행할 때 마주치게 되는 잠재적인 방해물의 범위를 아마 추측할 수 있을 것이다. 앞으로 발생할 수 있는 문제점들에 대해 잘 모르는 경우, 이 장에 제시된 기법의 가능한 문제들 절을 참조하라. 한 가지 특별한 주의사항은 언급할 만하다. 마음챙김 요리는 불과 조리 도구들을 사용할 때 안전에 대한 의도적인 주의가 필요하다. 치료자는 내담자에게 이를 알려줘야만 한다. 우리가 이미 봤던 것처럼 마음챙김은 트랜스 상태로 가라 앉는 것보다 "깨어있는 것에 빠지기"가 포함된다. 그리고 현재 순간에 주의를 기울이며 요리하기는 활동의 세부적인 것에 반드시 주의를 기울인다는 이 원칙을 포함해야 한다.

관련 있는 다른 기법

마음챙김 요리는 다음과 직접적으로 관련 있다. 정서 지적 사고 기록지, "전쟁 끝내기" 기록지를 완성하기, 호흡 마음챙김, 움직임을 마음챙김으로 알아차리기, 공간 만들기 연습, 소리 마음챙김, 3분 공간 호흡, 3분 대처 공간 호흡이 있다.

양식

양식 5.1: 일일 마음챙김 연습 기록지

▎결론

마음챙김 훈련은 CBT의 다양한 변형에서 매우 중요하고 점점 더 인기 있는 요소로 떠오르고 있다. 마음챙김 기반 기법들을 효과적으로 진행하기 위해서 치료자는 마음챙김이 무엇인지에 대한 매우 분명한 개념적 이해가 정립되어 있어야만 한다. 마음챙김은 내담자가 기꺼이 받아들이는 상태에서 현재 순간에 주의를 모으는 양식이다. 이 주의 자세는 특별한 종류의 연습으로 배울 수 있으며, 내담자들의 정서조절 역량을 증가시킬 수 있다.

마음챙김 기반 기법들을 사용하기 위해 치료자는 스스로 확고한 마음챙김 훈련에 기초를 두고 있어야만 한다. 마음챙김 훈련은 정보를 대량으로 수집하는 것 보다는 체험적 기법으로서의 도구를 개발하는 것에 가깝다. 여기에는 의식적으로 주의를 기울이는 것과 중추 신경계, 호흡, 신체 기능을 활성화시키는 것이 포함된다. 때때로 이러한 주의 양식은 일상 활동의 과정에 적용할 수 있고, 내담자의 삶의 많은 부분에 존재할 수 있다.

내담자들은 마음챙김 훈련에 포함된 연습들을 명상으로 볼 수 있다. 그리고 사실 지금까지 제시한 것들 중 많은 것이 "명상" 훈련이라고 불릴 수 있는 전통으로부터 채택된 것들이다. 그러나 "명상"이라는 용어는 어느 정도 정확하기는 하지만, 많은 치료자나 내담자들에게 부정확하고 오해를 일으키는 문화적인 것들이나 관련 협회들이 있을 수 있다. 마음챙김 훈련은 유연하고 수용 가능하며 적응적인 주의 양식으로 마음을 훈련하는 단순한 방법으로 제시될 수 있다. 이 훈련은 내담자들이 스트레스를 더 잘 다루고, 불안의 영향을 줄이며, 힘든 정서적 상태를 견디는 것을 도울 수 있다.

이 책에 제시된 기법으로서 마음챙김은 비유적으로 다른 많은 "벽돌들" 사이의 "접착제"로서 기능할 수 있다. 예를 들면, 주의의 마음챙김 양식을 적용하는 것은 내담자들이 부적응적인 정서도식을 알고, 이로부터 한걸음 떨어질 수 있는 것을 도울 수 있다. 마음챙김은 자기 연민이나 기꺼이 고통을 받아들이려는 마음의 성장을 촉진할 수 있다. 이와 같이 마음챙김은 정서조절 작업의 많은 부분을 보완해 주게 된다.

06
수용과 기꺼이 경험하기
(Acceptance and Willingness)

해가 되거나 위험한 상황을 거부하고 안전과 생존, 심지어 편안한 것을 추구하는 것이 중요하다는 점에 반대할 사람은 거의 없을 것이다. 예를 들어, 버스가 자신에게 곧장 다가오는 것을 본다면 피하려고 한다. 이제 막 먹으려고 하는 음식에서 나쁜 냄새가 나는 것을 알아차리면, 식중독에 걸리느니 그것을 버릴 것을 선택한다. 자연 선택은 우리에게 나쁜 것들을 피하는 경향성이 유전되어 왔다는 것을 확신시켜 주었다. 그러나 불쾌한 것을 피하려는 경향성은 과일반화되고 융통성이 없을 수 있으며, 우리가 바꾸거나 피할 수 없는 삶의 사건이나 영역들을 마주하게 될 때 어려움을 초래하게 된다(Hayes, Luoma, Bond, Masuda, & Lillis, 2006).

불쾌한 생각과 정서를 피하려는 시도가 오히려 그 생각과 정서를 더 자주 혹은 더 강렬하게 경험하게 할 때가 있다(Purdon & Clark, 1999; Wegner et al., 1987; Wenzlaff & Wegner, 2000). 원하지 않는 감정이나 생각을 떨쳐 버리려고 애쓰는 것은 오히려 이를 자꾸 떠오르게 할 뿐이다. 정서적으로 힘든 생각이나 감정들을 경험할 때, 이것이 마치 사실이나 현실인 것처럼 반응할 때가 종종 있다(Hayes et al., 2001). 예를 들어, "아무도 나랑 시간을 같이 보내기를 원하지 않을거야"라는 생각을 했다면, 글자 그대로 이를 해석하여 마치 이것이 사실인 것처럼 경험할 수 있다. 따라서 취할 수 있는 행동이 좁아져서 삶에서 고립되고 다른 삶의 가능성들을 제한하게 될 것이다. 이 사건의 연쇄는 경험적 회피가 의미 있고 목적있는 삶을 방해하는 방식으로 펼쳐질 수 있다.

경험적 수용은 "기꺼이 경험하기(willingness)"로 종종 기술되는데 사적인 경험과 관계 맺는 대안적인 방식을 제공한다. 수용 기반 과정들은 "다양한 경험의 양상에 관하여 의도적으로 개방적이고, 받아들이고, 비판단적인 태도를 취하는 것을 포함한다"(K. G. Wilson & DuFrene, 2009, p. 46). 어려운 경험들과 직접적으로 기꺼이 접촉하기는 그 자체가 목적이 아니다. 기꺼이 경험하기는 우리 삶의 가치 있는 방향들을 추구하기 위해 가장 힘든 내적인 사건들조차도 완전히 경험하기를 선택하는 것을 나타낸다.

이런 맥락에서 수용 혹은 기꺼이 경험하기는 불쾌한 경험을 시인하거나 찾아내는 것을 의미하지는 않는다. 우리는 한 개인이 강제적으로 고통이나 삶의 투쟁을 즐기고, 원하며, 껴안아야 한다고 제안하는 것이 아니다. 현실에 발을 딛고 있을 때, 우리는 삶이 어느 정도의 아픔과 고통을 포함한다는 것을 인정하게 된다. 이런 내재되어 있는 고통은 힘든 사적 경험들의 형태로 일어날 수 있고, 심지어 변화시키거나 통제할 수 있는 우리의 능력 범위를 넘는 현실 세계의 원하치 않는 사건들로서 일어날 수 있다. 기꺼이 경험하기는 이런 종류의 고통들을 마주하는 것 속에서 "포기하는 것"을 의미하지는 않는다. 적극적인 수용의 태도를 받아들임으로써, 한 개인은 자신의 상황의 현실을 알 수 있고, 삶의 어떤 슬픔이나 아픔을 느끼는 것을 피할 수 없음을 깨닫게 된다(Linehan, 1993a).

지난 19년 동안 다양한 종류의 치료들이 수용을 계발하는 것을 강조해 왔다. 수용 기반 절차들은 ACT(Hates et al., 1999), DBT(Linehan, 1993a; 4장 참고)의 중심 특성이다. 메타인지 치료(metacognitive therapy; Wells, 2009)나 MBCT(Segal et al., 2002) 같은 다른 치료들도 있는 그대로 정신적 사건들을 수용하고 관찰하기를 강조한다. 예전 형태의 인지행동치료(Older forms of CBT) 또한 중요한 목표들을 추구하는 과정에서 힘든 감정들을 수용하는 것을 지속적으로 강조해 왔다. 예를 들어, 노출 기법은 모두 내담자들이 공포증이나 다른 형태의 불안을 극복하기 위해 불안의 상태에 도전하는 것을 기꺼이 경험하는 것을 포함한다(Barlow, 2002; Marks, 1987). 인지치료(Cognitive therapy; CT) 또한 특히 불안장애 치료의 경우 내담자들이 사고 억제를 포기하고, 힘든 정서 속으로 들어가도록 격려한다(Clark & Beck, 2009).

그러나 어떻게, 왜 수용이 추구되어야 하는지에는 차이점들이 있다. 제3세대 CBT 방법들은 전통적이고 직접적인 행동 노출 보다, 기꺼이 경험하기를 점진적으로 계발하기 위해 체험적이고 마음챙김 기반의 방법을 사용하는 경향이 있다. CT나 메타인지치료가 수용의 이점들에 대한 내담자의 믿음을 적극적으로 재구조화함으로써 기꺼이 경험하기를 설명하고 있는 것에 반해, ACT나 DBT 치료자들은 내담자들이 힘든 사적 경험들 속에서 기꺼이 경험하기를 할 수 있도록 연습시키는 경향이 있다. ACT 파라다임 내에서 기꺼이 경험하기는 증상 감소나 직접적인 사고나 감정의 변화를 목적으로 하지 않는다. ACT 치료자들에게 기꺼이 경험하기의 목표는 궁극적으로 내담자들이 "자신의 삶을 좀 더 완전하게 살기 위해서 심지어 '나쁜' 감정들이라도 자신에게 떠오르는 모든 감정들을 더욱 완전히 느끼는 것"이다(Hayes & Smith, 2005, p. 45).

이 장에서 기술할 기법들은 내담자가 좀 더 효과적인 정서조절 방략들을 적용하는 것 뿐만 아니라, 완전한 삶을 살면서 기꺼이 경험하기나 적극적인 수용의 자세를 적용하는 것의 가치를 점차적으로 이해해 가는 것을 포함한다. 이런 기법들은 마음챙김 훈련들과 분명히 관련이 있다. 마음챙김과 수용은 모두 자기 의식의 내용과 관련 있는 관점의 변화를 포함한다(5장을 보라). 따라서 여기서 제시할 어떤 기법들은 내적 사건들에 대한 의도적이고 목적있는 탈문자화(deliteralization)가 포함된다. 수용과 마음챙김은 모두 타고난 자기에 대한 연민을 포함한다고 볼 수 있다. 우리가 순간순간의 경험들과 함께 머무르기를 기꺼이 선택할 때 일어나는 "비난하지 않음(noncondemning)"과 자기 타당화(self-validation)의 속성이 있다. 이런 속성들은 자비로운 마음의 출현과 밀접하게 연결되어 있다.

정서도식치료는 심리적 기능과 심리적 과정의 ACT 모델과 관련있다. ACT 모델의 목표는 고통스러운 정서 경험의 존재 속에서도 심리적으로 유연하고, 적응적이고, 대응적으로 내담자의 행동 레퍼토리를 넓히는 것을 계발하는 것이다. 정서도식치료는 또한 현재 ACT 모델의 심리적 유연성을 포함하는 핵심과정 속에서 치료적 움직임을 추구하는 것을 지지한다. 현재 순간과 접촉하면서 존재하기, 사적인 경험들을 완전히 기꺼이 경험하기, 인지적 내용의 탈융합 혹은 탈문자화, 자기를 관찰자로 경험하는 역량, 자신의 가치에 주도권을 갖기(authorship of valued directions), 가치 있는 목표들을 추구하는 과정에서의 전념 행동(K. G. Wilson & DuFrene, 2009)과 같은 것들이 그런 치료적 요소이다. 이런 이유들로 ACT 전통으로부터 나오는 기법들, 개념들, 과정들은 정서조절의 EST 접근과 통합이 가능하다.

▌ 기법: "수용"이 우리에게 어떤 의미가 있는지 소개하기 (Introducing what we mean by "acceptance")

설명

수용을 작업하기 시작할 때 임상가들이 사용할 수 있는 많은 치료적 과정이 있다. 어떤 것은 체험적인 연습들을 포함하고 어떤 것은 좀 더 정보 제공적이다. 영어에서 "acceptance"라는 단어는 몇 가지 의미가 있다. 또한 많은 우리의 내담자들은 경험 회피라는 확실한 전략을 갖고 있다. 따라서 수용과 기꺼이 경험하기를 기반으로 한 방법들을 사용하려는 심리치료사는 수용이 이 맥락에서 어떤 의미인지에서부터 간단히 시작할 필요가 있을 것이다.

기꺼이 경험하기를 개발하는 과정에는 몇 가지 단계들이 있다. 내담자들이 회피나 통제 기반 전략(control-based strategies)으로 사용하는 많은 방법들을 알도록 돕는 것, 이런 방법이 내담자들에게 얼마나 유용하고 효과적인지에 대해 탐색하고 질문하는 것, 이런 싸움에서부터 내담자들을 놓아주지 못했던 전략들을 마주할 때 경험한 좌절감이나 슬픔들에 대해서 타당화해 주는 것이 포함된다(Luoma et al., 2007).

개입을 위한 팁과 질문

"얼마나 오랫동안 힘들거나 고통스러운 정서를 경험하셨나요? 오늘 마주하고 있는 힘든 사적 경험들을 이전에 언제 마주했는지 기억나세요? 무엇과 싸우고 계시나요? 이 싸움 때문에 포기해야만 했던 것은 무엇인가요? 누가 '나쁜' 감정들과 싸움으로써 그 감정들을 쉽게 사라지게 할 수 있다고 가르쳤나요? 자신의 감정들을 제거하기 위해 어떤 시도를 해 왔나요? 그게 어떻게 효과가 있었나요? 감정을 있는 그대로 느끼도록 놓아둔 때가 언제였는지 기억하나요? 당신을 사로잡고 있는 생각에서 한발 물러선 것을 기억하나요? 자신의 경험에 대항하여 싸우는 것을 멈추고 마음이 하는 것처럼 자기 마음을 관찰하는 것은 어땠나요? 자신의 경험과 싸우는 것을 그만 두고, 인생에서 가장 중요한 가치들을 추구하는데 에너지를 쏟으면 어떨까요?"

예시

내담자: 제가 기억하는 한 오랜 시간 동안 저는 우울했던 것 같아요. 나는 충분히 좋은 사람이 아니라는 이 감각이 마치 나와 함께 영원히 있었던 것 같은 기분이에요.

치료자: 그런 생각을 정말 오랫동안 갖고 있었나봐요. 이런 부적절함을 느끼기 시작했을 때가 언제였는지 기억나요?

내담자: 아마 4살인가 5살 때였을 거에요. 학교 들어가기 바로 전에요. 그 이후로는 제가 충분히 괜찮은지 아닌지에 대한 어떤 느낌도 진짜로 갖지 못했던 것 같아요.

치료자: 지난 30년 전부터 지금까지 나는 충분히 좋은 사람이 아니다라고 스스로 말해오고 있었군요. 나한테 뭔가 문제가 있다는 이 지속적인 감각, 슬픈 감정을 갖고 있었군요?

내담자: 맞아요. 항상 저랑 같이 있었다고 생각해요.

치료자: 이 생각, 이 감정과 싸워보려고 시도한 적이 있나요? 그러니까 제 말씀은 자신의 마음속에 떠오르는 이 사고를 어떻게 다루려고 시도했나요?

내담자: 이런 식으로 느끼고 싶지는 않았어요. 그런데 그렇게 됐죠. 진짜, 저는 많은 방법으로 싸웠어요. 올 A를 받는 학생이 되려고 저를 몰아부치기도 했죠. 그게 비록 제 삶을 갖는 것을 막을 때도 말이에요. 거절 받지 않으려고 학교나 직장에서 혼자 지냈어요. 모든 종류의 자가 치료 책을 읽었어요. 저는 신께서만 아실 정도로 오랜 기간 동안 Zoloft를 복용하고 있어요. 때로는 집에 혼자 있고 잠을 잘 수가 없을 때, 와인 한 병을 비워버리고 울다가 잠이 들기도 했죠.

치료자: 그 말을 들으니 정말 기진맥진할 정도로 고군분투하고 있는 것 같습니다. 지금까지 이런 방법들이 얼마나 효과가 있었나요?

내담자: 명백한 것은 효과가 없었다는 거예요. 아무것도 멈출 수 없었죠.

치료자: 맞아요. 이게 얼마나 오래 지속됐는지, 이 "나는 충분히 좋은 사람이 아니야"라는 느낌이 얼마나 오래됐는지 말씀하셨죠. 멈추지 않는 이런 생각이나 감정을 마주하는 것은 정말 지치는 일임에 틀림 없어요.

내담자: 가끔 정말 참기 힘들어요.

치료자: "나는 충분히 좋은 사람이 아니야"라는 이런 느낌에 대항하여 싸우려고 시도했던 것 이외의 다른 많은 방법들이 있을 것이라고 확신해요. 우리가 할 것도 그런 것이에요. "나는 충분히 좋은 사람이 아니야"라는 생각을 멈추기 위해 당신이 얼마나 힘들게 작업해 왔는지 보기 위해 그 방법들을 확인해 봤으면 좋겠어요.

내담자: 좋아요.

치료자: 이 싸움을 그만둔다면 어떤 일이 일어날 것이라고 생각하나요?

내담자: 그냥 계속 우울하라는 말씀이세요? 정말 끔찍하네요.

치료자: 그런 말씀은 아니에요. 우울증을 극복하는 것이 ○○씨에게 중요하다는 것을 알아요. 제 말씀은 당신의 마음이 "나는 충분히 좋은 사람이 아니야"라는 이 생각을 계속 머릿속에 떠오르게 하는 그 사고에 대항하여 싸우는 것을 만약 멈출 수 있다면 어떨 것 같으냐는 거에요. 만약 당신에게 정말로 중요한 삶을 전력으로 추구하는 동안 당신의 마음이 당신에게 말하는 그 생각을 기꺼이 듣는다면 어떤 일이 일어날까요?

내담자: 그게 어떨지 잘 모르겠어요. 왜 그래야 하나요?

치료자: 글쎄요. 꽤 오랜 시간 동안 ○○씨의 마음은 무엇을 하려고 할 때 "나는 충분히 좋은 사람이 아니야"라는 이 말에 반응하는 것을 학습해 왔습니다. 그런 생각을 멈추기 위해, 피하기 위해, 통제하기 위해 너무 많은 것들을 시도해 왔죠. 그렇지만 이 생각은 자꾸자꾸 떠오릅니다. 그게 생각이나 감정이 때때로 작동하는 방식입니다. 우리가 어떤 경험을 없애려고 시도할수록, 더욱 자주 다시 나타나게 되죠.

내담자: 네. 무슨 말씀을 하시는지 알겠어요.

치료자: 그래서 자신의 삶 속에서 자신에게 기쁨과 의미를 가져다주는 것들에 진짜 깊숙이 개입하는 방법을 찾을 수 있다면, 그리고 그 개입의 비용이 자신의 마음이 자신에게 "넌 충분하지 않아"라는 말을 하는 것을 듣는 것이라면, 기꺼이 그런 말들을 자신의 마음이 하는 일이라고 수용하고, 자기 삶의 일들을 할 수 있을까요?

내담자: 글쎄요. 네. 아마도요. 만약 그게 제 삶을 다시 찾는 거라면, 처음으로 진실된 삶을 찾는 거라면, 기꺼이 그렇게 할래요. 어떻게 할 수 있을까요?

과제

기꺼이 경험하기와 수용을 과제로 할 수 있는 다양한 방법이 있다. 내담자들이 현재 순간에 불필요한 방어 없이 있는 그대로 기꺼이 경험하려는 자세를 언제 선택하고 언제 선택하지 않는지 확인하기 위해, 간단한 일일 자기 감찰 과제를 내주는 것을 시작할 수 있다. 양식 6.1을 사용하는 이 연습은 유사한 ACT의 자기 감찰 양식, 특히 기꺼이 경험하기, 우울증 및 활력 일지에서 발췌한 것이다(Robinson & Strosahi, 2008). 이 과제는 내담자들이 일주일간 의도적으로 자신들이 할 수 있는 한 완전히 자신에게 의미 있는 행동에 참여하는 것에 전념하는 것을 포함한다. 이는 본질적으로 보상이 되며, 행동활성화처럼 삶에 대한 숙달감(sense of mastery)을 준다(Martell, Addis, & Jacobson, 2001). 내담자들은 또한 일주일 동안 지나쳐가는 어떤 생각들이나 감정들이든 기꺼이 수용하고 관찰하는 것에 전념한다(They are also committing to willingly accept and observe whatever thoughts and feelings arrive as they go through the week.). 날마다 내담자들은 1~10 척도를 사용하여 세 가지 차원에 대한 자신의 경험을 평정한다. 첫 번째 차원은 하루 종일 경험했던 기꺼이 경험하기의 정도이다. 두 번째 차원은 가치 있는 행동에 기꺼이 참여하는 동안 경험했던 고통의 양이다. 마지막세 번째 차원은 날마다 경험한 참여도(engagement)이다. 우리의 목적에서 참여도는 내담자들이 자신의 일상 활동에서 얼마나 보상을 찾았는지, 자신의 일상에서 찾은 의미가 얼마나 목적적(purposeful)이고 풍부했는지, 자신의 일상 활동이 얼마나 개인적인 숙달감(mastery)을 증가시켰는지의 혼합을 나타낸다.

가능한 문제

많은 내담자들은 불안이나 우울 같이 특별히 힘든 상태를 경험하고 있기 때문에 치료에 온다. 겉으로 드러나는 새로운 기분 상태를 만드는 노력 없이 정서 경험을 있는 그대로 수용하는 태도를 받아들이는 것은 처음에는 어느 정도 저항이 따를 수 있다. 이런 문제를 다루기 위해 치료자는 시간을 들여 내담자들이 경험을 회피하는 것의 이득과 손실을 탐색해 볼 수 있다. 이를 다룰 한 가지 방법은 내담자가 대처 전략으로써 회피를 사용했던 이전의 모든 경험을 탐색하는 것이다. 전형적으로 내담자와 치료자는 모두 수년간의 회피 경험이 실제로 좋은 것보다는 해가 되는 것이 더 많았다는 것을 발견하게 된다. 이 연습은 경험 회피가 내담자들의 삶에 얼마나 큰 영향을 일으키는지에 대해 치료자들이 직접적인 감을 잡는 데에 유용할 수 있다.

비록 마음챙김 및 수용 기반 치료들이 직접적으로 사고와 감정의 변화를 추구하지는 않지만, 수많은 연구들이 이런 방법들이 실제로는 불안이나 기분 장애 증상을 감소시킨다는 결과를 증명해 왔다(Bond & Bunce, 2000; Forman, Herbert, Moitra, Yeomans, & Geller, 2007; Hayes et al., 2004; Zettle & Hayes, 1987). 이 기꺼이 경험하기의 효과를 치료자와 함께 나누는 것은 유용할 수 있다. 그러나 정서를 그냥 한번 경험해 보고 싶은 것은 "진짜" 기꺼이 경험하는 것이 아니다. 진짜 기꺼이 경험하기는 자신의 의식의 장에 어떤 것이 나타나더라도 완전하게, 불필요한 방어 없이, 자신에게 열린 마음으로 전념하는 것이 필요하다.

관련 있는 다른 기법

"수용"이 어떤 의미인지 소개하는 것은 탈융합, 마음챙김, 정서 지적 사고 기록지(Emotionally Intelligent Thought Record)와 직접적으로 관련 있다.

양식

양식 6.1: 기꺼이 경험하기 일지

▌ 기법: 탈융합(Defusion)

설명

"탈융합"은 ACT 문헌에서 나온 용어로, "언어적 부산물(verbal products)이 의미가 아니라 언어적 부산물로 그 자체와 접촉"하는 과정을 나타낸다(K. G. Wilson & DuFrene, 2009, p. 51). 행동주의적 개념인 "언어적 부산물(verbal product)"은 생각과 정신적 사건을 사적인 언어행동으로서 간주한다. 탈융합을 훈련할 때, 내담자들은 자신의 사고나 감정이 언어화된 사실이나 외적 현실을 객관적으로 반영한다고 보기 보다는 정신적 사건들로 인식한다.

전통적인 인지치료도 내담자가 생각, 감정, 사실을 구분하기 위한 탈중심화 전략(decentering approach)을 사용하지만, ACT 치료자들은 다른 기법으로 탈융합에 접근한다.

직접적인 인간 의식 경험의 언어적 처리 기제의 우세성(dominance)은 순간순간 경험으로부터의 단절을 초래할 수 있다. 그리고 심상 구조들, 언어적 표상들, 일시적 정서 경험들의 실체화와 구체화(reification and concretization)를 초래한다(Hayes et al., 1999, 2001). 그 결과 사람들은 마치 내적 사건들이 매우 위협적이거나 슬픈 외부 세계의 사건인 것처럼, 너무 자주 자신의 시간을 내적인 사건들에 반응하면서 보낸다. 이런 정신적 표상들의 언어화는 "인지적 융합"이라고 불려 왔다(Hayes et al., 1999). 생각 행위 융합(Thought-action fusion)은 생각이 현실을 반영하거나 곧 두려운 결과를 초래할 것이라는 믿음으로, 강박사고의 전통적인 인지 모델에서 이미 제안했던 것이다(Rachman, 1997).

탈융합 기법들은 내담자들이 힘든 생각이나 감정을 경험할 때 자신이 할 수 있는 행동 반응의 영역을 넓히는 것을 허용하는 것을 추구한다. 정신적 사건이 행동에 영향을 끼치는 방법의 이런 때때로 기능의 변형(transformation of function)으로 불린다. 탈융합을 다룸에 있어 치료자는 내담자가 더 큰 정도의 심리적 유연성을 경험하도록 돕는다. 다음의 예는 내담자들이 자신의 힘든 개인적인 경험들에 통제받지 않고 이를 경험하는 것을 도우면서 탈융합을 촉진하기 위해 계획된 간단한 연습들로 구성되어 있다.

개입을 위한 팁과 질문

"생각 그 자체를 받아들이지 않으면서 그것을 가지고 있을 수 있습니까? 자신이 생각하는 모든 것을 반드시 믿어야 할까요? 생각의 내용을 확인하는 것 보다 이 순간에 자기 앞에서 펼쳐지는 생각의 과정을 알아차릴 수 있나요? '생각으로부터' 바라보기 보다 '생각 자체'를 바라볼 수 있나요?"

예시

다음의 예는 치료자가 "우유, 우유, 우유" ― 탈융합의 고전적인 예로 ACT 원본에 기술되어 있는(Hayes et al., 1999) ― 를 사용하는 것이 포함된 회기로부터 발췌한 것이다.

치료자: 오늘 우리는 어떻게 우리의 생각을 새로운 방식으로 보기를 선택할 수 있는지에 대해서 얘기했어요. 즉, 생각의 내용에 밀착되어(attached) 있거나 둘러싸이지 않는 방법이요.

내담자: 네. 선생님이 지금까지 말씀하신 것을 꽤 알아 들은 것 같아요.

치료자: 우리가 시간을 좀 갖고 회기 내에서 바로 연습을 좀 해 봤으면 좋겠어요. 괜찮을까요?

내담자: 명상 연습인가요?

치료자: 그렇지는 않아요. 이러한 관점의 변화를 맛볼 수 있는지 확인해 보기 위한 실험에 가깝죠.

내담자: 좋아요. 할 수 있어요.

치료자: 좋습니다. '우유'라는 단어를 잠시 동안 생각해 주실 수 있으신가요? 필요한 만큼 시간을 들인 후, 어떤 것이 마음에 떠오르는지 알려주세요.

내담자: 좋아요. 우유를 생각하고 있어요. 아이스크림을 생각하고 있어요. 우유로 만들죠. 제 커피에 우유를 넣는 것을 생각하고 있어요. 또 시리얼에 우유를 붓는 것을 생각하고 있어요.

치료자: 네. 다 말이 되네요. 그렇죠? 좋아요. 또 다른 떠오르는 것은 없나요?

내담자: 네. 우유 맛이 어떤지 상상할 수 있어요. 저는 가끔 차가운 우유 한 잔을 그냥 먹거든요.

치료자: '우유'라는 단어를 생각하니 이런 이미지들이랑 기억들이 마음속에 떠오르기 시작하는군요?

내담자: 네. 물론이에요.

치료자: 물론이죠. 그래요. 자. 그럼 다음에는 '우유'라는 단어를 계속해서 반복해 볼까요? 큰 목소리로 빠른 속도로요. 눈을 감고 제가 하라고 할 때 시작해 보세요. 됐나요?

내담자: 네.

치료자: 준비, 시작. [이 지점에서 치료자와 내담자는 함께 '우유'라는 단어를 계속해서 반복하기 시작한다. 치료자가 점차적으로 속도를 잡아주고, 같이 "우유, 우유, 우유…"라고 점차 더 빨리 말한다. 곧 단어는 꼬이기 시작하고(trip over) 단어를 말하는 속도가 빨라져서 조금 따라하기 힘들게 된다. 목소리 크기도 조금 증가한

다. 이를 내담자에게 그만하라고 요청할 때까지 지속한다. 40초 정도가 걸린다. 반복적으로 얘기하는 것을 관두고 잠시 침묵을 갖는다.] 좋아요. 이제 한 번 더 '우유'라고 말해 보세요.

내담자: 우유.

치료자: 이 단어를 말할 때 그중 다르게 경험되는 것이 있나요?

내담자: 우유라고 말하니까 웃기게 들리기 시작했어요. 아무런 의미도 없는 것 같아요. 이전에 제 머릿속에 떠올랐던 생각들이 더 이상은 없어요.

치료자: 신기하지 않나요? 몇 분 전만 해도 단어는 많은 이미지와 이와 관련된 것들을 즉각적으로 떠오르게 했는데요. 1분도 반복하지 않았는데 단어에 대한 경험은 매우 달라진 것 같아요.

내담자: 거참. 이상하네요. 근데 확실히 달라요.

치료자: 다음으로, 만약 수용가능하다면 지난주 문제가 되거나 고통스러웠던 생각들에 이 기법을 적용해 봤으면 해요. 괜찮을까요?

내담자: 그럼요. 어떤 일이 일어나는지 한 번 보죠.

과제

ACT 모델에 따르면 탈융합은 특별한 심리적 기법이라기 보다는 심리적 유연성을 기르기 위한 주된 방법에 가깝다(K. G. Wilson & DuFrene, 2009)(비슷한 기법이 강박장애에 대한 사고 노출의 형태로 1997년 Freeston에 의해 소개되었다.). 과제로 내줄 수 있는 다양한 종류의 탈융합 연습이 있다. 이 기법들은 자주 새로운 맥락 안에서의 메타포나 사고의 시각화를 자주 연습과제로 사용한다. 과제로 내줄 수 있는 세 가지 예가 메타포와 사용된 기법에 대한 기술과 함께 양식 6.2에 포함되어 있다. 이 양식의 기법들은 다양한 ACT 출처에서 채택한 것이다 (Hayes & Smith, 2005; Hayes et al., 1999). 또한 다양한 인터넷 출처에서도 찾을 수 있다(예, www.contextualpsychology.org).

가능한 문제

몇몇 경우에 탈융합은 인지재구조화와 헷갈릴 수도 있다. 탈융합과 인지재구조화 모두 자동적 사고가 일어날 때를 알아차리고 생각을 좀 더 확인해 보는 것이 포함된다. 인지재구조의 경우에는 생각의 내용을 직접 변화시키는 것에 목적이 있는데, 이는 생각의 유용성과 타당성을 논리적으로 분석하는 것을 통해 일어난다. 탈융합은 같은 방식으로 내용을 다루지 않는다. 탈융합 기법을 사용하여 치료자는 사고 내용을 직접적으로 변화시키는 것을 반드시 목표로 하지는 않는다. 탈융합은 내담자가 이런 생각들이 자신에게 미치는 행동 통제로부터 자유로워지기 위해 자신의 사적 사건들을 관찰하고 이를 사실 보다는 정신적 현상으로 관련짓는 것을 목표로 한다. 그렇게 함으로써 내담자의 유연성은 더욱 커지고, 자신의 삶을 돌아볼 기회를 갖게 된다. 물론 이 과정에서 인지적 내용이 바뀔 수 있지만, 이 변화는 더 큰 과정에 이차적인 변화로 해석된다.

치료자는 내담자와의 이야기가 탈융합이 아니라 인지적 논박으로 변하기 시작할 때를 잘 알아차려야 한다. 그럴 때는 치료자는 사고를 논리적으로 논박하는 것과 생각을 "그냥 생각"으로 인식하고 현실로 인식하지 않는 것 사이의 차이점에 대해 직접 논의할 수 있다. 치료자는 어떻게 특정한 사고를 해석하는지가 내담자에게 영향을 끼치는지 조사하기 위해 그 생각을 기능분석할 수 있다. 또한 치료자는 생각의 "유용함(helpfulness)"에 문제를 제기하는 것과 생각의 "진실(truth)"에 문제를 제기하는 것을 직접적으로 구분할 수 있다.

관련 있는 다른 기법

탈융합은 그 자체로 마음챙김적 알아차림의 일부이다. 그래서 이 책에 설명되어 있는 다양한 마음챙김 기법들과 명백히 관련이 있다. 탈융합은 "수용"이 우리에게 어떤 의미가 있는지 소개하기와 더불어 다음에 논의할 기꺼이 경험하기와 탈융합을 개발하기 위한 메타포 사용하기와 분명히 관련이 있다.

양식

양식 6.2: 일상 생활에서 탈융합 훈련하기

기법: 기꺼이 경험하기와 탈융합을 계발하기 위한 메타포의 사용
(Using metaphors to cultivate willingness and defusion)

설명

메타포의 사용은 ACT와 일치하는(ACT-consistent) 치료적 접근의 중요한 구성 요소이다. 비록 전통적인 CBT를 포함하여 많은 치료자들이 심리교육을 할 때나 관점의 변화를 용이하기 위해 메타포를 사용하지만, ACT 기반의 방법을 사용하는 치료자들은 앞으로 설명할 것처럼 서로 다른 이유로 메타포를 자주 사용하는 것을 좋아한다.

ACT는 메타포 사용에 대한 행동적 설명을 제시하는 언어와 인지의 행동 이론—관계적 참조 이론(RFT; Hayes et al., 2001) — 을 기반으로 한다. 이 이론은 행동 분석적 전통 밖에 있는 많은 심리학자들에게 다소 복잡해 보일 수 있다. 그러나 ACT 기법을 치료에 적용하기 위해 관계적 참조 이론(RFT)의 구체적인 것까지 깊이 이해할 필요는 없다. 메타포에 대한 관계적 참조 이론(RFT) 관점을 가볍게 살펴보는 것만으로도 임상가가 ACT에서 이미 사용하고 있는 메타포 중 하나를 사용하거나 자신만의 메타포를 만드는 것에 도움이 된다.

ACT에서 메타포는 괴로운 정서적 상황에 대해 새로운 반응을 가르치는 방법으로 비유적인 언어를 사용한다(Hayes et al., 1999). 메타포는 단순히 지식을 전달하는 것을 의미하지는 않는다. 이는 내담자 마음의 사건들과 행동 변화의 결과에 새로운 관계를 정립하는 것을 의미한다. 사적 사건이 내담자의 행동에 끼치는 효과의 변화는 자극 기능의 변형으로서 기술될 수 있다(I. Stewart, Barnes-Holmes, Hayes, & Lipkens, 2001). ACT방식의 (ACT-consistent) 메타포가 이 목표를 효과적으로 이루기 위해서는 다음 기준을 만족해야만 한다. 메타포는 일상의 상식적인 요소에 기반한다. 메타포는 "풍부한 감각 패턴을 불러일으킨다"(p. 81). 메타포는 치료 회기 사이에 떠오를 가능성이 있는 내담자의 삶을 대표하거나 상징적인 일련의 사건들, 상호작용, 관계들을 묘사한다. 내담자가 일반적인 문제들을 마주한다면 메타포는 몇 가지 해석이 더 있을 수 있고, 내담자가 구체적이고 초점화된 문제를 갖고 있다면 가능한 해석은 더 적을 수 있다.

내담자가 기꺼이 경험하기를 계발하는 중일 때, 메타포는 심리학적 유연성을 개발하는데 도움이 될 수 있다. 예시에 있는 "버스에 탄 괴물" 연습은 고전적인 ACT 메타포이다. 이는 다른 것들 보다 삶을 잘 살기 위해서 수용을 훈련하는 것의 잠재적인 효과에 대하여 강조하고 설명하고 있다(Hayes et al., 1999).

개입을 위한 팁과 질문

"저는 이 생각을 설명하기 위해 짧은 이야기로 시작할까 합니다. 괜찮을까요? ○○씨는 우리가 지금까지 살펴봐 왔던 이야기와 자신의 삶에서 나타나는 이야기를 어떻게 연관지을 수 있을까요? 이 상황에서 나타나고 있는 힘든 생각과 감정들이 당신이 중요하고(vital), 의미 있고, 보상이 되는 삶을 사는데 반드시 필요한 부분이라는 것을 알았다면, 이를 기꺼이 경험하겠습니까? 기꺼이 당신 여정에 함께 데리고 가겠습니까?"

예시: "버스에 탄 괴물" 메타포[3]

당신이 버스 기사라고 한번 상상해 봅시다. 유니폼을 입고 있고, 대시 보드는 반짝이고, 편안한 좌석에 앉아 있고, 내 마음대로 조정할 수 있는 힘 좋은 버스가 있습니다. 당신이 운전하는 이 버스는 매우 중요합니다. 당신의 삶을 나타내지요. 당신의 모든 경험, 모든 도전과 강점이 당신의 버스, 당신 삶의 운전사로서의 역할을 하게 합니다. 당신은 이 버스의 목적지를 결정했습니다. 당신이 선택한 목적지입니다. 이 목적지는 자신의 삶에서 기꺼이 추구하려고 하는 가치 있는 방향들을 나타냅니다. 이 목적지에 도착하는 것은 매우 중요합니다. 당신이 거기 도착하는 것이 중요합니다. 이 가치 있는 목표를 향해 여행하는 매 순간은 바로 지금 당신이 자신을 위해 삶에서 옳은 방향을 선택해 왔다는 것을 의미합니다. 운전을 할 때 자신의 진로를 유지하고 자신의 가치 있는 목표를 향해 올바른 경로를 따르는 것이 중요합니다.

당신은 다른 버스 기사처럼 길을 가다가 멈춰서 승객들을 태우는 의무가 있습니다. 이 특별한 여행의 문제점은 이 승객들 중 몇몇은 정말 다루기 어렵다는 것입니다. 이 승객들은 실은 괴물

---

3) 이 연습은 Hayes, Strosahl, and Wilson (1999)에서 채택한 것이다. 저작권 1999 The Guilford Press. 허락 하에 채택.

입니다. 각각은 자신의 삶의 경로에서 다루어야만 하는 힘든 생각과 감정을 나타냅니다. 어떤 괴물은 자기비난일 수 있습니다. 다른 괴물은 공황과 공포 감정입니다. 또 다른 것들은 어떤 것이 일어날지에 대한 과도한 걱정을 나타냅니다. 자신을 힘들게 하고 삶의 풍부한 가능성에 집중하지 못하게 만든 것이면 무엇이든지 이런 괴물의 모양으로 당신의 버스에 올라 타고 있습니다.

이 괴물들은 제어하기 어렵고 무례합니다. 당신이 운전할 때, 그 괴물들은 당신에게 욕설을 퍼붓고, 침을 뱉고 있습니다. 운전할 때 그들의 소리를 들을 수 있습니다. "넌 패배자야!" 그들이 소리칩니다. "왜 그냥 포기하지 않지? 가망이 없어!" 버스를 통해 울리는 소리가 들립니다. 한 녀석은 심지어 이렇게 소리칩니다. "버스를 멈춰! 이 일은 결코 잘되지 않을거야!" 당신은 이 괴물들을 꾸짖고 훈육하기 위해 버스를 멈추는 것에 대해 생각합니다. 그러나 만약 그렇게 한다면, 당신에게 중요한 방향으로 더 이상 움직이지 못합니다. 아마도 갓길로 차를 대고, 이 괴물들을 버스 밖으로 던져 버려야 할 것입니다. 또 다시, 이는 당신 가치의 방향으로 움직이는 것을 멈추는 것을 의미합니다. 만약 좌회전을 하고 다른 길로 가 보면 아마 괴물들이 조용해질 수도 있겠지요. 그러나 이 역시 자신이 자유롭게 선택한, 가치 있는 목표를 실현할 수 있는 방법으로 인생을 사는 것으로부터 벗어나는 것입니다.

버스에 탄 이 성가신 괴물들을 다루기 위한 전략과 논쟁에 집착하는 동안, 이미 자신의 여행에서 몇 번의 기회를 놓치고 얼마간의 시간을 잃어버렸음을 갑자기 깨닫게 됩니다. 자신이 가고 싶은 곳으로 가기 위해서, 삶에서 자신이 선택한 방향으로 계속 움직이기 위해서는 이 괴물들이 계속 야유를 퍼붓고, 괴롭히고 성가시게 굴어도 계속 운전해야만 한다는 것을 당신은 이제 이해합니다. 당신은 자신의 삶을 올바른 방향으로 돌리는 것을 선택할 수 있습니다. 이 괴물들이 만들어내는 모든 소리를 위한 공간을 단지 만들면서 하면 됩니다. 당신은 괴물을 쫓아낼 수도, 멈추게 할 수도 없습니다. 그러나 당신은 이런 식으로 당신의 삶을 계속 살기를 선택할 수 있습니다. 당신에게 의미 있고 보상이 되는 삶을요. 버스 운전을 계속하세요. 심지어 괴물들이 당신이 가는 곳마다 불평불만을 늘어 놓더라도요.

과제

다른 과정들과 마찬가지로 기꺼이 경험하기와 수용의 가치를 설명하기 위해 메타포를 사용하는 것은 정식 과제 연습으로 고안된 것은 아니다. 그러나 많은 내담자들이 치료 회기 사이에 겪은 자신의 경험을 치료 회기 내에서 배운 메타포와 연결지을 수 있다. 예를 들어, 심각한 사회 불안과 싸우고 있는 내담자의 경우, 직장에서 팀 회의에 참가해야만 한다면 이런 관찰을 해 볼 수 있다. "오늘 회의에서 정말 이상해 보였을거야. 하지만 그건 단지 '버스에 탄 괴물' 같았어. 불안이 오고 가더라도 나는 필요하다고 생각하는 것들을 계속 할테야" 점차적으로 메타포는 삶의 경험들과 치료 회기 내에서 일어나는 실제 과정과 관련이 높아진다. 그 결과 내담자는 관점을 변화시킬 수 있는 역량과 심리적 유연성이 나타날 잠재력을 개발하게 된다. 그러므로 기꺼이 경험하기를 개발하기 위한 메타포의 사용에서의 "과제"는 내담자가 수용과 탈융합을 촉진하기 위해 스트레스 요인이 나타나는 상황에서 이런 메타포를 적용하는 것이다(양식 6.3을 보라). 치료자는 매 치료 회기마다 내담자들과 함께 그들이 메타포를 어떻게 적용했는지 확인해 볼 수 있다.

가능한 문제

내담자가 메타포의 사용을 매우 기꺼이 즐길 수 있으며, 요점을 설명하거나 경험을 촉진하기 위해 치료자와 함께하는 상상의 여행을 기꺼이 할 수 있을지도 모른다. 그러나 치료자가 메타포를 관계가 없는 상황이나 갑작스러운 방식으로 사용한다면, 그 순간 내담자와의 연결이 끊어질 수 있다. 이와 유사하게 메타포가 현학적이거나 학자 티를 내는 방식으로 전달된다면 내담자들은 그 경험을 무의미하다고 생각할 것이다. 회기 내에서 메타포를 가장 잘 사용하기 위해서는 치료자가 내담자에게 간단히 허락을 구하고 이 작업을 협력적으로 하는 것이 좋다. 예를 들어, 치료자는 다음과 같이 말할 수 있다. "우리가 지금 얘기하고 있는 것을 좀 더 자세히 살펴보기 위해 짧은 이야기를 해드리고 싶어요. 괜찮으시겠어요?" 메타포를 사용하면서 공감적인 치료적 동맹을 촉진하고 조율하기 위해서 치료자는 내담자와 감정에 맞게 페이스를 조절해야 한다.

메타포가 너무 길어 설명하기 어렵거나, 급하게 다룰 필요가 있는 다른 주제를 내담자가 경험하고 있는데도 치료자가 메타포를 사용한다면 내담자는 더 이상 참지 못할 수도 있다. 회기 초에 아젠다를 정하고 협력하는 것은 내담자가 중요하다고 느끼는 아젠다를 가져올 시간을 만들거나 치료자가 메타포와 다른 기법들을 소개할 수 있는 시간을 만들어 준다. 가장 최고의 시나리오는 치료자와 내담자가 함께 메타포로 들어가서 현재 순간에 연결되어 있고, 비유적인 언어, 관점의 변화, 탈융합의 사용으로부터 나타날 수 있는 자극 기능의 변형에 개방적이 되는 것이다.

관련 있는 다른 기법

메타포로 작업하는 것은 명백히 탈융합, 마음챙김 기법들, "수용"이 우리에게 어떤 의미인지 소개하기와 관련있다. 자기 연민을 계발하기 위한 기법들, 메타 명상(metta meditation)과 자비로운 자기 상상하기 역시 메타포와 관련있다.

양식

양식 6.3: 버스에 탄 괴물

▌기법: "전쟁 끝내기(Stopping the war)"

설명

이어지는 연습은 Jack Kornfield의 '마음으로 가는 길(A Path with Heart; 1993)'에 있는 명상에 기반한 것이다. 이 연습은 마음챙김 훈련으로 간주될 수 있지만, 수용과 기꺼이 경험하기 기법에 포함시켰다. 이 기법이 여기에 포함된 이유는 내담자들이 매일의 삶에서 지속하는 갈등과 싸움을 놓도록 목표로 하기 때문이다. 이 연습은 정서 경험에 대항하여 "전쟁을 멈추는 것"을 선택하는 것이 포함되어 있다. 흥미롭게도 이 연습도 메타포의 형식이다. 사적 사건들에 밀착하거나 융합하게 되는 경험 흐름에 대항한 내적 투쟁을 나타내기 위해 "전쟁"이나 "전투"와 같은 상징을 사용하고 있다.

개입을 위한 팁과 질문

이 연습은 회기 내에서 내담자가 마음챙김 훈련을 한 이후, 되도록이면 기꺼이 경험하기를 한 후에 하는 것이 좋다. 내담자에게 이 명상을 안내하는 동안 말을 천천히 일정한 속도로 하는 것이 중요한데, 말을 잠시 멈추고 짧은 침묵을 허하는 것이 좋다. 이런 것이 내담자가 스스로 마음챙김과 수용의 상태가 되는 것을 돕는다.

예시[4]

앉은 자리에서 편안함을 느낄 수 있도록 잠시 시간을 가지세요. 이 연습을 시작하기 전에 편안함을 느낄 수 있도록 필요하다면 자신이 앉은 곳과 자세를 조금씩 조정해 보세요. 안정되고 균형잡힌 자세를 취해 보세요. 눈을 감으세요. 자신의 호흡 속도를 의도적으로 바꾸지 말고, 몸의 안으로, 밖으로 들어왔다 나가는 호흡 흐름에 부드럽게 주의를 기울입니다. 주의의 일부분을 발바닥으로 돌리세요. 그다음 주의의 일부를 정수리로 옮기세요. 자, 이제 모든 것이 이 사이에 있습니다. 다시 호흡에 주의를 기울이면서 천천히 호흡을 따라가세요. 숨을 들이 마시면서 지금 숨을 들이마시는 중이라는 것을 알고, 숨을 내쉬면서 지금 숨을 내쉬고 있다는 것을 알아차리세요. 자신의 몸에 있는 감각들을 알아차리기 시작하세요. 긴장, 압박, 불편감 등이 있다면 주의를 그곳으로도 돌리세요. 할 수 있는 한 최대로 이런 경험들을 기꺼이 받아들이는 태도를 취해 보세요. 숨을 들이 마시면서 불편하고 긴장되어 있고, 저항이 느껴지는 몸의 부위에 특별히 주의를 머무르며 호흡하세요. 이 경험들을 위한 공간을 만들 수 있을까요? 저항감에 주의를 기울이고, 이러한 감각들 주위에서 일어나고 있는 투쟁에 주의를 기울이세요. 순간순간 이 경험들과 싸우느라 생기는 긴장을 알아차리세요. 몸 전체에서 이런 감각들을 각각 만나게 되면 그 경험에 자기 자신을 열어 보세요. 싸움을 떠나 보내세요. 자신의 호흡으로 부드럽게 주의를 돌리세요. 지금 이 순간 자기 자신이 되도록 하십시오.

숨을 내쉬면서 신체 감각에 있던 주의를 모두 떠나 보내세요. 그다음 자연스럽게 숨을 들이마시면서, 주의를 생각과 감정으로 가져가세요. 자신의 마음을 흘러 지나가는 생각이 무엇인가요? 자신의 마음으로 어떤 감정들이 들어오나요? 당신이 전형적으로 싸우고 있는 생각과 감정에 대해 특히 개방적이고, 이해하는 마음으로 주의를 기울이세요. 지금 이 순간, 할 수 있는 한 많이, 이런 생각과 감정들을 부드럽게 누그러뜨리도록 해보세요. 자신의 마음과 가슴에 이런 사건들을 위한 공간을 만들 수 있나요? 단지 지금 이 순간만이라도 자기 안에 있는 이 전쟁을 그냥 놓아

---

4) 다음 명상은 Jack Kornfield(1993)의 "내적인 전쟁 끝내기"를 기반으로 하였다.

줄 수 있나요?

호흡의 흐름으로 주의를 돌리세요. 땅바닥 위의 발바닥으로 주의를 돌리세요. 의자에 앉아 있는 자리로 주의를 돌리세요. 곧게 펴고 지지하고 있는 등의 감각으로 주의를 돌리세요. 숨을 들이마시면서 삶에서 당신이 싸워왔던 것들에 주의를 돌리세요. 당신은 어떤 전투에서 계속 싸우고 있습니까? 이 전투의 존재를 느낄 수 있는지 보세요. 자신의 몸과 싸우고 있다면, 거기로 알아차림을 가져가세요. 자신의 정서와 싸우고 있다면 이 순간에 그것을 알아 차려보세요. 불쑥 들어오는 생각이 있다면, 자신이 수행하고 있는 전쟁에 대항하는 생각이 있다면, 이 싸움으로 부드럽게 알아차림을 가져가 보세요. 잠시 동안, 이 싸움과 전투의 무게를 느껴보세요. 얼마나 오랫동안 자신 안에서 이런 군대들이 싸우고 있었나요?

이런 경험들까지 누그러뜨리세요. 개방적이고, 자비로운 마음으로 투쟁에 주의를 기울입니다. 이 전투를 그냥 보내세요. 숨을 내쉴 때, 잠깐동안 바로 지금 여기에서 온전히 당신 자신으로 존재한다는 느낌을 기꺼이 완전하게 느끼도록 합니다. 이 순간, 삶이 당신에게 가져온 모든 것과 당신이 삶으로 가져간 모든 것을 전부 수용하세요. 자신 안에서 벌여왔던 전쟁을 끝낼 때가 아닌가요? 이 전쟁을 보내는 것을 다시 택해 보세요. 용기와 전념을 가지고, 바로 여기, 바로 지금의 내가 누구인지를 완전히 받아들이세요.

주의의 일부분을 발바닥으로 가져가세요. 그다음, 주의의 일부분을 정수리로 가져가세요. 이제 모든 것이 그 사이에 있습니다. 호흡으로 주의를 돌리시고, 호흡을 그냥 따라가세요. 숨을 들이마시면서, 자신이 숨을 들이마시고 있다는 것을 알고, 숨을 내쉬면서 자신이 숨을 내쉬고 있다는 것을 알아차리세요.

준비가 되면, 눈을 뜨고 이 경험을 보내세요. 그리고 하루를 다시 시작하세요.

과제

내담자가 이 연습을 치료 회기 사이에 훈련할 수 있도록 일일 명상으로 내줄 수 있다. 이 과제는 일주일 이상 할 수 있다. 내담자가 규칙적인 마음챙김 훈련을 한 후에 이 명상을 자기 훈련의 핵심 측면으로 선택할 수 있다. 이것을 목표로 해야 하는 것은 아니고, 이 목적에 "가장 잘 맞는" 명상법일 필요도 없다. 또한 과제로 부여하지 않아도 내담자가 기꺼이 경험하기에 접촉할 수 있도록 치료자는 이 연습을 치료 회기 내에 사용할 수도 있다. 양식 6.4("전쟁 끝내기" 기록지)는 내담자들이 이 연습을 매일 훈련한 것을 기록하기 위해 사용할 수 있다.

가능한 문제

"전쟁 끝내기"와 같은 체험적인 연습들은 많은 내담자들이 심리치료 회기 내에서 하게 될 것이라고 기대하는 것들과 매우 다르다. 어떤 사람들은 이런 종류의 기법을 이국적이고, 친숙하지 않고, 심지어 자신이 반대하는 종교적인 전통의 일부로 보기도 한다. 치료자는 내담자들이 이 연습을 회기 내에서 함께 해보는 실험으로서 참여해보게 할 수 있다. 치료자는 회기 내에서 내담자의 "명상" 연습에 대한 부정적인 자동적 사고나 가정에 대해서 밝혀낼 수 있다.

또한 치료자는 이 연습을 하는 동안 내담자가 치료자가 나를 어떻게 판단할까 같은 자동적 사고나, 이런 시각화 과정에 참여할 때 당황하는 것을 두려워한다는 것을 비밀리에 간직하고 있다는 사실을 발견하기도 한다. 이런 경우 치료자는 이중 잣대 기법을 사용할 수 있다. 예를 들어, 내담자에게 "사랑하는 친구가 만약 '이 연습을 하는게 너무 무서워. 심지어 상담실에서도 말이야'라고 말했다면 뭐라고 말씀해 주시겠어요?"라고 물어볼 수 있다. 또한 이 연습에 참여하는 것에 대한 장점과 단점을 탐색해 볼 수도 있다.

치료자가 허락을 구하거나, 내담자의 속도와 정서적인 톤에 맞춰 주거나, 상호 협력적인 자세를 취하더라도 내담자가 이 연습을 하지 않으려고 할 수도 있다. 이때는 치료자가 수용, 유연성, 자비심을 모델링해 줄 기회이다. 치료자는 내담자의 복잡한 감정이나 거부에 대한 이야기를 듣고 난 후 내담자가 자신의 치료 목표를 달성할 수 있도록 유연하게 다른 방법을 써 보거나 다른 과정에 참여하는 것이 좋다.

관련 있는 다른 기법

이 기법은 마음챙김 기법들, 탈융합 기법들, "수용"이 우리에게 어떤 의미가 있는지 소개하기, 기꺼이 경험하기와 탈융합을 계발하기 위한 메타포의 사용과 관련있다.

양식

양식 6.4: "전쟁 끝내기" 기록지

▌결론

우리는 정서조절에서 수용과 기꺼이 경험하기를 논할 때, 기법에 대해서만 말하지 않고, 심리치료적 변화에 포함되는 과정들을 강조한다. 힘든 정서적 경험들 속에 남아 있기를 기꺼이 경험하는 것을 계발하도록 내담자들을 훈련시키는 것은 이런 불쾌한 기분에 습관화되도록 하는 것이며, 새로운 행동 선택지를 발견하도록 하는 것이다. 이런 의미에서 습관화는 단지 두려워하는 자극의 존재 속에서 증상과 불안의 징후가 감소한다는 조작적 조건 형성만은 아니다. 수용 기반 개입의 관점에서 습관화는 불쾌하거나 원하지 않는 정서적 자극들에 마주하는 상황에서 행동 레퍼토리를 넓히는 것을 나타낸다. 가능성들에 개방적이 되는 것은 내담자들이 자신이 추구하는 가치 있는 목표와 방향에 좀 더 깊숙이 참여하는 기회를 만들어주는 것이다. 그런 행동에서 오는 내적인 보상들은 삶의 진전과 움직임의 선순환에 참여할 수 있도록 돕는다. 이 책에 기술된 다양한 측면들이 이런 과정과 관련있다. 예를 들면, 생각이나 감정들의 내용에 통제 당하지 않도록 하면서, 현재 순간에 대한 마음챙김적 알아차림, 자기−자비, 마음에서 일어나는 사건들을 완전히, 기꺼이 경험하기는 인생을 잘 살 수 있는 맥락 속에서 일어날 수 있는 정서조절의 계속된 흐름에 포함된다. 이와 유사하게, 수용과 탈융합은 내담자들이 자신에게 일어나는 자동적 사고들로부터 한걸음 떨어질 수 있도록 하며, 정서도식을 더 강하게 알아차리는 것을 북돋고, 부정적인 생각에 질문을 던지는 능력을 강화시킨다.

07

자비로운 마음 훈련(Compassionate Mind Training)

우리가 논의한 바와 같이 마음챙김, 수용과 연민은 상호 관련되어 있다. 마음챙김과 현존하는 순간을 "있는 그대로" 기꺼이 접촉하는 것을 연습하기 위해서는 자기 친절과 자기타당화가 필요하다. 이에 따라 의도적으로 자비로운 마음을 기르기 위해 고안된 정신 훈련(Gilbert, 2007)이 제3세대 마음챙김과 수용기반 인지 및 행동치료의 트렌드로 성장하게 되었다. CBT에서 자비를 강조하는 것은 자비중심적 방법들과 불교의 영향력을 일반 심리치료 분야로 넓게 통합한 하나의 접근이다(Germer, Seigel, & Fulton, 2005). Paul Gilbert(2009)는 불교의 영향, 진화 심리학, 정서신경과학을 바탕으로 자비중심치료(compassion-focused therapy, CFT)로 알려진 포괄적인 형태의 CBT를 개발했다. 이 장에서 우리는 CFT와 불교 관행에서 가져온 몇 가지 기법을 개략적으로 설명할 것이다. 이 기법들은 자비로운 마음 훈련을 강조한다.

당연하게, 많은 치료들은 심리치료적 관계에서 온정과 공감이 갖는 가치에 대해 논의한다(Gilbert & Leahy, 2007; Greenberg & Paivio, 1997; Rogers, 1965). 그러나 CFT 및 기타 자비중심적 접근은 내담자의 구체적인 "자비로운 마음 훈련"에 중점을 두고 있다. 자비 중심 접근법은 정서조절과 심리치료에서 핵심과정인 자비의 마음을 키우는 것을 가정하는데, 특히 수치심에 시달리며 자기 비판적 사고를 하는 내담자를 다룰 때 그렇다(Gilbert, 2007;

Gilbert & Irons, 2005).

Gilbert(2007)는 자비를 인간의 양육과 육아에서 발견되는 "돌봄 정신(the care-giver mentality)에서 진화한 다면적인 과정(multi-faceted process)"으로 묘사한다. 따라서 자비에는 여러 가지 인지적, 감정적, 동기적인 요소들이 포함되는데, 즉 타인의 복지를 위한 돌봄, 동정심, 고통에 대한 내성, 공감, 비판단적 인식, 고통 민감성 그리고 따뜻함으로 성장과 변화의 기회를 만들어내는 능력 등이 있다(Gilbert, 2007). Gilbert(2009)는 "자비의 본질은 자신과 다른 살아있는 존재의 고통에 대해 깊이 자각하며, 그것을 덜어주고 싶은 소망을 갖고 노력하는 기본적인 친절함(basic kindness)"이라고 주장한다.

CFT의 기본 이론은 심리치료적 과정을 진화된 심리체계, 특히 사회적 행동과 관련된 진화된 심리체계와 연결하여 보고 있다(Gilbert, 2007). 진화론적 정서신경과학(Depue& Morrone-St rupinsky, 2005)에서 볼 수 있듯이, CFT는 인간 내부에서 작동하는 세 가지 주요 정서조절 체계에 대해 설명한다(Gilbert, 2009). 세 가지 정서조절 체계 중 첫 번째는 "인센티브/자원 중심체계(incentive/resource-focused system)"로, 목표추구, 소비 및 성취에 기여하는 인간 행동에 관여한다(Gilbert, 2007, 2009). 인센티브/자원 체계는 다른 감정조절 체계보다 도파민 계통이 더 많이 관여되어 있다. 두 번째 감정조절 체계는 매우 민감한 "위협중심 체계(threat focus)"이다. 포식자 및 자연 재해와 같은 위협이 지속적으로 존재하는 상황에서 인간은 환경의 위협을 빠르게 감지하고 신속하게 대응하기 위해서 후회하느니 안전을 추구하는 "유비무환(better safe than sorry)" 과정으로 진화해 왔다. 위협중심 체계는 세로토닌계와 관련된 해마와 변연계같은 더 오래된 진화 구조(Gilbert, 2009)가 관여되는데, 이것은 고전적인 "싸우거나 도망치거나 얼어붙는" 반응과 같은 방어적 행동반응을 활성화시킨다. 대조적으로, 세 번째 정서조절 체계는 "만족, 안전감, 연결감 기반 체계(contentment, safeness and connection- based system)"로 불린다. 이것은 옥시토신 및 아편계와 관련된 양육, 타당화, 공감과 같은 "관계중심(affiliative-focused)" 행동과 관련이 있다(Gilbert, 2007). 인간은 불안하향조절체계와 "진정(soothing)"의 느낌을 통해 친절과 온정에 자연스럽게 반응하도록 진화해 왔다. 이것은 인간이 타인과 안정적이고, 따뜻하며 공감적인 상호작용을 하는 과정에서 "안전감"을 느끼고 진정되는 느낌을 갖는 유전적으로 부여된 능력이다(Gilbert, 2009). 이러한 관계중심적인 "안전체계"는 비언어적 행동을 포함하는데, 이것은 참여적이고 효과적인 부모가 자녀와 만드는 안정적인 돌봄 맥락과 유사하다(Bowlby, 1968; Fonagy, 2002; Fonagy & Target, 2007; Sloman, Gilbert & Hasey , 2003). CFT의 목적 중 하나는 내담자가 자비경험을 통해 이러한 자기진정체계에 접근하고 이것을 사용하도록 훈련하는 것이다.

자비와 유사한 개념으로, Wang(2005)은 인간의 자비심이 진화론적으로 결정된 "종 보존적인(species-preservative)" 신경 생리학적 체계에서 출현한다는 가설을 세웠다. 이 체계는 더 오래된 "자기보존(self-preservative)" 체계에 비해 비교적 최근에 진화해왔다. 이러한 종 보존체계는 "자기가 포함되어져 있다는 감각(inclusive sense of self)에 기반하며, 타인과 상호 관련되어 있다는 자각을 촉진시킨다"(Wang, 2005). 여러 범주의 동물들, 특히 영장류들에게 연민, 공감, 이타심 및 다른 형태의 친절이 일반적이라는 견해를 지지하는 상당한 증거가 있다(DeWaal, 2009). 연민, 집단 보호, 음식 공유, 어리거나 병든 자들에 대해 돌봄을 보이는 영장류가 서로의 복지에 무관심한 특성을 가진 것들보다 생존할 가능성이 더 컸다(D. Wilson & Wilson, 2007).

다른 동물들과 비교하여 인간의 유아들과 어린이들은 초기 생애에 무방비 상태이며, 많은 돌봄과 보호를 필요로 한다. 결과적으로, 특정 뇌구조와 신경 및 호르몬체계의 다른 요소들은 타인의 보호와 돌봄을 포함하는 행동을 촉진시키는 것을 진화시켜왔다.

관련 문헌을 검토 한 Wang(2005)은 종 보존체계가 활성화될 때, 전두엽 피질, 대상 피질 그리고 복부 미주신경 복합체가 구조적 수준에서 관여하고 있다고 하였다. 이 구조는 모두 건강한 애착발달과 관련이 있으며, 마음챙김의 함양에도 관여할 수 있다(D. Siegel, 2007).

이와 관련된 접근법으로, Neff(2003)는 현대 사회 심리학을 불교 철학의 기본 요소와 통합하여 "자기 존중감"과 타인에 대한 자비와는 구별되는 자기 자비(self-compassion) 이론을 개발하였다. Neff에 따르면 자기 자비는 세 가지 주요 요소를 포함하는데, 자기 친절(self-kindness), 보편적인 인간적 속성에 대한 자각(awareness of our common humanity), 그리고 마음챙김 자각(mindful awareness)이 그것이다. 자기 자비 수준이 높을수록 우울과 불안 수준이 더 낮은 것으로 밝혀졌다(Neff, 2003; Neff, Hseih, & Dejitthirat, 2005; Neff, Rude, Kirkpatrick, 2007). 이러한 관계는 자기비난의 영향력을 통제한 후에도 지속되는 것으로 밝혀졌다. Neff와 동료들이 실시한 연구에서 자기 자비와 긍정심리차원이 정적 상관관계가 있음이 드러났다

(Neff, Rude, et al., 2007). 이들 요인으로는 삶 만족, 사회적 연결감(Neff, Kirkpatrick, & Rude, 2007)과 개인의 주도성 및 긍정정서가 있으며(Neff, Rude, et al., 2007), 이외에도 여러 긍정정서가 포함될 수 있다.

진화론적 관점에서 볼 때, 정서도식치료는 자기 진정 능력의 건강한 기능성을 적응적인 정서조절의 핵심과정인 잘 조율된 애착관계 경험을 기반으로 해석한다. 실제로, 건강하고 적응적인 정서도식의 본질은 자기 자신을 수용하고, 타당화하며, 자신과의 관계에 개방적이고 진심을 다하는 것이 더 건강한 정서적 삶에 이르게 한다는 것이다. 이처럼, 자기 자비의 마음을 키우는 것은 정서도식 기반 접근에서 핵심적인 요소이다.

▌기법: "자애심" 명상(The "lovingkindness" meditation)

설명

"자애심(lovingkindness)"이란 용어는 고대 팔리어 metta를 번역한 것으로, 깊이 배려하는 선한 의지와 모든 존재의 복지에 대한 관심을 의미한다. 이러한 형태의 선의는 보살핌의 대상과는 관련이 없다. 가장 근본적인 수준에서 metta는 보편적인 사랑과 친절을 향한 열망의 한 형태였다. 오래전부터 규칙적인 metta 명상이 실천가 내부에 있는 적대감과 공격성을 멈추게 한다고 믿어왔다. metta 명상이 불면증이나 악몽과 같은 문제를 이겨내도록 돕는 등 더 많은 정신적·개인적 건강으로 이어질 것이라고 생각되어 왔다. 이러한 생각은 오랫동안 자비 명상을 해온 실천가들을 대상으로 한 최근의 신경심상연구에 반영되었는데(Lutz, Brefczynski-Lewis, Johnstone, & Davidson, 2008), 고급수준의 자비명상가들은 혐오자극에 대해 전두엽, 뇌도(insula)와 같이 공감, 사랑, 긍정정서와 관련된 뇌 영역의 활성화가 증가하는 반응을 보였다. 이것은 자비로운 마음 훈련이 정서조절 체계를 위협 기반, 불안감 또는 공격적 반응체계에서 관계적이고, 자비 중심적인 진정체계로 전환하도록 한다는 Gilberts(2009)의 주장을 뒷받침한다.

자애심 명상에서 우리는 적응적인 감정 조절을 더욱 촉진하고 불안과 공격성을 다루기 위해 특별히 고안된 전과학적(prescientific) 개입의 독특한 예를 제시한다. 그것은 현재 경험적 증거에 의해 뒷받침 되고 있다. 연습은 매우 간단하다. 명상가는 자신을 순수하고 자비와 보살핌을 받을 자격이 있는 존재로 시각화한다. 이 심상이 만들어지면, 명상가는 자기 자비를 바라는 문구 예를 들어 "나는 자애심으로 가득찰 것입니다. 나는 평화롭고 평온하며, 나는 잘 될 것입니다"를 암송하기 시작한다. 이러한 시각화와 암송을 하면서 개인은 또한 그러한 감정과 관련된 신체 감각에 초점을 맞춤으로써 자비와 사랑에 대한 직접적인 감각적 경험을 키우게 된다. 이것은 전통적으로 오랜 기간 동안 규칙적으로 훈련하며, 한 번에 약 30분 동안 진행된다. 자기 자비의 마음이 생긴 후에 이 연습은 타인 심지어 분노나 악의적 의도가 있는 사람에 대한 자비의 마음을 기르는 데 사용할 수 있다. 이런 식으로 내담자는 자신이 할 수 있는 만큼 명상 훈련을 계속 유지하면서 자비경험에 점차 익숙해지며, 힘든 감정에 유연하게 머물러 있는 능력 — 이것은 내부로 자비로운 주의를 기울일 때 생겨난다 — 이 증가하게 된다.

개입을 위한 팁과 질문

개입 자체는 이 교재의 앞부분에 자세하게 설명된 마음챙김 훈련의 기본 형태를 따른다. 치료자는 이 훈련의 단계에 따라 내담자를 안내할 것이다. 추후에는 내담자가 기억하거나 유인물에 있는 지침을 대략 암기하거나 길잡이식 자비 명상 녹음을 따라 연습할 수 있다. 사용할 수 있는 길잡이식 자애심 명상의 몇 가지 예가 있다. 또한 치료자가 치료회기에서 실시하는 길잡이식 명상을 녹음하고 내담자에게 이 녹음 사본을 제공하는 것도 권할만한 방법이다. 마음챙김 연습처럼 이 명상도 조용하고 안전한 장소에서 이루어져야 하는데, 내담자는 명상 쿠션이나 똑바로 등을 받쳐주는 의자에 앉거나 바닥에 평평하게 눕는다.

예시

자애심은 우리가 변화시킬 수 없는 것에 맞서 싸우기보다 오히려 힘든 경험에 머물도록 도와주는 자질입니다. 타인에 대해 따뜻하고 자비로운 관심을 갖는 이러한 자질은 안녕감을 키우는 것과 관련이 있습니다. 여기서 안녕감은 의미 있고 보람 있는 삶을 살기 위한 긍정적인 행위로 해석할 수 있습니다. 우리가 지금 시작하려는 명상은 인간 역사상 가장 오래되고 현재까지도 지속되고 있는 "정신 건강" 훈련 중 하나입니다. 2,500년이 넘는 시간 동안 사람들은 조용히 앉아서 자신과 모든 살아있는 존재에 대한 사랑과 감사의 마음을 키우는데 관심을 기울여 왔습니다. 명상을 시작하기 위해 자리를 잡으시고, 자비를 향한 여정을 시작할 때 당신이 수 세기 동안의 동료 여행자들과 열정을 나눈다는 것을 깨닫습니다. 처음에는 약 20분 정도 연습할 것입니다. 나중에 조금 더 시간을 늘리거나 완전하게 연습할 수 있습니다. 다른 명상과 달리 이것은 특정 정서와 특정 심상에 초점을 맞춥니다. 처음에는 이런 연습이 당신이 탐색하려는 것과는 다른 감정을 불러일으킬 수 있습니다. 심지어 어느 정도의 좌절감을 느낄 수도 있습니다. 이 모든 것은 괜찮습니다. 가능한 한 최선을 다해 자신에게 친절하며 인내심을 가질 수 있도록 하십시오. 당신은 지금 매우 색다른 생각과 훈련을 탐험하는 중입니다. 좌절감을 느낄 때, 자신에게 친절함과 인내심을 보내는 것은 자기 자비 능력을 실습하고 심화시킬 수 있는 또 다른 기회를 제공합니다.

시작할 때 등을 받칠 수 있는 의자나 명상 방석에 앉으십시오. 마음챙김 명상에서 했던 것처럼 호흡의 흐름에 주의를 기울입니다. 가능한 한 편안함을 느끼도록 자세를 조금씩 움직여 보십시오. 훈련을 하면서 때때로 자세를 조정하셔도 괜찮습니다. 호흡의 흐름에 주의를 기울이십시오. 숨을 들이마시고 내쉬면서 어떠한 판단도 하지 않고 가능한 한 많이 자신의 호흡을 관찰하십시오. 호흡을 할 때 신체적 움직임에 자각을 모으고, 순간순간 호흡의 흐름을 따라갑니다.

마음속에 자기 자신에 대한 심상을 만듭니다. 자신이 지금 앉아있는 것과 동일한 자세로 앉아있다고 상상하십시오. 자신을 어린 아이의 모습으로 그리고 싶을 수도 있습니다. 이 심상에서 당신은 순수하며, 사랑과 자비로운 마음을 받기에 충분합니다. 자신을 어린 아이로 상상하고 싶지 않다면 지금 현재의 자신을 상상해보십시오. 하지만 친절하고 사랑스런 감사의 마음을 유지합니다. 잠시 동안 모든 존재는 행복하기를 바라며, 고통에서 벗어나고 싶어 한다는 것을 인식하십시오. 모든 사람들은 사랑을 느끼고 친절함과 인정을 받으려는 타고난 동기가 있습니다. 행복하기를 원하고 고통에서 벗어나고자 하는 것이 옳음을 깨달으십시오. 그리고 다음의 말을 조용히 반복합니다. "나는 자애심으로 가득찰 것이다. 나는 잘될 것이다. 나는 평화롭고 평온해질 수 있다. 나는 행복 할 수 있다." 이 말을 반복하면서 마음속에 자신의 심상을 계속해서 유지합니다. 말을 반복할 때의 리듬에 따라 편안하게 호흡하십시오. 부드럽게 하지만 마음은 흐트러지지 않도록 합니다. 당신의 '마음'이 이 말의 의미에 열려있도록 합니다. 조용히 반복하면서, 말 자체의 흐름에 따라 자신을 사랑받는 느낌과 조화시킵니다. 그리고 무조건적인 친절함을 유지합니다. 마음이 방황하는 것은 자연스러운 것입니다. 그때마다 당신이 하는 말과 심상 그리고 느낌을 자각하도록 부드럽게 주의를 기울입니다. "나는 자애심으로 가득 채워질 수 있으며, 나는 행복할 수 있다. 나는 평화롭고 평온함을 느낀다. 나는 행복할 수 있다" 주의가 집중되기도 하고 산만해지기도 하는 것이 자연스럽습니다. 이 훈련을 하는 동안 자신을 따뜻하게 받아들이십시오. 필요할 때마다 당신이 하는 말에 부드럽게 주의를 기울입니다. 시간이 다 되면 그냥 말하는 것을 멈추십시오. 숨을 내쉴 때 자신에 대한 심상 그리고 따뜻한 느낌과 자비심에 대한 주의깊은 관심을 흘려보냅니다. 단지 호흡의 흐름에 몸을 맡깁니다. 숨을 들이마시는 것을 느끼면서 숨을 들이마시고, 숨을 내쉬는 것을 느끼면서 숨을 내쉽니다. 숨을 내쉬면서 눈을 뜨십시오. 그리고 이 연습을 흘려 보냅니다.

과제

자애심 명상을 과제로 내주어 규칙적으로 훈련하도록 할 수 있으며, 지속적인 자비훈련과정의 한 방법으로 규칙적인 훈련을 할 수도 있다. 이 훈련은 하루에 최소 10분에서 15분 정도 소요되지만 한 번에 1시간 이상까지 연습할 수도 있다. 반복적인 훈련 없이 한두 번 정도의 길고 강렬한 명상을 하는 것보다 매일 규칙적이고 지속적으로 연습하는 것이 더 가치가 있다.

내담자는 처음에는 길잡이식 녹음을 따라 연습할 수 있으며 기억을 회상하거나 제공받은 지침을 따라하면서 연습할 수도 있다. 내담자의 일일 훈련과 훈련 중에 관찰되는 것들을 모니터링하는 것이 도움이 된다. 내담자는 양식 7.1을 작성함으로써 자애심 훈련을 더 깊이 탐색할 수 있다.

가능한 문제

많은 내담자들은 자기 자신에게 자비의 마음을 보내는 것이 어렵다는 것을 알게 된다. 학대나 외상, 무시와 같은 발달상의 경험으로 인해 그들은 수치심, 위험 또는 다른 불쾌한 정서들과 자비로운 수용의 경험을 연합시키게 된다. 자비에 대한 생각이 불안을 유발할 때, 내담자가 자기 자비에 접근하도록 돕는데 유용한 몇 가지 단계들이 있다.

이 경우에 발달적 분석과 사례개념화를 공유하는 것이 도움이 될 수 있다. 치료자는 먼저 심리교육을 실시하는데, 인간은 특정한 환경적 사건이 야기되었을 때 위협감지체계를 활성화시키며, 특정 환경사건과 위협감지체계의 활성화의 연합이 학습된다는 개념에 대해 살펴볼 수 있다. 치료자는 사람들이 이러한 위협감지체계의 활성화에 대한 반응으로 자주 안전행동이나 회피행동을 발달시키게 된다는 것을 설명한다.

치료자와 내담자는 내담자의 자비에 대한 두려움에 영향을 미친 발달적 사건과 관계 히스토리를 살펴볼 수 있다. 동시에 이러한 히스토리에 대한 반응으로 발달시켜 왔던 회피와 안전행동을 분리할 수 있다.

치료자는 치료회기에서 반응에 대한 기능분석을 할 수 있다. 치료자가 내담자가 느끼는 자비에 대한 두려움을 타당화하고, 이것에 대해 내담자가 자기 타당화를 하도록 교육시키는 것에 주안점을 두면서 회기 내에서 새로운 반응을 계획하고 연습할 수 있다. 첫째, 내담자는 수치심에 기반한 자기 공격적 인지들을 관찰하고 그러한 인지에서 유발되는 긴장을 완화하기 위해 의식적으로 이들 경험에 주의를 기울이고 깨어있는 것을 배울 수 있다. 이 시점에서 치료회기 동안 짧은 시간 자애심 명상을 연습한 후, 그 경험에 대해 디브리핑을 한다. 그리고 나서 치료자와 내담자는 회기 내에서 사고와 감정을 알아차리는 것, 정서명명하기 그리고 자기 자비적인 자기말(self-talk)로 반응하기를 연습한다.

관련 있는 다른 기법

자애심 연습은 앞서 제시한 마음챙김 기반 활동들과 분명하게 관련되어 있다. 특히 마음챙김 호흡 연습은 자애심 명상의 초기 단계에 도입부로 사용될 수 있다. 이 장의 다음에 나오는 자비로운 마음 훈련은 자비 훈련을 현대적으로 변형하고 발전시킨 것으로, 이 모든 것은 자애심 훈련에서 발견되는 metta 명상과 어느 정도 관계를 갖는다.

양식

양식 7.1: 자애심 훈련 첫 주를 마친 후 자신에게 묻는 질문

▎기법: 자비로운 자기 상상하기(Imagining the compassionate self)

설명

CFT의 목적은 자비로운 관심, 자비로운 생각, 자비로운 행동 등 자비의 여러 측면을 개발하도록 내담자를 훈련시키는 것이다(Gilbert, 2009). 심상기반 기법은 CFT에서 활용하는 기법들 중 가장 두드러진다. 이러한 시각화방법이 정규형태의 불교 훈련의 확장은 아니지만 다양한 불교전통에서 자비로운 심상의 근원을 찾아 볼 수 있다. 티베트인과 일본 Vajrayana 불교학파는 상상력을 사용하여 신화 인물에 대한 다양한 상징적 심상을 명확히 하는 다양한 기법을 갖고 있다. 각각의 인물들은 건강한 관점, 지혜, 자비, 효과적인 행동의 측면을 나타낸다. 이 기법은 고통으로부터 자유로워지는데 도움이 되는 자질을 경험적으로 연결하는 것을 목적으로 한다. 예를 들어, 어떤 명상가는 자신의 마음속에 자비로운 보살의 심상을 만들고, 보살이 숨 쉬는 리듬에 따라 숨을 들이 마시고 내쉬는 것을 상상할 수 있다. 신화적 인물이 입고 있는 옷과 얼굴의 세부적인 부분과 색을 생생하게 상상할 수 있다. 그러한 시각화 작업에서 명상가는 상상 인물의 자세와 손짓을 따라할 수도 있으며, 명상하는 동안 깊이 느껴지는 자비로운 마음의 정서적 경험에 접근하려고 시도할 수 있다.

CFT 훈련들이 반드시 종교적 혹은 영적인 도상학(아이코노그라피, iconography)을 연상시키는 것은 아니다. 사실 자비로운 자기 훈련은 연기 연습을 정신건강개입에 적용함으로써 내담자의 정서 상태에 접촉하고 그것과 더 잘 관계하려는 임상가의 개입에서 일부 영감을 받았다(Gilbert, 2009). 자비로운 자기 훈련은 내담자가 자기 자비를 체험적으로 알 수 있도록 안내하기 위해 다중체계형태의 역할극에 참여할 수 있도록 한다.

자기 자비와 정서에 대한 자기 타당화는 위협에 초점을 맞춘 정서처리 체계에서 위안(soothing)을 통해 느껴지는 안전감, 즉 관계 지향적 정서조절 체계의 활성화로 전환하도록 촉진한다. 이것은 상상력을 사용함으로써 가능하다. 성적인 심상을 상상하는 것이 성적 반응을 활성화하는 것처럼, 자비로운 심상을 상상할 때 자비 반응을 활성화 할 수 있다. 이러한 자비반응은 관계적인 진정과정(affiliative soothing processes)을 포함한다(Gilbert, 2009). 이런 식으로 자비로운 자신을 상상하는 훈련은 감정 조절을 위한 직접적인 방법이다. 아래 예시는 감정 조절에 사용되는 CFT(Gilbert, 2009)를 기반으로 하고 있으며, 정서도식치료의 목적에 맞춰 수정되었다.

개입을 위한 팁과 질문

"당신의 이상적이고 자비로운 자기는 어떤 모습입니까? 자비로운 사람과 연결시킬 자질에는 어떤 것이 있습니까? 만일 당신이 가능한 한 지혜롭고, 정서적으로 강인하며, 친절하다고 가정한다면 당신은 어떤 자세를 취할 수 있습니까? 용서하고 긴장을 푸는 것이 어떻게 느껴집니까? 만일 당신이 스트레스 상황에서 조차 사랑스럽고, 평온한 상태를 유지한다고 가정하면 당신은 어떤 얼굴표정을 지을 것입니까?"

예시

시작합니다. 몸 안으로 숨이 들어오고 나가는 흐름을 자각합니다. 눈을 감습니다. 편안함을 느낄 수 있도록 몸을 자유롭게 움직여 앉은 자세를 조정할 수 있습니다. 연습 중에 때때로 몸을 조금씩 조정할 필요가 있다고 느낄 수 있습니다. 이것은 너무나 자연스러우며, 연습 과정에서 얼마든지 할 수 있습니다. 다시 한 번, 호흡의 흐름에 주의를 기울이십시오. 호흡의 리듬을 조절하거나 특정한 패턴이나 상태를 만들 필요가 없습니다. 단지 호흡합니다. 숨을 들이마신다는 것을 느끼면서 숨을 들이마시고, 숨을 내쉰다는 것을 느끼면서 숨을 내쉽니다. 발바닥에 주의를 기울이면서 땅과 연결되는 느낌을 느껴보십시오. 의자에 앉아서 등을 똑바로 세우고 지탱할 수 있어야 합니다. 잠시 시간을 내어 몸 전체에 주의를 기울이십시오. 그런 다음, 방 안의 소리에 주의를 기울이십시오. [몇 초간 멈춤] 이제 방 바깥에서 들리는 소리에 주의를 기울이십시오. [몇 초 동안 더 멈춤] 더 멀리 있는 소리에도 주의를 기울이십시오. 다음으로, 당신의 눈에 주의를 기울이십시오. 당신의 눈은 오랜 시간 동안 밖을 바라보았습니다. 잠시 시간을 내어 당신이 두 눈으로 본 외부의 사람에 대하여 얼마나 많은 서로 다른 이야기들을 자신에게 해왔는지를 깨닫습니다. 사람들은 자신에 대한 서로 다른 측면들을 많이 가지고 있습니다. 그리고 각 측면들은 매 순간 관심을 받기 위해 그리고 행동을 통제하기 위해 경쟁합니다. 다시 자연스럽게 숨을 들이마시고, 당신의 몸 전체에 주의를 기울이면서 호흡을 합니다.

이 순간 가장 자비롭고, 따뜻하며, 보살펴주는 자기의 측면이 드러나도록 하세요. 상상력을 발휘해서 자비스러운 자기에 대한 심상을 만듭니다. 당신이 가지고 있는 모든 친절함과 직관적인 지혜가 얼굴표정에 담겨지도록 하세요. 입술을 부드럽게 위로 올려 반만 미소 짓도록 합니다. 그렇게 함으로써 이 순간 당신은 자비의 표정을 짓고 있습니다. 당신의 마음이 꾸준히 그리고 서서히 자비로운 자기의 심상을 만들어나갑니다. 우리는 이 심상에 특정한 성질을 부여할 것입니다. 이 심상은 지혜를 가지고 있습니다. 이 심상은 강점을 가질 것입니다. 이 심상은 비난하지 않을 것입니다. 이 심상은 따뜻함을 발산할 것입니다. 이 훈련을 하는 동안, 바로 지금 이 순간에 당신은 어떠한 구속도 없이 자유롭게 상상할 수 있습니다. 자비로운 자기에 대한 심상은 당신이 일상생활에서 보여지기 위해 상상하는 "당신"과 닮을 필요가 없습니다. 자비로운 자기에 대한 심상은 과거의 누군가 혹은 가상이나 신화적 인물을 닮을 수도 있고, 당신에게 의미 있는 특성들을 조합한 것일 수도 있습니다. 마음챙김 훈련을 할 때, 때때로 심상에 주의를 기울이지 못할 수 있습니다. 이것을 알아차리면 가능한 한 최선을 다해 부드럽고 친절하게, 숨을 들이마시면서 심상에 다시 주의를 기울입니다. 자비로운 자기의 심상이 어떻게 보이길 원하십니까? 그것은 당신의 모습과 유사합니까? 사람의 심상입니까? 파도와 같은 자연의 힘에 대한 심상인가요? 여성심상입니까? 아니면 남성심상입니까? 자비로운 자기의 소리는 어떻습니까? 자비로운 자기의 눈으로 밖을 바라본다고 상상합니다. 이 순간 당신은 마음깊이 따뜻하고, 사랑스러우며, 강인하고, 자비로운 존재입니다. 당신이 갖고 있는 평온함과 지혜를 인식합니다. 자비로운 마음이 생길 때 동반되는 신체적인 감각을 느껴보십시오. 광대하고 깊은 친절함이 갖는 강점과 치유의 특성을 인식합니다. 이러한 따뜻함과 친절함, 강력한 자비로움으로 가득찬 강점의 보물상자가 당신 안에 존재한다는 것을 인식하십시오. 잠시 동안 이 심상에 머물러보십시오. 당신이 필요로 하는 만큼 당신 자신이 인식하고 느끼도록 하십시오. 당신이 진정으로 커다란 친절을 베풀 수 있다는 것을 인식하고 느끼십시오. 다음으로 자연스럽게 숨을 들이마십니다. 숨이 몸으로 흘러가는 것에 주의를 기울이십시오. 숨을 내쉬면서 자비로운 자기의 심상을 놓아줍니다. 숨을 들이마시면서 자신이 숨을 들이마시고 있다는 것을 느낍니다. 숨을 내쉬면서 자신이 숨을 내쉰다는 것을 느낍니다. 발바닥에 주의를 기울입니다. 정수리에 주의를 기울입니다. 그리고 발바닥과 정수리 사이에 있는 모든 것에 주의를 기울입니다. 다음으로 방 안의 소리에 주의를 기울이십시오. [몇 초 동안 멈춤] 이제 방 바깥의 소리에 주의를 기울이십시오. [몇 초 더 멈춤]. 더 멀리 있는 소리에도 주의를 기울이십시오. 가능한 한 숨을 내쉬고 완전히 이 훈련을 놓아줍니다. 잠시 시간을 가집니다. 눈을 뜰 준비가 되면 일상의 것들에 부드럽게 주의를 기울입니다.

그리고 하루 종일 당신에게 자비를 베풀도록 하십시오. (Gilbert(2009)의 교재에 있는 훈련을 기반으로 수정하였음)

과제

이 훈련을 구조화된 명상의 형태로, 정해진 요일이나 일주일 간격으로 수행할 수 있다. 이 경우, 내담자들은 훈련에 필요한 시간을 마련할 계획을 세운다. 대안적으로 일상적인 활동을 하면서 기회가 생길 때마다 이것을 연습할 수 있다. 이런 방법으로 내담자는 자비로운 마음에 점차 접근할 수 있게 되고, 자비로운 관점 그리고 자기타당화의 관점과 더 잘 만날 수 있다. 또한 내담자는 양식 7.2를 작성하여 자신의 자비로운 자기들을 더 깊이 탐색하는 데 도움을 받을 수 있다.

가능한 문제

어떤 내담자들의 경우 자기 자비 훈련에 참여하는 것이 자의식이나 심지어 자기 자비와 연합된 수치심과 자기비난을 불러일으키기도 한다. 이것은 대인관계학습의 히스토리 그리고 남용이나 무시, 또는 유기와 수치심과 관련된 어린 시절 가족관계에서의 힘든 경험 때문이다.

따라서 그러한 기법을 소개하는 치료자는 정서 타당화를 중요하게 여기면서 작업 속도를 느리고 일관되게 유지하는 것이 바람직하다. 자비로운 마음 훈련의 과정에서 발생하는 정서와 사고에 대해 소크라테스식 문답법과 길잡이식 탐색을 하는 것이 치료과정에 필수적인 요소이다. 예를 들어, 내담자가 자비로운 자기의 심상을 만들 때, "당혹스러움"을 느낀다고 보고할 수 있다. 치료자는 이것이 당혹스러움이나 부끄러움 같은 정서를 자연스럽게 유발할 수 있는 색다른 훈련이라는 점을 설명하고, 내담자가 경험하는 정서 반응을 타당화하면서 시작할 수 있다.

그 뒤 치료자는 치료회기에서 그 순간에 어떤 자동적 사고가 일어났는지 물어볼 수 있다. 만일 내담자가 "바보같이 보일 것이다" 또는 "나는 이것을 할 수 없다"와 같은 자기비난이나 수치심을 토대로 하는 사고를 보고한다면, 치료자는 대안적이고, 자비로운 사고방식을 검토할 수 있다. 예를 들어, 내담자는 스스로에게 "조금 당황스럽지만 나는 지금 안전한 상황에 있어. 그리고 나는 자기 자비가 어떤 느낌인지 알아보기 위해 약간의 시간을 할애할 수 있어"라고 말할 수 있다.

자비로운 자기 훈련의 일반화를 위해 내담자가 일상생활에서 실제로 하고 있는 것에 주의를 기울이는 것이 중요하다. 치료자는 내담자와 함께 자비로운 마음이나 마음챙김 훈련에 주의를 온전히 기울이는 것이 안전하고 기능적인 일상적 상황에 대해 검토해야 한다. 예를 들어, 자비로운 자기 심상을 생각하면서 객실 바닥을 진공청소기로 청소하는 것이 가능하다. 그러나 한낮에 도시의 복잡한 도로를 운전할 때 자비로운 심상에 상당한 양의 주의를 기울이는 것은 훨씬 더 많은 문제를 일으킬 수 있다.

관련 있는 다른 기법

자비로운 자기를 상상하는 훈련은 자애심과 자비로운 편지쓰기 훈련과 직접적인 관련이 있다. 이 연습은 마음챙김에 기초하며, 마음챙김의 호흡 훈련과 관련이 있다. 자비로운 자기 상상하기 연습은 일반화 훈련(generalization practice)의 한 형태로 사용될 수 있으며, 3분 호흡 공간 만들기와 마음챙김 요리 연습과도 명백하게 관련이 있다.

양식

양식 7.2: '자비로운 자기 상상하기 첫째 주'를 마친 후 자신에게 묻는 질문

기법: 자비로운 편지쓰기(Compassionate letter writing)

설명

여러 형태의 심리치료들이 편지쓰기와 내러티브 등의 기법을 치료에 적용하고 있다(Pennebaker & Seagal, 1999; Smyth & Pennebaker, 2008). 이 연습은 도식(schema)의 근원에게 편지쓰기(Leahy, 2003b; Young et al., 2003), 억압된 감정을 표현할 대상에게 보내지 않는 편지쓰기(Mahoney, 2003), 그리고 표현적 글쓰기를 사용하는 다른 형태의 내러티브 노출 등과 같이 다양한 형태와 목적으로 사용될 수 있다. 이 연습은 간단한 편지쓰기 행위를 통해 내담자가 더 자비롭고 깨어있는 마음챙김의 관점에 접근하도록 훈련한다. 자비로운 편지쓰기 훈련은 CFT(Gilbert, 2009, 2010)의 유사한 훈련을 그리고 Neff(Gilbert, 2009; Neff, 2003)가 개발한 연습을 수정한 것이다.

치료자는 자비로운 편지쓰기를 과제의 한 형태로 사용하거나 치료회기 중에 진행할 수 있다. 내담자가 자기 친절, 보편적인 인간성에 대한 감각(a sense of our common humanity) 그리고 마음챙김의 자비로운 마음으로 자신에게 편지를 쓰도록 한다(Neff, 2009). Gilbert(2009)는 자비로운 편지쓰기에 참여하는 것이 위협중심적 정서체계를 낮추고, 불안과 판단으로 인해 야기되는 정서와 자동적 사고를 줄일 수 있다고 제안한다.

양식 7.3은 자비로운 편지쓰기의 과제 버전으로, 자세한 지침이 제시되어 있다. 이 연습은 혼자 할 수 있는 과제로 설계되었으나, 치료자가 이것을 주의 깊게 검토하고, 설명할 것을 권한다.

개입을 위한 팁과 질문

"당신에게 무조건적인 자비, 사랑, 그리고 수용을 지속적으로 보이는 친절하고 지혜로운 친구를 상상할 수 있습니까? 당신이 수치심과 자기공격에 빠지기 시작할 때 그 친구는 당신에게 어떤 말을 할까요? 우리 모두가 후회와 두려움, 투쟁하는 느낌을 지니고 있다는 것을 자신에게 상기시킬 수 있습니까? 모든 인간이 고통과 죄책감, 후회를 느낀다는 것을 인정하고, 고통이 당신을 고통 이외의 인간성과 연결시킨다는 것을 인식하기 위해서 자신의 사고와 감정의 흐름에서 한발짝 물러설 수 있습니까? 사랑하는 친구가 당신에게 의미 있고 건강한 삶을 살기 위한 행동에 도움이 되는 제안을 한다면, 그 제안의 음색과 느낌은 어떨까요? 당신이 꽃을 피우며 살도록 하기 위해 당신의 지혜롭고 적응유연성이 있으며, 보살핌을 주는 친구는 당신에게 상처를 주려고 할까요? 아니면 당신을 지지해주려고 할까요?"

예시

이 연습을 시작할 때 잠시만 시간을 갖고, 호흡의 흐름에 온전히 주의를 기울입니다. 어떤 특별한 목적 없이 숨이 몸 안으로 들어가고 나오는 리듬과 흐름을 관찰합니다. 바닥에 놓인 발에, 의자 위 엉덩이에, 곧추서서 지탱하고 있는 척추의 느낌에, 그리고 정수리에 주의를 기울입니다. 이 순간 신체적 감각이 느껴질 때마다 알아차리십시오. 당신이 숨을 들이마신다는 것을 느끼면서 숨을 들이마십니다. 당신이 숨을 내쉰다는 것을 느끼면서 숨을 내쉽니다. 당신 앞에 연필과 종이 몇 장이 있습니다. 당신의 속도에 맞춰 연습할 시간이 충분이 있습니다. 그러니 조금도 서두르지 마십시오. 지금은 자신의 지혜롭고, 친절하며, 비난하지 않는 자기의 측면과 연결되는 느낌을 갖고, 그러한 관점으로 이야기를 하는 시간입니다. 서두를 필요가 없습니다. 자비로운 자기를 상상하고 체험했던 우리의 훈련을 기억할 것입니다. 만일 그것이 당신에게 도움이 되었다면, 시작하면서 마음속에 이 심상을 만듭니다. 당신 자신을 친절한 존재로, 정서적으로 강인하며, 적응유연성이 있는 존재로, 사랑스럽고 수용적인 존재로 상상합니다. 이것이 오늘 당신이 당신의 편지로 가져올 목소리입니다. 당신은 이해심 있고, 자기 수용적이며, 마음이 넓은 관점으로 편지를 쓸 것입니다. 이런 방식으로 우리는 당신이 태어날 때부터 가지고 있었던 지혜와 접촉하고, 그것에 목소리를 부여합니다.

시작할 때, 자기를 수용하고 타당화하는 간단한 행위를 떠올려 봅니다. 당신이 현재 겪고 있는 고통에 대한 여러 가지 좋은 이유가 있습니다. 당신의 두뇌와 마음은 지구상에서 수백만 년 동안 진행된 삶을 통해 등장하였고, 진화해왔습니다. 당신은 특정한 압력과 복잡한 현대사회환경을 다루도록 설계되지 않았습니다. 당신의 학습역사는 당신에게 고통을 유발하는 어려운 도전과 상황들을 안겨주었습니다. 당신은 투쟁하는 것이 삶의 자연스러운 부분이며, 당신의 잘못이 아니라는 것에 대해 자비로운 이해심을 갖고 개방적일 수 있습니까?

잠시 한발 물러서 매 순간 떠오르는 사고와 감정의 흐름을 관찰하십시오. 당신 앞에 정신적 사건이 펼쳐지는 이러한 과정을 지속하십시오. 그리고 마음의 내용물이 영원히 지속되지 않는다는 것을 인식합니다.

사랑하는 친구에게 줄 기본적인 친절함 그리고 보살핌과 되도록 많이 연결합니다. 당신은 후회를 느낄 수도 있고, 죄책감을 느끼는 행동에 참여했을 수도 있습니다. 달성해야 하는 목표가 있을지도 모릅니다. 당신은 자신에게 매우 화가 나서 자신을 공격하는 말을 할 수도 있습니다. 만일 당신이 진심으로 사랑하는 친구에게 커다란 친절을 베풀면서 이 편지를 쓴다면, 당신은 무슨 말을 하고 싶습니까? 편지에 무엇을 적으시겠습니까? 친구의 고통을 타당화하지 않겠습니까? 친구가 했던 것이 무엇이든지 간에 여전히 사랑과 친절함을 받을 자격이 있다는 것을 알게 하기 위해서 친구에게 손을 내밀지 않습니까? 친구가 더 큰 안녕감과 의미를 느끼는 삶을 살기 위한 행위를 하도록 돕지 않겠습니까?

편지를 쓸 때, 현재 상황을 더 나아지게 하기 위해 당신이 어떤 자비로운 행동을 취할 수 있는지 생각해봅니다. 지금 어떤 종류의 자비로운 관심을 당신의 삶에 기울일 수 있습니까? 어떻게 하면 당신은 가능한 한 충분한 이해심과 인내심을 갖고 당신 자신과 함께 할 수 있습니까? 다음 몇 분 후에 자비로운 편지를 작성합니다. 이 편지는 자비로운 자기에게 목소리를 주는 것입니다. 편지를 다 쓰면 우리는 그것을 함께 읽고 연습에 반영할 것입니다.

과제

양식 7.3의 편지쓰기 훈련을 치료회기 중에 실시하거나 과제로 내줄 수 있다. 과제로 사용한다면 치료자는 연습을 자세하게 설명하고 치료회기에서 연습 과정을 시작해야 한다. 양식 7.3은 혼자서 연습할 수 있도록 훈련 지침을 제공하고 있다. 이 연습을 과제로 수행하는 것에는 몇 가지 이점이 있다. 과제수행에 한 회기보다 더 많은 시간이 소요될 수 있기 때문에, 편지쓰기를 과제로 부여할 때 내담자가 서두르지 않고 이 연습에 깊이 참여할 수 있는 충분한 시간을 가질 수 있도록 한다.

가능한 문제

많은 내담자들은 자신의 개인사에서 자기 자비나 긍정적인 자기존중에 대한 두려움 또는 혐오감을 초래하는 경험을 해왔을 수 있다. 그들은 아동기 학대, 심각한 거부나 수치스러움, 외상적 기억, 혹은 거리를 두며 타당화하지 않는 부모의 양육행동을 경험해 왔을 수 있다. 결과적으로 자비로운 목소리를 활성화하는 것이 힘들거나 처벌받는 것에 대한 두려움을 유발할 수 있다. 치료자는 자기 자비의 과정에서 떠오르는 기억이나 자기 자비 경험을 저항하게 하는 신념들에 대해 질문할 수 있다. 예를 들어, 내담자가 "나는 정말로 이러한 것을 받을 자격이 없다. 나는 나쁘다"라고 말할 수 있다. 추가적인 질문을 통해 이러한 신념을 유발하는 경험을 검토하고 어린 자기 자신을 폄하하고 수치스러워하는 방식으로 대할 것인지에 대해 검토할 수 있다. 치료자는 "만일 당신이 자기 자신에게 자비와 친절한 마음을 보낼 수 있다면 당신에게서 어떤 것이 달라졌을까요?"라고 물을 수 있다.

많은 내담자들은 자기 자비와 자기에게 관대한 것을 연결시키기도 한다. 그들은 더 큰 성취로 나아가기 위해서 혹독하게 자기비난을 하는 것이 필요하다고 믿는다(Neff, 2003). 치료자는 이를 해결하기 위해 인지재구조화 기법이나 탈융합 기반 개입을 사용해서 내담자의 이같은 가정에 대한 기능분석을 할 수 있다. 이런 경우에도 심리교육이 유용할 수 있다. 실제로 자기 자비가 높을수록 개인적 주도성과 삶만족이 더 큰 것으로 드러나 유의한 상관관계가 있는 것으로 드러났다(Neff, 2003; Neff, Rude, et al., 2007). Neff(2009)에 따르면 자기 자비적인 개인은 성취하려는 동기가 있지만, 이 목표가 자신의 자아상을 개선하려는 동기에 의해 추동되지 않는다. 오히려 자신의 잠재력과 웰빙을 극대화하려는 자비로운 욕구에 의해 추동된다(p. 8).

관련 있는 다른 기법

앞서 언급했듯이 마음챙김은 자주 자기 자비의 한 요소 또는 전조로 여겨진다(Gilbert, 2009, Neff, 2009). 따라서 자비로운 편지쓰기 연습의 준비과정에서 마음챙김 기반 일반화 훈련뿐만 아니라 마음챙김 호흡이 도움이 될 수 있다. 자비로운 편지쓰기 연습은 자애심, 자비로운 타인 그리고 자비로운 자기 상상하기 연습에 있는 것과 동일한 자비로운 마음 훈련 과정의 한 부분이다. 또한 자기타당화와 타인 타당화 기법도 도움이 될 수 있다.

양식

양식 7.3: 자기 자비 편지쓰기

▌결론

    자비로운 마음 훈련은 인간이 친절함과 관계성에 반응하도록 진화되어왔고, 자비는 인간의 진정능력을 직접적으로 활성화한다는 지식에 기초한다. 이러한 기법 중 일부는 전과학적인 관행의 변형이지만, 정서신경과학, 사회심리학 및 진화론에서의 증거는 자기 자비 훈련이 내담자의 정서조절 능력을 향상시킬 수 있음을 시사한다. CFT는 임상가에게 세 가지 정서조절 체계, 즉 위협감지, 인센티브/자원중심, 관계중심 체계를 포함하는 특정 모델을 제시한다. 이 모델은 현재 논의 중인 감정조절이론의 범위를 명료화하고 단순화한 것으로, 이 책에서 많은 부분을 다루었다. 자비중심 기법은 여기에서 제공된 정서조절 방법들과 함께 사용할 수 있으며, 마음챙김, 기꺼이 경험하기, 자기자비의 조화는 어떤 치료양식을 사용하는가와 관계없이 정서조절을 다루는데 기초가 될 수 있다.

08
정서 처리 강화
(Enhancing Emotional Processing)

정서중심치료(Emotion-Focused Therapy, EFT; Greenberg, 2002)는 근거기반 단기치료법으로, 인본주의 심리치료의 전통에서 출발하였다. EFT는 정서와 애착 이론을 근거로 삼아, 심리치료적 관계 그 자체가 "정서를 조절하는 접착체(affect regulating bond)"로서 정서조절 기능을 수행한다고 가정한다(Greenberg, 2007). 심리치료적 관계와 관여될 것으로 가정되는 과정들은 수용, 공감, 현재의 순간에 초점 맞추기, 타고난 인간의 관계적 진정체계의 활성화 등 지금까지 설명한 다른 접근법의 요소들과 유사하다. 정서도식에 대한 개념도 정서에 대한 Greenberg의 EFT 관점과 일치한다(Leahy, 2003b). Greenberg는 정서 경험에 도전하는 반응으로, 치료적 관계를 통해 정서 지능과 폭 넓은 정서조절 기법을 키우는 것을 전제하였다. 정서도식치료가 어떻게 개인이 정서와 관계하는지에 대한 초경험적 신념과 전략을 다룬다는 점에서, 이것은 정서도식치료의 목표와 매우 유사하다. 이외에도 정서도식치료와 EFT 둘 다는 정보처리과정에 있어서 정서 경험의 적응적 기능을 인정한다. 예를 들어, EFT 이론은 정서가 그 속에 인지내용을 담고 있으며, 정서를 활성화하면 그 인지내용을 더 명확하게 이해할 수 있다고 주장한다(Greenberg, 2002).

EFT에서 치료적 관계는 심리치료적 변화를 가능하게 하는 중심 과정으로 이해된다. Greenberg와 Watson(2005)에 따르면 치료적 관계는 두 가지 주요 방식으로 작동한다. 첫째로, 관계는 두 사람 간에 서로 진정시키는 기능을 함으로써 직접적인 정서조절을 하도록 한다. 내담자는 두 사람 간에 일어나는 경험을 일반화하고 내면화함에 따라 스스로 진정시킬 수 있는 능력이 더 커지게 된다. 둘째, 치료적 관계는 내담자가 정서적으로 깊어지는 경험을 하며, 효과적인 정서조절에 필요한 구체적인 기술을 향상시킬 수 있다.

EFT 치료자는 내담자가 정서적 경험을 하도록 안내하는 것과 내담자의 정서적 방향을 따르는 것 사이를 반복하면서, 매우 협력적인 자세로 작업한다(Greenberg, 2002). EFT 기법들에서 치료자는 일반적으로 "정서코치"의 역할을 하며(Gottman, 1997), 내담자의 정서조절 능력과 힘든 정서 상태에 대한 인내력을 점진적으로 촉진시킨다.

EFT에서 인지는 전반적인 정서처리과정의 구성 요소로 간주되지만, 조절역할을 하는 유일한 요소로 보지는 않는다(Greenberg, 2002). 이 패러다임 내에서 인지가 정서에 영향을 미치는 것과 마찬가지로 정서도 인지에 영향을 미칠 수 있다. 심지어 정서 자체가 다른 정서를 조절하는 데 사용될 수도 있다. EFT에서 "평가(appraisal)와 정서(emotion)는 정서적 의미를 만들기 위해 동시에 발생하는 것으로 간주 된다"(Greenberg, 2007). 실제로 Greenberg와 Safran(1987)은 정서가 "정동(affect), 동기, 행동의 수준 높은 통합"이라고 가정한다(Greenberg, 2002, p. 10). 통합적이고 상호의존적인 인지적·정동적 기능성(cognitive- affective functioning)에 대한 이러한 개념화는 정서 지능의 한 형태로 이해될 수 있다. 결과적으로, 정서 코칭은 정서 지능의 개발 및 적응적인 정서처리과정을 향상시키는 훈련으로 볼 수 있다.

정서 지능은 정서와 관련 있는 개인의 다차원적 능력을 의미하는 것으로, 정서식별, 정서표현, 정서평가, 정서이해, 정서적 감정의 촉진(generating emotional feeling), 정서에 대한 자기 및 타인조절(regulating emotion in self and other), 정서지식의 활용 등이 포함된다(Greenberg, 2002; Mathews, Zeidner, & Roberts 2002; Mayer & Salovey, 1997). Goleman이 Mayer와 Salovey를 정서 지능을 개념화한 선구자로 인정했음에도 불구하고(Goleman, 1995), 이 개념은 Daniel Goleman의 베스트셀러인 정서 지능(Emotional Intelligence: EI)을 통해 널리 알려졌다. Mayer와 Salovey모델은 정서 지능이 정서처리와 관련된 지능체계로 구성되어 있다고 주장하였다(Mayer Salovey, & Caruso, 2000). 이 모델은 정서 지능이 일반 지능과 유사한 방식으로 기능하며, EI 평가 방법, EI 발달이론 및 EI 연구의 확장(Mathews et al., 2002)으로 이어진다고 하였다. Ciarrochi, Mayer와 동료들은 정서 지능에 대한 응용적·임상적 정의를 제시하였으며, 이것은 정서조절 기법들과 관련이 있다(Ciarrochi, Forgas, & Mayer, 2006; Ciarrochi & Mayer, 2007). 이러한 관점에서 정서 지능은 "개인이 힘든 정서나 정서가가 담긴 사고를 하는 맥락에서도 자신의 가치에 일치하는 행동을 할 수 있는 정도"를 나타낸다(Ciarrochi & Bailey, 2009, p. 154).

이 장에 제시된 기법은 부분적으로 정서중심치료에서 파생되었으며, 내담자의 정서처리과정을 강화하는 것을 목표로 한다. 정서 지능을 강화함으로써 내담자는 자신의 정서 경험을 더 잘 이해할 수 있게 되고, 보다 유연하고 적응력 있는 방식으로 자신의 정서와 관계할 수 있다.

▌기법: 정서적 알아차림 강화하기 (Enhancing emotional awareness)

설명

정서처리에서 가장 중요한 첫 번째 과정은 자신의 정서를 알아차리고 선택적으로 주목하는 능력을 훈련하고 향상시키는 것이다. 앞에서 살펴보았듯이 마음챙김 연습은 내적인 경험으로부터 탈중심화하여, 그것을 관찰하기 위한 도입과정으로 유용하게 활용할 수 있다. 마음챙김 자각을 함양하는 것 이외에도, 내담자가 자신의 정서 경험을 관찰하고(observe) 기술하고(describe) 탐색(explore)하는 능력을 훈련하는 것이 유용하다.

EFT는 내담자가 자신의 정서 경험에 주의를 기울이는 연습을 시작할 수 있는 몇 가지 방법을 제시한다(Eliot, Watson, Goldman, & Greenberg, 2003; Greenberg, 2002). 내담자는 신체 감각에 주의를 기울이고, 신체의 어느 부위에서 정서를 경험하고 있는지 질문하는 것으로 시작할 수 있다. 예를 들어, "불안할 때 나는 어깨가 긴장되고 이가 갈리는 것 같은 느낌을 인식합니다." 그들은 정서에 이름을 붙이고, 정서 경험과 관련된 사고들을 확인하며,

삶에서 그것이 갖는 기능을 검토할 수 있다(Greenberg, 2002). EFT는 일차 정서과 이차 정서를 구별한다. 일차 정서는 세상의 자극에 대한 직접적인 정서적 반응을 나타내며, 이차 정서는 정서에 대한 정서를 나타낸다. 정서처리과정에서 이 요소들을 구분하는 것은 EFT 정서 코칭의 중요한 부분이다.

이 책에는 내담자가 정서 자각을 향상시키기 위해 연습할 수 있는 두 가지 양식을 제공하는데, 양식 2.3: 감정 기록지(Greenberg, 2002)와 양식 8.1: 정서 자각을 강화하기 위해 자신에게 묻는 질문이 그것이다(Greenberg & Watson, 2005). 이 양식을 사용하는 것과 관련한 구체적인 사항은 과제 부분에서 논의된다.

내담자가 정서자각 향상을 위해 구조화되고, 신뢰로우며, 반복 가능한 훈련을 하도록 EFT 치료자는 통상적으로 감정 기록지를 사용한다(Greenberg, 2002). 이 도구는 내담자가 일상적으로 발생하는 상황과 정서를 확인하는 간단한 방법을 제공한다. 치료자는 내담자에게 매일 자신의 정서에 주의를 기울이도록 요청할 수 있다. 내담자는 자신의 정서를 알아차리기 위해 내적인 신체 단서에 주의를 기울이는 것을 배워야 한다. 외부 단서 또한 중요하며, 내담자는 일반적으로 정서적인 반응을 유발하는 특정 상황에서 정서 경험에 주의를 기울이는 법을 배울 수 있다. 정서를 자각하면 내담자는 양식 2.3을 사용하여 매일 어떤 정서가 나타나는지 간단히 기록할 수 있다.

양식 8.1(정서 자각을 강화하기 위해 자신에게 묻는 질문)은 정서 경험을 향상시키는 것을 목적으로 하는 직접적이고 단계적인 개요형식의 질의응답으로 구성되어 있다. 그것에는 내담자가 스스로에게 묻는 일련의 일상생활 질문이 제시되어 있다. 내담자는 이 질문에 대한 응답을 기록한 다음 치료회기에서 치료자와 함께 검토한다. 이 질문들은 정서처리과정에 대한 많은 면들을 조명하고 있다. 예를 들어, 내담자는 정서와 연합된 신체적 경험, 정서에 부여하는 이름, 정서를 수반하는 사고에 대한 질문을 받는다. 또한 내담자는 자신이 혼합된 정서를 겪고 있는지에 대한 질문을 받으며, 만일 그렇다면 경험하고 있는 정서를 구체화하도록 요청받는다. 내담자는 이러한 정서 경험에 관여된 행동추동뿐만 아니라 정서와 관련된 개인적인 욕구를 명확히 하도록 요구받는다. 이런 방식의 훈련을 통해 정서 지능의 차원을 구성하는 정서처리의 측면들을 연습하고 잠재적으로 강화시킬 수 있다.

개입을 위한 팁과 질문

"오감(시각, 청각, 후각, 미각, 촉각)을 사용하여 당신은 주위에서 무엇을 알아차릴 수 있습니까? 내면으로 자각을 돌려서, 이 순간 몸에서 어떤 신체적 감각을 느낄 수 있습니까? 몸의 어느 부분에서 지금 느끼는 정서와 관련된 감각을 경험하고 있습니까? 당신이 느끼는 정서에 어떤 이름을 붙일 수 있을까요? 이 정서와 연합된 어떤 생각들이 당신의 마음에 지나가고 있나요? 이 정서적 상태와 연합된 욕구나 바람은 무엇입니까? 정서와 함께 어떤 행위추동이 나타납니까? 이것은 명확하게 정의할 수 있는 하나의 정서인가요? 아니면 복합적인 정서를 경험하고 있나요? 만일 그러하다면 당신이 느끼는 정서들에 어떤 이름을 붙이겠습니까?"

예시

다음은 일에 집중할 수가 없다고 호소하는 내담자의 예이다. 이것이 내담자의 주호소문제이지만, 그녀는 아버지의 폐암치료에 대해 매우 슬프고 두려워하는 것처럼 보였다. 내담자는 아버지의 치료에 대한 자신의 반응을 치료의제에 포함하기를 원하지 않았다.

내담자: 이번 주에는 너무 스트레스를 많이 받아서 일에 집중하고 마무리하는 것이 상당히 어려웠어요.

치료자: 스트레스를 받았다구요?

내담자: 예. 일주일 내내 아버지의 병이 신경 쓰여서 일이 손에 잡히지 않았어요. 마감일을 지킬 수 있을지 정말 걱정이에요. 상사가 정말 까다롭거든요. 뭐가 문제인건지 기운을 내서 일을 마칠 수가 없어요.

치료자: 아버님이 당신 마음에 있다는 말이 많은 의미가 있네요. 그렇죠? 아버님이 어려움에 처해있고, 의학적인 치료를 받아야 한다는 것을 알겠어요. 특히 지난주 얘기 나눴던 것을 보더라도 아버지에 대한 걱정을 많이 하고 있다는 것을 알겠어요.

내담자: 이 모든 것이 일에 방해가 되지 않았으면 좋겠어요.

치료자: 네. 알겠습니다. 우리의 정서는 자신의 스케줄대로 나타나죠. 그리고는 종종 우리에게 많은 것을 묻습니다. 지금 기분이 어떠신가요?

내담자: 지금요?

치료자: 네. 지금 이 순간에 당신이 어떤 기분인지 설명해 줄 수 있나요?

내담자: 잘 모르겠어요. 제가 무엇을 느끼는지 모를 때가 종종 있어요. 저는 스트레스를 받으면 어떤 것도 전혀 느끼고 싶지 않아요.

치료자: 경험하기 힘든 정서를 막거나 멀어지려고 하는 것은 당연하다고 생각해요. 때로는 의식하지도 못한 채 그렇게 하기도 하지요. 지금 우리가 당신의 정서 경험과 조율할 수 있는지 보려고 하는데 괜찮을까요?

내담자: 네. 하지만 그렇게 하는 방법을 모르겠어요.

치료자: 괜찮습니다. 같이 해 나갈 수 있습니다. 지금 이 순간, 모든 오감을 사용해서 당신 주변의 것들을 알아차려봅니다.

내담자: 글쎄요. 밖에 지나가는 차 소리를 들을 수 있어요. 의자 위에서 나의 체중을 느낄 수 있습니다. 주변을 둘러보니 방안에 빛과 그림자가 보이네요. 이게 당신이 말하는 것인가요?

치료자: 네. 맞습니다. 이제 내면으로 주의를 기울입니다. 몸에서 어떤 신체적 감각이 느껴지나요?

내담자: 목구멍에서 약간의 긴장감이 느껴져요. 말씀하신 걸 듣고 보니, 관자놀이에서 약간의 압박감을 느낄 수 있어요. 사실, 울 것 같아요.

치료자: 이것들이 어떤 정서와 연결시킬 수 있는 감각들인가요?

내담자: 네.

치료자: 지금 느끼는 그 감정에 어떤 이름을 붙일 수 있을까요?

내담자: 멈추고 그 감정을 느껴보면 … 너무 슬프네요. 죄송해요.

치료자: 슬퍼해도 괜찮습니다. 당신에게 매우 힘든 시기인 것을 압니다. 이 슬픔이 느껴질 때, 마음속에 어떤 생각들이 지나가나요? 잠시 동안 그 생각들에 대해 이야기해도 괜찮을까요?

내담자: 물론이죠. 아버지가 이런 치료들을 받는 것을 보고 싶지 않은 것 같아요. 아버지는 너무 강하고 긍정적인 분인데, 이건 그 분에게 너무 고통스러운 일이예요. 저는 아버지가 고통받는 것을 원하지 않아요.

치료자: 물론 원하지 않으시겠지요. 당신의 정서, 그리고 이 정서에 대한 당신의 반응은 매우 자연스럽고 인간적입니다.

과제

내담자는 이 장에 제시된 양식 중 하나를 사용하여 작업할 수 있다. 감정 기록지(양식 2.3)는 보다 기본적이며 시간이 덜 소요되고, 특히 정서적 자각과 함께 작업하기의

도입단계에 유용하게 사용될 수 있다. 이 연습은 정서를 알아차리고 이름 붙이는데 중점을 두기 때문에 특히 정서표현불능증 내담자에게 효과적일 수 있다.

정서 자각을 강화하기 위해 자신에게 묻는 질문(양식 8.1)은 보다 완전한 과정으로 이루어지며, 완료하는 데 조금 더 많은 시간이 소요될 것이다. 이 연습은 정서적 자각과 함께 작업하기의 도입단계에 있는 내담자들에게 과제로 부여할 수 있으며, 감정 기록지에 대한 후속조치로 제공될 수 있다. 치료자는 이 두 과제를 모두 치료회기 내에서 설명해야 하며, 내담자와 함께 그 양식으로 한 번 이상 시범작업을 해야 한다. 내담자가 이 양식에 관련된 기술을 연습하고, 적용하고, 일반화하기에 충분한 시간을 가질 수 있도록 과제활동을 일주일 이상 부여해야 한다.

가능한 문제

이번 장에서 논의 된 양식과 개념들은 임상의와 정서 반응을 탐색하는데 많은 시간을 들여왔던 내담자들에게는 매우 단순하고 기초적인 것으로 보일 수 있다. 외상병력이 있는 내담자 혹은 정서적으로 타당화하지 않는 가족 환경 등의 발달사를 가지고 있는 내담자들은 정서 경험을 피하는 습관적인 패턴을 가질 수 있다(Wagner & Linehan, 2006; Walser & Hayes, 2006). 더욱이, 정동 회피는 경험 회피의 한 측면이며, 여러 형태의 정신 병리와 관련된 핵심과정으로 가정되고 있다(Hayes et al, 1996). 정서에 초점을 맞추고, 식별하는 것은 많은 불안감을 유발할 수 있으며 회피 또는 저항하려는 노력을 불러일으킬 수 있다.

정서 경험을 향상시키는 기법은 러시아 중첩 인형인 마트료시카와 같다. 각각의 질문의 내부에 다른 질문과 연합의 세계가 있다. 예를 들어, 내담자에게 "이 정서는 어떤 욕구와 관련되어 있나요?"라고 질문하면, 치료자는 자동적 사고, 정서도식, 부적응적 가정들, 그리고 정서 회피의 패턴을 발견할 수 있다. 결과적으로, 온전한 정서 경험을 다루기 위해서 길잡이식 발견법을 적용할 때 그리고 치료자에게 새로운 정서 반응 패턴을 조형시킬 때 치료자는 조심스럽게 균형을 잡아야 한다. 치료자는 내담자의 정서 경험을 정상화하고, 이들의 정서처리과정을 타당화하며, 정서 및 정서와 관련된 인지의 성질에 의문을 갖도록 안내해야 한다.

관련 있는 다른 기법

정서적 자각을 강화하기 위한 전략은 여러 가지 다른 기법들, 특히 마음챙김을 기반으로 한 기법들과 관련이 있다. 마음챙김 훈련의 준비과정은 탈중심화 기술로 시작할 수 있는데, 이것은 정서적 자각을 높이는 데 유용하다. 공간만들기 명상은 특히 정서와 함께 작업하기의 준비활동으로 유용하다. 3분 호흡 공간 연습도 자각의 문이 열리도록 하여 내담자가 자신의 정서 반응을 더 면밀히 검토하도록 하는데 유용하게 사용될 수 있다. 정서도식 기반 기법(위험, 수치심, 죄책감, 이해할 수 없음, 통제욕구 등에 대한 신념 검토)은 정서에 접근할 때 유발되는 신념과 전략을 검토하는 데 도움이 된다. 또한 다음에 설명되는 정서 지능 사고 기록지는 정서적 자각을 강화하는데 도움이 된다.

양식

양식 2.3: 감정 기록지
양식 8.1: 정서 자각을 강화하기 위해 자신에게 묻는 질문들

기법: 정서 지능 사고기록
(The emotionally intelligent thought record)

설명

Beck의 역기능적 사고 기록은 인지치료의 핵심 기법이다. 이 사고 기록은 내담자가 인지재구조화에 참여하도록 구조화된 형태를 제공하는데, 구체적으로 정서를 유발하는 상황을 식별하고, 정서에 이름을 붙이며, 정서의 강도를 평가하고, 자동적 사고와

사고 속에 포함된 신념의 정도를 식별하며, 대안반응이나 합리적 반응을 제공한다. 그리고 난 후 야기되는 정서를 평가한다. 예를 들어, 한 내담자가 "불안감을 느끼는 것을 견딜 수 없다"라고 말한다면, "나는 결국 이것을 다룰 정도로 충분히 강하다" 등과 같은 대안적 사고를 명확히 하는 재구조화 기법을 사용할 수 있다.

내담자가 역기능적 사고 기록을 완성하는 것이 유용하지만, 치료자가 정서조절과 정동을 견디는 능력(tolerance)에 문제가 있는 내담자와 작업할 때에는 인지의 내용을 변화시키는 것보다는 과정을 목표로 삼을 수 있다. 우리가 제안해 왔듯이, 일련의 과정들이 정서와 함께 작업하기에 사용될 수 있는데, 예를 들면 현재 순간과의 마음챙김 접촉, 완전한 수용, 정서에 이름붙이기와 정서명료화, 가치목표에 전념하기, 행동실험, 정서도식기법, 인지 탈융합, 이완 훈련 등이 있다. 이것은 치료자와 내담자가 동시에 여러 가지를 함께 하는 것처럼 보일 수 있다.

정서 지능 사고기록은 내담자가 다수의 질문을 스스로에게 묻는 것을 목표로 하는데, 이 질문들은 정서를 다루는 포괄적인 접근(comprehensive approach)에 포함되어 있는 다양한 과정들을 다루고 있다. 정서 지능 사고기록은 이미 마음챙김과 수용 등의 개념에 입문한 내담자들을 대상으로 고안되었다. 이 기법에 제시된 일련의 질문들은 극단적인 합리적 접근에 의한 인지 변화를 추구하기보다 삶을 잘 살기 위한 행동을 취하면서 어려운 경험 속에 머무를 수 있는 더 큰 능력을 개발하는 방식으로, 내담자가 현재 순간을 알아차리도록 하는 것을 목적으로 한다. 역기능적 사고 기록과 마찬가지로, 정서 지능 사고기록은 특정 기술을 발달시키고, 일반화하기 위해 과제 훈련을 위한 명확하고 실행 가능한 형식을 제공하고자 한다.

정서 지능 사고기록은 사고와 감정에 대한 특정 관점에 기반하여 개념화된다. 이 사고 기록은 사고와 정서 같은 내적인 사건들은 정적인 구성물이 아니라 현재 순간에 일어나고 있는 행위의 흐름 중 한 부분이라는 가정에 기반한다. 정서 지능 사고기록은 치료자가 없어도 내담자가 매일의 과제로 순간순간의 경험에 주의를 기울이는 연습을 하며, 이 경험을 일반화하는 것을 목적으로 한다. 어떤 관점에서 보면 정서 지능 사고기록은 응용된 마음챙김 훈련이다. 이것을 사용해서 내담자는 마음속 힘들게 하는 사건에 탈집중하는 것을 연습하며, 점차 고통을 유발하는 내적인 경험과 다른 관계를 갖는다.

이 장에 제시된 질문과 임상예시는 개입의 세부사항들을 구체적으로 보여준다.

개입을 위한 팁과 질문

정서 지능 사고기록의 구조를 형성하는 질문은 제3세대 인지행동치료의 기본적인 체험적 연습뿐만 아니라 역기능적 사고 기록지의 형식과 관련이 있다. 워크시트 자체는 내담자가 치료회기에서 치료자가 설명하였던 내용을 상기하도록 간단한 지시문으로 시작한다. 전통적인 역기능적 사고 기록과 마찬가지로, 정서 지능 사고기록은 내담자가 자신을 어지럽히는 정서를 경험하는 상황을 알아차리고 설정하는 것에서 시작한다.

이어서 자기관찰과 질문(inquiry)을 하는 동안, 내담자는 자신의 경험에 대해 관찰자의 입장을 취하면서 "완전한 수용"을 연습한다. 그렇게 함으로서 내담자는 자신의 현실을 두려워하며, 그것이 그럴 것이라고 믿거나 주장하는 방식이 아니라 그 순간에 실재하는 모습으로 자신의 현실을 검토하고 경험한다.

일련의 질문들은 내담자가 신체·정서·인지·행동적 반응들을 검토하면서 마음챙김과 탈융합의 관점에서 자신의 경험을 보도록 한다.

이 연습이 명백하게 인지재구조화를 목표로 하고 있지는 않지만, 연습을 통해 내담자의 인지형태와 기능이 필연적으로 변화하게 된다. 내담자에게 사고 내용의 변화가 보이면 치료자는 극단적인 합리적 접근(exclusively rational approach)을 강조하기보다 균형적이고, 수용적이며, 내담자에게 권한을 부여하는 관점으로 옮겨갈 수 있도록 돕는 것이 바람직하다.

이 연습에 관여된 과정들에는 관점취하기, 정서에 이름붙이기, 탈중심화, 마음챙김 함양, 인지적 탈융합의 촉진, 정서노출, 인지재구조화, 가치목표를 향한 행동적 전념이 있다.

치료자는 치료회기에서 정서 지능 사고기록을 참조하면서 다음의 질문을 할 수 있다.

1단계: "지금 당신 주변은 어떻습니까? 당신은 어디에 있습니까? 누구와 함께 있습니까? 무엇을 하고 있습니까? 당신에게 영향을 미치는 환경 속에서 당신은 무엇을 느끼고 있습니까?"

2단계: "때때로 우리는 환경에 있는 어떤 것을 '위 속의 나비들(butterflies in the stomach)' 처럼 몸 안에서 느낄 수 있습니다. 가능한 한 최선을 다해 이러한 감각을 익히는 것이 도움이 될 수 있습니다. 이러한 경험에 대한 알아차림과 민감성을 키우는 것은 훈련으로 가능합니다. 그러니 만일 당신이 특히 어떤 것도 알아차리지 못한다면 잠시 동안 시간을 갖고 현재 일어나는 것이 무엇이든지 그것을 관찰하는 시간을 가지십시오. 그리고 그것을 경험합니다. 이 상황에서 몸 안에서 경험되는 신체 감각에는 어떤 것이 있습니까? 몸의 어디에서 그러한 감각을 느낍니까? 그 감각은 어떤 성질을 갖고 있습니까?"

3단계: "'느낌 단어'를 사용하여 정서에 이름을 붙이는 것이 도움이 될 수 있습니다. 어떤 '느낌 단어'가 당신이 이 순간에 느끼는 정서를 가장 잘 묘사하고 있고, 가장 적절한 이름이라고 생각하십니까? 이 감정을 어느 정도의 강도로 느끼고 있다고 말하겠습니까? 100을 '가장 강렬하게 느껴진다'고 하고 0을 '전혀 느껴지지 않다'고 할 때 당신은 이 감정에 대해 0에서 100점 중 몇 점을 줄 수 있습니까?"

4단계: "이 상황에서 마음속에 어떤 생각이 지나가고 있나요? 자신에게 물어보십시오. '지금 마음속에 무엇이 지나가고 있습니까? 마음이 당신에게 무엇을 말하고 있나요?' 이 상황에서 '갑자기 생각나는 것'은 무엇인가요? 이 상황이 당신에 대해 무슨 말을 하나요? 이 상황이 당신의 미래에 대해 무슨 제안을 하나요? 이 상황에서 마음속에 펼쳐지는 생각의 흐름에 가능한 한 최선을 다해 주목하십시오. 어떤 생각이 드나요?"

5단계: "우리는 위협적이거나 불쾌한 것들을 없애거나 멀리하려는 시도를 배워왔습니다. 이것은 많은 의미가 있습니다. 그러나 고통스러운 생각과 감정을 억제하거나 제거하려는 시도는 때때로 그것들을 더욱 강하게 만듭니다. 잠시 동안 당신의 경험에 있는 그대로 머무르는 것을 배워봅시다. 지금 이 순간 호흡의 흐름을 따라가십시오. 당신의 마음 앞에 펼쳐지는 것이 무엇이든 가능한 한 많이 그것을 위한 공간을 만듭니다."

6단계: "이제 이 상황에서 나타난 감각, 정서, 사고를 알아차리고, 그것을 더 완전히 경험하도록 하였으니, 이 순간에 가장 잘 반응하는 방법은 무엇일까요? 깨어있으며, '정서적으로 지적인(emotionally intelligent)' 태도로, 당신은 이러한 사고와 감정이 마음속의 사건들이며, 현실 자체가 아니라는 것을 인식할 수 있습니다. 치료자와 함께 작업하면서 고통스러운 사고와 감정에 반응하는 여러 방법을 배울 수 있습니다. 여기에 다음 주 중에 연습할 수 있는 '자신에게 묻는 질문' 몇 가지가 있습니다."

- '이 생각을 믿음으로써 얻는 이득과 손실은 무엇인가?'
- '이것을 정말로 믿는다면 나는 어떻게 행동할 것인가?'
- '이것을 믿지 않으면 나는 어떻게 행동할 것인가?'
- '이러한 상황에 처한 친구에게 나는 뭐라고 말할 것인가?'
- '이 사건에 어떤 욕구가 관련되어 있는가? 지금 어떻게 하면 나 자신을 가장 잘 돌볼 수 있는가?'
- '마음속에서 일어나는 이러한 사건을 자각하면서 관찰하고, 일련의 행위를 선택하며, 나의 목표에 도움이 되는 방식으로 행동할 수 있는가?'

7단계: 다음의 질문을 자신에게 묻습니다.
- '어떻게 하면 이 상황에서 나의 목표와 가치를 가장 잘 추구할 수 있는가?'
- '의미 있고 가치 있는 방식으로 삶을 살아가기 위해 해결해야 할 문제가 있는가?'
- '어떻게 하면 이 상황에서 나는 나의 목표와 가치에 적합한 효과적인 방식으로 다른 사람과 상호작용을 할 수 있는가?'
- '이 상황에 행동 반응이 필요한가? 어떤 행위를 취해야 하는가?'
- '어떻게 하면 이 상황에서 나 자신을 가장 잘 돌볼 수 있을까?'

예시

치료자: 구토에 대한 두려움으로 걱정했던 지난주 상황을 몇 가지 설명하였습니다. 아이들이 어린이집 단체놀이활동에 참여하는 동안 마음속에 많은 것이 있었던 것 같아요. 그렇지요?

내담자: 정말로 그랬어요. 최근에 많은 어린이집 아이들이 독감에 걸려 앓았어요. 그래서 저는 우리 아이들이 장염바이러스에 걸려서 집에 올 거라는 걱정을 멈출 수 없었어요. 그러면 전 정말 기겁할거 같아요.

치료자: 만약 자녀분이 장염바이러스에 걸려서 온다면 어떤 두려운 일이 일어날 것 같으세요?

내담자: 음 … 물론 토할까 봐 두려워요. 토하면 그것을 처리해야 하는데 정말 너무 싫어요. 잘 감당할 수 있을지 모르겠어요.

치료자: 과거의 많은 불안과 함께 "그것을 잘 감당할 수 있을지 모르겠다"라는 생각이 떠오른다는 것을 알겠어요.

내담자: 맞아요. 하지만 그건 사실이에요. 자기 자식이 토하는 것을 처리하지 못하는 엄마가 어디 있겠어요?

치료자: 그것을 잘 다루기를 정말 원하네요. 그런데 잘 감당할 수 없을 것이라는 생각과 함께 다른 생각이 따라오는 것 같아요. 당신이 엄마로서 어느 정도 결함이 있다는 생각을 가지고 있는 것 같습니다.

내담자: 물론이에요! 그렇지 않다면 우리가 왜 이러한 논의를 하고 있겠어요?

치료자: 이 순간에 많은 것이 당신에게 올라오고 있는 것 같아요. 그래서 저는 오늘 상담에서 이러한 생각과 감정에 대해 새로운 방식으로 작업해보려고 합니다.

내담자: 무슨 말인가요?

치료자: 오늘 상담회기 의제 중 하나로 새로운 자가치료 연습 훈련을 소개하는 것에 대해 논의했던 것을 기억할 것입니다. 지금 자가치료 훈련을 살펴보고, 이번 회기에 그것을 함께 연습해보도록 해요. 괜찮은가요?

내담자: 물론이죠. 저는 오늘 이 느낌을 없애줄 무언가를 찾고 있어요.

치료자: 음. 지금 당장 어떤 기분을 없애는 것을 목표로 하는 것에 대해서는 확실하지 않습니다. 사실, 오늘 우리가 하는 작업의 일부는 이 방, 여기에서 이 감정과 사고에 머무르는 것입니다. 이전에 했던 마음챙김 작업을 기억하시나요?

내담자: 네. 물론입니다. 아직도 매일 아침 15분 동안 "마음챙김 호흡" 운동을 해요. 그래서 저에게 이 감정을 단지 "수용"하라고 할 건가요?

치료자: 당신 말이 맞습니다. 감정을 받아들이는 것이 일부이지만, 우리가 할 수 있는 것이 더 있습니다. 때로 수용은 수동적이어서 단지 어떤 일들이 자연스럽게 진행되도록 두는 것입니다. 하지만 때로 수용은 매우 적극적일 수 있습니다. 수용은 우리 삶에서

가장 중요하게 여기는 것에 깊이 관여하면서 그대로 사물을 분명하게 보는 것입니다.

내담자: 예. 기억합니다. 아이들을 어린이집에서 데리고 올 때 조금 도움이 되었어요.

치료자: 그래서 '사물을 더 완전하게 기꺼이 느끼려는' 이러한 마음가짐이 도움이 되었습니까?

내담자: 저는 조금이라고 말했어요! (웃음) 하지만 … 네. 도움이 되었어요.

치료자: 좋아요. 우리는 지금 여기에 있어요. 사무실 안에요. 지금은 오후 2시입니다. 우리는 아이들이 토할지도 모른다는 두려움에 대해 이야기하고 있습니다.

내담자: 예. 그것에 대해서 생각조차 하기 싫어요.

치료자: 그건 의미가 있습니다. 구토에 대한 이러한 생각과 두려움을 일으키는 상황을 간략하게 설명해 주시겠습니까?

내담자: 저는 치료자와 앉아있습니다. 우리는 구토에 대한 두려움을 이야기하고 있어요. 지금은 오후 2시이고, 잠시 후에 어린이집에서 아이를 데려와야 해요.

치료자: 우리가 살펴보았듯이, 때때로 경험에 더 완전하게 깨어있기 위해서 먼저 몸에서 어떤 감각이 느껴지는지 확인하는 것이 좋습니다.

내담자: "바디 스캔(body scan)" 훈련처럼요?

치료자: 그렇죠. 맞아요. 하지만 이번에는 우리가 삶을 살아갈 때, 지금 이 순간 우리가 정말로 경험과 '함께 존재'하도록 자각 훈련을 하기 위해서 "실시간"으로 우리의 경험을 점검합니다. 그러므로 가능한 최선을 다해 이 순간 신체에서 느껴지는 감각의 존재에 관심을 기울여야 합니다. 몸에서 어떤 신체적 감각을 경험하고 있습니까?

내담자: 호흡이 짧은 것이 느껴져요. 마치 가슴을 누르고 있는 것 처럼요.

치료자: 좋습니다. 당신은 그것을 매우 빠르게 알아차릴 수 있었습니다. 그 경험을 바꾸거나 변경하지 않습니다. 이 훈련을 계속하면서 짧은 호흡의 느낌 그리고 가슴을 누르는 느낌에 머무를 수 있습니까?

내담자: 네. 가능해요. 어쨌든 사라질 것 같지 않네요! (웃음)

치료자: (내담자와 함께 웃으며) 그곳에서 꽤 예리한 관찰이 있었습니다. 이제, 진정으로 이 경험을 위한 공간을 만들고, 허용하는 시간을 가집니다. 당신이 지금 이 순간에 느끼는 이 정서를 가장 잘 묘사하는 "감정 단어"는 무엇입니까? 이 감정에 어떤 이름을 붙일 수 있을까요?

내담자: 감정 단어요? 감정의 이름 같은 걸 말하는 건가요?

치료자: 네. 바로 그겁니다.

내담자: `음. 그렇다면 그것은 "불안"일 거예요. 분명히 "불안"처럼 느껴져요. 아니면 당신은 이것을 "두려움"으로 부를 수도 있겠네요.

치료자: 좋습니다. 당신은 그 경험에 꽤 분명하게 이름을 붙일 수 있습니다. 그렇지 않나요?

과제

정서 지능 사고기록(양식 8.2와 8.3) 단계는 상호작용적 과정으로 치료회기에 설명하는 것이 가장 좋다. 단순히 양식 8.2나 8.3을 내담자에게 전달하여 그 단계들을 밟도록 하기보다 치료자는 사전에 이들 단계와 질문을 익히고 연습하여야 하며, 치료회기 중에 양식에 포함된 질문을 점진적으로 수행하도록 한다. 워크시트는 개인이 효과적인 행위를 하는 방향으로 옮겨 가면서 힘든 경험을 알아차리고, 그것과 거리를 두며, 이름을 붙이고, 그 경험을 허용하며, 그것과의 관계를 변화시키는 것을 목적으로 한다. 새로운 기법을 익히는 것에 대한 은유가 자주 도움이 될 수 있다. 예를 들어, 치료자는 다음과 같은 관찰을 제안할 수 있다. "우리가 새로운 기법을 배울 때, 때로는 반복과 '과잉학습'이 도움이 됩니다. 이 워크시트는 당신이 새로운 방식으로 경험하는 것을 연습하도록 구조를 제공합니다. 만일 당신이 바이올린을 배운다면, 음계나 연습 과제를 훈련할 것입니다. 만일 골프를 배운다면, 골프연습장에 갈 것입니다. 이것들처럼 정서 지능 사고기록 훈련을 생각해 보십시오. 자주 반복하는 간단한 과정으로 당신은 새롭고 중요한 것을 배울 수 있습니다"

가능한 문제

정서 지능 사고기록은 내담자와 함께 작업하기 방식에 기본이 되는 훈련이다. 그러나 이것은 단순화한 치료에 사용하는 "단순한" 도구가 아니다. 이 기법은 치료자와 내담자가 수용과 기꺼이 경험하기의 개념으로 작업을 시작했다는 전제하에 사용된다. 또한 마음챙김 훈련에 있는 몇 가지 사전 훈련을 사용하는 것을 상당히 권장한다. 능동적이고, 생생하고, 공감적이며, 협력적인 치료관계 또한 이 기법을 효과적으로 사용하는데 토대가 된다.

정서를 견디는 것에 심각한 어려움이 있는 내담자는 이 기법의 특정 측면에 대해 초기 저항을 보일 수 있다. 첫째, 신체 감각에 대해 자각을 하는 것이 처음에는 실제로 불안감을 증가시킬 수 있다. 이것은 정상적이고 아마도 필요한 단계이지만 치료자는 연민적이면서도 직접적인 방식으로 그것을 다룰 필요가 있다. 정서 지능 사고기록을 사용할 때, 사실상 치료자는 내담자가 일종의 공포반응을 보였던 내부 사건에 머물도록 안내하고 있다. 이것은 몇 가지 정서도식과정, 정서표현불능증 혹은 경험을 회피하려는 일반적인 경향성을 반영한다. 이러한 경향성의 추동력이 무엇이든, 치료자는 수용적이고, 안전하며, 공감적이고, 협력적인 맥락을 만들어서 내담자가 힘든 감각이 올라오고 가라앉을 때 그것을 관찰할 수 있도록 하는 것을 목적으로 한다.

둘째, 내담자는 자신의 경험이 그 순간에 펼쳐지는 것을 바라지 않을 수도 있다. 이것은 내담자가 보이는 많은 투쟁의 추동이 되었던 경험회피 경향성에 대한 실제 사례일 수 있다. 이 저항이 '잠재적 문제'로 보이더라도, 실제로는 더 큰 문제의 징조이다. 정서지능 사고기록은 내담자가 회피하려는 경향성을 서서히 부각시키며, 회피하지 않도록 하는 구조를 제공함으로써 효과적으로 자신의 경험에 참여하도록 한다. 치료 전문가의 목표 중 일부는 내담자가 자신의 경험에 효과적으로 참여하는 것을 부드럽고 점진적으로 조형시키는 것과 회피하려는 시도와 결탁하지 않도록 일관되게 구조적 접근을 유지하는 것 간에 균형을 맞추는 것이다.

셋째, 자신을 힘들게 하는 사고에 대한 인지적 융합을 강하게 믿고, 받아들이며, 설명하는 내담자는 그러한 생각의 "진실성"에 대한 논쟁의 덫에 빠질 수 있고, 거기에서 벗어나는 데 어려움을 겪을 수 있다. 선의의 치료자가 내담자와 사고에 대해 논쟁하게 되고, 오히려 사고가 행동에 미치는 영향력을 더 증가시키게 되는 "기이한 상황"에 빠지게 되면서, 결국 내담자의 인지적 내용에 더 얽히게 되는 결과를 초래하게 된다. 인지재구조화 기법은 정서 지능 사고기록 의한 측면으로, 특정 응용분야에서 효능성을 입증해왔다. 그러나 이 기법은 CBT에서 내담자가 하는 것과는 매우 다른 사고와 감정과의 관계를 채택할 것을 강조한다. 탈중심화(decentration)와 탈동일시(disidentification)를 사용해서 내담자는 거의 "놀이 감각(a sense of play)"을 가지고 자신의 생각에 참여하고(engage with) 질문하게 된다. 인지 재평가 행위의 목적은 사고와 감정의 관계성과 그것에 대한 관점을 변화시킴으로써 부정적인 자동적 사고의 구조와 기능을 부각시키는 것이다. 정서 지능 사고기록은 내담자가 단순히 합리적인 사고를 하도록 하는 것을 넘어서, 그들을 힘들게 하는 사고패턴이 행동을 통제하는 정도와 의미 있고 보람 있는 삶을 사는 능력에 영향을 미치는 정도를 핵심 목표로 한다.

지금까지 이 기법을 시행할 때 내담자에 의해 발생할 수 있는 문제에 대해 논의하였다. 정서 지능 사고기록을 사용할 때 치료자에 의해 발생하는 문제들도 있다. 이 기법을 효과적으로 사용하기 위해서 몇 가지 치료자－치료 관련 요인들이 있다. 마음챙김과 기꺼이 경험하기 기반 기법을 사용하는 치료자는 치료자 자신을 위한 마음챙김 개인 훈련을 개발하고 지속적으로 연습할 필요가 있다. 이러한 치료자 훈련 및 준비 요소는 제3세대 인지행동치료들에서 강조되고 있다(Roemer & Orsillo, 2009; Segal et al., 2002). 또한 정서 지능 사고기록은 완전한 사례개념화가 이루어진 치료에서 사려 깊은 접근의 한 방식으로 사용될 수 있다. 치료자가 내담자의 경험적 회피양상, 증상, 증상표현과 관련된 유지 요인과 경감요인, 그러한 증상을 학습하게 된 개인사에 대한 명확하고 설득력 있는 이해 그리고 내담자의 정서도식에 대한 가능한 한 명확한 이해를 가지고 치료과정을 진행할 때 치료자와 내담자 모두가 가장 많은 도움을 받을 수 있다.

또한 내담자의 가치목표와 이러한 목표에 대한 헌신정도를 이해하는 것이 도움이 될 것이다. 이러한 폭 넓은 이해가 없으면, 이 기법을 CBT의 독립적인 전통적 양식으로 가져오는 것은 최적이 아니다(importing this technique into a free-standing traditional mode of CBT would be less than optimal).

관련 있는 다른 기법

정서 지능 사고기록은 정서적 알아차림 강화하기, 마음챙김 기법, 감정에 이름붙이기, 정서도식 식별하기 등 이 책에 제시된 많은 다른 기법들과 관련이 있다. 이러한 매일의 사고기록은 정서조절과 관련된 모든 인간의 행위, 예를 들어 마음챙김 자각, 수용, 자기 자비, 가치 일치적 행동, 인지재구조화 및 정서도식에 대한 정서적으로 지혜로운 자각 등을 요약하고 일반화하는 훈련을 제공한다.

양식

양식 8.2와 8.3은 정서 지능 사고기록의 두 가지 변형된 형태이다. 첫째는 더 길며, 개별 질문에 대한 포괄적인 설명을 제공한다. 이 긴 버전은 정서 지능 사고기록을 사용하는 처음 1~2주 동안 사용하며, 치료자가 치료회기에 물을 수 있는 질문들에 대해 내담자가 부드럽고 이해심있게 생각해보도록 돕는다. 이것은 내담자가 치료회기 중에 참여한 작업을 연습하고 일반화하는 기회를 제공한다. 일단 내담자가 각 단계에 대해 이해하면, 양식 8.3의 짧은 버전으로 전환할 수 있다. 이것은 각 단계에 대해 간단히 설명하며, 단계 수행에 대한 설명은 거의 하지 않는다.

양식 8.2: 정서 지능 사고기록(긴 버전)

양식 8.3: 정서 지능 사고기록(짧은 버전)

▌결론

EFT와 통합적 CBT에서 가져온 이 기법들은 내담자가 정서처리를 향상시키도록 노력하는 것에 직접 초점을 맞추고 있다. 제시된 방법 치료적 관계가 내적인 감정조절의 접착제(intrinsically affect regulating bond, Greenberg, 2007) 역할을 한다는 개념에 기반하고 있다 (Greenberg, 2007). 이 책에 기술된 다양한 과정들, 즉 마음챙김 자각, 자기 자비, 기꺼이 경험하기의 함양, 정서도식의 변화들은 치료적 관계 맥락 안에서 작동할 것이다. 여기에 제시된 양식과 연습들은 내담자의 정서조절 훈련, 특히 정서도식의 재구조화나 정서도식과 함께 작업하기의 다양한 요소들에 초점을 맞추는데 사용될 수 있다.

본 장의 기법에서 설명한 각각의 훈련들은 정서처리의 단계적 강화를 우선적으로 강조한다. 치료자는 특정한 사례개념화 방식에 갇히지 않고, 특정한 이론적 접근에 묶이지 않으면서 이 도구를 사용할 수 있다. 치료자는 개별 내담자를 위한 사례개념화와 처치계획을 수립하는데 어떤 정서 지능 향상 기법들을 통합할 것인지에 대해 자신의 임상적 판단을 적용해야 한다.

09
인지재구조화
(Cognitive Restructuring)

1장에서 언급한 바와 같이, 정서조절에는 정서 경험의 강도와 불편감 그리고 손상의 정도에 영향을 미치는 개입방법들이 포함된다. 따라서 인지치료는 정서조절과 관련된 일련의 개입법으로 볼 수 있다. 실제 Beck(1976)의 세미나 서적인 '인지치료와 정서장애(Cognitive Therapy and the Emotional Disorders)'에는 인지적 과정이 정서 경험을 유발하고, 유지하며, 악화시킬 수 있다는 인식이 반영되어 있다. 인지양식(cognitive style)이나 과정이 우울과 불안의 취약성 요인인가에 대한 상당한 논쟁이 있어 왔다. 예를 들어, 일단 우울이 관해상태에 있을 때, 이전의 우울증 내담자들은 '한 번도 우울하지 않았던 통제집단'과 자동적 사고나 역기능적 태도 면에서 다르지 않다(Miranda & Persons, 1988). 이것은 인지적 왜곡이나 편향이 단지 우울의 부분, 즉 우울의 부수적 현상이며, 선행요인이 아니다 라는 것에 대한 의문을 제기한다. 그러나 다른 연구는 인지적 편향이나 왜곡이 기분의존적인 잠재적 취약성임을 증명한다. 정서유도를 통해 인지왜곡을 점화(priming)시킬 때, 이러한 인지왜곡이 현재 관해시기에 있는 우울 내담자들에게 명백하게 나타난다(Ingram, Miranda, & Segal, 1998; Miranda, Gross, Persons, & Hahn, 1998). 다른 연구는 미래의 우울과 조증 에피소드(future depressive and manic episodes)에서의 설명양식의 장기적인 취약성을 보여준다(Alloy,

Abramson, Safford, & Gibb, 2006; Alloy, Reilly-Harrington, Fresco, Whitehouse, & Zechmeister, 1999). 더욱이 반추인지양식 또한 미래 우울에피소드의 예측인이다(Nolen-Hoeksema, 2000; Roelof, et al., 2009). 정서조절에 대한 Gross의 개요와 일관되게, 인지재구조화는 효과적인 "선행적" 인지조절전략이다(Gross, 1998a, 1998b; Gross & Thompson, 2007). 개인은 사건에 대한 해석을 수정함으로써 효과적으로 정서적 영향을 감소시킬 수 있다. 이것은 지속성, 위험, 이해할 수 없음, 통제부족의 개념들이 잠재적인 스트레스 사건의 재해석을 통한 정서조절로 수정될 수 있다는 점에서 정서도식치료와 일치한다. 이 장에서 우리는 어떻게 인지재구조화가 정서조절에서 사용될 수 있는지를 검토한다.

인지재구조화가 기분 변화의 핵심 요소인가에 대해 논란이 있지만 그것이 도움이 될 수 있다는 상당한 증거가 있다. 증상에 직접 초점을 맞추는 인지치료기법을 사용하는 것은 치료의 향상을 예측한다(Roelofs et al., 2009). 변화에 있어서 인지의 매개적 역할이 중요하다는 것은 여러 연구결과들에서 지지된다. 즉, 생각의 변화가 치료에서의 갑작스러운 이득에 선행되며, 갑작스러운 이득을 얻은 내담자들은 이러한 이득이 2년 후까지 지속되고, 인지내용의 변화가 CBT 내담자들의 공포증상을 개선시키는 것을 매개한다(DeRubeis & Feeley, 1990; Tang & DeRubeis, 1999). 그러나 다른 증거는 사회공포증에서 인지변화가 증상의 갑작스러운 이득을 매개하는 역할을 한다는 것에 대해 의문을 제기한다(Tang, DeRubeis, Hollon, Amsterdam, & Shelton, 2007). 그럼에도 불구하고 우울과 모든 불안장애의 치료에 인지치료가 효능성이 있다는 상당한 증거가 있다(Hofmann, Schulz, Meuret, Suvak, & Moscovitch, 2006).

다양한 기법들이 내담자가 역기능적인 사고를 재구조화하도록 돕는데 사용될 수 있다. 대략 거의 100가지 정도의 기법들이 Leahy(2003)의 "인지치료기법: 실천가를 위한 지침(Cognitive Therapy Thchniques: A Practitioner's Guide)"과 Bennett—Levy 등(2004)의 "인지치료에서의 행동실험에 대한 옥스퍼드 가이드(Oxford Guide to Behavioural Experiments in Cognitive Therapy)"에 제시되어 있다. 이 장에서 우리는 내담자가 자조과제(self-help homework)로 쉽게 사용할 수 있는 몇 가지 기법들을 선택했다. 그러나 어려운 정서조절 문제를 보이는 내담자를 돕는데 관심이 있는 임상가는 위에 제시한 자료들을 참조하여 더 자세하게 살펴보기를 바란다.

기법: 사고와 감정 구별하기(Distinguishing thoughts from feelings)

설명

강한 감정(feeling)을 느끼는 많은 내담자들은 감정이 현실과 동일하지 않으며, 그것이 생각과 동일하지 않다는 것을 인식하는 데 어려움을 겪는다. 이것은 특히 정서적 추론에서 명백하게 드러나는데, 예컨대 내담자가 자신에게 "나는 두려움을 느껴. 삶은 끔찍해"라고 말할 수 있다. 여기서 내담자는 생각(삶은 끔찍해)과 함께 감정(두려움)을 가지고 있으며, 그 생각은 사실(삶이 끔찍하다는 증거는 무엇인가?)과 구별될 수 있다. 인지치료에서 내담자가 사고와 감정을 평가하기 위해 그것들과 어느 정도 거리를 유지하는 것은 필수적이다. 첫 회기에 이러한 탈중심화를 시작할 수 있다. 이러한 탈중심화는 1회기에 시작될 수 있는데, 치료자는 내담자가 어떻게 사고가 감정(그리고 행동)을 야기할 수 있는지를 인식하도록 그리고 다른 감정과 다른 행동을 이끄는 대안적인 생각도 가능하다는 것을 인식하도록 돕는다.

개입을 위한 팁과 질문

"당신이 밤에 길을 걷고 있다고 상상해봅시다. 주위는 어둡고 아무도 없습니다. 당신은 지금 뒤에서 당신을 향해 빠르게 걸어오고 있는 두 사람의 소리를 듣습니다. 당신은 "이 사람들이 나를 공격할거야"라고 생각합니다. 당신은 어떤 감정을 느끼겠습니까? 무엇을 할 것입니까?" 내담자는 자신이 두려움을 느끼며, 도망가려고 한다고 말할지도 모른다. 치료자는 다음의 말을 계속할 수 있다. "그러면 '이들은 내가 참여했던 회의에 온 사람들이다'라는 생각을 하고 있다고 상상해봅시다. 당신은 어떤 감정을 느끼고 무엇을 할 것입니까?" 내담자는 안심하거나 그들을 만나는 것에 대해 호기심을 가질 수 있으며, 단지 가던 길을 계속해서 걸어갈 것이라고 말할 수 있다.

예시

치료자: 우리가 중요하게 발견한 것 중 하나는 사고와 감정을 구분하는 것입니다. 감정은 정서로, 슬프다, 불안하다, 두렵다, 행복하다, 호기심이 든다, 무기력하다, 화가 난다와 같은 것이 있습니다. 우리는 당신이 감정을 느끼는 것에 대해서 논쟁하지 않습니다. 당신이 나에게 "슬프다"라고 말하는데 "당신은 슬프지 않습니다."라고 말하는 것은 말이 되지 않습니다. 감정은 당신이 감정을 느낀다고 말하기 때문에 단지 사실입니다. 당신은 최근에 어떤 감정을 느끼고 있나요?

내담자: 저는 슬픔과 약간의 무기력감을 느껴요.

치료자: 좋아요. 당신은 당신의 감정이 일련의 강도를 가질 수 있다는 것을 알고 있군요. 예를 들어, 당신은 약간의 무기력감이라고 말했어요. 그렇다면 더욱 무기력감을 느끼거나 덜 느끼거나 매우 무기력감을 느끼는 것이 가능하지요. 당신의 감정이 강도 면에서 다양하다는 것을 기억해두었으면 해요. 자, 누군가를 슬프게 만드는 생각을 봅시다. 이러한 생각들에는 "나는 결코 내가 원하는 것을 얻지 못할 거야", "나는 언제나 불행할거야" 등이 있습니다. 혹은 "나는 어떤 것도 제대로 할 수 없을 거야"와 같은 생각일 수도 있습니다. 이것들은 슬픔이나 무기력감을 유발하는 사고들입니다

내담자: 네. 저는 때때로 그러한 생각들을 합니다.

치료자: 자, 생각은 감정과 동일한 것이 아닙니다. 우리는 "나는 결코 어떤 것도 제대로 하지 못할 거야"와 같은 생각을 잡아서 그것을 사실에 기반해서 검증할 수 있습니다. "밖에 비가 내리고 있다"라는 생각을 해봅시다. 이것을 어떻게 검증할 수 있을까요?

내담자: 밖으로 나가서 비에 젖는지를 볼 거예요.

치료자: 맞아요. 우리는 사실을 모을 것입니다. 비가 올 수도 있고 오지 않을 수도 있지요. 당신이 슬픔을 느끼고 있고, 그것이 "나는 어떤 것도 제대로 할 수가 없어"라는 생각과 관련이 있을 때, 우리는 사실들이 당신의 생각을 지지하는지를 검토할 수 있습니다. 우리는 당신이 어떤 것을 제대로 해낸 적이 있는지를 살펴볼 수 있어요. 그러면 당신의 생각이 얼마나 정확한지 알 것입니다.

내담자: 네. 그러나 저는 정말로 슬픔을 느껴요.

치료자: 당신이 슬픔을 느끼는 것은 당연히 옳아요. 그러나 만일 당신이 가지고 있는 생각이 당신의 감정만큼 완전히 타당한 것이 아니라는 것이 드러난다면 어떨까요? 만일 당신이 많은 것들을 제대로 했다는 것을 믿는다면 어떨까요?

내담자: 훨씬 기분이 좋아질 거 같아요.

치료자: 그것이 우리가 보아야 할 것입니다. 우리는 당신의 생각이 사실에 비추어 지지되는지를 살펴보아야 합니다. 그래서 우리는 몇 가지를 설정하였습니다. 첫째, 생각과 감정은 다르다. 둘째, 우리는 생각이 사실인지 아닌지를 검토할 수 있다. 그리고 셋째, 생각과 사실은 다르다. 우리는 또한 당신의 생각이 변할 수 있고, 당신이 느끼는 방식이 변할 수 있다는 것을 압니다. 자, 여기에 몇 가지 과제가 있습니다.

과제

내담자에게 양식 9.1(사고와 감정 구별하기)을 과제로 부여할 수 있다. 이 양식에는 내담자가 느끼는 감정과 감정에 수반되는 사고 목록이 제시되어 있다. 감정을 촉발시키는 "상황"에 대해 짧게 기술할 수 있는 칸도 제공된다. 또한 치료자는 내담자에게 감정을 느끼는 정도와 생각에 확신을 갖고 믿는 정도를 0에서 100점 척도로 표시하도록 요청할 수 있다.

가능한 문제

불안한 긴박감(a sense of anxious urgency)을 갖는 몇몇 내담자들은 이러한 기법들이 너무 불안하기 때문에 사용할 수 없다고 주장할지도 모른다. 치료자는 이러한 기법이 정확하게 긴박감과 불안감을 감소시키기 위한 목적으로 사용된다는 점을 강조할 수 있다. 그러나 '깊은 근육 이완'이나 '호흡 운동'과 같은 더 단순한 스트레스 감소기법이 인지재구조화와 시간급박감을 감소시키기 위한 개입을 할 때 준비단계에서 사용될 수 있다. 어떤 경우에 내담자는 "나는 화가 났을 때 이것들을 하는 것에 대해 생각할 수가 없어요. 생각이 전혀 떠오르지 않아요"라고 말할지도 모른다. 치료자는 내담자가 인지치료기법을 촉발하는데 사용할 수 있도록 내담자에게 구체적인 기법에 대한 3~4개 정도의 회상자극들(reminders)을 적으라고 할 수 있다. 이러한 회상자극들을 시간급박감과 연합될 가능성이 있는 눈에 띄는 장소에 놓아둘 수 있다.

어떤 내담자들은 자신이 어떤 생각들도 가지고 있지 않으며 단지 감정만을 느낀다고 말한다. 예를 들어, 그 내담자는 "나는 단지 우울감만을 느껴요. 나는 어떤 생각도 하지 않아요"라고 말할지도 모른다. 치료자는 다른 내담자들이 지니고 있는 몇 가지 가능한 사고들, 예를 들어 "때때로 우울할 때 사람들은 '아무것도 잘 풀리지 않아, 나는 실패자야, 나는 어떤 것도 할 수가 없어, 나는 어떤 것도 즐기지 못해'라는 생각을 합니다"라고 말함으로써 그 내담자가 생각을 명확히 하도록 도울 수 있다. 그리고 나서 이러한 것들이나 다른 비슷한 생각들이 있는지를 질문할 수 있다. 다른 가능한 것으로는 우울감을 촉발하는 상황을 명확히 하고 난 후 그 상황에서 내담자 자신이 무슨 생각을 하는지를 살펴보는 것이 있다. 내담자는 이러한 생각들을 적고, 그것이 익숙한 것인지 알아보기 위해 그 주 동안 자신의 생각을 모니터링 할 수 있다. 치료자는 정서에 대한 맥락적 단서를 촉발시킴으로써, 내담자가 자신의 감정과 연합된 구체적인 세부사항들(시각, 청각, 후각, 촉각)에 초점을 맞추도록 한다. 이를 통해 내담자가 자신의 사고를 명확히 하도록 도울 수 있다.

관련 있는 다른 기법

사고와 감정을 활성화시키기 위해 심상을 유도하는 것이 도움이 될 수 있다. 또한 내담자들은 아래의 체크리스트에 있는 인지적 왜곡 목록을 검토함으로써 자주 사고와 감정을 구분할 수 있다.

양식

양식 9.1: 사고와 감정 구별하기

기법: 부정적인 사고를 범주화하기(Categorizing negative thoughts)

설명

　인지모델은 부정적인 사고를 내담자가 생각하는 방식에 기저하는 편향과 추론오류(inferential errors)로 범주화할 수 있다고 가정한다. 만일 한 내담자가 친구가 자신을 실패자로 생각한다고 믿기 때문에 화가 났다면 이것은 "독심술(mind reading)"과 관련될 수 있다. 그리고 "나는 언제나 혼자일거야"라고 예측하는 내담자는 "점쟁이 기법(fortune telling)"을 사용하고 있다. 이러한 사고가 정확한 것으로 드러날 가능성도 있다. 하지만 첫 번째 단계는 사고양식에 패턴이 있는지를 살펴보는 것이다.

개입을 위한 팁과 질문

　"자주 우리는 자신을 화나게 만드는 동일한 종류의 부정적인 사고를 발견합니다. 이러한 사고는 사실일 수도 있고 거짓일 수도 있습니다. 우리는 진위여부를 밝힐 사실들을 모아야만 비로소 그것을 알 수 있습니다. 하지만 당신은 습관적으로 자신을 화나게 하는 특정한 사고방식을 사용할지도 모릅니다. 우리는 우울하고 불안한 사람들이 지니는 일반적인 사고편향의 목록을 가지고 있습니다. 이 목록을 살펴보는 것은 자신이 이러한 사고들을 사용하고 있다는 것을 인식하는데 도움이 될 것 입니다." 그리고 나서 치료자는 내담자에게 양식 9.2(자동적 사고의 범주)를 제시하고 각각을 설명한다. 그리고 치료자는 내담자에게 이러한 특정한 사고방식들을 자주 사용하는지를 물으며, 그러한 생각으로 인해 자신이 어떤 감정을 느끼는지를 묻는다.

예시

　치료자: 우리 모두는 자주 흥분을 하지만 때로는 정말로 흥분을 합니다. 그리고 우리는 이것이 그 당시에 우리가 생각하는 것과 관련이 있다는 것을 발견합니다. 지금 우리

는 우리의 사고가 얼마나 정확한지 모릅니다. 우리는 그것을 검증하지 않아왔습니다. 저는 우울하고 불안한 감정과 자주 동반되는 사고방식 목록을 가지고 있습니다. 그리고 이 목록을 당신과 함께 살펴보면서 당신이 자신의 사고방식을 인식하고 있는지를 알아보고자 합니다.

내담자: 글쎄요. 나는 지금 독심술(mind reading)을 하고 있었네요. '내가 지루하다'라고 당신이 생각한다고 생각했거든요.

치료자: 좋아요. 그것은 당신을 화나게 할 수 있는 사고양식의 훌륭한 예입니다. 그렇게 생각하니 당신은 어떤 느낌이 드나요?

내담자: 글쎄요. 나는 슬프고 불안해요. 그리고 당신이 나를 내담자로 원하지 않을까봐 걱정이 되요.

치료자: 당신 생각에 당신은 다른 사람들과 있을 때도 독심술을 많이 하나요?

내담자: 예. 나는 베키와 있을 때도 많이 해요. 그녀가 나를 매력적이지 않고 싫증나는 사람이라고 생각한다고 생각해요.

치료자: "점쟁이적 사고(fortune telling)"는 어때요? 이것도 하나요?

내담자: 나는 베키가 나를 떠나거나 더 재미있는 누군가를 찾을 거라는 것에 대해 계속해서 걱정을 해요.

치료자: 그러면 이러한 점쟁이적 사고를 하면 당신은 어떤 감정을 느끼나요?

내담자: 나는 두려워져요. 마치 정말로 그녀를 의지할 수 없고, 영원히 나혼자 남을 것 같아요.

치료자: 영원히 혼자 남을 것이라는 생각은 또 다른 점쟁이적 사고이네요. 그렇죠?

내담자: 내가 이러한 것들을 많이 하는 것 같네요.

치료자: 우리는 당신이 습관처럼 사용하는 특정한 사고방식이 있는지를 알기를 원해요. 그리고 이것이 당신의 슬픔과 불안, 절망감과 관련이 있는지를 살펴보기를 원합니다.

과제

내담자는 구체적인 범주가 목록화 되어 있는 양식 9.2를 받을 수 있다. 내담자는 양식 9.3을 사용해서 자주 떠오르는 특정한 종류의 사고패턴이 있는지 그리고 이러한 사고를 유발하는 특정 상황이 있는지를 요약하도록 할 수 있다.

가능한 문제

몇몇 내담자들은 사고가 하나 이상의 범주에 포함되는 것 같기 때문에 범주화할 수가 없다고 믿는다. 예를 들어, "톰은 자신이 실패자라고 생각할 것이다"라는 점쟁이적 사고와 독심술, 둘 다의 예이다. 이것은 어떤 문제를 진정으로 제기하는 것은 아닌데, 왜냐하면 사고는 하나의 범주 이상에 포함될 수 있기 때문이다. 또 다른 문제는 어떤 내담자들의 경우 사고 안에 사고에 대한 평가가 내재되어 있다는 것이다. 예를 들어, 상위의 자동적 사고는 만일 톰이 '자신을 실패자라고 생각한다면 그것은 대재앙일 것이다' 라는 내재된 평가를 "포함(contain)"할 수 있다. 이것은 또 다른 하위 사고로 범주화될 수 있다. 마지막으로, 어떤 내담자들은 자신의 사고가 사실이라고 알기 때문에 그것을 범주화하는 것에 대해 주저한다. 이것은 타당한 걱정이다. 그리고 치료자는 범주화를 하는 것이 내담자의 사고가 타당하지 않다는 것을 의미하는 것이 아니라 단지 한 가지 사고방식의 예라는 것을 알려주어야 한다. 그리고 나서 이러한 사고는 사실 또는 논리를 고려함으로써 검토될 수 있다.

관련 있는 다른 기법

관련된 다른 기법들로는 사고와 감정을 유발하는 심상을 사용하거나 사고와 감정 구별짓기, 그리고 사고의 함의와 가정을 검토하기 등이 있다.

양식

양식 9.2: 자동적 사고의 범주
양식 9.3: 생각 기록지

기법: 손실과 이득에 가중치 부여하기
(Weighing the costs and benefits)

설명

내담자들은 자신의 부정적인 사고에 대해 자주 복잡한 마음을 갖는다. 어떤 내담자들은 자신의 부정적인 예측과 해석이 자신을 보호하고, 최악의 상황을 대비하도록 하며, 놀라고 후회하는 일을 피하고, 목표를 달성하도록 동기화하는데 도움이 된다고 믿는다. 그리고 이러한 사고를 현실적이라고 믿는다. 부정적인 사고의 이점에 대한 이같은 신념들은 어느 정도 사실이기도 하다. 때로는 가능한 부정적인 것들을 예상하는 것이 피해를 입는 것을 피하는데 도움이 될 수 있다. 때로는 부정적인 예상들은 장애물을 극복하거나 피하기 위한 계획을 세우도록 한다. 단순히 사람들에게 긍정적으로 생각하라고 하는 것은 도움이 안되며, 낮은 자존감의 내담자에게는 실제로 역효과가 될 수 있다. 그러나 신념들은 결과를 낳는다. 신념을 수정하기 위해 내담자는 그러한 인지재구조화가 도움이 될 수 있다는 생각에 어느 정도 투자할 필요가 있다. 따라서 치료자는 내담자와 부정적인 신념이 갖는 이득과 손실에 대해 이야기를 나눌 필요가 있다.

개입을 위한 팁과 질문

"어떤 신념들은 우리가 어떻게 느끼고, 어떤 행동을 하며, 어떻게 우리가 사람들과 관계하는지에 영향을 미칩니다. 우리는 당신이 가지고 있는 많은 생각들을 바라볼 것입니다. 그리고 우리는 그것을 사실과 견주어 검증할 것입니다. 그 전에 이러한 신념들에 대한 당신의 복잡한 동기를 살펴볼 필요가 있습니다. 예를 들어, 당신은 이들 신념 중 몇 가지는 자신에게 도움이 되거나 어떤 이유들 때문에 가지고 있을 필요가 있다고 생각할지도 모릅니다. 이 신념들의 득실을 검증하는 것은 이것들이 옳거나 그르다는 것을 의미하는 것이 아닙니다. 그것은 단지 당신이 특정 생각을 함으로써 얻거나 잃을 수 있는 것을 살펴보는데 도움을 줍니다."

예시

치료자: 당신은 매우 슬플 때 무슨 생각을 하시나요?

내담자: '나는 실패자다'라는 생각을 해요.

치료자: 그것은 갖고 있기 힘든 생각일 것 같아요. 때때로 우리는 특정 생각을 갖고 있는 것이 부정적이고 고통스러울 때조차도 그러한 생각을 하는 것이 도움이 된다고 생각합니다. 당신이 '나는 실패자야'라는 생각을 한다면 어떤 이득이 있을지 생각해 볼 수 있나요?

내담자: 글쎄요. 아마도 자기 자신을 비난한다면 동기가 더 높아질 것 같아요. 나 자신을 더 강하게 몰 거예요. 하지만 다른 이득은 잘 생각나지 않네요.

치료자: 그러한 생각이 갖는 손실은 어때요?

내담자: 나는 우울하고 절망감을 느끼며, 영원히 혼자가 될 것이라는 느낌을 갖게 되요.

치료자: 좋아요. 그러면 만일 당신이 '나는 실패자야'라는 생각에 대한 이득과 손실에 가중치를 부여한다면 어떻게 나눌 수 있을까요? 50:50, 60:40, 40:60?

내담자: 손실이 이득을 능가하네요. 어떻게 숫자를 부여해야 할지 모르겠지만 … 10이 이득, 90이 손실.

치료자: 좋아요. 손실이 이득을 능가하네요. 만일 당신이 이러한 생각을 덜 믿는다면 어떤 변화가 있을까요?

내담자: 나는 기분이 더 나아지고, 더 희망차고 덜 우울할거예요.

치료자: 당신을 비난하는 것이 정말로 당신을 동기화시켰다고 생각하세요?

내담자: 때때로 그랬을 거예요. 그러나 대부분의 경우에는 기분이 더 안좋아졌어요.

치료자: 자기를 비난하는 것이 당신을 동기화시킨다고 생각하지만, 때로는 그것이 당신의 동기를 앗아갔네요.

과제

양식 9.4(사고의 이득과 손실 검토하기)를 사용해서 내담자는 힘든 정서와 연합된 몇 가지 부정적인 사고를 명확히 할 수 있으며, 이득과 손실을 명확히 할 수 있다.

가능한 문제

어떤 내담자들은 부정적인 사고가 갖는 이득을 부인할지도 모른다. 그러한 내담자들은 이성적으로 보이기를 원하거나 사고를 통해 어떤 것을 얻을 수 있다는 것을 상상하기가 어려울 정도로 사고와 정서의 부정성(negativity)에 압도되어 있는 것일 수 있다. 치료자는 이러한 내담자들이 가능한 이득들을 검토하도록 격려할 수 있다. "아마도 지금 이성적이고 차분한 순간에는 어떤 이득도 없는 것처럼 보이지만 보통은 당신의 마음속에 어떤 것이 감추어져 있습니다. 이런 부정적인 생각들에서 어떤 이득을 얻기를 바랄수 있을까요?" 만일 이것이 효과가 없다면 치료자는 몇 가지 가능한 이득들을 제시할수 있다. "아마도 자신을 비판하는 것은 당신을 동기화시키거나 현실적으로 보이도록할 수 있습니다."

관련 있는 다른 기법

어떤 내담자들은 자신의 사고에 어떠한 이점도 없다고 주장할 수 있다. 이것은 단지 그들을 비참하게 만든다. 치료자는 "종종 이득을 발견하기 어려울 때가 있습니다. 그러나 몇 가지 이득은 있을 수 있습니다"라고 제안할 수 있다. 치료자는 또한 몇 가지 가능한 이득들을 제안할 수 있다. "이러한 사고가 당신을 대비하도록 하는 것이 가능한가요? 그러면 당신은 놀라지 않을까요?" 물론 명확히 알 수 있는 어떤 이득이 없을 수도 있다. 다른 내담자들은 그 사고가 이득이 된다고 주장할지도 모른다. 이 경우에 치료자는 내담자가 그 사고를 갖고 있는 결과로 무엇을 선택하고 있는지에 대해 검토할 수 있다. "만일 당신이 나는 완벽해야 한다는 믿음을 갖고 있다면, 당신은 기꺼이 걱정과 자기비난이라는 값을 치를 것입니까?"

양식

양식 9.4: 사고의 이득과 손실 검토하기

▌기법: 증거를 검토하기(Examining the evidence)

설명

사고에 대한 내담자의 신념은 그러한 사고를 지지하거나 반박하는 증거를 면밀히 검토함으로써 수정될 수 있다. 자동적 사고의 특성은 그것이 자동적이며, 자주 내담자에 의해 검증되지 않는다는 것이다. 자동적 사고의 신뢰성은 자주 정서적인 부담감에 기반하고 있다. 우울하거나 불안한 내담자는 자주 정보를 편향되게 선택하며, 반박하는 정보를 과소평가한다. 더욱이 증거의 질이 고려되어야 하는데, 예컨대 불안한 내담자는 자신의 정서를 증거로 사용하거나 자신의 신념에 반하는 균형있는 다른 정보를 무시하면서 한 가지 작은 세부사항이나 사건에 초점을 맞출지도 모른다. 게다가 증거와 사고 간의 논리적인 연결성도 면밀히 검토되어야 한다.

개입을 위한 팁과 질문

"우리가 지니는 많은 사고들은 자신을 불안하고 우울하게 만들 수 있습니다. 어떤 경우에는 그것들이 타당한 생각이지만 다른 경우에는 가능한 모든 정보를 사용하지 않으면서 사건을 바라보기도 합니다. 당신을 화나게 만드는 이러한 사고를 살펴봅시다. 그리고 증거나 사실이 그 사고를 얼마나 지지하는지 검토해봅시다. 페이지의 가운데에 선을 그으세요. 그리고 왼쪽에 당신의 생각을 지지하는 증거를 모두 적습니다. 그리고 오른쪽에 당신의 생각을 반박하는 증거를 모두 적습니다. 증거를 열거할 때, 당신이 그 증거를 100% 믿지 않아도 됩니다. 저는 단지 이러한 사고를 평가하는 모든 가능한 방식들을 검토함으로써 우리가 다른 관점을 가질 수 있는지를 살펴보고자 하는 것입니다."

예시

치료자: 저는 당신이 '나는 다시는 행복해질 수 없어'라고 생각하는 것을 알 수 있습니다. 그것은 당신의 마음을 매우 어지럽히고 힘들게 하는 강력한 사고입니다. 0~100%로 측정한다면 당신은 그 사고를 얼마나 믿나요?

내담자: 약 95% 정도 같아요.

치료자: 그러면 그 사고는 이 순간에 당신에게 거의 절대적인 진실과 같군요. 그러면 이 사고가 95% 진실이라고 생각할 때 당신은 슬픔과 무기력감을 얼마나 느끼나요? 0~100%로 말씀해보세요.

내담자: 거의 같습니다. 둘 다 약 95%정도. 때때로 저는 무기력감을 100%로 느껴요.

치료자: 좋아요. 그 사고는 당신을 슬프고 무기력하게 만드는 군요. 저는 우리가 그 사고를 믿는 정도를 변화시킨다면 당신의 감정 또한 변할 것이라는 상상을 합니다. 이것이 말이 되나요?

내담자: 예. 그러나 나는 정말로 그것이 사실이라고 믿어요. 나는 지난 두 달 동안 계속 우울했거든요.

치료자: 그렇게 우울감을 느끼는 것은 힘든 일이죠. 하지만 때로 우리의 사고는 부분적으로는 옳지만 느끼는 것만큼 절대적인 것은 아닙니다. 당신이 사용하고 있고, 이런 식으로 생각하고 느끼도록 만드는 증거들—사실들—을 좀 더 자세히 살펴봅시다. 여기 페이지의 가운데에서 선을 아래로 그으세요. 그리고 왼쪽에는 당신의 사고를 지지하는 증거를 적으시고, 오른쪽에는 당신의 사고를 반박하는 증거를 적어보세요. '당신은 결코 행복해지지 못할 것이다'라는 사고에 대한 증거에서 시작해봅시다.

내담자: 글쎄요. 저는 지금 우울하고요. 지난 두 달 동안 우울감을 계속 느껴왔어요. 이전에도 우울에 관한 문제가 있었구요. 저는 지금 어떤 관계도 맺고 있지 않아요.

치료자: 좋아요. 당신을 슬프게 만드는 지점을 알 수 있을 것 같아요. 자, 당신이 언젠가는 다시 행복해질 수 있다 라고 믿을 이유가 있는지 살펴봅시다.

내담자: 지금 당장 상상하기가 어렵네요. 하지만 과거에 행복했던 적이 있었어요. 업무에서 내가 좋아하는 몇 가지 일들이 있어요.

치료자: 지난달에 당신이 했었던 것들 중 당신에게 약간의 즐거움이나 성취감을 주었던 것들을 살펴봅시다.

내담자: 그것은 언제나 단조롭고 고된 일처럼 보여요. 하지만 지난 몇 주 동안 그렇게 많이 하지는 않았지만 달리기에서 약간의 즐거움을 얻었습니다. 저는 친구 빌과 저녁 먹는 것을 좋아해요. 그는 좋은 친구이고 매우 배려심이 있어요. 저는 국립공원에 대한 TV 특집 프로그램을 좋아해요.

치료자: 좋아요. 약간의 행복감을 경험하는 증거로 그것들을 적어보세요. 만일 당신이 우울하지 않는다면, 당신의 삶에서 긍정적인 기분을 느끼도록 하는 것에는 어떤 것들이 있나요?

내담자: 새로운 것을 배우는 것은 긍정적인 기분을 느끼도록 해요. 성장하는 것은 좋죠. 그리고 저는 여행을 즐겼어요. 작년에는 브라질로 멋진 여행을 갔었죠. 미식축구를 보는 것, 특히 친구들과 보는 것도요.

치료자: 좋아요. 우리는 목록에 이것들을 추가할 수 있어요. '나는 영원히 행복하지 않을 것이다'라는 당신의 생각에 대한 증거를 살펴볼 때, 그것은 너무나 힘들었던 지난 2주 동안 당신이 느꼈던 감정의 정도에 근거를 두고 있는 것같아요. 전에 행복감을 느꼈다는 사실을 생각하니 어떤가요?

내담자: 지금보다는 더 좋은 기분을 느꼈었어요. 하지만 지금 저는 매우 부정적인 감정을 느껴요.

치료자: 때로 우리는 지금 현재 느끼는 방식으로 미래를 판단합니다. 그러나 당신이 느끼는 방식에서 한발짝 뒤로 물러나 현재의 위기 이전에 긍정적인 감정을 느꼈던 당신의 능력을 보는 것 또한 의미가 있어요. 그리고 생각해보면 당신은 긍정적인 감정을 느낄 때도 있습니다. 이것에 대해 어떻게 생각하나요?

내담자: 제가 너무 현재 상황에 집중하고 있구나 라는 생각이 들어요.

치료자: 음. 마음이 어지럽고 힘들면 우리는 그렇게 되죠. 그렇죠? 하지만 저는 이러한 즐거움을 줄 수 있는 몇 가지 일들이 당신의 기분에 영향을 미치는지 보기 위해 이것들에 시간을 배분하는 것이 어떨까 생각하고 있어요. 당신은 운동, 친구만나기, 게임 관람하기, 새로운 것 배우기, 여행계획 세우기와 같은 것들이 당신에게 어느 정도 도움이 되는지를 살펴보기 위해서 이것들에 시간을 할애할 수 있습니다.

내담자: 그것이 도움이 될지도 모르죠. 하지만 지금 저는 기분이 많이 쳐져 있어요.

치료자: 예. 힘든 시간이죠. 하지만 당신이 느끼는 무기력감은 지금 기분이 쳐져 있다라는 그 생각에 기반을 두고 있는 것 같습니다. 만일 당신이 이전에 행복했던 적이 있었다 그리고 당신이 하는 것들 중 더 나은 기분을 느끼도록 하는 일들이 있고, 전에는 우울감을 이겨냈었다 라는 증거를 살펴본다면, 다시는 결코 행복해지지 않을 것이다 라는 당신의 생각에 대해 어떻게 생각하시나요?

내담자: 저는 그것을 많이 믿지는 않아요. 어쩌면 희망이 있을지도 모르죠.

치료자: 만일 '당신은 결코 행복해질 수 없다'라고 믿는 정도를 0~100%로 평정한다면, 당신은 몇 %를 줄 수 있습니까?

내담자: 아마도 50%요. 그러나 저는 여전히 그것을 어느 정도는 믿고 있어요.

치료자: 저는 강한 신념이 잠시 동안 유지될 거라 기대했습니다. 하지만 10분이 지났는데 그 신념이 95%에서 50%까지 변했어요. 이러한 변화로 당신의 감정은 좀 달라졌

나요?

내담자: 저는 좀 더 희망적이라고 느껴요. 아마도 변할 수 있을 것 같아요.

과제

치료자는 다음의 지시와 함께 양식 9.5(사고의 증거 검토하기)를 제시할 수 있다.

"매일 당신은 자신에 대해 그리고 자신의 경험이나 미래에 대해 부정적인 사고를 가지고 있을지도 모릅니다. 당신은 나쁜 일이 벌어질까봐 걱정할 수도 있고 혹은 당신의 마음을 어지럽고 힘들게 만드는 방식으로 자기 자신을 명명할 수도 있습니다. '사고의 증거 검토하기' 양식을 사용해서 당신의 사고를 지지하고 반박하는 증거에 대한 목록을 매일 작성하세요. 부정적인 신념을 지지하는 이 증거가 사실보다는 당신의 정서에 기반하고 있는지를 자문하세요. 부정적인 사고에 반하는 증거를 간과하거나 과소평가 혹은 최소화하는 경향이 있는지를 스스로 질문해 보세요. 그리고 나서 그 증거에 가중치를 부여하고 부정적 사고에 대한 당신의 결론을 적으세요."

가능한 문제

어떤 내담자들은 자신의 정서를 사고의 타당성에 대한 증거로 사용한다. "나는 정말 우울하기 때문에 실패자임에 틀림이 없어." 내담자가 이러한 정서적 추론을 타당성의 증거로 사용하고 있다는 것을 명확히 한 후, 이것을 증거의 질의 관점에서 검토할 수 있다. "만일 내가 들떠있다고 느꼈고 그리고 나는 신이다 라고 생각했다면 그것이 나를 신으로 만드는가?" 또 다른 문제로 어떤 내담자들은 단지 사고를 믿는 것만으로 사고에 매우 강력한 타당성이 부여된다. "내가 그것을 매우 강하게 믿는다면 그것에는 어떤 무언가가 있음에 틀림이 없다." 치료자는 종교, 정치, 전통적인 행동 또는 산타클로스에 대해서 강한 신념이 있는지 물을 수 있다.

관련 있는 다른 기법

다른 유용한 기법들로 수직하강(vertical descent), 손실과 이득에 가중치 부여하기 (weighing the costs and benefits), 사고의 논리적 구조 검토하기(challenging the logical structure of thoughts) 가 있다.

양식

양식 9.5: 사고의 증거 검토하기

기법: 변호사 되기(Defense attorney)

설명

때때로 내담자들은 자신의 부정적인 사고에 반하는 주장이나 증거가 있다는 것을 인식한다. 그러나 이러한 사고를 검토하고자 하는 동기와 방향성이 부족하다. 이들은 사고가 비합리적이거나 극단적이어야만 그것을 검토하거나 평가할 수 있다고 믿을지 모른다. 이들은 "나는 이미 그 사고를 믿고 있기 때문에 그것을 검토할 수 없다"는 정서 적 악순환에 빠진다. 인지치료자들은 사고를 재판의 참여자처럼 가정함으로써 내담자 가 사고에 대한 정서적인 부담감에서 거리를 두도록 도울 수 있다. 이 기법에서 내담자 는 클라이언트를 보호하는 변호사가 되어 부정적인 사고에 대항하여 자신을 보호하는 역할을 맡는다.

개입을 위한 팁과 질문

"때때로 기분이 처져있을 때 생각과 감정의 밖에 서서 다른 관점을 취하는 것은 어렵습니다. 그러나 당신의 부정적인 사고가 재판에서 원고이며, 당신의 죄를 찾으려고 한다고 상상해 보십시오. 그들은 당신에게 모든 종류의 끔찍한 방식들로 이름을 붙여왔습니다(예, 게으르다, 어리석다, 무기력하다, 영원히 슬픔에 빠질만하다는 등과 같은 이름을 붙여왔다). 우리는 '변호사 되기(Defense Attorney)'라고 부르는 기법을 사용할 것입니다. 당신은 매우 유능하고 동기가 높은 변호사로, 이러한 부정적인 사고에 대항하여 당신을 보호해야 합니다. 모든 훌륭한 변호사들처럼 당신도 당신의 클라이언트의 말과 행동을 모두 믿을 필요는 없습니다. 당신은 단지 그들을 방어하기만 하면 됩니다. 그래서 당신의 일은 자신을 방어하는 것입니다. 먼저 제가 변호사 역할을 시작하겠습니다. 이후 당신이 변호사 역할을 할 것입니다. 제가 변호사 역할을 하면 당신은 원고가 되는 겁니다."

예시

치료자: (이전 설명을 인용하면서) 제가 변호사 역할을 하고 당신은 원고 역할을 할 거예요. 자, 당신은 "그는 실패자이고, 실패했으며, 다시는 행복해지지 못할 것이다"라는 부정적인 생각들 속에 있는 모든 불만들을 저에게 청구하세요. 저는 제 클라이언트인 당신을 변호할 겁니다.

내담자: (원고 역할로) 봅시다. 당신의 클라이언트는 너무 어리석고 게을러요.

치료자: 당신은 이런 주장을 입증하는 증거를 가지고 있나요?

내담자: 글쎄요. 안나와의 관계가 잘 풀리지 않았어요.

치료자: 그것은 그 주장과는 관련이 없는 것 같습니다. 안나를 포함해서 거의 모든 사람들은 잘 풀리지 않는 관계를 가지고 있습니다. 원고는 모든 세상 사람들이 어리석고 게으르다는 결론을 내리기를 원하나요? 안나가 어리석고 게으른가요?

내담자: (원고 역할로) 그는 자신이 하는 모든 일들을 망쳤어요.

치료자: 그 사실은 이런 터무니없고 비논리적인 주장을 지지하지 않습니다. 제 클라이언트는 대학을 졸업하였고, 그는 인정받고 보상을 받는 직업을 갖고 있으며, 친구들이 있고, 부모에게는 좋은 아들이며, 그를 필요로 하는 사람들에게는 좋은 친구입니다. 이러한 주장은 터무니없고, 이상의 증거들과 일치하지 않습니다.

내담자: 글쎄요. 그가 더 잘 할 수 있었을 텐데요.

치료자: 원고도 그렇게 할 수 있었을 텐데요. 원고는 많은 문제를 일으킬 수 있는 행동을 계속해서 취하고 있습니다. 존경하는 재판장님. 저는 원고가 악의적이고 명백하게 사실이 아니며, 저의 클라이언트와 그의 명예에 해를 가하려는 의도를 가진

성명을 공개적으로 발표한 것에 대해 비방의 혐의가 있다는 근거를 제출하고자 합니다.

내담자: (웃음). 말하려는 것이 뭔지 알겠어요.

치료자: 당신의 부정적인 사고는 강한 변호를 견뎌낼 수 없는 것 같군요.

내담자: 사실인거 같아요. 그러나 저는 저 자신을 변호하지 못해요.

치료자: 말하도록 허락된 유일한 사람이 원고 한 사람뿐인 재판을 상상해보세요. 그것이 어떻게 보이나요?

내담자: 완전히 불공평하죠.

치료자: 아마도 그것이 당신이 당신 자신을 대하는 방식이죠.

과제

치료자는 양식 9.6(변호사되기)과 양식 9.7(배심원이라면 어떻게 생각할까?)을 부여할 수 있다. 치료자는 내담자에게 최악의 비판자인 원고에 대항해서 자기 자신을 보호하는 일을 하는 것을 상상하도록 요청한다. 내담자는 지금 원고의 고소를 반증하기 위해서 모든 자신의 지능과 기술, 경험을 사용해야 한다. 그는 증거와 논리를 공격해야 하고, 고소의 부당함을 지적해야 한다. 마지막으로, 그는 공정한 마음을 가진 배심원단이 이 재판을 어떻게 평가할지에 대해 검토해야 한다. 그리고 나서 그가 방어를 견디지 못한 잘못으로 자기 자신에게 얼마나 책임을 물을 수 있는지를 검토한다.

가능한 문제

어떤 내담자들은 변호사의 열정적인 도전을 무효화하거나 경멸스러운 것으로 본다. 이 경우 다음의 걱정을 예상하면서 이 기법을 소개하는 것이 도움이 된다. "부정적인 사고에 도전할 때, 우리는 당신의 감정이나 당신이 선택한 방식대로 생각하는 권리를 타당화하지 않는 것이 아닙니다. 그러나 그 생각이 당신에게 고통을 일으킨다면 그것이 사실과 논리에 맞설 수 있는지를 보는 것은 가치가 있을 것입니다. 이 기법을 사용할 때 당신의 기분이 더 나아지거나 더 나빠지는지를 나에게 알려주세요."

관련 있는 다른 기법

다른 관련된 기법으로 자동적 사고왜곡을 범주화하기, 장점과 단점에 가중치 부여하기, 증거에 가중치 부여하기가 있다. 이중 잣대 기법은 이 기법과 자주 사용될 수 있다.

양식

양식 9.6: 변호사되기
양식 9.7: 배심원이라면 어떻게 생각할까?

기법: 당신은 친구에게 어떤 조언을 할 것인가?
(What advice would you give a friend?)

설명

불안하거나 우울한 사람들은 보통 자기 자신보다 다른 사람들에게 더 친절하거나 더 인내심을 보인다. 친구에게 어떤 조언을 할 것인지를 묻는 것은 내담자가 자신의 부정적인 사고에서 한발짝 물러나 상황을 더 객관적으로 바라보도록 한다. 이것은 때로는 "이중 잣대 기법"으로 알려져 있다. 또한 "친구"라는 관계를 활성화하는 것은 과도하게 비판적인 경향성을 없애는데 도움이 된다. 내담자는 비판하는 것보다 도움을 주는 역할에 있고, 자신이 자기보다 친구(또는 전혀 모르는 사람)에게 더 지지적이고 덜 비판적이라는 것을 인식할 수 있다. 더욱이 타인에게 더 상냥하고 지지적으로 대하는 것을 인식시킴으로써 왜 자신이 이중 잣대를 가지고 있는지에 대한 의문을 이끌어 낼 수 있다. 자주 내담자는 자신이 우울하기 때문에 타인보다 자기 자신에게 더 정확하게, 비판적인 기준을 고수하게 되고, 이러한 자기비난 때문에 우울하거나 불안하게 되는 악순환을 완성하게 된다는 인식을 하게 된다. 이 기법은 직접적인 질문(친구에게 어떤 조언을 할 것인가?)이나 내담자가 친구를 돕는 역할을 하고, 치료자가 도움이 필요한 내담자 역할을 하는 역할극으로 사용될 수 있다.

개입을 위한 팁과 질문

"때때로 우리는 자신보다 타인에게 더 상냥하고 지지적입니다. 당신에게 좋은 친구가 있는데 그 친구가 당신이 가지고 있는 문제와 같은 문제를 가지고 있다고 상상해보세요. 당신은 그 친구에게 어떤 조언을 할 것입니까?" 대안적으로, "나는 당신의 좋은 친구이고, 당신이 가지고 있는 고민들을 내가 가지고 있다고 상상해보세요. 역할극을 해봅시다. 나의 생각과 기분을 설명할 것이고, 당신이 나에게 얼마나 지지적인지 알고 싶어요." 마지막으로, "저는 당신이 자신보다 친구에게 더 지지적이라는 것을 알겠습니다. 그 이유는 무엇인가요? 당신이 다른 사람에게 하는 것만큼 당신 자신에게 친절하다면 어떨 것 같습니까?"

예시

치료자: 당신이 자신을 실패자이며, 바보 같다고 이름붙이는 것에 대해 나는 당신이 자신에게 매우 비판적이라고 생각합니다. 때로는 나와 비슷한 문제를 가지고 있는 친구에게 조언을 한다고 상상하면 다르게 볼 수 있기도 합니다. 만일 당신의 친구가 당신과 같은 문제들을 경험한다면 더 지지적이기 위해서 어떤 조언을 해줄 것 같습니까?

내담자: 저는 그녀가 자신을 위해 많은 것을 가지고 있다고 말해줄 거예요. 그녀가 똑똑하고, 대학을 나왔으며, 좋은 직장을 가졌고, 친구들이 정말로 그녀를 존중한다고 말할 겁니다. 얼마나 힘든지 제가 알기 때문에 그녀를 지지하기 위해 노력할 것입니다.

치료자: 그 말은 정말로 지지적이고 걱정하는 것처럼 들립니다. 하지만 그것이 당신 자신을 대하는 방식처럼 들리지는 않습니다. 당신은 차이점을 아시나요?

내담자: 저는 항상 저 자신을 비판합니다. 저 자신의 편에 서지 않아요.

치료자: 저는 그것을 알 수 있어요. 그 이유가 무엇인가요?

내담자: 제 생각에 우울하기 때문인 것 같습니다. 어떤 것도 옳은 것처럼 보이지 않아요.

치료자: 가장 친한 친구가 우울할 때, 그 친구는 당신이 보낸 지지를 받을 자격이 있다고
　　　　생각하시나요?

내담자: 그렇다고 생각해요.

치료자: 만일 당신이 다음 몇 주 동안 자기 자신을 당신의 가장 친한 친구처럼 대한다면
　　　　어떨 것 같은가요?

내담자: 기분이 더 좋아질 것 같아요.

과제

　　내담자는 두 개의 양식, 즉 절친에게 줄 수 있는 조언(양식 9.8)과 내가 좋은 조언을
받아들이기 힘든 이유(양식 9.9)를 완성할 수 있다. 첫 번째 양식에서 내담자는 (역할극에서처럼)
비슷한 문제를 가지고 있는 친구에게 해줄 수 있는 조언을 적는다. 이것은 내담자가 자
신의 부정적인 사고로부터 거리를 두는데 도움이 되며, 이 사고들이 극단적이고 부당하
다는 것을 인식하도록 돕는다. 그것은 또한 양육적이며 연민하는 마음을 활성화시킨다.
두 번째 양식은 좋은 조언을 받아들이는 것에 대해 저항하거나 받아들이지 않는 이유에
초점을 두며, 내담자에게 이러한 부정적인 사고들을 검토하도록 한다. 예를 들어, 내담
자는 "나는 우울하기 때문에 그 조언을 받아들이지 못한다"라고 말할지도 모른다. 그리
고 이것에 대한 건설적인 반응은 "나는 내가 우울할 때 지지가 필요하다. 만일 내가 이
조언을 받아들인다면 덜 우울할 것이다"이다. 좋은 조언을 받아들이지 못하는 다른 이
유들에는 "나는 그것을 받을 만한 자격이 없다" 또는 "나는 그 조언을 믿지 못한다" 등
이 있다. 건설적인 반응들로는 "나는 인간이고 나는 다른 사람들이 대우를 받는 것처럼
정당한 대우를 받을 자격이 있다"이다. 내담자가 "하지만 나는 그 건설적인 반응을 믿
지 못한다"라고 말할 때, 치료자는 "다른 방식으로 보는 것에 대해 생각하는 것은 신념
을 변화시키는 첫 번째 단계입니다"라고 말할 수 있다. 또는 치료자는 건설적인 대답들
을 믿지 못하는 이유들에 대해 질문할 수 있다(이전의 논의를 보라).

가능한 문제

자주 내담자들은 이 기법을 자기 자신보다 타인에게 할 때 더 쉽다고 말한다. 내담자들이 이렇게 말하는 것은 그 말의 이면에 있는 요구기준, 자격 없음, 특별한 사람 또는 결함에 대한 스키마를 명확하게 하기 때문에 도움이 된다. 그리고 가장 잘 대처하는 방법에 대한 개인의 신념을 명확하게 하는데 도움이 된다. 예를 들어, 한 내담자는 자신이 본래 게으르기 때문에 자신을 비판할 필요가 있으며, 비판이 동기부여의 역할을 한다고 믿을 수도 있다. 아니면 자신이 부족하기 때문에 타인을 대하는 것처럼 자신을 대해서는 안된다는 이유로 반대할 수도 있다. 이러한 스키마 신념들은 이 장에 제시된 기법들을 사용해서 검토될 수 있다.

관련 있는 다른 기법

이 장의 모든 기법들은 서로 관련이 있다.

양식

양식 9.8: 절친에게 해줄 수 있는 조언
양식 9.9: 내가 좋은 조언을 받아들이기 어려운 이유

기법: 재앙화에서 빠져나오기(Decatastrophizing)

설명

가장 강도가 강한 정서적 반응은 사건을 공포스럽고, 재앙적이거나 압도적인 것으로 보는 것에서 비롯된다. Ellis의 주요 치료 목표 중 하나는 사건들이 끔찍하다는 내담

자의 신념이다(Ellis, 1962). 많은 사건들이 객관적으로 어렵거나 심지어 삶이 위협적이라고 인식하는 동안, 인지치료자들은 내담자들이 과잉반응을 피하고 보다 넓은 관점으로 보도록 시도한다. 예컨대 "친구가 저녁데이트를 취소한 것은 끔찍한 일이다"라고 생각하는 내담자는 마치 자신의 삶이 위협받은 것처럼 강한 감정 반응을 보일 것이다. 사건의 재앙화에서 빠져나가기 위한 많은 전략들이 있는데, 재앙화를 하는 경향성을 명확히 하는 것이 여기에 해당된다. 예를 들어, "그것은 끔찍해", "나는 그것을 견딜 수 없어", "이러한 일이 생겼다는 것을 믿을 수 없어"와 같은 사고를 모니터링 함으로써 재앙화 경향성을 명확히 할 수 있다. 이렇게 정서를 흥분시키는 사고들을 재앙적 사고가 주는 득실의 관점에서 점검해 볼 수 있다. 내담자로 하여금 재앙화가 정서조절의 어려움을 야기시켜 내담자 자신을 힘들게 한다는 인식을 갖도록 하는 것이 필요하다. 다음으로, 치료자는 사건이 재앙적이라는 관점을 지지하고 반박하는 증거를 검토한다. 그리고 현재의 사건을 다른 덜 나쁘거나 혹은 더 나쁜 사건들의 관점에서 위치시키는 연속체 기법(the continuum technique)을 사용하며, 문제 해결 모드로 전환하고, 좌절감을 느끼는 현 시점에 위치한 시간을 더 길고 의미 있는 삶의 맥락으로 확장시킬 수 있다.

내담자로 하여금 부정적인 사건들이 진정으로 부정적일 수 있으며, 탈재앙화하는 것이 무효화나 축소시키거나 무시하는 것이 아니라는 것을 인식하도록 돕는 것이 중요하다. 치료자들은 '타당화받지 못함(invalidation)'의 개념을 '더 넓은 관점으로 바라본다'는 맥락으로 소개할 수 있다.

개입을 위한 팁과 질문

"당신은 발생한 사건이 정말로 공포스럽고 무섭다고 생각하고 느끼는 것 같습니다. 때때로 마음이 어지럽고 힘들 때 우리는 견딜 수 없는 사건들에 압도되고 있다고 생각하며, 그 결과 압도가 됩니다. 그것은 우리의 불안과 우울의 부분일 수도 있습니다. 이 사건들을 덜 무서우면서 더 잘 다룰 수 있는지 정확히 알아보기 위해 이것들을 더 넓은 관점에서 볼 수 있는지를 살펴보는 것이 도움이 될 것입니다. 이것은 당신의 감정을 타당화하지 않거나 발생한 사건이 괜찮거나 중요하지 않다는 것을 의미하는 것이 아닙니다. 단지 그 사건들이 당신에게 여전히 부정적이지만 그렇게 무섭지는 않다는 관점에서 그것들을 바라볼 수 있다는 것을 의미합니다."

예시

> **치료자:** 당신은 이별로 인해 정말로 혼란에 빠진 감정상태인 것처럼 들립니다. 그리고 당신이 지금 나쁜 감정을 느끼는 것을 이해할 수 있습니다. 이 이별로 인해 당신이 어떤 생각을 하고 있는지 궁금해요.
>
> **내담자:** 저는 제 삶이 끔찍하다고 생각해요. 27살이나 되었지만 어떠한 이성관계도 맺고 있지 않아요. 제 친구들 모두가 결혼했거나 연애 중인데 저에게는 아무 도 없다는 것이 끔찍합니다.
>
> **치료자:** 정말로 혼란스럽고 힘든 생각들이네요. 특히 무섭고 끔찍하다는 생각에 관심이 갑니다. 그것에 대해 좀 더 얘기해 줄 수 있어요?
>
> **내담자:** 글쎄요. 저는 지금처럼 혼자 있는 것이 끔찍하다고 생각해요.
>
> **치료자:** 그래서 그것이 얼마나 끔찍한가에 대해 생각할 때, 그 생각과 함께 당신은 어떤 감정을 느끼나요?
>
> **내담자:** 저는 두려움을 느껴요. 저는 살아야 할 목적이 전혀 없는 것처럼 슬픔과 무기력감을 느껴요.
>
> **치료자:** 좋아요. 끔찍하다는 이러한 생각은 당신으로 하여금 삶이 살아 있을 가치가 없다고 느끼도록 하며, 슬픔과 무기력감을 느끼도록 하는군요. 지금처럼 나쁜 감정을 느낄 때, 만일 당신이 이별이 두렵고 삶이 끔찍하다라고 생각하지 않는다면 다른 감정을 느끼게 될지 궁금하네요. 만일 당신이 '이별은 정말로 어려운 시간이지만 약간의 도움으로 잘 견뎌낼 수 있을거야'라고 생각한다면요?
>
> **내담자:** 그것이 힘들지 않다고 말하는 건가요?
>
> **치료자:** 아닙니다. 제가 말하는 것은 이별은 힘들지만 그것을 끔찍하다고 생각할 때 그 생각은 당신이 더 나아지거나 더 나은 감정을 느낄 몇 가지 가능성을 보지 못하게 할 수 있다는 것을 말하는 거예요. 그것이 끔찍하다는 생각을 해봅시다. 이별을 한 상황이라고 상상을 하고, 그것이 얼마나 나쁜지에 대해 점수를 매겨보세요. 100%가 상상할 수 있는 가장 안좋은 상황이라고 할 때, 당신은 0~100% 중 몇 %로 평정할 것인가요?
>
> **내담자:** 거의 99%입니다.
>
> **치료자:** 좋아요. 여기에 선을 그려봅시다. 그리고 0%와 100%를 넣고, 99%에 이별을 적습니다. 그럼 99%보다 더 나쁜 것에는 어떤 것이 있을까요?

내담자: 생명을 잃는 것, 예를 들어 길고 고통스러운 질병 때문에 고통을 받거나 생명을 잃는 것을 생각해볼 수 있어요.

치료자: 좋아요. 그것이 100%이군요. 그럼 90%와 80%에는 무엇을 넣을까요?

내담자: (잠시 동안 생각하면서) 이런 식으로 생각하는 것이 어렵군요. 저는 극단적으로 생각하는 경향이 있어요. 90%는 친구를 잃는 것, 80%는 직업을 잃는 것이 될 수 있을 것 같아요.

치료자: 50%는 어때요?

내담자: 모르겠어요. 아마도 약간의 돈을 잃는 것. 감기에 걸리는 것 …

치료자: 25%는요?

내담자: 생각하는 것이 어렵네요. 음 … 누군가와 논쟁을 하는 것 …

치료자: 다음 20년 동안에 장애가 되는 질병을 갖는 것은 어디에다 넣을까요?

내담자: 그것은 99%에 넣어야 할 것 같아요.

치료자: 그래서 이별은 20년 동안 불구의 질병을 갖는 것만큼 힘든 것처럼 느껴지는 군요. 그것이 현실적인 것 같나요?

내담자: 아닌 것 같아요.

치료자: 이별을 했다 하더라도 당신이 지금이나 미래에 여전히 할 수 있는 즐겁고 의미 있는 것에는 어떤 것들이 있나요?

내담자: 모르겠어요. 저는 여전히 제 친구를 볼 수 있고, 일하러 가고, 운동하며, 도시를 즐기고, 가족들을 볼 수 있어요. 여행을 할 수 있어요. 아마도 미래에 저는 더 나은 관계를 찾을 수 있을 거예요. 많은 것들을 추측하네요.

치료자: 그래서 이별을 20년 동안 불구의 질병을 갖는 것과 동일한 평정치인 99%에 위치시키고, 고통스러운 병으로 천천히 죽는 것을 그것보다 1% 아래에 위치시킨다면 이것이 현실적인 것처럼 보이나요?

내담자: 그렇지 않은 것 같아요. 제가 과도하게 반응하는 것 같아요.

치료자: 우리가 한 이 작업은 당신이 경험한 이별이 어렵지 않거나 나쁘지 않거나 끔찍하지 않다는 것을 말하는 것이 아닙니다. 하지만 당신은 그것을 극단에 있는 것으로 보는 것 같아요. 그리고 때때로 그것이 당신을 이러한 강하고 고통스러운 정서에 압도되게 할 수 있습니다.

내담자: 당신의 말이 일리가 있네요.

과제

내담자는 양식 9.10(사건을 연속체상에 위치시키기)과 양식 9.11(넓은 안목으로 사건 바라보기: 내가 여전히 할 수 있는 것들)을 완성할 수 있다.

가능한 문제

정서조절이 되지 않는 많은 내담자들은 사건을 전부 아니면 전무로 바라본다. 치료자는 덜 "부정적인" 사건을 제안함으로써 도울 수 있는데, 예를 들어 "감기에 걸리고, 100달러를 잃고, 친구와 논쟁을 하고, 꽉 끼는 신발을 신는 것은 어디에 위치시킬 것입니까?" 등이 있다. 몇몇 내담자들은 연속체에 따라 사건을 위치시키는 것이 자신의 감정을 타당화하지 않는 것 같다며 반대할 수도 있다. 치료자는 타당화에 대한 우려를 확인하는 기법을 미리 얘기하는 것으로 이러한 예상되는 어려움을 피할 수 있다.

관련 있는 다른 기법

활동스케줄링, 즐거움 예측하기, 그 순간을 나아지게 하기(improving the moment)와 같은 행동활성화 기법들 그리고 내담자가 긍정적인 변화의 방향으로 나아가도록 하는 다른 기법들은 더 큰 관점으로 부정적인 사고와 감정을 위치시키도록 도울 수 있다.

양식

양식 9.10: 사건을 연속체상에 위치시키기
양식 9.11: 넓은 안목으로 사건 바라보기: 내가 여전히 할 수 있는 것들

기법: 시간 구매하기(Buying time)

설명

불안은 자주 시간급박감의 특징을 갖는다. 이것은 끔찍한 어떤 것이 곧 발생할 것이라는 믿음 또는 즉시 자신의 문제에 대한 답을 가져야 한다는 믿음(Ellis, 1962)을 의미한다. 만일 우리가 불안을 원시환경에서 발생하는 위기상황과 위협에 대한 적응적인 반응으로 간주한다면, 급박감은 불안경험의 적응적인 부분일 것이다. 즉각적으로 도망가거나 피하는 능력 또는 위험을 감지하는 능력은 생명을 위협하는 사건에 대한 가치 있는 불안반응 요소일 것이다. 즉시 기분이 나아져야 한다는 급박감을 지닌 내담자들은 약물과 알코올을 남용하고, 폭식과 구토를 하며, 성적으로 문란한 행동을 하고, 즉각적인 재확인을 요구하거나 혹은 자해를 하기도 한다(Riskind, 1997). 급박감에 의해 추동되어질 때, 불안한 개인들은 자신의 욕구에 가장 효과적이고 즉각적인 만족을 추구하며, 그 결과 무기력감을 느끼게 된다(Leahy, 2005b).

시간급박감은 사람들이 자신의 미래 기분과 사건의 결과를 예측하는 것을 어려워하는 것과 관련이 있다(Klonsky, 2007). 따라서 사람들은 자주 부정적인 생활사건에 뒤따라오는 부정적인 감정이 지속적일 것이라고 믿고, 그들이 더 잘 대처하도록 도울 수 있는 요인들을 자주 과소평가한다. 현재의 기분을 극복하는데 있어서 다른 긍정적인 생활 사건의 완충효과를 과소평가하며, 현재의 기분을 미래에 까지 과도하게 일반화시키는 것은 급박감의 한 부분이다.

시간 구매하기 기법은 내담자가 보이는 시간급박감의 이슈에 초점을 맞춘다. 그리고 만족 지연하기, 긍정적인 일련의 변화 예상하기, 그 순간을 나아지게 하기(improving the moment), 또는 절박함이나 위험이 빠르게 다가오고 있다는 인식 줄이기 등에 초점을 다시 맞추도록 시도한다. 치료자는 급박감을 감소시키기 위한 다양한 기법을 사용해서 내담자가 사건은 변할 것이며, 정서는 시간이 지남에 따라 흩어질 것이라는 가능성을 갖고 현재의 스트레스를 견뎌내도록 돕는다.

개입을 위한 팁과 질문

"당신은 자신이 지금 얼마나 기분이 나쁜지를 생각하면서 당장 기분이 나아져야 한다고 생각하는 것 같습니다. 즉시 기분을 나아지게 하려는 당신의 욕구는 실제로 당신을 더 불안하게 만들고, 상황을 더욱 악화시키는 긴박감 속으로 빠져들게 할지도 모릅니다. 이러한 급박감을 감소시킬 수 있는지를 알아보기 위해서 우리는 시간을 다르게 볼 수 있습니다. 여기에 우리가 고려할 많은 질문들이 있습니다. 첫째, 급박감과 위기감의 결과가 무엇입니까? 둘째, 만일 우리가 현재의 사건에 대해 당신이 느끼는 방식처럼 느낀다면 몇 시간 혹은 며칠 후에 이것들에 대해 더 나은 기분을 느끼는 것이 가능할까요? 이전에 이렇게 된 적이 있나요? 셋째, 앞으로 몇 시간 또는 며칠 안에 일어날 수 있는, 기분을 나아지게 하는 것들에는 어떤 것이 있나요? 아마도 미래를 위해 계획을 세우고 변화를 만들 수 있는 몇 가지 행위들이 있을 것입니다. 넷째, 아마도 우리는 당신이 생각하는 몇 가지 대안적인 것들을 명확히 하거나 당신을 더욱 평온하게 만드는 것을 행할 수 있습니다. 우리는 현재의 순간을 더 나아지게 하기 위해 지금 할 수 있는 즐겁고 긴장이 이완되는 활동 목록들을 살펴볼 수 있습니다. 만일 당신이 이것들 중 몇 가지를 행한다면 어떻게 될까요?"

예시

치료자: 지금 당장 기분이 좋아져야 한다는 급박감을 자주 느낀다는 것을 알겠습니다. 그리고 나면 당신은 자주 더 많은 술을 마시거나 폭식을 하고 확신을 갖기 위해 사람들과 연락을 취했을지도 모릅니다. 이러한 급박감을 알고 있었습니까?

내담자: 예. 그것은 주기적으로 반복되는 거예요. 저는 그냥 끔찍하다고 느끼고, 그 기분을 견딜 수 없을 것 같아요. 그래서 무언가를 해야만 하죠.

치료자: 당신은 지금 나쁜 기분을 느끼는 것에 대해 공포스러워하고 있는 것 같아요. 지난 밤에 당신을 그토록 기분 나쁘게 만든 것은 무엇인가요?

내담자: 그냥 '나는 영원히 혼자일 것이고, 결코 누군가를 찾지 못할 것이다'라고 생각했어요.

치료자: 그리고 당신은 무엇을 했나요?

내담자: 와인을 두 잔 마셨어요. 그리고 나서 음식을 먹기 시작했고, 정신을 놓은 것처럼

멍해졌어요.

치료자: 자, 당신은 정말로 지금 당장 누군가를 찾아야 하거나 아니면 누군가가 있을 것이라는 것을 알아야 한다고 생각하는 것 같습니다. 그리고 나면 당신은 이런 여러 가지의 행동을 취합니다. 그러나 저는 궁금해지는데요. 우리가 이것을 다른 방식으로 보고, 당신이 느끼고 있는 급박감의 불을 끄는 방법을 찾아낼 수 있을까요?

내담자: 그러면 좋을 것 같습니다. 하지만 급박감이 느껴질 때 저는 그냥 기분이 안 좋아집니다.

치료자: 글쎄요. 그것이 우리가 이것에 초점을 맞추어야 하는 이유입니다. 당신은 위기의 느낌으로 인해 야기되는 결과에 대해 그동안 비싼 값을 치루어 왔다는 것을 알 수 있습니다. 한가지 생각해 볼 것은 지금 당장 나쁜 기분에서 벗어나 미래에 더 나은 기분을 느끼는 방법을 생각하기 위해 어떻게 우리가 시간을 구매할 수 있는가 입니다. 예를 들어, 당신은 화요일 밤에 외로움을 느낀 것에 대해 나쁜 기분을 느끼고 있는 중입니다. 하지만 저는 당신이 수요일 아침에 직장에 있을 때에는 어떻게 느끼는지 궁금합니다. 당신의 기분이 변하나요?

내담자: 그래요. 수요일에는 기분이 나아졌어요. 저는 직장에서 친구들과 함께 있었고, 해야 할 일에 집중하고 있었어요.

치료자: 좋아요. 우리는 감정이 변한다는 것을 알 수 있어요. 그러면 평생 동안 혼자 있을 것이라는 생각을 해봅시다. 이것은 당신이 이전에 가졌던 사고입니다. 당신은 무기력감을 느낀 이후에 친밀한 관계들을 가진 적이 없습니까?

내담자: 예. 작년에 저는 이런 식으로 느꼈습니다. 그리고 나서 에릭을 만났고, 잠시 동안 좋았어요.

치료자: 그래요. 당신의 감정은 영원히 지속되지 않고, 상황은 변하네요. 상황이 변할 때 다르게 느낄 수 있다는 것을 명심해 두는 것은 중요합니다. 하지만 당신은 화요일 저녁에는 그것을 몰랐을 거예요. 그래서 당신이 할 수 있는 한 가지는 시간을 늘리는 것입니다. 그리고 사건은 변하며, 감정도 변하고 그래서 당신도 변한다는 것을 인식하는 것입니다. 당신의 삶이 미래에 어떻게 될지에 대해 왜 당신이 화요일 저녁에 확실히 알아야 하는지 그 이유를 저는 모르겠습니다. 그것은 마치 당신이 확실히 알지 못한다면 그것은 끔찍할 것이다 라고 말하는 것 같습니다.

내담자: 저는 자주 그런 식으로 생각해요. 저는 확실히 알 필요가 있다는 이런 느낌을 갖고 있어요. 하지만 그러지 못하고, 그래서 끔찍해질 것이라고 생각하죠.

치료자: 세상에는 우리가 확실히 알지 못하지만 괜찮다고 밝혀지는 많은 것들이 있어요. 이것은 당신이 생각하는 방식에 있어서의 오류일 수 있어요. 저는 당신이 지난달에 저에게 말했던 것을 기억해요. 당신은 해고당할 거라고 생각했고, 정말로 급박한 것처럼 보였죠. 하지만 당신의 상사는 당신이 일을 잘하고 있다고 말했어요.

급박하다는 느낌은 당신에게는 친숙한 느낌(common feeling)이예요.

내담자: 그것이 내가 항상 두려워하는 이유예요.

치료자: 그리고 저는 외로운 화요일 저녁에 그 순간을 나아지게 하고, 더 나은 기분을 느끼거나 혹은 다르게 느끼기 위해서 당신이 현재 순간에 할 수 있는 것들에 대해서도 생각하고 있습니다. 예를 들어, 평온함을 느끼도록 계획을 세울 수 있습니다. 이것에는 거품목욕을 하고, 음악을 들으며, 운동을 하고, 영화를 보고, 페이스북을 하거나 다른 많은 것들이 있습니다.

내담자: 좋은 생각인 것같아요.

과제

내담자에게 다음의 과제들을 부여할 수 있다. "급박한 느낌의 예를 명확히 하고, 촉발요인과 행동, 느낌을 목록화 하십시오. 급박감을 느끼는 것의 이득과 손실에 대해 목록을 작성하십시오. 당신은 급박감과 확실한(guaranteed) 안 좋은 결과를 같은 것으로 생각하고 있나요? 이것이 말이 되나요? 과거에 잘못된 적이 있습니까? 실제로 발생한 사건보다 급박감에 대한 당신의 반응이 더 문제가 많은가요? 급박감을 야기시켰던 당신의 예상에 대한 목록을 작성하고, 왜 사건이 변하거나 예상보다 더 나은 것으로 드러났는지 그 이유들을 목록화하세요. 당신 자신에게 다음의 질문을 해보세요. '몇 시간 후에, 하루 후에, 한 주 후에, 한 달 후에, 일 년 후에 나는 이것에 대해 어떻게 느낄 것인가? 다른 관점을 취하는데 도움이 되는 가이드로 양식 9.12(시간급박감 극복하기)를 사용하십시오. 당신이 더 나은 느낌을 갖거나 더 나쁜 느낌을 갖는 이유들은 무엇인가요? 그 순간을 나아지게 하고, 급박함의 느낌으로부터 자신의 주의를 분산시키기 위해서 할 수 있는 것들에는 무엇이 있습니까?"

가능한 문제

어떤 내담자들은 감정의 강도에 너무 압도되어서 시간급박감에 대한 가능한 대안들을 생각하는 것을 어려워 할 수 있다. 스트레스 감소와 마음챙김 명상(mindful meditation)

기법은 급박감을 다루는 인지적 기법을 사용하기 전에 정서적 강도를 감소시키는데 유용하게 사용될 수 있다.

관련 있는 다른 기법

수용, DBT 기법, 스트레스 감소 기법들이 시간급박감을 감소시키는데 도움이 될 수 있다.

양식

양식 9.12: 시간급박감 극복하기

▌결론

이 장에서 우리는 내담자들이 자신의 사고를 관리함으로써 정서를 관리하는데 도움이 되는 많은 유용한 기법을 제공한다. Leahy(2003a)의 '인지치료기법: 임상가를 위한 가이드(Cognitive therapy techniques: A practitioner's guide)'를 보면 자세하게 설명된 더 완전한 목록을 찾을 수 있다. 정서조절력은 상황을 다르게 평정하고, 그 결과 정서가 상승하는 것을 막음으로써 향상될 수 있다. 실제로 내담자에게 매일 사용할 수 있는 일련의 인지치료 기법을 제공하고, 가장 문제가 될 수 있는 상황을 함께 예측해 봄으로써, 내담자들은 자신이 조절하기 위해 고군분투하였던 정서들을 유발하는 스트레스 상황에 대해 예방접종을 할 수 있다.

누군가는 인지재구조화를 정서조절과 관련된 기법으로 보지 않을 수 있지만, 우리는 그것이 제1의 정서조절 기법이라고 제안한다. 실제로 내담자가 자신의 정서를 포함해서 사건을 해석할 때 더 효과적인 인지적 전략에 접근한다면 정서조절 장애는 감소될 수 있다. 따라서 타인에게 거부될 때 자신이 정서적으로 혼란스럽고 격앙된다는 것을 아는 내담자들은 그 사건을 다루기 위해서 탈재앙화, 사건을 다른 관점으로 보기, 개인화 하지 않기(not taking personally), 대안적인 해석 검토하기 등과 같은 다양한 종류의 인지재구조화 기법을 사용할 수 있다. 이러한 재구조화는 정서의 강도를 감소시키는 데 도움이 되며, 어떤 경우에는 다른 정서조절 기법이 필요하지 않을 정도로 충분하다. 대안적으로, 인지재구조화는 이 책에서 기술된 다른 기법들의 효과를 증가시키는 치료병기(therapeutic arsenal)일 수 있다. 이 책의 전체를 관통하는 우리의 접근은 임상가에게 넓은 범위의 기법들을 제공하는 것이며, 임상가들이 주어진 상황에서 최적의 기법을 유연하게 선택할 수 있도록 하는 것이다.

10
스트레스 감소(Stress Reduction)

스트레스라는 개념은 거의 반세기 동안 정서조절 연구의 중심에 있어왔다. 내분비계 학자인 Hans Selye(1974, 1978)는 일반적응증후군을 스트레스에 대한 일련의 반응이라고 보았다. 스트레스는 생리적·인지적 요소들을 포함하는 스트레스 유발요인에 대한 유기체의 반응으로 정의된다. Selye에 따르면 일반적응증후군은 경고, 저항, 소진의 세 단계로 구성된다. 경고 단계 동안 유기체는 시상하부─뇌하수체─부신피질(HPA) 축을 활성화시키면서 싸우거나 도망치는(때로는 "얼어붙는") 것으로 반응하며 코르티졸을 분비한다. 이것은 위협에 대해 동원되는 반응표식이다. 저항 단계 동안에 유기체는 직면한 문제를 적극적으로 해결하기 위해 자원과 에너지, 행동들을 동원하면서 스트레스에 적극적으로 대처하기 위한 시도를 한다. 마지막으로, 지속적으로 자원과 대처를 동원한 후에 유기체는 소진의 단계에 이르며, 대상부전의 과정(aprocess of decompensation)을 시작한다. 이 단계에서는 스트레스에 대한 방어와 대처가 실패하였고, 소화기 문제와 피로, 동요됨 그리고 성마름 등의 표식을 보인다.

스트레스를 경험하면 교감신경계가 활성화되며, 교감신경계가 활성화되면 노르에피네프린이 분비된다. 노프에피네프린의 분비는 유기체를 자극하고, 호흡과정과 심박수를 증가시키며, 근육에 쓸 수 있는 힘과 에너지를 증가시키고, 유기체가 싸우거나 도망갈 준비를 하도록 한다. 교감신경 부신증 체계도 에피네프린과 노르에피네프린을 활성화시킴으로써 심박수와 발한, 근육강도, 다른 기능들에 과도하게 영향을 미친다(Aldwin, 2007; Gevirtz, 2007). HPA 축은 처음에 시상하부를 자극하여 코티코트로핀 분비호르몬을 분비한다. 그리고 코티코트로핀 분비호르몬은 뇌하수체를 자극하여 부신피질자극호르몬을 분비하며, 이것은 부신피질을 활성화하고 코르티코스테로이드를 분비한다. HPA 축의 활성화가 길어지는 것은 면역체계를 억제하고 개인을 소진시키며, 질병에 대한 취약성을 증가시키는 결과를 초래한다. 상당히 많은 연구가 문제가 있는 양육방식으로 인한 개인적인 취약성, 환경적 스트레스 요인 그리고 지지적인 환경에 대한 반응 등을 포함해서, 스트레스 반응에 대해 유의한 개인차가 있다는 견해를 지지하고 있다(Belsky & Pluess, 2009).

Lazarus는 스트레스 모델을 대처에 기저하는 인지적 평가들을 통합하는 것으로 확장하였다(Lazarus & Folkman, 1984). 이 모델에 따르면 대처를 위한 일차 평가와 이차 평가가 있다. 일차 평가는 위협의 속성을 평가하는 것을 일컫는 반면, 이차평가는 자신의 대처 능력에 대한 평가를 반영한다(Lazarus, 1999). 예를 들어, 누군가에게 50파운드의 물체를 들어올려야 한다고 말해보아라. 그녀는 들어올려야 하는 물체가 50파운드의 무게라는 것을 알 수 있다. 그녀는 또한 자신이 100파운드를 들어올릴 수 있다는 것을 알고 있다. 이 경우, 그녀의 스트레스 수준은 낮을 것이다. 반대로 만일 그녀가 45파운드만 들어올릴 수 있다고 자기 자신을 평가한다면 그녀는 더 많은 스트레스를 경험하게 될 것이다.

다른 스트레스 모델들은 기대, 자기조절 피드백루프, 그리고 다른 기제와 과정들이 스트레스의 경험에 기저하고 있다고 가정한다. 정서에 대한 한 가지 관점은 정서가 개인이 우선순위를 재설정하도록 돕는다는 것이다(Simon, 1983). 이 관점을 확장하여 Carver와 Scheier(2009)는 자기조절의 사이버네틱 모델을 제안하였는데, 이것은 개인 목표의 확인(목표, 기준, 참조 가치), 입력치(input)를 목표 또는 목적과 비교하는 기능(comparator function), 결과치 기능(output function)(행동과 대처기제들)을 포함한다(Carver & Scheier, 1998). 사이버네틱 모델은 피드백루프를 강조하는데, 이것은 계속적으로 자가조정을 하며, 스트레스 적응을 조절하도록 돕는다. 정서는 개인이 형성한 기대 및 비교와 관련되어 있다. 즉, 목표도달에 실패하고 있다는 불일치는 노력을 증가시키도록 조정하는 반면, 목표를 넘어서면 노력은 감소하게 된다. 이것은 일반적인 직관과는 반대로 하강하는 양상, 즉 개인이 목표를 초과하고 기쁨을 느끼게 될 때 노력이 감소하게 되는 양상을 보인다. 결국 기대는 개인이 어느 정도의 스트레스를 경험하며, 어떤 대처반응이 활성화되는지를 정의하는 데 도움이 된다.

정서조절의 핵심적인 부분은 스트레스를 견디고 감소시키는 능력이다. 정서도식 모델은 정서와 위험, 손상을 통제할 수 있다는 신념 그리고 정서의 지속정도를 통제할 수 있다는 신념이 정서조절장애를 더욱 악화시킨다고 가정한다. 다양한 행동기법을 사용해서 스트레스를 감소시키는 것은 개인에게 정서가 통제될 수 있고, 일시적이며, 위험하지 않고, 개인을 손상시키지 않을 것이라는 것을 알려주며, 그럼으로써 정서조절의 과정에 긍정적인 영향을 미칠 수 있다. 스트레스는 인지적으로 부정적인 경험들을 예상하고 현재의 경험을 위협적이거나 부정적인 방식으로 해석함으로써 야기될 수 있다. 스트레스는 또한 외적인 요구들, 문제들, 관계갈등의 결과일지도 모른다. 수면부족이나 질병과 같은 생리적 조건, 소음이나 혼잡과 같은 환경적 조건들이 스트레스를 유발할 수 있다. 그 원인들과는 별개로 스트레스는 신체에 영향을 미치며, 싸우거나 도망치는 반응을 활성화시킨다. 교감신경계의 활성화로 개인은 호흡량, 근육긴장, 심박수, 혈압이 증가하는 것을 경험한다. 신체 말단부로 혈류가 흐르는 양이 감소하게 된다.

스트레스 반응에 대해 양립할 수 없는 신체 내 경쟁과정은 이완반응이다. 이완반응은 부교감신경계를 활성화시키며, 부교감신경계의 활성화는 싸우거나 도망치는 반응을 수반하는 생리적 변화들을 멈추도록 한다. 이완반응은 이완운동을 통해 활성화될 수 있다.

스트레스에 대한 또 다른 핵심요소는 시간관리와 개인의 시간 지향성(orientation toward time)이다. Riskind는 시간지각이 위협과 대처능력에 대한 지각의 한 요소라고 제안해 왔다(Riskind, 1997; Riskind, Black, & Shahar, 2009). 그의 "희미한 취약성 모델(looming vulnerability model)에 따르면 불안한 개인은 위협적인 자극이 빠르게 다가오고 있으며, 그 자극에 대해 자신의 행동을 적응하고, 문제를 해결하거나 피할 수 있는 능력이 감소하는 것으로 지각한다. 불안은 임박한 스트레스 요인의 속도를 재평가하고, 뒤이어 일어날 것이라고 생각되는 모든 사건들을 확인하며, 위협적인 자극의 효과를 감소시킬 수 있는 대안적인 대처전략들을 고려함으로써 감소될 수 있다. 게다가 위협적인 자극의 움직임이 감속되는 심상 또한 불안이나 스트레스를 줄인다.

시간급박감은 스트레스에 심각하게 영향을 미칠 수 있다. 예를 들어, 과도하게 스케줄을 짜고, 과제의 우선순위를 매기는 것을 어려워하며, 하나의 작업에서 벗어나 다른 작업을 수행하는 것에 어려움이 있고, 시간이 돌진하고 있는 것처럼 보는 것은 스트레스에 유의한 영향을 미친다. 압도되는 느낌을 갖는 내담자들은 자주 착수해야 하는 과제들을 애매하고, 통제할 수 없으며, 심지어 위험한 것으로 보는 경향이 있으며, 이것은 급박감과 무기력감을 동시에 느끼도록 한다. 더욱이 "지금 당장 답을 하라"는 요구는 계속되는 예기불안, 공포, 위기감을 초래한다. 이러한 시간급박감문제와 압도된 듯한 느낌을 다루기 위해서 우리는 내담자들이 시간급박감을 재평가하고, 현실적인 시간관리를 통해 스트레스를 줄일 수 있는 방법을 제시할 것이다.

▌기법: 점진적 근육 이완(Progressive muscle relaxation)

설명

신체는 스트레스 반응을 보이는 것과 마찬가지로 이완반응도 나타낼 수 있다. 기본적인 이완기술 중 하나는 Edmund Jacobsen이 60년 전에 개발한 점진적 근육이완이다(Jacobson, 1942). 근육긴장이 증가하면 심리적 스트레스가 뒤따른다. 그러나 많은 사람들은 신체 긴장을 자각하지 못한다. 먼저 이러한 긴장에 대한 자각을 높이고 신체 근육을 이완하는 것을 배움으로써 내담자들은 스트레스를 감소할 수 있다. 점진적 근육이완법에서는 내담자가 신체의 머리에서 발끝까지 순서대로 주요 근육군 각각을 긴장시키고 이완시킨다. 이마, 눈, 입, 턱, 목, 어깨, 등, 가슴, 이두근, 팔뚝, 손, 복부, 허벅지 근육, 장딴지, 발. 각각의 근육을 4~8초 동안 긴장시키며, 그때 내담자들은 그 긴장을 완전히 자각한다. 그리고 나서 근육군을 이완시키고 내담자들은 이완된 감각을 완전히 자각하는데 주의를 기울인다. 긴장과 이완의 상태를 대조시킴으로써 내담자들은 긴장과 이완에 대한 자각력을 키운다. 이 운동을 하루에 두 번 10분에서 15분 동안 실시해야 한다.

개입을 위한 팁과 질문

"스트레스를 감소시키는 한 가지 방법은 이완입니다. 이완은 훈련을 통해 길러져야 하는 기술입니다. 기본적인 이완기법들 중 하나로 점진적 근육이완법이 있습니다. 스트레스는 근육긴장을 증가시켜서 신체에 영향을 미칩니다. 자주 우리는 이러한 긴장을 자각하지 못합니다. 근육긴장을 풀어줌으로써 우리는 스트레스를 감소시키고 신체의 이완반응을 촉발시킬 수 있습니다. 이것을 하기 위한 한 가지 방법은 머리부터 발끝까지 각각의 주요 근육군을 한 번에 하나씩 긴장시키는 것입니다. 당신이 각각의 주요 근육군을 긴장시킬 때 그 부위에서 느껴지는 긴장감을 충분히 자각하십시오. 그리고 나서 긴장을 풀고 긴장감이 없는 상태 그리고 당신이 느끼는 다른 기분좋은 감각들이 무엇이든지 그것에 대해 충분히 자각하십시오."

예시

치료자: 이번 주에 기분이 어땠어요?

내담자: 스트레스가 많았어요.

치료자: 스트레스를 관리하기 위해 무엇을 했나요?

내담자: 주치의가 약을 처방해줬어요. 하지만 너무 피곤해서 일에 집중하기가 어려웠지요.

치료자: 스트레스를 다루기 위한 또 다른 방법으로 이완을 연습하는 것이 있어요. 스트레스는 신체에 물리적으로 영향을 미쳐서 근육긴장도를 증가시키는 결과를 낳지요. 이러한 긴장을 이완함으로써 우리는 스트레스를 감소시킬 수 있습니다.

내담자: 당신의 말을 들으니까 실제로 내 목과 어깨가 뻣뻣하네요.

치료자: 대부분 우리는 어깨에서 그 위까지 긴장을 유지합니다. 당신에게 점진적 근육이완법이라고 하는 이완기법을 알려드리겠습니다. 우리는 머리부터 발끝까지 신체에 있는 각각의 주요 근육군을 점진적으로 긴장했다가 이완할 것입니다. 4초 동안 긴장감을 유지하세요. 그리고 5초 동안 긴장을 푸세요. 각각의 근육군을 긴장시킬 때 그 근육군에서 경험되는 감각을 완전하게 지각하십시오. 긴장감을 풀어준 후에, 그 근육군에서 경험되는 감각을 완전하게 자각하십시오. 근육을 긴장시킬 때

조용히 자신에게 말하세요. "긴장한다(tense)" 그리고 긴장감을 풀 때 조용히 "이완한다(relax)"라고 말하세요.(내담자에게 각각의 근육군을 경험하도록 지시한다)

과제

치료자는 내담자들에게 양식 10.1을 사용해서 하루에 두 번 10분에서 15분 동안 연습하도록 지시해야 한다. 치료사는 훈련에 대한 지침을 검토될 수 있다.

가능한 문제

어떤 내담자들은 근육경련을 느낀다고 보고하는데, 이들에게는 강도 높게 근육을 긴장시키기 보다는 부드럽게 긴장시킨다고 말한다. 다른 내담자들은 훈련을 빠르게 경험하려고 하기 때문에 그 순간에 이완을 경험하지 않기도 한다. 이들에게는 긴장과 이완 시간을 연장하게 하고, 자신의 감각에 주의를 기울이라고 말할 수 있다. 일반적인 감각은 죄여오는 느낌과 흘러가는 느낌, 이완, 따뜻함, 따끔따끔함 그리고 죄여옴이 번갈아가면서 느껴지는 것이다. 어떤 내담자들은 스트레스를 받았을 때 기법을 시도하였지만 그것이 효과적이지 않았다고 보고하기도 한다. 이 경우에 치료자는 이완이 연습을 필요로 하는 기술이라는 점을 강조해야 한다. 상대적으로 스트레스가 적은 상황에서 기술을 연습하고 향상시키면, 높은 수준의 스트레스 상황에서 더 효과적으로 사용할 수 있다.

관련 있는 다른 기법

관련 기법으로는 마음챙김 연습, 횡격막 호흡, 자기 진정이 있다.

양식

양식 10.1: 점진적 근육 이완 지침

▌기법: 횡격막 호흡(Diaphragmatic breathing)

설명

신체가 스트레스를 경험하고 있을 때 호흡은 얕고 빨라진다. 숨쉬기는 복부가 아니라 가슴에서 이루어진다. 호흡이 빠르고 얕을 때, 더 많은 산소가 날아가며 혈액과 뇌에 있는 산소농도가 감소되어 깊고 격렬한 호흡을 통해 더 많은 산소를 얻으려고 한다. 이것은 과호흡 증후군을 유발하고 불안을 더욱 증가시키는 결과를 낳는다. 몇몇 내담자들은 자신이 깊은 숨을 쉴 필요가 있다고 잘못 믿는 경우가 있는데, 깊은 숨은 과호흡 사이클을 더욱 심각하게 만들며, 자주 어지럼증, 공포감, 질식하는 느낌, 본인 각성의 고조를 초래한다.

얕고 빠른 숨쉬기는 교감신경계를 자극하는데 이것은 우리가 불안할 때 활성화된다. 숨을 들이마시면서 가슴과 갈비뼈는 팽창한다. 반대로 배꼽이나 횡격막으로부터 천천히 호흡하는 것은 이완반응을 유발하는 부교감신경을 활성화한다. 숨을 들이마시면서 횡격막은 팽창하고 상대적으로 가슴은 평온한(still) 상태에 있다.

개입을 위한 팁과 질문

"어떻게 숨을 쉬느냐는 어떻게 느끼느냐에 영향을 미칩니다. 스트레스를 받거나 불안할 때 우리는 얕고 빠르게 가슴으로 숨을 쉽니다. 이런 형태의 호흡은 신체의 투쟁 도피체계인 교감신경계을 자극합니다. 만일 이런 식으로 이완하고 숨쉬기를 시작한다면 우리는 불안과 관련한 몇 가지 신체감각을 유발할 수 있습니다. 이완할 때 우리는 횡격막으로부터 천천히, 그리고 깊게 호흡을 합니다. 이런 형태의 호흡은 부교감신경계를 활성화해서 신체의 투쟁 또는 도피 체계의 속도를 늦추거나 멈추도록 합니다. 다시 말해, 횡격막호흡은 신체의 이완반응을 활성화합니다. 그러나 이러한 형태의 호흡은 기술입니다. 이런 식으로 더 자주 호흡을 연습할수록 당신은 자신을 진정시키기 위해 이 기술을 더 효과적으로 사용할 수 있을 것입니다."

예시

치료자: 불안하게 느껴지나요?

내담자: 예. 어떻게 아셨어요?

치료자: 지금 가슴으로 빠르게 호흡을 하고 있거든요. 그런 형태의 호흡은 불안과 관련이 있습니다.

내담자: 다른 형태의 호흡이 있다는 것을 몰랐어요.

치료자: 예. 이완된 호흡과 불안한 호흡이 있습니다. 어떻게 숨쉬느냐는 당신이 어떻게 느끼느냐에 영향을 미칩니다.

내담자: 이완된 호흡이 무엇인가요?

치료자: 이완될 때 우리는 배꼽이나 횡격막으로부터 느리고 깊은 숨을 쉽니다. 보세요. 숨을 들이마실 때 제 복부가 팽창되고, 숨을 내쉴 때 제 복부가 평평해집니다. 가슴은 움직이지 않습니다. 이런 식으로 호흡할 때 우리는 신체의 이완반응을 자극하고 있습니다.

내담자: 잘 이해하기 어려운데요.

치료자: 누워서 이 책을 당신의 가슴 위에 올려놓아보세요. (내담자 눕는다) 자, 평소에 숨쉬는 방식대로 숨을 쉬어 보세요. (내담자 숨쉰다) 당신은 숨을 쉬고 있고 가슴 위에 놓인 책은 위로 올라갔다가 내려가고 있습니다. 이것은 당신이 복부가 아니라 가슴으로 숨을 쉬고 있기 때문입니다. 자, 책을 복부위에 올려놓고 숨을 들이마신다고 상상해보세요. 호흡은 코로 들어와서 복부를 통해서 부드럽게 빠져나갑니다. 책이 복부로부터 올라가는지 살펴보세요. 시도해보십시오. 제가 피드백을 드리겠습니다.

과제

내담자는 양식 10.2(횡격막 호흡에 대한 지침)를 사용해서 횡격막호흡을 매일 적어도 10분 동안 연습할 수 있다.

가능한 문제

내담자들은 계속해서 복부보다는 가슴으로 호흡할 수 있다. 그렇기 때문에 치료자는 이 기법을 과제로 내주기 전에 치료회기에서 내담자가 이것을 연습하는 것을 관찰할 필요가 있다. 어떤 내담자들은 이 기법을 사용할 때 더 불안감을 느낀다고 보고하고 어떤 내담자들은 과호흡을 시작할 수 있다. 이것은 이상하거나 위험한 반응이 아니며, 집에서 실시할 정도로 충분히 숙달되기 전까지 적절한 호흡기법을 치료회기에서 연습해야 한다. 또한 내담자들은 일반적으로 과호흡을 할 수도 있다. 그리고 그들이 깊은 호흡을 하거나 하품을 한다면 과호흡이 증가될 수 있다. 예를 들어, 한 내담자는 자신이 불안할 때 호흡을 멈추는 것을 알았고, 자신에게 "호흡을 계속하는 것"을 상기시키는 것이 필요했다.

관련 있는 다른 기법

관련 기법들로는 점진적 근육이완, 자기 진정, 마음챙김, 긍정적 심상이 있다.

양식

양식 10.2: 횡격막 호흡에 대한 지침

기법: 자기 진정(Self-soothing)

설명

자기 진정 능력은 중요한 정서조절 기술이다. 이것은 강력한 부정적인 정서를 견딜 수 있도록 돕기 위해서 오감(미각, 촉각, 청각, 후각, 시각)을 사용하는 것을 포함한다. 예를 들어, 마감일을 맞추려고 일하느라 겪는 스트레스는 고전음악을 듣고 허브차를 한 잔 마심으로써 진정될 수 있다.

정서조절의 어려움이 있는 많은 내담자들은 강력한 부정 정서를 경험할 때 자기 자신을 진정시키는 것을 배우지 못하였다. 어린아이였을 때 양육자가 부정적인 정서표현을 대수롭지 않은 것으로 여기거나 처벌을 하였다면 특히 그러하다. 이러한 기술이 부족하기 때문에 내담자들은 자신을 진정시키기 위해 타인에게 의존하거나 역기능적인 방식으로 정서적 스트레스를 회피하려고 한다. 대안적으로 어떤 내담자는 자기 진정을 거부하기도 하는데, 이것은 자기 자신이 친절함과 양육을 받을만한 가치가 없다고 믿거나 타인이 자신을 진정시켜 주어야 한다고 믿기 때문이다. 변증법적 행동치료(DBT; Linehan, 1993b)에서 내담자들은 스트레스 인내기술 훈련의 부분으로 자기 진정의 방법을 배운다. 이 기술들은 고통을 완전히 없애는 것이 아니라 참을 수 없는 고통을 참을 수 있게 하는 것을 목적으로 한다.

개입을 위한 팁과 질문

"강력한 부정적인 정서는 삶에서 불가피합니다. 모든 비용을 치러서 그것들을 피하려고 애쓰기 보다는 그들을 견딜 수 있게 만드는 기술을 개발하는 것이 중요합니다. 스트레스를 참을 수 있을만하게 만드는 한 가지 방법은 자기 진정법을 연습하는 것입니다. 이것은 정서적 고통을 덜어주기 위해 오감을 사용합니다. 다시 말해, 당신이 자기 진정을 할 때 당신의 미각, 촉각, 후각, 청각, 시각에 대해 자각합니다. 흥분한 친구를 위해 우리가 할 수 있는 것을 자신을 위해 합니다. 예를 들어, 난로 옆 편안한 의자에 앉아 조용한 음악을 듣고 고양이를 어루만지면서 자기 진정을 할 수 있습니다."

예시

치료자: 스트레스가 많았던 한 주였던 것같아요. 당신은 매일 12시간을 일해왔네요.
내담자: 글쎄요. 저에게는 선택의 여지가 없어요. 마감일이었고 저는 일을 그때까지 마쳐야 했어요.
치료자: 당신은 스트레스를 줄이기 위해 어떤 기술을 사용할 수 있습니까?
내담자: 아무것도 없어요. 저는 체육관에 가거나 친구를 만날 시간이 없어요.
치료자: 일하는 동안에 자기 진정을 하는 것이 한 가지 유용한 기술입니다. 스트레스를 덜

기 위해 시각, 청각, 후각, 촉각, 미각과 같은 당신의 감각들을 사용합니다. 스트레스를 완전히 없애지는 못하지만 어느 정도 진정시킬 수 있습니다.

내담자: 글쎄요. 저는 사무실 안에 있기 때문에 향을 피울 수가 없습니다. 어떤 것을 말씀하시는 건가요?

치료자: 다른 사람에게 피해를 주지 않으면서 자기를 진정시킬 수 있는 방법들이 있어요. 당신은 책상에 향기가 있는 로션을 비치할 수 있고 음악을 들을 수 있습니다. 어떻게 생각하세요? 시도해볼 의향이 있으신가요?

내담자: 시도해볼만한 가치가 있을 것 같아요. 약간의 꽃을 사서 책상 위에 둘 수도 있어요.

과제

내담자는 제안된 자기 진정 활동목록을 검토하고 그것들을 연습할 수 잇다.

가능한 문제

내담자는 자기 진정이 효과가 없다고 보고할 수 있다. 이 경우에 치료자는 내담자에게 "효과가 있다"는 것이 어떤 의미인지 명확히 해야 한다. 내담자가 스트레스를 완화시키는 것이 아니라 없앤다는 기대를 갖고 그 기술을 연습하는 경우가 일반적이다. 치료자는 자기 진정의 목적이 정서적 고통을 없애는 것이 아니라 견딜만한 수준으로 만드는 것이라는 점을 강조해야 한다.

관련 있는 다른 기법

관련된 기법으로는 활동스케줄링, 시간관리, 점진적 근육이완, 횡격막호흡이 있다.

양식

양식 10.3: 자기 진정

기법: 활동스케줄링과 즐거움 예측하기
(Activity Scheduling and pleasure predicting)

설명

행동활성화는 오랫동안 우울과 불안을 다루는 행동치료의 한 요소였으며(Martell et al., 2010; Rehm, 1981), 독립적인 효능성이 상당히 지지되어 왔다(Cuijpers, van Straten, & Warmerdam, 2007; Sturmey, 2009). 행동주의적 관점에서 스트레스는 긍정적인 결과를 산출하는 능력의 부족, 결과에 대한 보상값(rewarding value)의 감소, 혐오적인 경험의 증가 또는 행동과 결과의 비수반성으로 볼 수 있다. 더 단순하게 이것은 우울(예, 불안, 스트레스)이 긍정적인 경험의 획득이 어렵고, 보상획득을 위한 기술이 부족하며, 불쾌한 경험이 증가하고, 개인이 결과에 영향을 미칠 수 없다는 지각에서 기인할 수 있다는 것을 의미한다. 이같은 관점에서 볼 때 스트레스를 감소시키기 위한 다음의 것들이 수반되어야 할 것이다.

1. 가능한 보상행동을 명확히 하기
2. 보상값을 증가시키기(예, 빈도, 강도 또는 현출성을 증가시킴으로써)
3. 부정적인 결과를 감소시키기
4. 결과의 통제가능성에 대한 지각(수반성)을 증가시키기

이들 목표의 많은 부분을 활동스케줄링과 즐거움 예측하기를 사용해서 얻을 수 있다. 이전 장에서, 우리는 현재의 순간에 초점을 맞추는 자기 진정법에서 행동활성화를 사용하는 것을 확인하였다. 이 장에서 우리는 일주일, 한 달 또는 일 년의 경과에 따른 행동활성화에 초점을 맞춘다. 이것은 대부분의 스트레스가 미래에 통제할 수 있는 긍정적인 활동들을 명확히 하는 미래시간조망(future time perspective)이 부족한 결과일 수 있다는 관점에 기반하고 있다.

개입을 위한 팁과 질문

"때때로 우리는 스트레스를 받을 때 기대할 것이 거의 없다고 느낍니다. 우리는 지금 현재 우리가 얼마나 기분이 안 좋은지에 초점을 맞추고 곧 일어날 수 있는 긍정적인 활동들이 있다는 것을 인식하지 못합니다. 우리가 겪는 스트레스의 또 다른 부분은 우리가 활동을 계획하지 못하고, 어떤 것들이 우리에게 단지 발생한다는 것입니다. 이것을 다루는 한 가지 방법은 몇 가지 긍정적 결과를 기대할 수 있는 내일의 활동, 일주일의 활동, 또는 한 달의 활동을 계획하는 것입니다. 저는 당신에게 다가올 일주일 동안에 어떤 활동을 할 계획인지 물어볼 것입니다. 그리고 구체적인 시간대로 그 활동에 대한 일정을 짤 것입니다. 저는 당신에게 당신이 이 활동들을 생각할 때 얼마나 많은 즐거움을 얻을 것이며, 얼마나 많은 숙달감을 가질 것인지에 대해 생각해보라고 할 것입니다. 숙달감은 당신이 어떤 것을 완성하고 있다는 느낌이라고 생각하시면 됩니다. 저는 또한 당신이 실제로 한 것을 추적해보라고 할 것이며, 당신이 실제로 경험한 기쁨과 숙달감의 정도가 얼마인지에 대해 물어볼 것입니다."

예시

치료자: 스트레스와 불안을 다루는 한 가지 방법은 기대가 되는 어떤 일을 갖는 것입니다. 예를 들어, 내일을 생각해봅시다. 어떤 것을 기대할 수 있나요?

내담자: 저는 그런 식으로 생각하지 못했어요. 저는 단지 지금 현재 내가 어떻게 느끼는가에 사로잡혀 있어요.

치료자: 좋아요. 그리고 그것은 아마도 우리가 해결할 수 있는 문제일 것입니다. 예를 들어, 만일 당신이 오늘, 내일, 이번 주에 기대가 되는 몇 가지 긍정적인 일이 있다면 어떨 것 같나요? 당신은 그러한 긍정적인 것들에 대해 매일 생각했나요? 그것이 어떨 것 같아요?

내담자: 저는 그렇게 생각해 본 적이 없어요. 제가 더 낙관적으로 느낄지도 모른다는 생각이 드네요.

치료자: 만일 당신이 몇 가지 긍정적인 것들을 계획하고 그것을 실행에 옮긴다면, 더 낙관적인 느낌을 가지며, 당신의 삶을 더 통제할 수 있고, 현재의 감정에 덜 몰두되는

느낌을 느낄 수 있습니다.

내담자: 좋은 생각인 것 같아요. 그러나 그것이 효과가 있다는 것을 어떻게 알 수 있나요?

치료자: 잠시 동안 그것을 하고 어떤 일이 일어나는지를 보면 알 수 있습니다.

과제

내담자가 양식 10.4(주간 활동 계획: 예상되는 즐거움과 실제 결과)를 작성하도록 한다. 과제를 검토하면서 치료자와 내담자는 과소하거나 과대하게 예상하였던 즐거움이나 숙달감 활동은 무엇인지 검토할 수 있다. 더 높은 즐거움 평정치를 받은 활동들은 지속적인 보상표(ongoing rewarding menus)에 포함되어 더 자주 할당될 수 있다. 낮은 즐거움과 숙달감 활동은 미래의 활동계획에서 제거되거나 빈도를 감소시킬 수 있다.

가능한 문제

어떤 내담자들은 미래의 긍정적인 활동을 명확히 하는 것에 어려움을 갖는데, 이는 현재의 우울기분이나 불안이 '어느 것도 즐겁지 않을 것이다'라는 믿음을 초래하기 때문이다. 치료자는 다음의 것을 언급할 수 있다. "기분이 가라앉았을 때, 당신은 어느 것도 당신의 기분을 낮게 만들 수 없다고 생각할 것입니다. 이것을 확인하는 몇 가지 방법들이 있습니다. 첫째, 이 활동들은 그냥 해 볼 수 있고, 당신의 예상이 정확한지를 알아볼 수 있습니다. 때때로 사람들은 어떤 일이 예상했던 것보다 더 낫다는 것을 알게 됩니다. 그러면 그 활동은 격려될 수 있습니다. 둘째, 이 활동들이 과거에 즐거웠던 것만큼 즐겁지 않을 수도 있습니다. 당신은 이것을 그 활동이 즐거워지게 될 때까지 연습한다는 관점으로 생각할 수 있습니다. 그것은 마치 운동과 같아서 결과를 보기까지 시간이 걸릴 수 있습니다." 활동스케줄링이 갖는 또 다른 일반적인 문제는 내담자들이 그 활동에 참여하는 동안 부정적인 역기능적 사고를 가지고 있을 수 있다는 것이다. 예를 들어, 한 내담자는 "기분이 좋아지기 위해 이런 것들을 해야 할 정도로 나는 얼마나 실패자인가"라고 계속해서 생각하였다. 활동에 대한 부정적인 사고나 반추들을 명확히 하는 것은 예상되는 즐거움의 혐오적인 결과를 감소시키는 데 도움이 될 수 있다. 신체운동으로 비유하는 것이 도움이 된다. "만일 당신이 예전의 몸매로 돌아가기를 원한다고 가정한다면, 조금 더 운동해야하기 때문에 당신은 실패자라고 생각하나요?" 즐거운 활동을 하는 것은 "자기 돌봄", "즐거움을 가질 권리에 대한 주장", "당신의 삶에 대한 통제권 갖기"로 의미를 재구성할 수 있다.

관련 있는 다른 기법

다른 관련된 기법들로는 자기 위안, 보상표(reward menu), 시간관리가 있다.

양식

양식 10.4: 주간 활동 계획: 예상되는 즐거움과 실제 결과

기법: 시간관리(Time management)

설명

개인이 경험하는 많은 스트레스는 시간과 활동에 대한 통제감을 느끼지 못하는 데서 비롯된 결과일 수 있다. 스트레스를 받는 내담자들은 자주 자신들이 일을 끝마칠 시간이 없거나 즐거운 활동을 할 시간이 없다는 불평을 한다. 대부분의 경우에 내담자들은 반응적인 역할, 즉 그들 앞에 있는 자극에 대해 단순한 반응만을 하고 있다. 예를 들어, 그 내담자가 직장에 가서 자신이 생각한 첫 번째 활동에 단순히 열중한다. 시간을 계획하거나 통제하지 않고 어느 것도 우선순위에 두지 않는다. 자주 그 내담자는 상대적으로 낮은 순위의 활동을 하는 것을 선택하는데, 이는 그것들이 더 쉽거나 더 즐겁기 때문이다. 시간관리는 내담자가 우선순위를 정하고, 업무 외 행동을 명확히 하며, 자기

모니터링과 자기 통제를 하고, 여행과 과제에 적절한 시간을 분배하며, 미리 계획하고, 자기 보상을 위한 시간을 제공하는데 도움이 된다.

개입을 위한 팁과 질문

"당신은 하루 종일 압도된 것처럼 느끼는 것 같습니다. 그리고 당신은 해야 할 중요한 일들을 끝내지 못한 것 같습니다. 우리는 당신이 시간관리를 얼마나 잘하고 있는지 검토할 수 있습니다. 첫 번째 해결해야 할 것은 무엇이 가장 중요하고, 중간 정도로 중요하며, 가장 덜 중요한 가입니다. 우리는 먼저 우선순위를 정해야 합니다. 그리고 나서 가장 중요한 활동에서부터 당신이 하고 있는 가장 덜 중요한 활동, 즉 업무 외의 활동들을 명확히 할 필요가 있습니다. 마지막으로, 각 활동의 사이에 약간의 보상이 되거나 스트레스가 없는 시간을 허락하며, 각 활동에 필요한 적절한 시간을 분배할 것입니다."

예시

치료자: 당신이 직장에서 많은 시간을 낭비하고 있으며, 일들을 끝마치지 못하고 있다고 느끼는 것처럼 들려요. 이것에 대해 시간관리를 해봅시다.

내담자: 좋아요. 정말 시간관리를 더 잘할 필요가 있어요.

치료자: 그래요. 해야 할 가장 중요한 활동목록을 만드는 것부터 시작합시다.

내담자: 좋아요. 저는 이메일에 답해야 하고 프로젝트를 진행해야 합니다.

치료자: 그것들은 기본적인 업무인 것처럼 들리네요. 그럼 당신은 업무 외 활동이나 한눈파는 행동(goofin off)으로 어떤 것을 하나요?

내담자: 음. 저는 웹 서핑을 하고 뉴스사이트를 살펴봐요. 그리고 여러 가지 물건들의 가격을 둘러보면서 쇼핑을 하기도 해요. 사실 사지 않는 것들이지만요. 그리고 친구들에게 이메일과 문자메시지를 보냅니다.

치료자: 음. 그런 것들은 재미있을 수는 있지만 직장에서의 시간을 앗아가고 있군요. 당신이 생각하기에 얼마나 많은 시간을 업무 외 활동이나 한눈파는 행동을 하면서 보내고 있나요?

내담자: 아마도 하루에 3시간 정도.

치료자: 그러면 일주일에 15시간이고 일년이면 700시간 이상이네요. 이렇게 시간을 보내고 하루를 끝낼 때면 어떤 느낌이 드나요?

내담자: 너무 싫죠. 마치 내가 일을 잘 끝내지 못하는 것처럼요.

치료자: 좋아요. 그러면 우리가 언급하였던 업무 외 행동들로 거슬러 올라가 봅시다. 당신은 그 행동들을 기록해서 다음 주에 가지고 올 수 있을 것입니다. 자, 가장 우선순위가 높은 활동들은 어때요? 그것들을 먼저 할 수 있나요? 이렇게 하면 가장 중요한 일들을 끝내고, 가장 중요한 일을 끝낸 것에 대한 보상으로 약간의 한눈을 팔수 있는 시간을 당신에게 줄 수 있을 겁니다.

note: 우선순위 고, 중, 저 활동을 명확히 하여 할당하는 것에 더해, 치료자는 내담자에게 일들을 끝마치기 위한 충분한 시간을 자신에게 주는지 또는 직장을 오고 가는데 충분한 시간을 주는지를 질문할 수 있다. 어떤 내담자들은 지속적으로 압박감을 호소하는데 이것은 단지 그들이 과도한 일정을 짜기 때문이다. 다른 내담자들은 활동을 '끝내는 것'을 결정하는 데 어려움이 있으며, 때때로 그것을 놓아주기가 어렵다. 여행과 과제를 위해 충분한 시간을 할당하고, 과제에 쓰는 시간의 양을 제한하는 것은 시간관리를 더 잘 할 수 있도록 돕는다.

과제

양식 10.5, 10.6, 10.7, 10.8을 사용해서 내담자들은 우선순위 고, 중, 저 과제 목록을 완성하고, 그들이 실제 시간을 어떻게 사용하고 있는지를 보기 위해 활동스케줄을 검토할 수 있다. 그리고 업무 외 행동을 명확히 하고 제거할 수 있다. 더욱이 내담자들은 보상표(reward menu)의 재미있는 활동을 명확히 할 수 있으며, 이것은 더 높은 순위의 활동에 참여하는 것에 대한 보상으로 사용될 수 있다. 예를 들어, 10분 동안 인터넷 서핑을 하는 것은 1시간 동안 일을 하는 것에 대한 보상이 될 수 있다.

가능한 문제

어떤 내담자들은 자신이 업무 외 활동에 너무 몰두해서 벗어나기 어렵다는 것을 안다. 치료자는 이 활동들에 대한 (장단기의) 장단점을 살펴보고, 내담자들이 이 활동들에 대해 갖고 있는 사고를 검토해보도록 역할연기를 할 수 있다. 그리고 업무관련 행동과 업무 외의 행동을 알려주기 위해 시계, 타이머, 또는 컴퓨터를 이용한 알람 등의 알람시스템을 사용할 수 있다. 다른 내담자들은 우선순위가 더 높은 과제들을 미룬다. 반지연 행동 훈련이 도움이 될 수 있다. 치료자와 내담자는 우선순위가 더 높은 행동을 하는 것의 장단점을 명확히 하고, 우선순위가 더 높은 행동이 덜 유쾌하고 어려울 것이라는 신념을 검토하며, 그것들을 하는 것에 대해 자기계약을 맺고, 단기간 동안 업무관련 행동들을 실험한다.

관련 있는 다른 기법

다른 관련 있는 기법으로 즐거움 예측하기와 활동스케줄링이 있다.

양식

양식 10.5: 우선순위목록
양식 10.6: 업무 외 활동 자가 점검지
양식 10.7: 미리 계획하기
양식 10.8: 반지연행동

기법: 이완과 긍정 심상(Relaxing and positive imagery)

설명

스트레스와 부정 정서를 감소시키는 한 가지 방법은 긍정적이고 이완되는 심상들에 개인의 자각을 집중하는 것이다. 많은 경우 스트레스를 유발상황을 벗어나는 것이 물리적으로 가능하지 않다. 그러나 이완과 긍정 심상을 사용해서 스트레스를 정신적으로 벗어나는 것은 가능하다. 심상법의 사용은 우리에게 정서적으로, 신체적으로 영향을 미칠 수 있다. 자신이 이완되고 긍정적인 상황에 있다고 상상함으로써 실제 이완을 경험할 수 있다. 효과적이기 위해서 장면을 가능한 한 자세하게 시각화해야 하며, 가능한 많은 감각들이 통합되어야 한다. 예를 들어, 해변의 장면을 상상할 때, 태양의 따뜻함, 뜨거운 모래, 파도와 갈매기 소리, 바다와 선탠로션 냄새를 상상하는 것이 중요하다. 개인은 이 장면에서 자신이 이완되는 것을 상상해야 한다. 장소는 실제 존재하거나 완전히 만들어진 것일 수도 있다. 스트레스가 많은 시간대에 시각화를 효과적으로 사용하기 위해서는 상대적으로 스트레스가 적은 시간대에 이것을 연습하는 것이 중요하다. 이 장에서 논의된 다른 스트레스 인내 기술들과 마찬가지로, 시각화 기술도 반복 훈련으로 더 능숙해진다.

개입을 위한 팁과 질문

"스트레스가 되는 상황을 벗어나는 것이 언제나 가능한 것은 아닙니다. 그러나 시각화를 사용해서 정신적으로 그 상황을 벗어나는 것은 가능합니다. 당신은 상상 속에서 완전하게 이완되고 안전한 장소를 만들어낼 수 있습니다. 모든 당신의 감각을 작동시켜 가능한 생생하게 만들어보세요. 예를 들어, 나는 스트레스를 받을 때 밤에 통나무집에 있다고 상상합니다. 나는 나뭇가지 사이로 별들을 볼 수 있어요. 귀뚜라미 소리가 들리며, 나뭇잎은 바람에 살랑살랑 흔들립니다. 나는 긴장이 완전히 풀리는 것을 느끼면서 앉아있다고 상상합니다. 이 장면을 자각하고 상상 속에서 그것을 경험함으로써 나는 나의 스트레스를 감소시킵니다."

예시

이 예에서 치료자는 밀폐된 공간에 대한 두려움을 가진 내담자가 앞으로 있을 CT촬영에 대처하는 것을 돕고 있다.

치료자: 당신은 다가올 CT촬영에 대해 매우 스트레스를 받고 있는 것 같습니다. 약간의 시간을 사용해서 검사를 받는 동안 사용할 수 있는 몇 가지 대처전략을 계획해볼 수 있을 것 같아요.

내담자: 제가 할 수 있는 것이 많이 없어요. 저는 움직이지 못할 것이고, 그래서 점진적 근육이완법을 사용할 수가 없어요. 저는 깊은 호흡법을 사용할 수 있을 거라고도 생각하지 않아요.

치료자: 스트레스가 되는 상황을 물리적으로 떠나는 것이 불가능할 때 심상을 사용해서 그곳을 떠날 수 있습니다. 검사하는 동안 당신은 이완이 되고 편안한 장소를 만들어낼 수 있으며, 그곳에 있는 자신을 상상할 수 있습니다. 당신에게 이완이 되고 안전한 장소는 어디인가요?

내담자: 저는 언제나 해변에서 편안한 느낌을 느낍니다.

치료자: 좋아요. 눈을 감으세요. 가능한 한 자세하게 해변 장면을 상상해보세요. 가능한 많은 감각을 사용해서 그것에 생명을 불어 넣으세요. 무엇을 보고, 느끼고, 듣고 있나요? 그리고 어떤 냄새가 나고 어떤 맛이 느껴지나요?

내담자: 제 발아래에 있는 모래가 느껴져요. 그리고 얼굴에 비치는 햇살이 느껴져요. 저는 파도 소리와 아이들의 웃음소리를 들어요. 선탠로션 냄새를 맡아요.

치료자: 좋아요. 그 이미지에 머물러요. 그리고 당신이 얼마나 편안한 느낌을 느끼는지를 자각해보세요.

내담자: 정말로 조금 편안해지기 시작했어요.

치료자: 이완된 감정에 주목하세요. 만일 이완되는 데 어려움을 느낀다면, 자신에게 "나는 긴장이 흘러가게 하고 있어"라고 말하세요. 세부적인 것을 기억하세요. 광경들, 냄새들, 소리들. 당신은 당신이 원하는 만큼 여러 번 이곳으로 돌아올 수 있습니다. 이완을 하기 위해 시각화를 사용하는 것은 기술이라는 점을 명심하세요. 당신이 스트레스 상황에서 그것을 더 효과적으로 사용할 수 있기 위해서는 규칙적으로 그것을 연습하는 것이 중요합니다. CT촬영이 언제지요?

내담자: 다음 주 금요일요.

치료자: 연습할 시간이 충분이 있네요. 연습하기 가장 쉬운 장소는 침대에 눕는 것입니다. 당신은 밤에 잠자기 전에 그리고 아침에 침대에서 나오기 전에 연습할 수 있습니다.

과제

내담자들은 양식 10.9를 사용해서 편안한 장면을 상상하고, 그 경험을 자각하는 것을 연습할 수 있다.

가능한 문제

스트레스를 받는 내담자들은 상상 장면에 지속적으로 주의를 기울이는 것이 어려울 수 있다. 이들을 위해 연습을 길잡이식 시각화 기법으로 수정할 수 있다. 치료자는 내담자들에게 편안한 장면을 자세히 묘사하여 적고, 자신이 거기에 있는 경험을 상상하여 적도록 요청한다. 그리고 나서 길잡이식 시각화 연습을 사용하기 위해 내담자나 치료자 중 한 명이 묘사된 내용을 읽고 그것을 녹음한다. 어떤 내담자들은 긍정적인 장면을 상상할 때 불쾌감을 경험하기도 한다. 일반적인 사고는 "나는 예전에는 그것을 즐긴 적이 있었는데 지금은 아니다"이거나 "나는 단지 상상하는 것이며, 경험하는 것은 아니다"이다. 다시 한 번 치료자는 시각화를 상상하는 것을 포함해서 다양한 자조 기술을 연습하는 것은 긍정적인 활동에 실제로 참여할 가능성을 높일 수 있다는 점을 강조한다.

심상과 시각화는 계획을 세우고 해결책을 수행하는 첫 번째 단계로 구성될 수 있다.

관련 있는 다른 기법

관련된 기법들로는 호흡, 보상표, 활동스케줄링이 있다.

양식

양식 10.9: 긍정 심상을 사용하기 위한 지침

기법: 알렉산더 와식 이완 기법
(The alexander lie-down relaxation technique)

설명

알렉산더 기법(Alxander technique, AT)은 동작과 주의에 도움이 되지 않는 습관들을 발견하고, 이를 변화시키기 위해 자각에 초점맞추기(directed awareness)와 선택적 이완(selective relaxation)을 적용해서 신체와 마음의 불필요한 긴장을 내려놓는 방법이다. AT의 전통적인 훈련에는 AT 선생님과 내담자의 만남이 있는데, AT 선생님은 일상의 과제 속에서 신체 자각, 동작의 절약, 더 효율적인 움직임 등을 포함하는 일련의 간단한 연습을 내담자에게 보여준다. AT는 의료적 훈련이 아닌 교육적 훈련이지만, 스트레스 및 스트레스 관련 의료 증후군을 감소시키는 데 효과성이 있음이 수차례 입증되어 왔다(Jones, 1997; Little et al., 2008).

역사적으로 AT는 배우와 음악가 같은 공연가들에 의해 사용되어 왔고, AT 작업은 뉴욕의 줄리어드 스쿨과 런던 왕립음악학교 등 몇몇 주요 음악교육기관의 커리큘럼에 포함되어 있다. AT는 스트레스를 감소하기 위해 현재의 순간에 접촉하고 자각을 사용하는 것을 강조하는데, 그것은 게슈탈트 치료와 같은 현상학적 심리치료가 채택하고 있는 몇몇 기법과 원리들에 영향을 미쳤다(Tengwall, 1981). AT가 명상 및 마음챙김 훈련과 개념적으로 유사성을 공유하지만 그것이 인지에 대한 어떤 정신적인 철학이나 구체적인 이론과 직접적으로 연결되어 있는 것은 아니다. AT는 이완과 스트레스 관리 증진을 위해 사용할 수 있는 일련의 집중된 기법들(a focused series of techniques)로, 다른 마음챙김과 이완에 기반한 기법들을 수행할 때 더욱 이완되고 효율적인 자세와 움직임을 갖는데 기여할 수 있다.

여기에 제시된 연습은 기본적인 AT 자조 훈련을 변형한 것으로, 알렉산더 와식 기법으로 알려져 있다. 이 훈련은 믿을 수 없을 정도로 단순한 20분 이완 훈련으로, 어떤 면에서는 요가나 명상 훈련과 닮았다. AT 와식 기법을 제안하는 사람들은 이러한 깊은 이완법을 규칙적으로 연습하는 것이 더 높은 에너지 수준, 더 낮은 스트레스 경험, 일상

생활에서 더 효과적인 움직임과 기능성을 야기한다고 보고한다(American Society for the Alexander Technique, 2006). 이러한 간단한 운동은 지금까지 제안한 많은 기법들보다 더 적은 사고와 개념적 자료 심지어 더 적은 신체적 노력을 필요로 한다. 특히 이것은 증상으로 신체적 긴장이나 만성 통증을 호소하는 내담자에게 적절하다.

개입을 위한 팁과 질문

"당신은 일상생활 동안에 깊게 이완하는 기회를 어떤 식으로든 자신에게 주나요? 당신은 스트레스의 결과로 에너지 수준이 낮아지거나 신체적으로 소진된다는 느낌을 경험한 적이 있습니까? 혹은 압도되는 경험을 한 적은요? 당신은 다음 주 동안에 하루에 약 20분 동안 혹은 우리가 함께 하는 작업의 일부로 간단한 이완 훈련에 참여할 의향이 있나요? 알렉산더 와식 기법은 약 20분 동안 가능한 한 아무것도 하지 않는 간단한 이완 훈련입니다. 이 연습은 간단한 이완 자세로 바닥에 눕는 것으로, 중력과 신체의 자연스러운 균형감을 사용하며, 당신의 신체와 마음에 깊은 휴식과 재충전을 촉진하도록 고안되었습니다. 그것은 몇 분 안에 배울 수 있으며, 유용하면 수년 동안 연습할 수 있습니다".

예시

내담자: 한 주 동안 컴퓨터에 모든 해야 할 일들을 들고 와서 집에서 가족을 돌보면서 일을 했습니다. 완전히 감정적으로 압도된 한 주였어요. 요즘은 긴장을 풀 수가 없어요.

치료자: 해야 할 일들이 많지만 그것들 모두를 처리할 시간이 거의 없다는 것처럼 들립니다. 긴장을 풀 수 없다고 말했는데, 이완을 하기 위해서 무엇을 하나요?

내담자: 음. 저는 보통 운동을 하거나 책을 읽고, 친구들과 이야기를 나눠요. 때로는 최근에 우리가 살펴보았던 몇 가지 명상 훈련을 시도하기도 했어요. 하지만 어느 것도 실제로 이완하는데 도움이 되지 못했죠.

치료자: 당신 말을 들으니 당신이 단지 가족을 돌보거나 관계 속에서만 애를 썼던 것이 아니라 긴장이완에 도움이 되는 옳은 것을 하려고 시도하는 것에서도 매우 열심히 노력한 것처럼 들립니다.

내담자: 정말로 그랬어요.

치료자: 우리가 논의해왔던 것처럼 운동, 독서, 사람들과의 교제, 명상 이 모든 것이 이완 시키는데 약간은 도움이 될 수 있습니다. 그러나 때로 이들 모두는 오히려 긴장을 활성화시킬 수 있고, 상당한 노력을 수반합니다.

내담자: 무슨 말인지 알겠어요.

치료자: 오늘 회기에서 저는 매우 단순한 이완의 형태를 소개하고자 합니다. 이것은 깊은 휴식의 감각과 신체적인 이완을 제외하고는 정말로 가능한 한 아무것도 하지 않는 것입니다. 괜찮겠습니까?

내담자: 물론이죠. 그것이 실제로 도움이 될 수 있다면 좋겠어요.

치료자: (와식 기법을 위한 양식 10.10의 지침을 사용한다)

과제

연습 과제로 알렉산더 와식 기법(양식 10.10)을 하루에 20분 연습할 수 있다. 더 짧은 시간 간격으로 연습할 수도 있는데, 특히 장시간 업무를 하는 동안 스트레스를 경험할 때 사용할 수 있다.

가능한 문제

몇몇 내담자들은 AT 와식 기법의 몇 가지 측면들을 신체적으로나 정신적으로 편하지 않게 느낀다. 만일 운동이 어떤 통증이나 심각한 불편감을 포함한다면, 내담자들은 언제라도 그것을 중단하고 치료자에게 알릴 자유가 있다고 느껴야 한다. 이것이 그 경우라고 가정하는 특별한 이유는 없지만, AT 와식 기법에는 바닥에서 일어났다가 앉는 것과 특정 자세로 눕는 것이 포함되기 때문에 내담자들이 자신에게 효과가 있는 방식으로 연습하기 위해서 자신의 민감성을 사용한다고 확신을 하는 것이 중요하다. 또한 이 운동에는 담요 위에 눕는 자세가 있기 때문에 이것을 보여주는 것은 사무실 공간에서 특이한 것일 수 있다. 이것을 위해서는 확실히 충분한 물리적 공간이 필요하다. 물리적 공간 이상으로 깊은 휴식의 상태에서 바닥에 눕는 것은 내담자가 치료자의 사무실에서

하기에는 매우 익숙하지 않은 것일 수 있다. 어떤 내담자들에게 치료자는 간단하지만 인내심 있게 AT의 자세와 기법을 보여줄 수 있으며, 내담자들이 자신을 위해 연습하도록 과제로 제안할 수 있다.

다른 이완 훈련과 마찬가지로, 알렉산더 와식 기법은 직접적으로 이완을 이끌어내지 않는다. 만일 내담자들이 훈련이 도움이 되지 않는다고 말한다면, 치료자는 내담자들에게 기술을 개발하는 것은 시간과 연습이 필요하다는 점을 상기시켜야 한다. 치료자는 결과 부족과 동반되는 자동적 사고를 명확히 하고 검토하기 위해서 인지치료기법을 사용할 수 있다. 알렉산더 와식 기법을 하는 동안 잠에 빠져드는 내담자들도 자주 있다. 이 문제는 내담자들이 잠에 빠져들지 않고 완전한 휴식의 상태로 접어들기 위해서 이 기법을 충분히 쉽고 자연스럽게 적용할 때까지 눈을 뜬 채로 와식 기법을 연습하게 함으로써 해결될 수 있다.

관련 있는 다른 기법

알렉산더 와식 기법은 마음챙김 호흡이나 공간만들기 훈련과 같은 좌식 명상 훈련에 포함되는 선택적 주의, 이완, 안전감있는 자세에 대한 능력을 내담자들이 개발하는 데 도움이 된다. 그것은 깊은 휴식과 이완을 포함하기 때문에, 점진적 근육이완을 연습하는 내담자들에게 보완적인 연습으로 가치가 있다. 알렉산더 와식 기법과 3분 호흡 공간 기법(3-minute breathing space) 또는 3분 대처 호흡 공간 기법(3-minute coping breathing space)을 익혔던 내담자들은 지속적인 스트레스 기간 동안에 규칙적인 간격으로 이 두 가지 기법을 혼합하여 사용함으로써 간단하고 편안한 정도의 마음챙김과 스트레스 감소를 할 수 있다.

양식

양식 10.10: 알렉산더 와식 기법에 대한 지침

기법: 긍정 경험들에 마음을 기울임으로써 긍정 경험 강화시키기 (Intensify positive experiences by being mindful of them)

설명

긍정 정서 경험들은 부정적인 정서 경험의 영향력을 완충하는데 필요하다. 그러나 정서조절의 어려움을 지닌 많은 내담자들은 긍정 경험들을 일시적이거나 중요하지 않은 것으로 보는 경향이 있다. 긍정 정서 경험으로부터 멀어지게 하는 요소들로는 걱정, 언제 그러한 경험이 끝날 것인지에 대한 생각들, 자신이 긍정적인 경험을 할 가치가 없다는 신념 등이 있다. 내담자들이 긍정 정서 경험에서 완전한 이익을 얻을 수 있도록 하기 위해서는 자신의 긍정 정서 경험에 마음을 기울이는 것이 중요하다. 다시 말해, 내담자들은 긍정 경험들이 발생할 때 그것에 완전하게 깨어있으며, 분산시키는 생각들을 흘려보낼 필요가 있다.

개입을 위한 팁과 질문

"긍정 정서에서 최대의 이익을 얻기 위해서는 긍정 정서가 발생했을 때 그것들에 마음을 기울이거나 완전하게 깨어있는 것이 중요합니다. 자주 우리는 물리적으로는 긍정적인 사건에 안에 있었지만 정신적으로는 다른 곳에 있습니다. 그 결과, 우리는 그것들을 충분히 즐기지 못합니다. 예를 들어, 당신은 요가수업에 참여하지만 수업 내내 당신의 고민에 대해 걱정하면서 시간을 보낼 수 있습니다. 그 결과, 그것을 즐기는 당신의 능력은 감소하게 됩니다. 당신의 자각을 생각에서 수업으로 다시 돌림으로써 당신은 더 즐거운 경험을 하게 됩니다."

예시

치료자는 내담자가 과제로 완성한 즐거운 활동기록을 검토하고 있다.

치료자: 이들 활동의 어느 것도 많이 즐긴 것처럼 보이지는 않군요. 당신이 생각하기에 그 것들을 즐기는 것을 방해하는 것이 있었나요?

내담자: 당신이 의미하는 바를 정확히 모르겠어요.

치료자: 음. 우리는 때로 즐거움을 위해서 어떤 것들을 하지요. 우리가 물리적으로는 이러 한 활동에 참여하고 있지만 정신적으로는 그렇지 않은 경우가 종종 있지요. 다시 말해, 우리의 생각들이 그 상황으로부터 우리를 데려가지요.

내담자: 맞는 말이에요. 저는 그 주 대부분을 다음 주에 있을 시험걱정을 하면서 보냈어요. 실제로는 제가 했던 어떤 일에도 집중할 수가 없었지요.

치료자: 그 말은 걱정들이 이러한 활동에 대한 당신의 즐거움을 방해했다는 것처럼 들리네 요. 긍정적인 경험이 주는 이득을 극대화하기 위해서는 그것들에 자각을 집중하는 것이 중요합니다. 즐거움을 감소시키는 근심걱정과 같은 생각들을 흘려보내는 것 을 연습하는 것이 중요합니다.

내담자: 그것을 어떻게 할 수 있나요?

치료자: 당신의 자각을 생각에서 그 순간 일어나고 있는 것으로 이동하는 것입니다. 예를 들어, 만일 당신이 테니스 경기장에 있다면 선수들과 테니스 공의 소리에 집중하 세요. 자각이 걱정되는 생각으로 집중되면 다시 원래대로 되돌아옵니다.

과제

내담자들은 과제로 즐거운 활동들을 자각하는 연습을 할 수 있다.

가능한 문제

내담자들은 긍정 사건들에 자각을 유지하는 것이 어렵기 때문에 좌절감을 느낄 수 있다. 치료자는 현재의 경험에 자각을 집중하는 능력은 연습이 요구되는 기술이라는 점 을 강조해야 한다. 또한 치료자는 마음이라는 것은 이리저리 흘러 다니는 경향이 있다 는 것에 대해 정상화해야 한다. 마음챙김 호흡은 현재 순간에 대한 자각을 증진시키는 방법으로 과제에 포함될 수 있다. 게다가 어떤 내담자들은 긍정 경험을 사소한 것으로 과소평가한다. 치료자는 내담자들에게 만일 그들이 다시는 이러한 일상의 사소한 경험들을 할 수 없다면 삶이 어떠할 것 같은지에 대해 질문할 수 있다.

관련 있는 다른 기법

관련된 기법들로는 마음챙김, 자비심상, 보상표가 있다.

기법: 열망과 충동 다루기-충동을 타고 서핑하기 (Coping with cravings and urges-urge surfing)

설명

즉각적으로 만족되지 않는 열망, 충동, 욕구들은 고통의 형태이다. 그것은 열망, 충동, 욕구에 따라 행동하려는 개인의 의도와 반대될 수 있기 때문에, 그들을 인내하는 기술을 개발하는 것이 중요하다. 충동과 열망에 따라 행동하는 것은 불쾌함을 제거하고 단기적인 즐거움을 취함으로서 그것들을 강화하거나 더 강하게 만든다. 예를 들어, 코카인에 대한 충족되지 않은 열망은 불편할 수 있다. 만일 개인이 코카인을 사용함으로써 그 열망에 따라 행동한다면 고통을 피하고 짧은 시간에 기분이 상승하는 경험을 하게 되며, 이 두 가지는 코카인에 대한 열망을 강화시킨다. 충동과 욕구에 대해 반복적으로 행동하는 것은 일반적으로 그것들에 저항할 수 없다는 신념을 갖는 것을 강화할 수 있다.

충동서핑은 재발예방을 위한 마음챙김 기반 기법으로, 내담자들이 약물과 알코올 사용충동을 극복하는 것을 돕기 위해 고안된 중독치료이다(Daley & Marlatt, 2006). 그러나 이 기법은 과식, 자해, 자신의 감정에 따라 행동하기와 같은 다른 충동을 관리하는 것에도 효과적으로 사용될 수 있다. 충동서핑은 충동들이 시간제한적인 현상이라는 생각을 전제로 한다. 충동에 따라 행동할 기회가 없다면 그것들은 전형적으로 오래 지속되지 않는다. 정서가 강도의 정점을 찍고 나면 가라앉는 것과 마찬가지로 열망과 충동, 욕구도 그러하다. 욕구를 억압하려고 하거나 욕구에 저항하려고 하는 것은 단지 그것의 강도를 강하게 한다. 다시 말해, "충동과 싸우는 것은 단지 그것에 먹이를 주는 것이다"(fighting the urge only feeds it) 충동서핑을 연습할 때 내담자는 충동에 마음을 기울이는 입장을 취하고, 거리를 두며 비판단적인 자세로 그것을 관찰한다. 충동과 싸우기보다 그것이 올라오고 가라앉는 것을 관찰한다. 개인은 충동을 파도로 경험하며, 그것이 가라앉을 때까지 파도타기를 한다.

개입을 위한 팁과 질문

"충동과 열망은 그것들을 만족시킬 수 없거나 만족시켜서는 안될 때 고통이 될 수 있습니다. 예를 들어, 만일 제가 다이어트 중이라면 초코케이크에 대한 열망을 충족시키는 것은 저의 관심사가 아닙니다. 게다가 저는 그 열망을 견뎌낼 필요가 있습니다. 때때로 열망은 저항할 수 없는 것처럼 느껴집니다. 하지만 그렇지 않습니다. 열망과 충동은 시간이 지나감에 따라 지나갈 것입니다. 파도처럼 강도의 정점을 찍고 빠질 것입니다. 이렇게 생각한다면 우리는 단지 해변가에서 충동이라는 파도를 타고 서핑을 할 수 있습니다. 충동이 일어날 때, 그것에 깨어있으면서 비판단적으로 바라보십시오. 그것을 없애려고 밀어붙이거나 막으려고 하지 마십시오."

예시

이 예에서 치료자는 식이장애가 있는 내담자에게 충동서핑에 대해 가르친다.

치료자: 당신은 폭식하려는 충동을 이겨내는 것이 어렵다고 말하고 있군요.
내담자: 예. 그것들에 저항할 수가 없어요.
치료자: 이번 주에 당신이 느낀 모든 충동에 대해 행동했나요?
내담자: 아니오. 맞아요. 그러지 않았어요.

치료자: 모든 충동에 행동하지 않았지만 당신은 그것들에 저항할 수 없다고 생각하고 있군요. 그것은 일반적인 신념입니다. 반복적으로 충동에 따라 행동하는 것은 그 신념을 더욱 강하게 만듭니다. 만일 그것들이 우리에게 조용하게 다가오고 우리가 자각없이 그것들에 따라 행동한다면 그것들은 마치 저항할 수 없는 것처럼 보일 수 있습니다. 해답은 그것들을 자각하고, 더 마음을 기울이는 것입니다. 그러면 우리는 그것들에 반응하는 방법을 선택할 수 있습니다.

내담자: 좋아요. 하지만 만일 제가 충동을 느낀다면 무엇을 해야 하나요?

치료자: 한 가지 방법은 단순히 충동에 부유하는 상태로 있거나 서핑하는 것처럼 충동을 타고 넘는 것입니다. 당신이 생각하기에 폭식충동이 얼마나 지속되나요?

내담자: 모르겠어요. 무한정 지속되는 것같아요. 하지만 그것은 불가능하겠죠.

치료자: 폭식충동대로 행동할 수 없는 상황에서 그것을 느낀 적이 있나요? 얼마나 지속되었지요?

내담자: 이번 주에 회의 전화를 받는 동안에 한 번 있었어요. 전화가 끝난 후에 충동이 사라졌어요. 20분 정도였던 것 같아요.

치료자: 충동이 시간제한적이라는 것을 인식하는 것은 중요합니다. 그것은 파도와 같아서 강도의 정점을 찍고 나서는 물러나게 됩니다. 파도에 맞서는 것이 아니라 당신이 파도를 타고 있다고 상상해보세요. 그것과 싸우거나 저항하지 마세요. 신체의 긴장을 흘려보내고 호흡을 하세요. 그냥 그것들에 떠다니는 상태로 있습니다.

과제

내담자는 과제로 특정한 역기능적 행동을 하려는 욕구를 서핑하는 연습을 할 수 있다. 성공경향성을 증가시키고, 숙달감을 개발하기 위해서 내담자가 더 낮은 강도의 충동에서 연습해서 점점 더 강한 충동으로 나아가도록 안내할 수 있다.

가능한 문제

내담자는 자신의 충동에 대한 충분한 자각이 부족할 수 있다. 다시 말해, 내담자는 자신이 충동을 자각하기 전에 충동적으로 그것들에 따라 행동할 수 있다. 예를 들어, 치료자는 충동에 대한 자각을 더욱 증진시키기 위한 노력으로 내담자에게 충동을 모니터할 것을 요청해야 한다. 내담자는 충동의 빈도, 강도, 지속성을 모니터해야 한다. 모니터링을 통해 내담자는 충동을 자극하는 것과 가장 충동이 심하게 느껴지는 맥락에 대한 가치 있는 정보를 얻을 것이다. 이러한 지식을 갖고 내담자는 가장 낮은 강도의 충동에서 시작해서 단계적으로 충동서핑을 연습할 수 있다. 내담자는 그 기법에 대한 숙달감을 얻는 대안적인 방법으로 문제가 되지 않는 충동을 서핑하는 것을 연습할 수 있다. 예를 들어, 내담자는 말하고, 춤추거나 자신의 호기심을 만족시키고자 하는 욕구를 서핑하는 것을 연습할 수 있다.

관련 있는 다른 기법

관련 기법으로 정서를 파도로 경험하기, 정서를 관찰하고 기술하기, 마음챙김이 있다.

▌결론

스트레스 관리는 심리학에서 오랜 역사를 갖는다. 이것은 19세기 이래 다양한 자조서의 형식으로 있어 왔다. 이 장에서는 정서를 조절하고 미래의 스트레스가 되는 사건의 발생가능성을 감소하는데 도움이 되는 다양한 스트레스 관리 기법을 강조하였다. 시간관리, 활동계획, 보상판만들기, 현재의 순간에서 자신을 진정시키기 등은 스트레스와 반대작용을 할 수 있는 기법들로, 미래 사건의 영향력을 감소시킬 수 있다. 여기에 기술된 기법들에 더해 스트레스 관리에는 식이요법 가이드라인, 규칙적인 운동, 마사지, 표현과 스트레스 감소를 위해 댄스와 같은 창조적인 분출구(creative outlets)를 사용하는 것, 감정일기, 자기주장이 있다. 더욱이 많은 내담자들은 사건에 대한 분노와 적개적인 반응의 결과로 스트레스를 경험할 수 있다. 앞에 언급한 모든 것들은 스트레스에 대한 보다 포괄적인 치료에 사용될 수 있다.

11
결 론

우리는 이 책에서 정서조절의 9가지 전략에 대해 살펴보았다. 이 전략들의 공통점은 무엇인가? 그리고 어떻게 이것들이 포괄적 접근으로 통합될 것인가? 마지막 장에서 우리는 통합적 정서도식 접근이 친밀한 관계에서의 이별다루기와 같은 일반적인 임상 이슈의 정서조절에 있어 유연하고 통합적인 전략을 제공할 수 있는지를 증명하려고 한다.

Gross의 선행요인과 반응대처의 구별 그리고 Barlow의 통합이론에서 제안한 것처럼, 우리는 먼저 통합적 정서 이론에 대해 고려하고자 한다. 이 책의 여러 장에서 다른 대처전략을 다루었다. 어떤 것들은 인지재구조화와 같이 선행요인 대처에 초점을 맞추고 있고, 다른 것들은 마음챙김, 수용, 스트레스 감소와 같이 반응전략에 초점을 맞추고 있다. 우리는 정서도식의 아치형모델이 Barlow가 기술하였던 정서의 통합이론에서 함축하는 것뿐만 아니라 Gross가 발전시켰던 중요한 구분을 통합할 수 있다고 제안해왔다. 특히 정서도식치료는 진화적 적응과 정서의 보편성이 모든 정서의 기본 요소임을 가정한다. 그러나 그 정서들은 또한 인지의 대상이며, 사회적으로 구성될 수 있다. 그래서 지속성, 통제부족, 정당성, 기타 다른 차원의 신념이 정서의 상향조절이나 하향조절 (the up or down-regulatinon emotion)에 영향을 미칠 수 있도록 사회적으로 구성될 수 있다. 정서도식치료는 내담자들이 갖고 있는 정서 이론 및 정서 통제에 대한 이론과 전략을 명확히 하는 데 도움을 준다. 이 책에 기술된 많은 기법들을 사용해서 이러한 정서신념들은 수정할 수 있다.

이상의 논의를 가장 명확하게 요약하기 위해 개인이 이별을 맞이했을 때 어떤 신념과 전략을 사용할 수 있는지를 예를 들어 검토해보고자 한다. 통합적인 모델이 그림 11.1에 제시되어 있다. 주요 타인으로부터 헤어지자는 통보를 각각 받은 두 사람—앤디는 적응적이고, 칼은 혼란스러워 하고 있다—을 살펴보자. 잘 적응하고 있는 앤디는 자신이 슬픔, 화, 불안, 혼란스러움, 그리고 약간의 안도감까지 다양한 범위의 정서를 경험한다는 것을 인식한다. 그는 많은 서로 다른 정서를 경험하는 것이 자기모순적인 것이 아니라 인간관계의 복잡성을 반영하는 것이라고 믿는다. 그는 자신의 정서를 정상화하고, 친구인 프랭크와 접촉하고 있다는 느낌을 가지면서 정서를 표현한다. 그리고 모든 것이 단순하고 명료해야 할 필요가 없다고 믿으며, 그래서 반추하지 않는다. 그는 지금이 스트레스가 많은 시기임을 깨닫고, 약간의 이완을 연습하고, 요가수업을 받으며, 즐거움을 느낄 수 있는 활동을 계획한다. 그리고 자신의 친구가 때때로 주는 불완전한 타당화를 수용한다. 앤디는 관계에 대해서 반추하는 것이 도움이 된다고 생각하지 않기 때문에 그렇게 하지 않는다. 그리고 앤디는 자신의 복잡하고 혼란스러운 감정을 견딜 수 있는데 그것은 부분적으로 이 상황을 단기적인 것으로 바라보기 때문이며, 부분적으로는 복잡한 감정을 갖고 있는 것이 자신에게 그럴만하다고 생각하기 때문이다. 그는 때때로 평소보다 더 술을 마시고 싶은 충동이 들지만 충동의 파도를 탈 수 있고, 충동이 오고가도록 할 수 있다. 경우에 따라 그는 한발 뒤로 물러서서 자신과 타인을 관찰하며, 무엇을 해야 한다는 급박감을 가지고 있지 않다. 그는 슬픔을 느끼지만 또한 자신은 자신이 되기를 원하는 그러한 사람이며, 사랑과 지지를 받을 가치가 있다는 것을 상기하면서 자신에게 연민을 갖고 지지적인 말들을 한다. 그리고 그는 자신에게 기꺼이 사랑과 지지를 준다. 그는 미래에 더 나은 관계를 찾기를 희망하면서, 자신이 헌신과 사랑에 감사한다는 사실에 가치를 두면서 그리고 자신이 잠시 동안 불행해야 할 수도 있다는 점을 인식하면서 자신의 장기적 목표와 가치에 대해 생각한다. 그는 감정이 오고가도록 할 수 있는데 그 이유는 그것이 지나가도록하기 위해서는 그것을 겪어

내야 한다는 것을 알기 때문이다. 앤디는 정말로 적응적이며, 이 책에서 기술한 기법을 사용하는 지혜를 가지고 있다.

　그러나 혼란스러움을 느끼는 칼은 그만큼 운이 좋지는 않다. 그는 우리가 살펴보았던 부정적인 정서도식의 많은 부분을 가지고 있다. 그는 하나의 방식으로 감정을 느껴야 한다고 믿으며, 자신의 복잡한 감정을 이해하거나 수용할 수가 없다. 그는 혼자 있는 동안에 반추사고를 하며, 수동적이 된다. 그는 답과 명료함, 확실성이 필요하며, 삶에 대한 공정함을 요구한다. 그는 정서적인 취약성에 대해 부끄러움을 느끼며, 술을 마심으로써 자신을 진정시킨다. 슬픔이 그를 덮쳐올 때, 그는 그것을 즉각적으로 없애야 한다고 믿으며, 그래서 패스트푸드를 먹고, 포르노를 보는데 많은 시간을 보낸다. 그는 우는 것이 두렵지만 결국 울게 되고, 이것은 자신이 감정적이고 나약하다는 신념을 활성화시킨다. 그는 자신을 미워하며, 자신에게 연민과 사랑을 보이는 것은 더 나약함을 드러내는 것이라고 믿는다. 그는 감정을 수용할 수 없으며, 얼마나 자신이 기분이 나쁜지에 오래도록 머무른다. 자신의 친구 톰을 만날 때 그는 이별에 대한 불만을 터뜨리고, 톰이 그것을 이해하지 못한다는 것에 대해 매우 화가 났다. 그는 톰에게 "너에게는 쉬운 일이지"라고 말하고, 톰이 공감하려고 할 때 칼은 나를 동정하지 말라며 더 불평을 한다. 칼은 수면에 어려움이 있기 때문에 밤에 잠들 때까지 술을 마시려고 하고, 아침에 술이 다 깨지 않은 채 깨어난다. 그리고는 잠에서 깨기 위해 하루 동안 끝도 없이 커피를 마신다. 그는 밖에 나가는 것을 하지 않았으며, 외출하고 친구들을 만나기 전에 또는 체형관리를 위해 체육관으로 돌아가기 전에 기분이 더 나아지기를 기다려야 한다고 말한다. 칼은 자신의 감정이 자신을 좌우한다고 믿고, 노력하기를 포기하였다.

　이 두 개의 이야기에서 설명하는 것처럼 내담자들은 정서조절 장애의 여러 수준과 여러 단계에서 도움을 필요로 할 수 있다. 적응적인 앤디는 이미 적응적인 정서도식을 사용하고 있으며, 이미 자신의 정서를 수용하고, 불완전한 타당화를 받아들이며, 긍정적인 활동에 참여하도록 자신을 촉진하고, 자신에 대한 연민의 마음을 사용하며, 자신의 목표와 가치를 명확히 하고 확실하게 하며, 목적적인 삶을 사는데 전념한다. 적응적인 앤디는 자신의 정서를 타당화하기 위한 모든 단계를 밟고 있으며, 자신의 감정에도 불구하고 행동하고, 자신을 지지한다. 그는 우리의 내담자가 될 가능성이 없다. 그는 우리를 필요로 하지 않을 것이다.

반대로 혼란스러운 칼은 우리의 도움을 필요로 한다. 그는 자신을 더욱 힘들게 만드는 자신의 정서이론을 검토할 필요가 있다. 혼란스러운 칼은 우리가 살펴보았던 정서에 대한 부정적인 신념 중 많은 것을 가지고 있다. 그는 자신의 정서를 두려워하고, 부끄러움을 느끼며, 정서 때문에 자신이 약하고 열등하다고 믿는다. 그리고 그의 감정은 이해가 되지 않으며, 그에게 다가오는 혼합된 감정을 수용하거나 견딜 수 없다고 생각한다. 그는 고통스러운 감정들을 억누르거나 제거해야 한다고 믿으며, 음주, 고립, 비난, 반추와 같은 부적응적인 대처방식에 의존한다. 그는 이 책에서 제시하는 모든 것을 적용해볼 좋은 후보자이다.

그래서 우리는 혼란스러운 칼을 어떻게 돕겠는가? 자신의 정서적 욕구를 인정하고 고통스러운 감정을 진정시키기 위해서 그는 자기 자신에 대해 연민하는 마음을 가지는 것이 필요하다. 그는 그가 느끼는 방식과 반대로 행동할 수 있고, 더 숙련되게 타당화를 구하고, 자신을 지원하는 사람들을 지지함으로써 지지망을 만들 수 있다는 것을 깨달을 필요가 있다. 그는 또한 자신의 감정에 깨어있고, 수용할 수 있으며, 그가 느끼는 방식에 대해 비판단적인 입장을 취함으로써 자기 자신을 수용하는 것을 배울 수 있다. 그리고 일시적으로 나쁜 상황에 최선을 다하는 방법을 배울 수 있다. 그는 자신의 삶을 더 목적적이고 가치 있게 만드는 일련의 가치를 명료화하는 반면에 모호성, 공정하지 않음, 감정에 대한 명백한 자기모순을 견디는 것을 배울 수 있다.

칼과 같은 내담자들을 돕기 위해서 우리는 정서도식 개념화를 사용해서, 즉 그들이 자신의 정서에 대해서 경험하고 있는 어려움을 인식함으로써 통합적인 전략을 개발할 수 있다. 정서도식에 기반한 사례 개념화를 사용해서 임상가와 내담자는 선행요인 기반 전략과 반응기반 전략 둘 다에 근거한 대처전략을 수립하기 위해 처치계획을 협력적으로 개발한다. 그림 11.1과 그림 11.2에 제시되어 있다. 우리의 임상경험은 모든 내담자에게 효과가 있는 한 가지 개입법은 없다는 것이다. 임상가는 하나의 모델에만 강한 충성을 보이지 않고 접근법을 유연하게 사용함으로써 치료의 효과성을 향상시킬 수 있다.

이 책은 내담자를 정기적으로 만나는 3명의 임상가가 협력적으로 노력한 결과이다. 이 책의 독자들 역시 아는 바와 같이, 우리는 모든 내담자들이 독특한 경험을 하고, 정서에 대한 독특한 세계를 가지고 있음을 인식한다. 내담자로 하여금 정서에 대한 자신의 믿음을 명확히 하고, 감정에 압도되거나 이러한 감정에 대항해서 자신을 무감각하게 해야 한다는 느낌을 인식하도록 격려함으로써 감정을 두려워하지 않고 그것과 함께 살도록 도울 수 있다. 내담자들은 감정을 느끼는 방식 때문에 혹은 다른 감정을 느끼기를 원하기 때문에 치료 장면에 온다. 우리는 이 책에서 제시한 생각들, 전략들 그리고 예시들이 그 여행을 위한 길을 닦아주기를 희망하다.

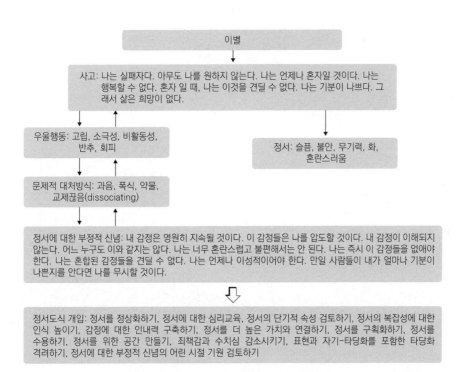

[그림 11.1] 정서도식 개념화

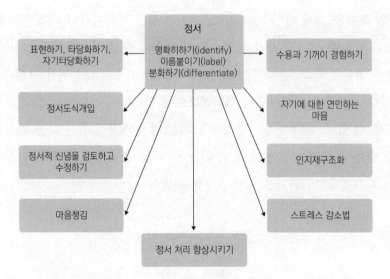

[그림 11.2] 정서도식 개념화

정서도식치료 매뉴얼: 심리치료에서의 정서조절

부 록

[양식 2.1] 리히 감정 도식 척도(LESS)

작성 방법: 우리는 당신이 당신의 느낌이나 감정(예: 분노, 슬픔, 불안, 성적 감정)을 어떻게 다루는
지에 대해 관심이 있습니다. 이러한 느낌과 감정을 다루는 방식은 사람마다 모두 다르며 따라서 정
답이나 오답은 없습니다. 각 문항을 꼼꼼히 읽고 '지난달' 당신이 느낌과 감정을 어떻게 다루었는지
다음의 척도를 사용해 문항 오른쪽 빈칸에 표시하십시오.

척도:

1 = 나와 매우 거리가 멀다
2 = 나와 어느 정도 거리가 멀다
3 = 나와 조금 거리가 멀다
4 = 나와 조금 비슷하다
5 = 나와 어느 정도 비슷하다
6 = 나와 매우 비슷하다

1. 기분이 좋지 않을 때, 나는 어떤 일을 다른 방식으로 보려고 노력한다.
2. 나를 괴롭게 하는 감정이 들 때, 나는 그것이 중요하지 않은 이유를 생각하려 노력한다.
3. 나는 종종 다른 사람들과 다른 느낌으로 반응한다고 생각한다.
4. 느껴서는 안 된다고 생각하는 감정들이 있다.
5. 나 자신에 대해 나도 도무지 이해하기 어려운 부분이 있다.
6. 내 감정을 밖으로 내보내기 위해서는 우는 것이 중요하다고 생각한다.
7. 나 스스로 내가 어떤 감정들을 느끼게 내버려 두면 그것을 통제하기 어려워 두려움을 느낄 것
   같다.
8. 다른 사람들은 내 감정을 이해하고 받아들인다.
9. 성(性)이나 폭력에 관한 감정과 같은 특정 감정들을 느끼게 나 자신을 내버려 둘 수는 없다.
10. 나 스스로 내 감정이 이해가 되지 않는다.
11. 만약 다른 사람들이 변한다면 내 기분은 훨씬 좋아질 것이다.
12. 나에게는 내가 미처 인식할 수 없는 감정들이 있는 것 같다.
13. 만약 내가 강한 감정을 느끼도록 나 자신을 내버려 둘 때 이러한 감정이 사라지지 않을까 봐 가끔
    두렵다.
14. 나는 내 감정이 수치스럽다.
15. 다른 사람들을 괴롭게 하는 것들이 나를 괴롭게 하지는 않는다.
16. 아무도 내 감정에 대해 큰 관심이 없다.
17. 내 감정에 대해 예민하고 개방적인 것 보다는 합리적이고 실용적인 태도가 중요하다.
18. 애증과 같이 상반된 감정이 한 사람에게 동시에 들 때 나 자신을 이해하기 힘들다.
19. 나는 다른 사람들보다 훨씬 예민하다.
20. 나는 불쾌한 감정은 즉시 없애버리려 노력한다.

21. 내가 기분이 좋지 않을 때 내가 가치 있어 하는 것들과 같이 인생에서 더욱 중요한 것들을 생각하려 노력한다.
22. 내가 기분이 좋지 않거나 슬플 때 나는 나의 가치들에 대해 의문을 품는다.
23. 나 자신이 감정을 개방적으로 표현할 수 있다고 느낀다.
24. 나는 종종 "나에게 무슨 문제가 있나? 왜 이러지?"와 같은 생각이 든다.
25. 나는 피상적인 사람이라고 생각한다.
26. 나는 사람들이 내가 나 자신이 실제로 느끼는 것과는 다른 사람이라고 생각했으면 한다.
27. 내 감정을 통제하지 못할까 봐 걱정된다.
28. 어떤 감정에 대해서는 방어해야 할 필요가 있다.
29. 강한 감정은 짧은 시간 동안만 지속된다.
30. 나에게 무엇이 좋을지에 대한 결정을 내릴 때 내 감정에 의존해서는 안 된다.
31. 내가 지금 갖고 있는 감정들을 가져서는 안 된다.
32. 나는 종종 아무 느낌이 안 드는 것처럼 정서적으로 마비된 것 같다
33. 내가 느끼는 감정들이 이상하다고 생각한다.
34. 다른 사람들로 인해 불쾌한 감정이 든다.
35. 누군가에 대해 상반되는 감정이 동시에 들 때 나는 기분이 좋지 않거나 혼란스럽다.
36. 나를 괴롭게 하는 감정이 들 때, 나는 다른 것을 생각하거나 다른 일을 하려 노력한다.
37. 기분이 좋지 않을 때 나는 얼마나 기분이 나쁜지에 대해 곰곰이 생각한다.
38. 다른 사람에게 드는 느낌이나 감정은 아주 확실하고 정확한 것이 좋다.
39. 모두 나와 비슷한 감정을 가지고 있다.
40. 나는 내 감정을 받아들인다.
41. 나는 다른 사람들과 같은 감정을 갖고 있다고 생각한다.
42. 나는 보다 높은 가치를 열망한다.
43. 내가 지금 느끼는 감정과 내가 자라온 과정 사이에는 아무 관련도 없다고 생각한다.
44. 내가 어떤 감정을 느끼면 미쳐 버릴 까봐 걱정된다.
45. 내 감정들은 아무 이유도 없이 급작스럽게 나타나는 것 같다.
46. 거의 모든 것에 합리적이고 논리적인 것이 중요하다고 생각한다.
47. 나 자신에 대한 느낌과 감정은 확실하고 정확한 것이 좋다.
48. 나는 내 느낌이나 신체적 감각에 대해 많이 집중한다.
49. 나는 내가 느끼는 몇몇 감정에 대해서 아무도 몰랐으면 좋겠다.
50. 내가 어떤 감정을 갖고 있음을 인정하기는 싫지만 그것을 갖고 있는 것은 알고 있다.

[양식 2.2] 리히 감정 도식 척도(LESS)의 14가지 차원

이는 LESS에 근거하여 감정에 대한 다양한 해석과 대처 전략을 설명하고 있습니다. * 표시한 문항들은 역채점을 해야 합니다. (주의: 22번과 43은 특정 차원 안에 속하지 않습니다.)

인정(validation)
문항 8 다른 사람들은 내 감정을 이해하고 받아들인다.
문항 16* 아무도 내 감정에 대해 큰 관심이 없다.
문항 49* 나는 내가 느끼는 몇몇 감정에 대해 아무도 몰랐으면 좋겠다.

이해(comprehensibility)
문항 5* 나 자신에 대해 나도 도무지 이해하기 어려운 부분이 있다.
문항 10* 나 스스로 내 감정이 이해가 되지 않는다.
문항 33* 내가 느끼는 감정들이 이상하다고 생각한다.
문항 45* 내 감정들은 아무 이유도 없이 급작스럽게 나타나는 것 같다.

죄책감(guilt)
문항 4 느껴서는 안 된다고 생각하는 감정들이 있다.
문항 14 나는 내 감정이 수치스럽다.
문항 26 나는 사람들이 내가 나 자신이 실제로 느끼는 것과는 다른 사람이라고 생각했으면 한다.
문항 31 내가 지금 갖고 있는 감정들을 가져서는 안 된다.

감정에 대한 단순한 태도(simplistic view of emotion)
문항 18 애증과 같이 상반된 감정이 한 사람에게 동시에 들 때 나 자신을 이해하기 힘들다.
문항 35 누군가에 대해 상반되는 감정이 동시에 들 때 나는 기분이 좋지 않거나 혼란스럽다.
문항 38 다른 사람에게 드는 느낌이나 감정은 아주 확실하고 정확한 것이 좋다.
문항 47 나 자신에 대한 느낌과 감정은 확실하고 정확한 것이 좋다.

더 높은 가치(higher value)
문항 21 내가 기분이 좋지 않을 때 내가 가치 있어 하는 것들과 같이 인생에서 더욱 중요한 것들을
생각하려 노력한다.
문항 25* 나는 피상적인 사람이라고 생각한다.
문항 42 나는 보다 높은 가치를 열망한다.

통제력(control)
문항 7* 나 스스로 내가 어떤 감정들을 느끼게 내버려 두면 그것을 통제하기 어려워 두려움을 느낄
것 같다.

문항 27* 내 감정을 통제하지 못할까 봐 걱정된다.
문항 44* 내가 어떤 감정을 느끼면 미쳐버릴까 봐 걱정된다.

정서적 둔마(numbness)

문항 15 다른 사람들을 괴롭게 하는 것들이 나를 괴롭게 하지는 않는다.
문항 32 나는 종종 아무 느낌이 안 드는 것처럼 정서적으로 마비된 것 같다.

합리적이어야 한다는 태도(need to be rational)

문항 17 내 감정에 대해 예민하고 개방적인 것보다는 합리적이고 실용적인 태도가 중요하다.
문항 46 거의 모든 것에 합리적이고 논리적인 것이 중요하다고 생각한다.
문항 30 나에게 무엇이 좋을지에 대한 결정을 내릴 때 내 감정에 의존해서는 안 된다.

지속(duration)

문항 13 만약 내가 강한 감정을 느끼도록 나 자신을 내버려 둘 때 이러한 감정이 사라지지 않을 까
봐 가끔 두렵다.
문항 29* 강한 감정은 짧은 시간 동안만 지속된다.

합의/일치도(consensus)

문항 3* 나는 종종 다른 사람들과 다른 느낌으로 반응한다고 생각한다.
문항 19* 나는 다른 사람들보다 훨씬 예민하다.
문항 39 모두 나와 비슷한 감정을 가지고 있다.
문항 41 나는 다른 사람들과 같은 감정을 갖고 있다고 생각한다.

감정 수용(acceptance of feelings)

문항 2* 나를 괴롭게 하는 감정이 들 때, 나는 그것이 중요하지 않은 이유를 생각하려 노력한다.
문항 12* 나에게는 내가 미처 인식할 수 없는 감정들이 있는 것 같다.
문항 20* 나는 불쾌한 감정은 즉시 없애버리려 노력한다.
문항 40 나는 내 감정을 받아들인다.
문항 50* 내가 어떤 감정을 갖고 있음을 인정하기는 싫지만 그것을 갖고 있는 것은 알고 있다.
문항 9* 성(性)이나 폭력에 관한 감정과 같은 특정 감정들을 느끼게 나 자신을 내버려 둘 수는 없다.
문항 28* 어떤 감정에 대해서는 방어해야 할 필요가 있다.

반추(rumination)

문항 1* 기분이 좋지 않을 때, 나는 어떤 일을 다른 방식으로 보려고 노력한다.
문항 36* 나를 괴롭게 하는 감정이 들 때, 나는 다른 것을 생각하거나 다른 일을 하려 노력한다.
문항 37 기분이 좋지 않을 때 나는 얼마나 기분이 나쁜지에 대해 곰곰이 생각한다.
문항 24 나는 종종 "나에게 무슨 문제가 있나? 왜 이러지?"와 같은 생각이 든다.
문항 48 나는 내 느낌이나 신체적 감각에 대해 많이 집중한다.

표현(expression)

문항 6 내 감정을 밖으로 내보내기 위해서는 우는 것이 중요하다고 생각한다.
문항 23 나 자신이 감정을 개방적으로 표현할 수 있다고 느낀다.

책임 전가(blame)

문항 11 만약 다른 사람들이 변한다면 내 기분은 훨씬 좋아질 것이다.
문항 34 다른 사람들로 인해 불쾌한 감정이 든다.

[양식 2.3] 감정 기록지

작성 방법: 왼쪽 열에 있는 각각의 감정에 대해 당신이 이런 감정을 느꼈다고 알아차렸는지 요일별로
체크하세요. 당신이 느꼈던 다른 감정들을 왼쪽 열에 추가할 수도 있습니다.

감정	월요일	화요일	수요일	목요일	금요일	토요일	일요일
행복한							
흥미로운							
흥분된							
돌봄받는							
호감있는							
사랑하는							
사랑받는							
연민							
감사하는							
자랑스러운							
자신있는							
상처입은							
슬픈							
후회스러운							
짜증나는							
화나는							
분개하는							
혐오							
경멸							
수치심							
죄책감							
부러움							
질투심							
불안한							
두려움							
기타( )							

[양식 2.4] 이러한 상황에서 다른 누군가가 가질 수 있는 감정

작성 방법: 왼쪽 열에는, 이 상황에서 당신이 느끼는 있는 서로 다른 감정들을 나열해보세요. 불쾌하거나 중립적이거나 즐거운 감정들이 포함됩니다. 예를 들어, 당신은 슬픔, 외로움, 화남, 불안함, 혼란스러움, 무관심함, 안도감, 고난스러움, 호기심, 행복감 혹은 다른 감정들을 느낄 수 있습니다. 오른쪽 열에는, 이러한 감정들과 관련된 특정한 생각을 적어 보세요. 예를 들어, 화가 난 감정에 대해서는 당신은 "그들은 날 존중하지 않아"라고 생각할 수 있습니다. 왼쪽 아래 열에는 이러한 감정들과 함께 내가 또 경험할 수 있는 다른 감정과 이에 동반되는 생각을 기록해 보세요. 예를 들어, 당신은 '분노'를 느끼고 있을 수 있지만 또 다른 가능한 감정은 '불안'일 수 있습니다. 어떤 생각이 '불안'과 함께일 수 있을까요?

내가 느끼고 있는 감정	생각

내가 느낄 수 있는 또 다른 감정	생각

[양식 2.5] 내 정서가 비정상이라고 생각하는 것의 이익과 손실

작성 방법: 왼쪽 열에는, 당신이 비정상적이고, 흔하지 않으며 어쩌면 당신이 부끄럽거나 죄책감마저
느끼고 있는 감정들을 나열해 보세요. 그리고 옆의 두 열에는 이러한 감정이 비정상적이라고 생각
하는 것에 대한 비용과 이익을 적어 봅니다. 만약 당신이 느끼는 감정이 비정상적이지 않다고 생각
이 된다면, 무엇이 바뀌고 당신의 가정에 대해서 당신은 어떻게 느끼게 될까요? 당신의 삶이 더 나
아질까요, 더 나빠질까요? 예를 들어, 당신은 화를 내는 것에 대한 비용이 당신이 불행해지고 다른
사람과 더 많은 분쟁을 일으키는 것이라고 생각할 수 있어요. 하지만 당신은 또한 당신의 주장을
할 수 있다는 장점을 생각해 볼 수 있습니다.

비정상적이라고 생각되는 감정	비용	이익

[양식 2.6] 이러한 정서를 느끼는 다른 사람들 조사하기

작성 방법: 당신에게 문제가 되는 모든 감정들을 무엇이든 왼쪽 열에 적어보세요. 그리고 오른쪽 열에는 당신이 알고 있는 사람들이나 이러한 감정을 묘사하는 이야기의 캐릭터나, 시, 영화, 음악들을 나열해 보세요. 다른 많은 사람들이 이러한 감정을 가지고 있다는 사실에 대해서 당신의 의견은 어떻습니까?

내가 느끼는 감정	이러한 감정을 느끼는 사람

[양식 2.7] 활동 계획, 감정, 그리고 생각

작성 방법: 우리의 감정은 종종 우리가 무엇을 하고 있는지, 생각하는지에 따라 변화합니다. 시간대별 활동들을 따라가면서 감정과 감정의 강도를 기록하고, 그때의 생각과 그 생각을 믿고 있었던 정도를 기입합니다. 예를 들어, 당신은 분노의 강도를 90%로 매길 수 있고 그때 당신은 "그는 나를 놀리려고 하고 있어"라고 생각하고 있었으며 당신은 이 생각을 80% 정도 믿을 수 있습니다. 만약 당신이 "그들이 나를 놀리려고 하고 있어"라는 생각을 20%만큼만 믿었다면 훨씬 덜 화가 났을지도 모릅니다. 행동과 생각, 감정 사이에 어떤 연관관계가 있을까요? 감정들은 일시적이어서 강도가 더 세지기도, 약해지기도 할까요? 무엇이 당신의 감정의 강도를 약하게 만들어 줄 수 있을까요?

시간	활동	감정 (0-100%)	생각 (믿는 정도 0-100%)
오전 7			
8			
9			
10			
11			
정오 12			
오후 1			
2			
3			
4			
5			
6			
7			
8			
9			
10			
11			
자정 12			

[양식 2.8] 정서가 일시적임을 믿는 것의 이익과 손실

작성 방법: 감정이 일시적이라고 믿는 것에는 어떤 이익과 손실이 있을까요? 당신이 가졌던 그 불쾌한 감정이 단지 일시적으로만 지속된다고 믿었다면 무엇이 달라질까요?

손실	이익

당신이 감정은 단지 일시적이라고 믿었다면 어떤 것이 달라졌을까요?

[양식 2.9] 어려운 감정들을 받아들이는 방법

작성 방법: 감정을 받아들이는 방법에 대한 예시는 다음과 같습니다. "감정과 싸우지 마세요. 그저 이것이 일어나게 두세요. 뒤로 물러나서 관찰하세요. 감정이 그저 둥둥 떠다닌다고 상상해보세요. 당신도 그 옆에서 떠다닌다고도 상상해보세요. 이것이 매 순간마다 위아래로 움직이는 것을, 오고 가는 것을 바라보세요." 당신이 느끼는 감정에 대해서 제한을 둘 수 있는지 보세요. 예를 들면 10분 정도요. 그리고 나서 다른 것으로 옮겨 가는 것입니다. 당신은 또한 즐거운 행동 등, 다른 행동으로 주의를 돌릴 수도 있습니다, 혹은 마음챙김 깨달음을 연습할 수도 있습니다. 물러서서 단순히 당신이 어떻게 느끼는지 관찰하고 놓아주는 것입니다.

당신 스스로에게 질문해 보세요	예시
• 당신에게 받아들이기 힘든 감정은 무엇입니까?	
• 당신이 그러한 감정을 가졌다는 것을 받아들인다는 것은 당신에게 어떤 의미입니까?	
• 이러한 감정을 받아들이는 것의 장점과 단점에는 어떤 것이 있습니까?	
• 이러한 감정에 집중 하는 데 시간제한을 설정해 보세요.	
• 다른 활동이나 당신 주변의 다른 물건에 관심을 옮겨 보세요.	
• 생산적이거나 보상이 있거나 즐거운 일들이 있습니까?	
• 마음챙김 깨달음을 연습해 보세요.	

[양식 2.10] 복합적 감정의 예시

작성 방법: 우리는 같은 사람, 장소, 사물에 대해 여러 가지 감정을 느낄지도 모릅니다. 예를 들어, 우리는 우리의 부모님, 배우자, 친구, 경험들, 우리가 방문했던 장소들, 우리가 했던 행동들에 대해서 복합적 감정을 느낄 수도 있습니다. 이러한 복합적 감정이 정상적이고 더 풍부하고 복잡한 경험들을 가질 수 있는 능력을 보여준다는 것을 깨닫는 것은 중요한 일입니다. 아래의 양식에 당신이 복합적 감정을 가지고 있는 사람들, 장소들, 행동들, 혹은 경험들에 대해 작성해 보고 그러한 감정에 대해서도 기록해 봅시다.

복합적 감정을 가지고 있는 사람, 장소, 행동, 경험	내가 가지고 있는 여러 가지 감정들

[양식 2.11] 복합적 감정 받아들이기의 이익과 손실

작성 방법: 당신은 복합적 감정에 대한 복합적 감정을 가지고 있을 것입니다. 그것은 역시 평범합니다. 당신의 복합적 감정을 받아들이는 것에 대한 이적과 불이익을 적어보세요.

이익	손실

[양식 2.12] 긍정적 감정 찾아보기

작성 방법: 당신이 경험했거나 앞으로의 경험 속에 많은 긍정적 감정이 있습니다. 당신의 삶 속에 이러한 감정을 통합하는 것이 중요합니다. 아래 10개의 긍정적 감정 목록을 보시고, 오른쪽 칸에 과거나 현재 경험했던 감정들을 써보세요. 여러분의 일상 속에서 이러한 감정을 찾도록 노력해 보시기 바랍니다.

긍정적 감정	이러한 감정의 기억과 예
기쁨	
감사	
고요함	
흥미로움	
희망찬	
자랑스러운	
즐거움	
영감	
경외감	
사랑	

[양식 2.13] 감정 목표 서베이

작성 방법: 때때로 우리는 슬픔, 화남, 불안 또는 공포와 같은 감정에 갇혀 있습니다. 그리고 우리는 이러한 감정으로부터 벗어나는 방법을 모르지요. 이러한 감정에서 벗어나기 위해 사용할 수 있는 한 가지 방법은 당신이 경험할 수 있는 다른 감정을 찾아보고, 이러한 감정을 당신이 경험할 수 있는 방법으로 이야기를 만들어 보거나 계획을 짜보는 것입니다.

내가 다루고 싶은 감정:

이러한 감정을 더 경험할 수 있도록 도와주는 생각이나 행동을 묘사해 보세요.

이러한 다른 감정을 느끼기 위해 어떻게 해야 할까요?

[양식 2.14] 삶의 여러 가지 의미들

작성 방법: 당신의 삶에서 당신에게 의미와 목적을 주는 많은 것들을 생각해 보세요. 아래 목록에 몇 가지 의미를 적어두었습니다. 그러나 당신께서 당신이 원하는 많은 의미나 가치와 경험을 더 작성해 주셔야 합니다. 가운데 행에는 이러한 가치들이 당신에게 얼마나 중요한지 0점(전혀 중요하지 않음)부터 5점(매우 중요함)까지 점수를 작성해 주셔야 합니다. 그다음 행에는 당신이 할 수 있는 것들, 행동, 생각, 명상 또는 어떠한 것이라도 당신이 원하는 의미 있는 것들을 추구하는 데에 도움을 주는 것들을 적어주시기 바랍니다. 목표는 무엇이 문제인지를 명확하게 해주고, 당신의 목표를 향해 전진할 수 있도록 알려줄 것입니다.

나의 인생에서 의미와 목적을 주는 것	이것이 나에게 얼마나 중요한가?	이것을 추구하기 위해 내가 할 수 있는 것들
우정		
타인에 대한 사랑		
좋은 부모, 자녀, 파트너가 되는 것		
사회에 소속되는 것		
남을 돕는 것		
직업에서의 유능함		
직업적 성장		
건강하게 살기		
운동하기, 적극적으로 살기		
나의 환경과 삶에 감사하기		
감사하기		
아름다움 경험하기		
내 삶보다 더 큰 존재와 연결되어 있는 느낌		

나의 인생에서 의미와 목적을 주는 것	이것이 나에게 얼마나 중요한가?	이것을 추구하기 위해 내가 할 수 있는 것들
정의		
배움과 성장		
도전과 모험		
나를 표현하기		
좋은 결정을 내리기		
열심히 일하기와 일 끝내기		
호기심과 개방성		
유머와 즐거움		
경제력 향상		
옛것을 이해하기		
영성		
새로운 것과 기술 배우기		
자연과 하나되기		
명상과 기도		

[양식 2.15] 내가 또 가질 수 있는 감정

작성 방법: 첫 행에 당신이 추구할 수 있는 긍정적 감정에 대해 적어두었습니다. 당신이 추구하고자 하는 항목을 선택하고, 그 감정을 경험하기 위해 당신을 어떠한 생각을 가질 수 있고, 무엇을 할 수 있는지 써보세요.

감정의 유형	이러한 감정으로 이끌기 위해 할 수 있는 것이나 생각
행복	
흥미로움	
흥분된	
배려하는	
애정	
용서	
받아들임(수용)	
사랑하는	
사랑받는	
자비	
고마움	
자랑스러운	
자신감 있는	
그 외	

[양식 2.16] 더 높은 가치와의 관계

작성 방법: 때때로 우리는 우리에게 중요한 무엇인가를 잃어 슬픔과 불안과 화를 느낀다. 당신이 남자 친구와 헤어져서 슬픔을 느낀다고 해보고, 다음 항목의 반응을 적어보세요.

당신의 가치에 대해 스스로 묻기	당신의 반응
당신에게 더 중요한 가치가 있다는 것을 의미 하지는 않나요? 예를 들면 가까움과 친밀함의 가치와 같은? 그러한 가치가 무엇이며, 당신에게 어떠한 의미가 있나요?	
이러한 가치가 당신에게 좋은 것을 말해주지는 않나요?	
만약에 당신이 더 높은 가치를 열망한다면, 때때로는 당신이 실망할 수 있다는 것을 의미하지 않나요?	
당신은 아무것에도 가치를 두지 않는 냉소적인 사람이 되고 싶나요? 그렇게 된다면 당신의 삶은 어떨까요?	
당신이 이러한 가치를 가지고 있기 때문에 할 수 있었던 소중하고 의미 있는 경험이 있나요?	
당신의 높은 가치를 공유하고 있는 사람이 있나요?	
당신이 경험하고 있는 것을 다른 사람이 겪고 있다면 어떤 조언을 해 줄 수 있을까요?	

[양식 2.17] 성격 강점에 대한 설문조사

www.viacharacter.org에 접속하여 "Survey"를 클릭한 후 The VIA Survey of Chatacter를 완성하세요. 240개의 문항으로 된 설문으로 당신의 다양한 성격 강점을 확인하고 발전시킬 수 있습니다. 웹사이트에서 당신의 응답에 대한 요약을 무료로 제공해 드립니다. 이 설문을 완성하는데 30-40분 정도 소요됩니다. 다음 시간에 결과지를 상담자에게 가져가세요.

[양식 3.1] 타당화(validation)받거나 그렇지 못할 때의 예

작성 방법: 때때로 우리는 다른 사람들이 우리를 이해하고, 우리가 느끼는 방법을 인정하고, 또 지지를 해 준다고 느껴집니다. 이러한 구체적인 상황에 대해서 아래 왼쪽에 적어보세요. 오른쪽에는 당신이 인정받지 못한다고 느끼는 상황의 예시를 적어보세요.

이럴 때, 나는 인정받고(챙김받고, 지지받는다고) 느낀다.	이럴 때, 나는 인정받는다고(챙김받고, 지지받는다고) 느껴지지 않는다.

[양식 3.2] 다른 사람의 반응을 유발하는 나의 문제적인 전략들

작성 방법: 가끔 사람들이 우리를 잘 이해하지 못한다는 생각이 들 때, 우리는 다른 사람들이 보기에 문제가 있다고 생각할 만한 반응을 보이기도 합니다. 스스로에게 솔직하게 아래의 표에 있는 행동들을 한 적이 있는지 생각해보세요. 있다면 자세한 예시를 써주세요. 그 후에 당신이 인정받지 못했을 때에 이러한 방식들로 반응하는 것이 어떤 결과를 가져올지 생각해 봅시다. 이 행동이 당신을 돕는 방향의 행동들이라고 할 수 있을까요? 다른 대안적인 행동들을 생각해 볼 수 있을까요?

문제적인 행동	예시
끊임없이 불평 불만한다.	
목소리를 높인다.	
비명을 지르거나 고함을 친다.	
상대방이 이해해주지 못한다고 비난한다.	
뾰루퉁해 있다.	
물건을 던진다.	
굉장히 두렵고 끔찍한 일이 생긴 것과 같은 뉘앙스로 이야기한다.	
내 자신을 해할 것이라고 상대방을 위협한다.	
상대방을 떠날 것이라고 협박한다.	
계속 같은 말을 반복한다.	
그 외	

[양식 3.3] 타당화(validation)에 대한 나의 생각

작성 방법: 우리는 사람들이 우리 감정을 알아봐 주지 않는다고 생각할 때, 생각의 꼬리를 물고 생각합니다. 누군가 내 감정을 이해하고 인정하지 않았을 때 당신이 하는 가장 첫 번째 생각을 생각해봅시다. 그리고 스스로에게 "만약 이 상황이 사실이라면, 그건 나에게 어떤 의미이기 때문에 나를 힘들게 하는가?" 하고 물어보세요. 꼬리에 꼬리를 무는 생각들에 계속 이 질문을 반복하며 답을 해보시고, 답이 안 나오는 마지막 생각까지 가보세요. 예를 들어, 당신의 첫 번째 생각이 "저 사람은 지금 내 얘기를 안 들어주고 있어"라면, 그다음 생각은 "이건 저 사람이 내게 관심이 없다는 얘기야"로 이어져 "아무도 나에게 관심이 없어"로 이어진다고 가정해봅시다. 이 사실이 내게 어떤 마음이나 감정을 들게 하나요? 혹시 "저 사람은 내가 하는 얘기를 안 듣고 있어"라는 생각에서 다른 길로 생각해볼 수 있을까요? 밑의 표에 있는 문장들에 대해서도 지금 본인이 가지고 있는 생각들과 다른 생각을 해볼 수 있나요? 예를 들면, "사람들은 완벽하지 않을 것이다", 혹은 "나는 내가 무엇을 느끼는지를 명확하게 알아낼 수 있다"와 같이 생각해볼 수 있습니다.

타당화에 대한 나의 신념들	신념의 정도 (0-100%)
다른 사람들이 나에게 동의해줬으면 좋겠다.	
사람들이 나에게 충고를 해준다는 것은 그들이 내 감정을 무시하고 방치한다는 의미이다.	
사람들은 내가 겪은 일을 직접 겪어보지 않고서는 나를 진정으로 이해할 수 없다.	
사람들이 나를 이해하려는 노력을 하기만 한다면 나는 괜찮다.	
감정에 기대 사람을 믿는다면 사람들은 나를 비웃거나 비난할 것이다.	
그 외	

[양식 3.4] 타당화를 받지 못했을 때 활용할 수 있는 하향식 화살기법

작성 방법: 사람들이 우리 감정을 이해하지 못한다고 느낄 때, 우리는 생각의 끈을 잡게 됩니다. 누군가 당신을 충분히 이해하고 인정하지 않았다고 생각해봅시다. 그리고 그때 떠오르는 생각들에 떠올려봅시다. 그리고 다음의 문장을 완성해봅니다. "만약 그런 상황이 온다면, 그것이 내게 어떤 의미이기 때문에 내가 괴로운 것일까?" 꼬리에 꼬리를 무는 생각들에 대해서 이 질문을 해보고, 마지막 생각까지 가봅시다. 밑의 박스에 문장을 완성시켜보고, 그다음 박스들을 채워봅시다. 예를 들어, '내가 말하고자 하는 의도대로 상대방이 듣지 않았다면 그것은 상대방이 나를 신경 쓰지 않는다는 의미이고, 또 그것은 나를 절망스럽고, 외롭고, 화나게 할 것이다'라는 생각으로 결론이 났다면, 다음과 같이 생각을 바꿔볼 수도 있습니다. '완벽한 사람은 없다', '내가 하는 말들에 대해서 좀 더 시간을 가지고 명확하게 말해야겠다' 등과 같이 생각의 연결고리를 변화시켜보는 것입니다.

누군가 나를 인정하고 이해해주지 않는다면, 그것은 … 한 의미로 다가오기 때문에 괴로운 것이다.

↓

↓

↓

↓

[양식 3.5] 이해받지 못한다고 느낄 때 할 수 있는 것

작성 방법: 우리는 종종 다른 사람들이 우리가 어떻게 느끼는지 이해하지 못한다는 생각을 합니다. 이해받고 인정받지 못했다고 느끼면, 속이 상할 것입니다. 하지만 이렇게 속이 상할 때, 기분을 진정시키기 위해 남에게 기대는 방법 말고 취할 수 있는 몇 가지 방법들이 있습니다. 밑의 표에, 내가 이해받지 못했기 때문에 속상할 때 사용할 수 있는 전략들에 대해 생각해보고 적어봅시다.

인정의 대안들	예시
사람들은 완벽하지 않다는 것을 인정한다.	
다른 사람들이 나를 지지하는 방법에는 여러 가지 방식이 있다는 것을 떠올린다.	
나의 문제를 해결할 방법에 대해 생각한다.	
현재 내 기분을 달랠 방법을 찾는다.	
다른 활동을 통해 주의를 다른 곳으로 돌린다.	
이해받고 인정받지 못하다는 것은 끔찍한 일이라는 나의 생각을 바꾼다.	
그 외	

[양식 3.6] 타당화받지 못했다고 느낄 때, 말하거나 할 수 있는 적응적인 방안

작성 방법: 사람들이 우리를 이해하지 못할 때, 우리가 취할 수 있는 여러 행동들 중에는 사람들에게 더 효과적으로 용납되는 행동들이 있습니다. 밑의 표에서 이러한 행동의 예시들을 확인할 수 있습니다. 혹시 실제 상황에서 이러한 행동들 외에 자신이 취했던 행동들 중, 내가 충분히 수용되고 이해받을 수 있도록 다른 사람들에게 했던 행동이 있다면 기록해봅시다.

내가 이해 받거나 인정받지 못했다고 느낄 때 할 수 있는 말과 행동들	예시
"지금 내 말이 당신에게 잘 이해된 것 같지 않아요. 내가 하려는 말은 이것이었어요.	
"당신이 지금 나를 이해한다는 것을 표현하기 위해 노력하고 있다는 걸 알고, 그것에 감사해요. 하지만 지금 당장은 내가 어떤 상황이고 무엇을 겪고 있는지 당신이 잘 모를 수도 있을 것 같아요."	
"방금 내가 한 말을 좀 요약해주시겠어요? 그러면 내가 무엇을 빼먹었거나 잘못 이해된 게 있는지 확인할 수 있을 것 같아서요."	
"만약 당신이 이런 행동이나 말을 한다면 지금보다 더 내가 이해받고 있다고 느낄 것 같아요."	
"당신의 시간을 들여서 내 얘기를 들어주고 신경써줘서 고마워요."	
"내가 지금 좀 지루하고 길게 얘기한 걸 수도 있어요. 하지만 이렇게 계속 노력해줘서 고마워요."	
"당신이 지지해주는 게 내겐 정말 큰 의미이에요."	
그 외	

[양식 3.7] 나의 욕구를 최소화하는 방법

작성 방법: 가끔 우리는 우리의 필요나 감정들이 그다지 중요하지 않은 것처럼 행동하곤 합니다. 스스로가 나의 필요를 채우기에 자격이 없다고 생각하거나, 필요를 느끼는 것에 대해 미안해하고, 혹은 자신의 감정에 대해 얘기하는 상황에서 멍해지기도 합니다. 밑의 표에서 왼쪽에는 나의 욕구들을 최소화하는 데 사용했던 방법들을 쓰고 오른쪽에 그에 해당하는 예를 써보세요. 그 후에 나 자신의 필요에 대해 스스로 인정하지 않고 용납하지 않았을 때의 결과에 대해 생각해보세요. 만약 당신의 친구가 가진 욕구나 고통에 대해서도 같은 방식으로 그것을 억누를 것 같나요? 아니라면 왜일까요? 그건 친구를 무시하고, 인정해주지 않는 고통스러운 일일 것입니다. 친구에게 해줄 수 있는 공감적이고 인정해주는 말들에는 어떤 것들이 있을까요? 이러한 말들을 스스로에게는 해주지 않고 감정을 억제하는 데에는 어떤 이유가 있을까요?

나의 욕구나 필요를 누르는 방법	예시
다른 사람들의 지지와 이해가 필요하다고 느끼는 것은 내 스스로가 약하다는 의미이다.	
난 너무 많은 애정을 바란다.	
내 필요와 욕구들에 얘기하는 것이 불편하다.	
나는 삶에서 너무 많은 것을 기대한다.	
내 필요나 욕구는 앞으로도 절대 채워지지 않을 것이기 때문에 그저 이 모든 것을 있는 그대로 받아들여야 한다.	
난 나를 형편없이 나쁘게 대하는 사람들만 골라서 사귄다.	
나는 때때로 내가 속이 없고 꾀가 얕은 사람처럼 행동한다.	
나는 가벼운 농담하듯 내 자신을 웃음거리로 만들 때가 있다.	
다른 사람들을 편하게 만들어주는 것이 내 자신의 감정보다 중요하다.	
난 내 욕구나 감정을 잘 모르겠다.	
난 가끔 폭식, 폭음, 약물을 사용하는 등의 방식으로 내 감정에 대해 무감각해지도록 한다.	
그 외의 예시들	

[양식 3.8] 온정적으로 자기를 인정하기(self-validation)

작성 방법: 당신이 상상할 수 있는 사람 중에서 가장 사랑과 애정이 많고, 따뜻하고, 동정심과 연민이 많은 착한 사람을 떠올려보세요. 이제 그 사람이 내게 얘기를 하고, 나를 달래주고, 내 감정이 중요하다고 얘기해주고, 나의 고통과 상처에 대해 알고 있다는 얘기를 해준다고 생각해보세요. 그 사람이 내게 어떤 말을 들려줄 것 같나요? 이 사람의 따뜻한 목소리는 내가 어떤 감정을 느끼게 할까요?

애정이 많고 따뜻한 사람이 내 욕구와 필요에 대해 해줄 수 있는 말과 행동	나의 감정

[양식 3.9] 친구들에게 더 많은 지지를 받는 방법

작성 방법: 당신의 감정이 이해받고 인정받기 위해서는 상호 간 보람 있고 보상이 있는 관계를 맺는 것이 중요합니다. 당신이 친구들에게 보답하고, 당신을 더 잘 이해하도록 돕고, 서로에 대한 관계와 유대를 강화하고, 그리고 당신을 지지해 줄 수 있는 관계의 망을 넓히는 방법을 생각해보세요. 밑의 표에 왼쪽에는 11가지의 전략들이 적혀있습니다. 오른쪽에는 당신의 일상의 삶에서 이 전략들을 사용할 수 있는 방법들에 대해 적어보세요.

친구들에게 더 많은 지지를 얻을 수 있는 방법	예시
1. "혹시 지금 내가 분위기를 깨는, 상황을 우울하게 만드는 사람으로 행동하고 있지 않은가?"	
2. "난 지금 나를 이해해줄 친구들이 필요하다. 혹시 내가 지금 '수용의 덫'에 갇혀서 인정과 이해를 바라고 있는 건가?"	
3. 도움을 청하는 법을 배우기	
4. 수용을 바랄 때, 내 얘기를 들어주는 사람을 잊지 않고 생각해내기	
5. 나를 이해해주고 인정해주는 사람을 역으로 이해해주고 인정해줄 것	
6. 내게 도움이 될 만한 긍정적인 행동들에 대해 얘기하기	
7. 문제를 얘기했다면, 해결책도 얘기해보기	
8. 내 스스로를 가장 최악의 적인 것처럼 말하지 않기	
9. 긍정적인 활동으로 긍정적인 접촉망 만들기	
10. 조언을 존중하기	
11. 큰 커뮤니티의 일원되기	

[양식 4.1] 정서에 대한 오해

작성 방법: 아래는 정서에 관한 몇몇 흔한 오해들에 대해서 적어놓은 것입니다. 각각의 오해들의 아래에 그것들이 왜 사실이 아닌지에 대한 '도전'들을 적어보십시오.

1. 모든 상황에는 어떻게 느껴야 하는지에 대한 올바른 방식이 있다.

　　도전 : _____

2. 내 기분이 좋지 않다는 것을 다른 사람에게 알리는 것은 나약한 것이다.

　　도전 : _____

3. 부정적 감정들을 느끼는 것은 나쁘고 파괴적인 것이다.

　　도전 : _____

4. 감정적이라는 것은 통제 불능의 상태가 된다는 것이다.

　　도전 : _____

5. 정서는 아무런 이유 없이도 일어날 수 있다.

　　도전 : _____

6. 몇몇 정서들을 느끼는 것은 매우 멍청한 것이다.

　　도전 : _____

7. 모든 고통스러운 정서들은 좋지 못한 마음가짐에 대한 결과이다.

　　도전 : _____

8. 다른 사람들이 내 감정을 괜찮다고 생각하지 않는다면, 나는 명백히 그런 방식으로 감정을 느껴서는 안 된다.

도전 : _____

9. 내가 어떻게 느끼고 있는지 가장 잘 판단하는 이는 다른 사람들이다.

도전 : _____

10. 고통스러운 정서들은 별로 중요하지도 않고, 무시해야만 하는 것이다.

도전 : _____

11.

도전 : _____

12.

도전 : _____

13.

도전 : _____

14.

도전 : _____

15.

도전 : _____

[양식 4.2] 정서에 대한 기본적 사실

- 사람들은 기본 정서(화, 기쁨, 흥미, 놀람, 공포, 혐오)를 느낄 수 있는 능력을 타고난다.

- 사람들은 수치심과 죄책감에 대한 생물학적 준비성을 타고나긴 하지만, 이 정서들은 인지적으로 발달되어야 느낄 수 있고, 좀 더 나중에 나타나는 정서들이다.

- 정서가 지속되는 시간은 제한되어있고, 가장 높은 강도에 도달하고 나면 가라앉는다.

- 정서가 상대적으로 잠시 동안 지속되는 것이라도, 이는 또 다른 정서를 불러일으켜 자기 영속적이 될 수도 있다.

- 정서가 며칠 동안 계속 유지되면 '기분(mood)'이 된다. 정서와 다르게 기분은 명확한 촉진적 사건이 없다. 기분은 며칠, 몇 달, 몇 년 동안 지속되기도 한다. 예를 들어, '우울'은 기분이지만, '슬픔'은 정서이다.

[양식 4.3] 정서 모델

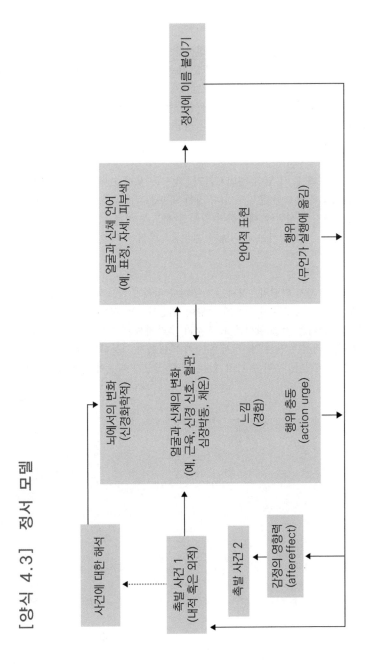

[양식 4.4] 정서의 기능은 무엇인가?

• 타인과 의사 소통/타인에게 영향을 미침: 정서를 표현하는 것은 우리가 의도했는지 하지 않았는지에 상관없이 타인에게 영향을 미친다. 공포를 표현하는 것은 위험이 있음을 타인들에게 알리는 역할을 할 수 있다. 슬픔을 표현하는 것은 타인에게 걱정과 공감을 불러일으키고, 이를 통해 돌봄을 받을 수 있도록 한다. 사랑의 표현은 다른 사람들을 우리에게 더 가까이로 오도록 할 수 있다. 분노나 불인정의 표현은 다른 사람들이 자신의 행동을 바꾸게 한다.

• 우리가 행동을 하도록 동기 부여/준비시키기: 정서는 우리가 어떤 행위를 하는 데 동기부여를 하고, 그 행동을 하도록 우리를 준비시킨다. 강한 공포는 위험으로부터 도망치도록 우리에게 동기부여를 한다거나, 다가올 시험에 대비하여 공부를 하도록 하고, 사랑은 그 대상에게 가까이 가도록 하는 동기를 부여 한다. 정서는 우리에게 알려줌으로써 우리의 의사결정을 돕는다.

• 스스로와 소통하기/자기 타당화: 정서는 상황이나 우리가 분노하는 사람에 대한 가치 있는 정보를 제공한다. 예를 들어, 공포는 우리에게 상황이 위험하다는 정보를 제공하며, 불신은 우리에게 그 사람은 진실되지 않다는 것을 알려준다. 정서가 우리에게 귀중한 정보를 제공하기는 하지만, 그 정보를 '사실'처럼 여겨서는 안 된다. 정서는 자기 타당화가 가능하다. 우리는 그럴 만한 이유가 있기 때문에 분노를 느끼거나, 우리는 가치 있는 것을 잃었기 때문에 슬픔을 느낀다.

[양식 4.5] 정서 관찰하고 묘사하기

현재의 감정이나 최근의 감정들 중 한 가지 감정을 골라보세요. 그리고 아래 질문들에 할 수 있는 만큼 최대한 답을 해보세요. 한 가지 이상의 감정을 경험하였다면, 각각의 감정에 대해 다음을 완성시켜 보세요.

감정의 이름: _____

감정의 강도(1-100): _____

감정에 대한 촉발 사건 : (누가, 무엇을, 언제, 어디서) 무엇이 그 감정을 시작하게 했는가?

상황에 대한 해석 (믿음, 가정, 평가)은 무엇이었나?

신체적 변화와 감지 : 내 몸의 어떤 변화를 느끼고 있는가?

신체적 언어/바디 랭귀지 : 나의 표정, 자세, 제스추어는 어떠한가?

행동에의 욕구 : 내가 무엇을 하고 싶은가? 내가 무슨 말을 하고 싶은가?

나는 그 상황에서 무엇을 하거나, 무슨 말을 하였나? : (구체적으로)

나에게 일어나는 감정의 여파는 무엇인가(나의 마음 상태, 다른 감정, 행동, 생각, 기억, 신체 등)?

감정의 기능

[양식 4.6] 정서를 향한 비판단적인 태도 연습하기

작성 방법: 자신이 정서에 대해 가지고 있는 판단들과 이 판단들이 당신에게 정서적으로 어떻게 영향을 미치는지에 대하여 아래 표를 이용해 모니터링 해보세요. 아래 예를 먼저 봅시다.

판단한 정서	판단	판단의 결과
슬픔	나약하다. 이런 식으로 느끼는 나는 실패자이다.	분노, 수치심

[양식 4.7] 정서를 파도처럼 경험하기

작성 방법: 다음의 작성 방법은 정서를 파도처럼 경험하도록 하는 지침입니다. 정서는 그 정점에 도달하여 강렬해졌다가 서서히 사그라들 것입니다.

- 정서를 파도처럼 경험해봅시다.

- 한 발자국 물러서서 그저 주의를 기울여 봅니다.

- 정서가 다시 잠잠해질 것을 알며, 떠오르도록 허락합니다.

- 그것과 싸우거나 막으려고 하지 않습니다.

- 그것에 매달리려고 하지 않습니다.

- 숨을 불어 넣어보세요.

- 힘든 일들을 놓아줍니다.

- 긴장을 풉니다.

- 감정의 파도를 편안하게 탑니다.

[양식 4.8] 정서 유도 기록지

작성 방법: 다음 물음에 답하여 당신의 감정 유발 경험을 기록하시오.

• 당신의 감정을 유발하곤 하는 것은 무엇입니까?

• 어떤 감정을 경험하였습니까?

• 처음 경험하였을 때 그 감정의 강도는 어느 정도였습니까?(0-100%)

• 감정이 최고조에 달하면 어느 정도입니까?(0-100%)

• 감정이 최고조에 달하는 데 시간이 얼마나 걸렸습니까?

• 본 상태로 돌아오는 데 시간이 얼마나 걸렸습니까?

• 이 감정 유발을 경험함을 통해 무엇을 배웠습니까?

[양식 4.9] 실험 기록지

작성 방법: 이 기록지를 활용하여 실험을 설계하고 감정에 대한 당신의 믿음을 실험해 보세요. 제공된 공란에 당신의 답을 기록하세요.

• 실험하고 있는 감정에 대한 믿음은 무엇입니까?

• 얼마만큼 강하게 믿습니까?(0-100%)

• 이 믿음은 어떻게 실험할 수 있겠습니까?

• 무슨 일이 일어날 거라고 예상하십니까?

• 당신의 예측에 대해 얼마나 확신하십니까?(0-100%)

• 실험을 했을 때 실제 결과는 어떠했습니까?

• 당신의 믿음 강도를 다시 측정해보세요.(0-100%)

[양식 4.10] 반대 행위

작성 방법: 양립 불가능한 행동은 당신이 당신의 감정을 바꾸고 싶거나 강도를 줄이고 싶을 때 사용할 수 있는 기술입니다. 이 기술은 당신의 감정이 정당화되지 않았을 때 가장 효과적입니다. 이 기술을 효과적으로 사용하려면, 당신이 경험하고 있는 감정이 당신에게 어떻게 영향을 미치는지에 대해 먼저 아는 것이 중요합니다. 이를 통해 '감정적 충동'에 양립 불가능한 행동을 할 수 있습니다. 또한 감정이 당신의 몸·사고·얼굴표정·자세·당신이 무엇을 하는지 무엇을 말하는지에 미치는 영향을 변화시킬 수 있습니다. 양립 불가능한 행동을 사용한 전후 감정 강도의 변화를 평가해보세요.

감정의 이름: _____ 전후 강도 (0-100%): _____

• 이 감정이 나에게 신체적으로 어떻게 영향을 미치나요? (호흡, 근육 긴장 등)

• 나의 감정적 충동은 무엇인가요?

• 내 감정은 나의 얼굴 표정, 자세, 사고, 행동에 어떻게 영향을 미치나요?

• 위의 정보를 고려했을 때, 내가 사용할 양립 불가능한 행동은 :

• 양립 불가능한 행동은 효과적이었습니까?

[양식 5.1] 일일 마음챙김 연습 기록지

작성 방법: 이 양식을 이용하여 당신이 매일 마음챙김 활동을 기록할 때마다 사용하세요. 활동을 할 때마다 당신이 명상 가이드 오디오 파일을 사용했는지, 훈련 시간이 어느 정도 지속되었는지 기록하는 점을 기억하세요. 또한, 당신이 낮이나 저녁에 활동할 때 기록하세요. 당신의 활동 중에 드는 모든 질문사항이나 관찰 사항들을 기록하세요. 치료자와의 다음 만남 때 당신이 기록한 내용에 대해 논의할 수 있습니다.

날짜	일일 연습	관찰기록, 첨언, 질문
월요일 날짜:	활동했나요? (예 / 아니오) 음성 가이드를 사용했나요? (예 / 아니오)	
화요일 날짜:	활동했나요? (예 / 아니오) 음성 가이드를 사용했나요? (예 / 아니오)	
수요일 날짜:	활동했나요? (예 / 아니오) 음성 가이드를 사용했나요? (예 / 아니오)	
목요일 날짜:	활동했나요? (예 / 아니오) 음성 가이드를 사용했나요? (예 / 아니오)	
금요일: 날짜:	활동했나요? (예 / 아니오) 음성 가이드를 사용했나요? (예 / 아니오)	
토요일 날짜:	활동했나요? (예 / 아니오) 음성 가이드를 사용했나요? (예 / 아니오)	
일요일 날짜:	활동했나요? (예 / 아니오) 음성 가이드를 사용했나요? (예 / 아니오)	

[양식 6.1] 기꺼이 경험하기 일지

작성 방법: 매일매일 3가지 차원에서 당신의 경험에 대한 점수를 매기세요. 1점부터 10점까지이며, 10점이 가장 강한 정도입니다. 첫 번째 차원은 당신이 하루에 걸쳐서 경험한 의욕의 정도입니다. 두 번째 차원은 당신이 의욕적으로 가치 있는 활동에 참여하는 동안에 느낀 고통의 양의 정도입니다. 세 번째 차원은 당신의 하루 동안 당신이 경험한 참여의 정도입니다.

요일	월	화	수	목	금	토	일
의욕	0-10	0-10	0-10	0-10	0-10	0-10	0-10
관찰							
고통	0-10	0-10	0-10	0-10	0-10	0-10	0-10
관찰							
참여	0-10	0-10	0-10	0-10	0-10	0-10	0-10
관찰							

[양식 6.2] 일상생활에서 탈융합 훈련하기

지시사항: 다음에 나올 기술들은 사고나 기분들의 언어적인 의미가 아닌, 그것들이 실제로 무엇인지를 이해하도록 돕는 데 사용할 수 있는 방법들입니다. 이번 주, 매일 최소 한 개씩의 탈융합 기술들을 사용하세요. 한 주를 지내면서, 당신의 생각들로부터 벗어나고 그것들을 이러한 새로운 방식으로 보는 동안 경험한 것에 대한 당신의 모든 관찰을 적어보세요. 당신의 생각에 붙잡혀 있다고 느낄 때나, 과거에 대한 되풀이 되는 생각이나 미래에 대한 걱정들 속에서 길을 잃었다는 것을 알았을 때 또는 당신 자신이나 다른 사람들에 대한 평가와 판단을 내리는 습관에 갇혀있다는 것을 알아차렸을 때 이 기술들을 사용할 수 있습니다.

1. 생각과의 동일시 깨기

당신의 발은 당신의 일부이지만, 당신의 전체는 아닙니다. 당신이 꿈을 꾸고 있을 때, 그 꿈은 당신 마음 속에서 펼쳐집니다. 하지만 그 꿈이 "당신"은 아닙니다. 마찬가지로, 우리의 사고나 언어적 생각은 우리 존재의 일부이지만, 우리 존재의 전부는 아닙니다. 이 훈련을 위해서, 당신의 마음을 당신의 밖에 존재하는 것인 것처럼 행동해 보세요. 이러한 목적을 위해서, 우리는 우리의 마음을 우리 존재로부터 분리된 어떤 것이나, 다른 사람인 것처럼 생각할 것입니다. 예를 들면 "내 마음이 나에게 오늘 집에 있을 필요가 있다고 말하고 있어"라거나 "오! 내 마음이 내 지난 이별에 대해서 후회하는 오래된 친숙한 패턴을 하고 있어"가 있어요.

2. 마음에 대해 감사하기

우리 인간은 우리가 마음이라고 부르는 대단히 매력적인 강력한 문제 해결 장치를 갖도록 진화해왔다는 것을 되새겨 보세요. 이 문제 해결 장치는 진화에 의해서 발생 가능한 위협과 어려움들을 끊임없이 찾기 위해 항상 스위치가 켜져 있도록 디자인되었습니다. 또한 이 장치는 "후회하기 보다는 차라리 안전하게" 모드로 작동되도록 디자인되었습니다. 그래서 이 장치는 특정한 상황에서 애매모호한 것조차 부정적일 수 있는 것으로 해석할 것입니다. 우리는 이 평가를 우리 마음에다가 발생 가능한 위협과 문제들로 보도할 것입니다.

당신의 마음이 당신을 걱정과 반추 속에 잡아 둘 때, 마음은 정말로 자신의 일을 하는 것뿐입니다. 그래서 만약 다음에 당신의 마음이 부정적인 생각들을 전하고 있다는 것을 깨달을 때, 생각에서 한걸음 떨어져서, 그것을 정신적인 사건의 한 흐름으로 이해하고 당신의 마음이 자신의 일을 하고 있다는 것에 감사해보세요. 예를 들면, "이 저녁 파티에서 거부당할지도 모른다는 위험에 대해서 경고하기 위해 노력해줘서 고마워 내 마음아. 어쨌든 나는 가기로 결정했지만, 너는 그냥 너의 일을 하는 것이라는 것을 알아. 그래서 고마워."

3. 열쇠를 챙기기

열쇠 고리를 들고, 문제가 되는 각각의 생각이나 기분을 열쇠들 중 하나에 매치시키세요. 하루를 보내면서, 당신이 열쇠들을 가지고 다니는 것과 마찬가지로 이런 때때로 문제가 되는 정신적인 사건들을 가지고 다닌다는 것을 느껴보세요. 당신이 할 일들을 하기 위해 열쇠를 들고 다닐 필요가 있는 것과 마찬가지로 당신은 이런 생각들을 가지고 다닐 필요가 있습니다. 당신이 열쇠를 가지고 있다는 것을 느낄 때마다 당신의 생각들과 그것들을 가지고 다닐 수 있는 당신의 능력을 느끼세요.

[양식 6.3] 버스에 탄 괴물

당신이 버스 기사라고 한번 상상해 봅시다. 유니폼을 입고 있고, 대시 보드는 반짝이고, 편안한 좌석에 앉아 있고, 내 마음대로 조정할 수 있는 힘 좋은 버스가 있습니다. 당신이 운전하는 이 버스는 매우 중요합니다. 당신의 삶을 나타내지요. 당신의 모든 경험, 모든 도전과 강점이 당신의 버스, 당신 삶의 운전사로서의 역할을 하게 합니다. 당신은 이 버스의 목적지를 결정했습니다. 당신이 선택한 목적지입니다. 이 목적지는 자신의 삶에서 기꺼이 추구하려고 하는 가치 있는 방향들을 나타냅니다. 이 목적지에 도착하는 것은 매우 중요합니다. 당신이 거기 도착하는 것이 중요합니다. 이 가치 있는 목표를 향해 여행하는 매 순간은 바로 지금 당신이 자신을 위해 삶에서 옳은 방향을 선택해 왔다는 것을 의미합니다. 운전을 할 때 자신의 진로를 유지하고 자신의 가치 있는 목표를 향해 올바른 경로를 따르는 것이 중요합니다.

당신은 다른 버스 기사처럼 길을 가다가 멈춰서 승객들을 태우는 의무가 있습니다. 이 특별한 여행의 문제점은 이 승객들 중 몇몇은 정말 다루기 어렵다는 것입니다. 이 승객들은 실은 괴물입니다. 각각은 자신의 삶의 경로에서 다루어야만 하는 힘든 생각과 감정을 나타냅니다. 어떤 괴물은 자기비난일 수 있습니다. 다른 괴물은 공황과 공포 감정입니다. 또 다른 것들은 어떤 것이 일어날지에 대한 과도한 걱정을 나타냅니다. 자신을 힘들게 하고 삶의 풍부한 가능성에 집중하지 못하게 만든 것이면 무엇이든지 이런 괴물의 모양으로 당신의 버스에 올라 타고 있습니다.

이 괴물들은 제어하기 어렵고 무례합니다. 당신이 운전할 때, 그 괴물들은 당신에게 욕설을 퍼붓고, 침을 뱉고 있습니다. 운전할 때 그들의 소리를 들을 수 있습니다. "넌 패배자야!" 그들이 소리칩니다. "왜 그냥 포기하지 않지? 가망이 없어!" 버스를 통해 울리는 소리가 들립니다. 한 녀석은 심지어 이렇게 소리칩니다. "버스를 멈춰! 이 일은 결코 잘되지 않을 거야!" 당신은 이 괴물들을 꾸짖고 훈육하기 위해 버스를 멈추는 것에 대해 생각합니다. 그러나 만약 그렇게 한다면, 당신에게 중요한 방향으로 더 이상 움직이지 못합니다. 아마도 갓길로 차를 대고, 이 괴물들을 버스 밖으로 던져 버려야 할 것입니다. 또 다시, 이는 당신 가치의 방향으로 움직이는 것을 멈추는 것을 의미합니다. 만약 좌회전을 하고 다른 길로 가 보면 아마 괴물들이 조용해질 수도 있겠지요. 그러나 이 역시 자신이 자유롭게 선택한, 가치 있는 목표를 실현할 수 있는 방법으로 인생을 사는 것으로부터 벗어나는 것입니다.

버스에 탄 이 성가신 괴물들을 다루기 위한 전략과 논쟁에 집착하는 동안, 이미 자신의 여행에서 몇 번의 기회를 놓치고 얼마간의 시간을 잃어버렸음을 갑자기 깨닫게 됩니다. 자신이 가고 싶은 곳으로 가기 위해서, 삶에서 자신이 선택한 방향으로 계속 움직이기 위해서는 이 괴물들이 계속 야유를 퍼붓고, 괴롭히고 성가시게 굴어도 계속 운전해야만 한다는 것을 당신은 이제 이해합니다. 당신은 자신의 삶을 올바른 방향으로 돌리는 것을 선택할 수 있습니다. 이 괴물들이 만들어내는 모든 소리를 위한 공간을 단지 만들면서 하면 됩니다. 당신은 괴물을 쫓아낼 수도, 멈추게 할 수도 없습니다. 그러나 당신은 이런 식으로 당신의 삶을 계속 살기를 선택할 수 있습니다. 당신에게 의미 있고 보상이 되는 삶을요. 버스 운전을 계속하세요. 심지어 괴물들이 당신이 가는 곳마다 불평불만을 늘어 놓더라고요.

[양식 6.4] "전쟁 끝내기" 기록지

작성 방법: 이 양식을 이용하여 당신이 "전쟁 멈추기" 활동을 기록할 때마다 사용하세요. 활동을 할 때마다 기록하는 점을 기억하세요. 당신의 활동 중에 드는 모든 질문사항이나 관찰 사항들을 기록하세요. 치료자와의 다음 만남 때 당신이 기록한 내용에 대해 논의할 수 있습니다.

날짜	당일 활동	관찰기록, 첨언, 질문
월요일 날짜:	활동했나요? (예 / 아니오)	
화요일 날짜:	활동했나요? (예 / 아니오)	
수요일 날짜:	활동했나요? (예 / 아니오)	
목요일 날짜:	활동했나요? (예 / 아니오)	
금요일 날짜:	활동했나요? (예 / 아니오)	
토요일 날짜:	활동했나요? (예 / 아니오)	
일요일 날짜:	활동했나요? (예 / 아니오)	

[양식 7.1] 자애심 훈련 첫 주를 마친 후 자신에게 묻는 질문

작성 방법: 한 주 동안 자애심 훈련에 참여한 후 다음에 제시된 질문에 답해보세요. 이 양식을 작성해서 다음 상담회기에 가져오셔서 상담자와 함께 한 주 동안 진행된 자비로운 마음 훈련에 대해 검토합니다. 이 훈련을 얼마나 했는지 상관없이 아래의 질문들에 답하십시오. 이들 질문은 당신이 감정을 다루는 데 새로운 관점과 통찰력을 제공할 것입니다.

1. 지난 한 주간 이 훈련을 며칠이나 했습니까?

2. 한 번 할 때 얼마나 오래 훈련을 지속하였습니까?

3. 오디오 가이드를 활용하였습니까 혹은 기억에 따라 훈련에 참여하였습니까?

4. 이 훈련을 하는 동안 당신의 생각, 감정, 그리고 신체 감각에 대해 무엇을 깨달았습니까?

5. 당신이 평소에 존재하고, 생각하고, 느끼는 전형적인 방법과 어떻게 달랐습니까?

6. 당신이 직면하던 최근의 문제와 어려운 감정들을 다루는 데 이 훈련이 관련되거나 혹은 도움을 주었습니까?

7. 이 훈련을 하면서 장애물이나 어려움은 없었습니까?

8. 자애의 자질을 당신이 다른 사람과 관계를 맺는 방식에 어떻게 활용하겠습니까?

9. 자애의 자질을 당신 자신과의 관계를 위해 어떻게 활용하겠습니까?

[양식 7.2] '자비로운 자기 상상하기 첫째 주'를 마친 후 자신에게 묻는 질문

작성 방법: 한 주 동안 자비로운 자기 상상하기 훈련을 하고 난 후 다음에 제시된 질문에 답해보세요. 이 양식을 작성해서 다음 상담회기에 가져오셔서 상담자와 함께 한 주동안 진행된 자비로운 마음 훈련에 대해 검토합니다. 이 훈련을 얼마나 했는지 상관없이 아래의 질문들에 답하십시오. 이들 질문은 당신이 감정을 다루는데 새로운 관점과 통찰력을 제공할 것입니다.

1. 지난 한 주간 이 훈련을 며칠이나 했습니까?

2. 언제 이 훈련을 했습니까?

3. 명상 기간이나 일상활동을 할 때 혹은 두 가지 상황 모두에서 자비로운 자기를 상상했습니까?

4. 이 훈련을 하는 동안 당신의 생각, 감정, 그리고 신체 감각에 대해 무엇을 깨달았습니까?

5. 자비로운 자기의 관점에서 세상을 보는 것이 당신에게 영향을 끼친 것이 있다면 무엇입니까?

6. 자비로운 자기를 상상할 때 당신의 언어나 신체표현이 어떻게 변하였나요?

7. 당신이 상상한 자비로운 자기의 자질과 특성은 무엇이었습니까?

8. 이 훈련을 하면서 장애물이나 어려움은 없었습니까?

9. 앞으로 당신을 위해 자기 자비 심상을 어떻게 사용하시겠습니까?

[양식 7.3] 자기 자비 편지쓰기

이 훈련은 매우 자비롭고 현명하며 무조건 수용해주는 사람의 관점에서 당신 자신에게 편지를 쓰는 것입니다. 편안하다고 느끼신다면 당신을 다정하고 친절한 존재로 상상할 수 있습니다. 당신 안에서 들리는 이 목소리는 당신의 타고난 자애심과 직감적인 지혜의 표현입니다.

이 훈련을 급하지 않도록 시간을 마련해두십시오. 개인적이고 안전하게 느껴지는 공간을 찾습니다. 연필과 종이를 가져오시고 글씨를 쓸 수 있는 공간을 확보하십시오.

편지쓰기를 시작할 때 먼저 호흡의 흐름을 느끼도록 마음챙김 자각 연습을 1-2분 정도 시행합니다. 당신의 발이 땅 위에 있는 것을 느껴보십시오. 부드럽게 당신의 등을 바로 세우고 당신이 지구에 뿌리내린 것을 느껴보십시오. 가능한 한 판단, 계산, 설명까지도 내려놓고 호흡이 몸 안으로 들어오고 나가는 흐름에 주의를 기울입니다.

마음챙김 호흡을 몇 분 한 후, 숨을 들이마시면서 생각의 흐름에 주의를 기울입니다. 호흡에서 주의를 거두고 당신의 현재 상황을 마음으로 가져오십시오. 어떤 갈등이나 문제 또는 자기비판이 마음에 떠오르나요? 당신의 마음이 무엇을 얘기하기 시작하나요? 당신 안에서 어떤 감정이 일어나기 시작하나요?

숨을 내쉬면서 이런 생각과 감정을 놓아주십시오. 숨을 들이마실 때 자비롭고 현명한 자신의 이미지에 집중하십시오. 자비로운 마음 안에서 당신은 지혜와 정서적 힘을 갖습니다. 지금 이 순간 당신은 당신의 모든 것을 무조건 수용하며 완벽하게 무비판적입니다. 당신의 자비로운 자기는 감정적 온기를 내뿜습니다. 잠시 동안 당신이 지닌 평온함과 지혜를 헤아려보십시오. 잠시 자비로운 마음에 동반된 신체 감각을 느껴보십시오. 거대하고 깊은 친절함의 힘과 치유의 느낌을 느껴봅니다. 이 다정함, 이 강력한 자비가 당신 안에 풍부한 힘의 저장소로 존재하는 것을 인지해봅시다.

시작하기에 앞서 자기를 타당화하는 간단한 행동을 기억합니다. 당신이 현재 경험하고 있는 고통에는 많은 당연한 이유가 있습니다. 당신의 뇌와 마음은 이 지구의 몇백만 년의 생명의 과정을 통해 등장하였고, 진화하였습니다. 당신은 우리의 현재 사회 환경의 특정한 압박감과 복잡성을 마주하도록 설계된 것이 아닙니다. 당신의 학습의 역사는 당신에게 강한 도전과 고통을 유발하는 상황을 안겨주었습니다. 당신이 고군분투하는 것이 삶의 자연스러운 부분이며, 당신의 잘못이 아니라는 것에 대해 자비로운 이해를 하도록 마음을 열 수 있으신가요?

다음 몇 분 동안 당신의 자비로운 자기에서 나오는 목소리로 자비로운 편지를 써보십시오. 최소한 이 페이지의 남은 부분은 채우도록 자비로운 편지를 써보십시오. 괜찮다면 다음 상담회기에 이 편지를 가져가십시오. 상담자와 함께 편지를 읽고 당신이 여기에 표현한 말과 감정을 살펴볼 수 있을 것입니다.

나의 자기 자비 편지

[양식 8.1] 정서 자각을 강화하기 위해 자신에게 묻는 질문들

1. 당신의 정서적 반응을 이끌어 낸 것은 무엇입니까?

2. 오감을 활용하여, 당신 주변 환경에서 어떤 것을 알아차릴 수 있습니까?

3. 당신의 자각을 내부로 돌렸을 때, 지금 이 순간 당신은 자신의 몸에서 어떤 신체 감각을 느낄 수 있습니까?

4. 지금 당신의 정서와 관련해서 신체의 어느 곳에서 감각을 경험하고 있습니까?

5. 당신의 정서에 이름을 붙인다면, 어떻게 짓겠습니까?

6. 이 정서와 관련하여 당신 마음에서 어떤 생각들이 스쳐가고 있습니까?

[양식 8.2] 정서 지능 사고기록(긴 버전)

작성 방법: 다음 주 동안 당신의 생각, 정서, 신체 감각, 그리고 가능한 반응들에 대한 알아차림 연습을 하기 위해 다음의 질문들을 활용할 수 있습니다. 스트레스를 받는 시기에 당신의 기분에 영향을 미치는 것들을 알게 된다거나, 당신의 감정이 부정적인 방향으로 변했다는 것을 갑자기 알아차렸을 때 이 기록지를 활용할 수 있습니다. 당신은 기록지를 실시간으로 사용해서 현 순간에 무엇이 일어나고 있는지 파악할 수도 있습니다. 때로는 그것이 가능하지 않은 경우도 있지만 문제가 되지는 않을 것입니다. 당신은 이 기록지를 활용해서 어느 정도 시간이 지난 후에도 사건의 기억들을 돌아보면서 마치 지금 그 일이 일어난 것처럼 이 질문들을 스스로에게 던져볼 수 있기 때문입니다. 이 기록지를 사용하면서, 마음챙김 자각 훈련을 통해 계발해 왔던, 현재의 순간에 초점을 두는 "순수한 주의"에 할 수 있는 만큼 의식을 하고 있어야 합니다. 만약 연습을 하면서 어떤 질문이나 관찰이 생긴다면, 다음번 치료자와의 만남에서 함께 나눌 수 있도록 적어놓도록 합니다.

---

1. 상황

당신의 주변 환경에서 지금 이 순간에 어떤 일이 일어나고 있습니까? 당신은 어디에 있습니까?
누구와 함께 있습니까? 무엇을 하고 있습니까? 당신에게 영향을 미치는 그 환경에서 당신은 어떤 것에 주목하고 있습니까?

---

2. 신체적 감각들

때때로, 환경에 있는 어떤 것에 대한 반응이 몸에서 느껴질 수 있습니다. 긴장했을 때 속이 울렁거리고 가슴이 두근거리는 반응이 하나의 예입니다. 가능한 한 할 수 있는 한 최선을 다해 이러한 감각들에 우리의 주의를 기울이는 것이 도움이 될 것입니다.

3. 정서

"감정 단어들"을 사용해서 우리의 정서에 이름을 붙이는 것은 유용합니다. 정서 경험을 위한 공간을 만들고 그 경험에 대해 생각해보았을 때, 당신이 느끼는 지금 이 순간의 기분을 어떤 감정 단어가 가장 잘 묘사한다고 생각하나요? 당신의 감정에 어떤 이름을 붙이는 것이 가장 적절하다고 생각하나요? 그 정서를 어느 정도의 강도로 느끼고 있나요? 100이 가장 높은 강도이고, 0이 전혀 느끼지 않는 상태라고 한다면, 당신은 자신의 감정을 0-100의 척도 내에서 몇 점으로 평가하겠습니까?

4. 생각

이 상황에서 당신의 마음에 떠오르는 생각들은 무엇입니까? 스스로에게 '바로 지금 내 마음 속을 스쳐가는 생각은? 내 마음은 나에게 뭐라고 말하고 있지?'라고 물어봅니다. 당신의 머릿속에 무엇이 불쑥 떠오릅니까? 이 상황은 당신의 미래에 대해 어떤 것을 제안하고 있습니까? 가능한 한 당신의 마음속에서 펼쳐지는 생각의 흐름들에 주목해봅니다. 어떤 생각들이 듭니까?

5. "함께 머물러 있는 것 배우기"

인간은 위협적이거나 불쾌한 것들을 제거하거나, 그것들로부터 멀어지는 것을 학습해왔습니다. 생각해보면 이것은 매우 일리가 있습니다. 그러나 치료자와 논의해왔던 것처럼, 괴로운 생각들을 억누르거나 제거하려는 시도들은 오히려 그 생각들을 더 강하게 만들기도 합니다. 그러므로 잠시 동안 당신이 느끼는 경험 그 자체와 함께 머무는 시간을 가져보도록 합시다. 그 순간에 할 수 있는 만큼, 호흡의 흐름을 따라가면서, 마음속에 펼쳐지는 것들을 위한 공간을 마련해봅니다. 당신이 시시각각 경험하는 것들을 위한 공간을 마련하는 간단한 행위로, 아래의 여백에 당신이 관찰하는 것들을 자유롭게 적어봅시다.

6. "내면"에 반응하는 것

이제 당신은 현재의 상황에서 나타난 감각, 정서, 생각들을 자각하고, 스스로 그것들을 완전하게 경험하도록 허용한 상태입니다. 그 순간에 어떻게 제대로 반응할 수 있을까요? "정서적으로 지적인" 태도를 가진다면, 당신은 이러한 생각과 기분들이 내면의 일일 뿐, 실제 현실 그 자체는 아니라는 것을 자각하게 될 것입니다. 당신은 치료자와 함께 고통스러운 생각과 감정들에 반응하는 여러 가지 방법들을 배우게 될 것입니다. 아래는 이번 주에 스스로에게 물어볼 질문들입니다.

- 이 생각들을 내가 믿음으로써 얻는 이익과 손해는?
- 이 생각을 믿으면 나는 어떻게 행동할 것인가?
- 이 생각을 믿지 않는다면 나는 어떻게 행동할 것인가?
- 이러한 상황에 직면한 친구에게 나는 어떤 이야기를 해줄 것인가?
- 이 사건에 포함되어 있는 요구들은 무엇이며, 어떻게 해야 나는 내 자신을 가장 잘 돌볼 수 있을까?
- 나는 나의 내면에서 일어나는 일들에 주의를 기울여 관찰하고, 행동방향을 결정하며, 나의 목표에 도움이 되는 방향으로 행동할 수 있을까?

아래의 공간에, 당신의 반응들과 관찰한 것들을 적습니다.

7. "외면"에 반응하는 것
다음의 질문들을 스스로에게 물어보십시오.

- 이 상황에서 나는 어떻게 해야 나의 목표와 가치를 추구할 수 있을까?
- 나의 삶을 의미 있고, 가치있는 방식으로 살기 위해서 내가 해결해야 할 문제가 무엇인가?
- 이 상황에서 나는 어떻게 다른 사람들과 나의 목표와 가치에 부합하는 효과적인 방식으로 소통할 수 있을까?
- 이 상황이 행동 반응을 요구하고 있는가? 어떠한 행동이라도 취해야 하는 것일까?
- 아무것도 하지 않는 것이 행동의 선택지가 될 수 있는가?
- 이 상황에서 나는 어떻게 해야 나 자신을 가장 잘 돌볼 수 있을까?

아래의 공간에 당신의 개인적인 가치와 부합하면서 보상받는 느낌을 주는 행동들을 포함해서 현재의 상황에 활용할 수 있는 방법들이나 관찰한 것들을 기록하십시오.

[양식 8.3] 정서 지능 사고기록(짧은 버전)

---

1. 상황
당신의 주변 환경에서 지금 이 순간에 어떤 일이 일어나고 있습니까? 당신은 어디에 있습니까?
누구와 함께 있습니까? 무엇을 하고 있습니까?

---

2. 신체적인 감각
이 상황에서 당신의 몸에서 느껴지는 주목할 만한 신체적 감각들은 무엇입니까? 그 감각들은 신체의 어느
부위에서 느껴집니까?

3. 정서

하나의 단어를 사용해서 지금 이 순간에 느끼고 있는 정서를 묘사하고 이름을 붙여봅니다. 0 – 100 의 척도를 사용했을 때 당신은 그 정서를 어느 정도의 강도로 느끼고 있다고 평가하겠습니까?

4. 생각

이 상황에서 당신의 마음에 스치는 생각들은 무엇입니까?

5. "함께 머물러 있는 것 배우기"

잠시 동안, 이 기회를 빌려 당신의 경험 그 자체와 함께 남아 있는 법을 배우십시오. 호흡의 흐름을 따라가십시오. 아래 공간에 이를 통해 발견한 어떤 것이라도 적으십시오.

6. "내면"에 반응하는 것
지금 이 순간 당신은 어떻게 자신의 생각과 정서에 가장 적절하게 반응하겠습니까?
스스로에게 연민을 느끼면서 합리적이고 균형잡힌 반응은 어떤 것이겠습니까?

7. "외면"에 반응하는 것
이 상황에서 당신이 지향하는 가치를 추구하기 위해 취해야 할 행동들이 있습니까? 있다면, 그것은 어떤
행동들입니까?

[양식 9.1] 사고와 감정 구별하기

작성 방법: 속상한 마음이 들 때면 아마도 당신은 '마음을 괴롭히는(속상하게 하는) 생각'을 하고 있을 것입니다. 슬플 때를 떠올려봅시다. 당신은 '아무것도 더 이상 나아지지 않을 거야.'라고 생각했을지도 모릅니다. 화가 났을 때는 '그가 나를 무례하게(함부로) 대했어.'라는 생각이 들었을 수도 있습니다. 아래 표의 첫 번째 칸에는 당시에 경험한 상황을 설명하고(무슨 일이 있었는지), 두 번째 칸에는 그 당시 당신의 느낌(예. 슬픔, 분노, 불안 등)을, 그리고 마지막 칸에는 그 당시 들었던 생각을 적어 주십시오.

상황	느낌	사고
어떻게 진행 되었는지, 어떤 일로 그렇게 되었는지, 그 당시의 상황은 어땠는지 설명해 주십시오.	그 상황에서 당신의 느낌이나 감정은 무엇이었습니까? (예: 슬픔, 무력감, 불안, 두려운, 멍한, 절망적인, 분노, 질투, 공허한, 행복한, 안도하는, 궁금한)	어떤 생각이 들었습니까?

[양식 9.2] 자동적 사고의 범주

1. 독심술(mind reading): 충분한 근거가 없음에도 다른 사람들이 어떻게 생각하는지 알 수 있다고 가정하는 것. "그 사람은 나를 패배자로 생각할 거야."

2. 점쟁이 오류(fortune telling): 미래를 부정적으로 예측하는 것. 모든 것이 더욱 나빠질 것이라고 생각하거나, 위험이 바로 앞에 있다고 예상함. "나는 시험에서 떨어질 거야." 혹은 "나는 취직을 할 수 없을 거야."

3. 파국화(catastrophizing): 이미 벌어진 일이나 앞으로 일어날 일이 매우 끔찍하고 견딜 수 없으며, 결국 이겨내지 못할 것이라고 믿는 것. "내가 실패한다면, 그건 끔찍한 일이야."

4. 명명하기(labeling): 자신이나 다른 사람들에게 전반적인 부정적인 특성(global negative traits)을 부여하는 것. "나는 불청객이야." 혹은 "그는 형편없는 사람이야."

5. 긍정적인 면의 평가절하(discounting positives): 자신이나 다른 사람들이 가진 긍정적인 면을 하찮은 것으로 깎아 내리는 것. "그런 행동은 아내라면 당연히 하는 것이야. 그러므로 내 아내가 나에게 잘해준 것이라고 할 수 없어." 혹은 "그런 성공들은 매우 쉬운 것들이야, 그러니까 그런 성공들은 그다지 가치가 없어."

6. 부정적 여과(negative filtering): 거의 전적으로 부정적인 면에 집중하고, 긍정적인 면에 신경쓰지 않는 것. "나를 싫어하는 모든 주변사람들을 봐."

7. 과잉일반화(overgeneralizing): 하나의 사건을 근거로 부정적 패턴을 도출하고, 이를 다른 경우로까지 일반화시키는 것. "(한 번의 실패 이후에)이런 일은 나에게 일반적으로 일어나는 거야. 나는 많은 일에서 실패하는 것 같아."

8. 이분법적 사고(dichotomous thinking): 사건이나 주변 사람들을 (극단적으로) 이것 아니면 저것인 것으로 보는 것. "나는 모든 사람들에게 거절당할 거야." 혹은 "그건 완전히(처음부터 끝까지) 시간낭비였어."

9. 당위적 진술(shoulds): 사건이나 상황을 단순히 사건이 무엇인지에 초점을 맞추기 보다는, 사건이나 상황이 어때야 하는지 '~해야 한다'고 상황을 해석하는 것. "나는 잘 해야만 해. 그렇지 않으면, 나는 실패자야."

10. 개인화(personalizing): 다른 사람들로 인해서 부정적인 사건이 일어날 수 있음을 인식하지 못하고, 부정적인 사건에 대해 과도하게 자책하는 것. "결혼생활이 파국을 맞은 것은 내가 잘못해서야."

11. 책임전가(blaming): 자신의 부정적인 느낌의 원인을 다른 사람에게 맞추고, (부정적인 상황의) 변화에 대한 자신의 책임을 회피하는 것. "그녀는 지금 내가 느끼는 것에 대해 책임을 져야 해." 혹은 "나의 모든 문제의 원인은 나의 부모님이야."

12. 불공평한 비교(unfair comparisons): 비현실적인 기준에 맞춰서 사건/상황을 해석하는 것. 예를 들어, 주로 자신보다 나은 사람에게 주목하여 비교함으로써 자신이 열등하다고 여기는 것. "그녀는 나보다 훨씬 성공적이야." 혹은 "다른 사람들은 나보다 시험을 잘 봤을 거야."

13. 후회 지향성(regret orientation): 자신이 지금 더 잘할 수 있는 것 보다, 과거에 자신이 더 잘할 수 있었던 것에 집중하는 것. "내가 노력했었다면, 더 좋은 직업을 가질 수 있었을 거야." 혹은 "나는 그런 말을 하지 않았어야 했는데."

14. 가정하기(what if?): "만약 어떤 일이 일어나면 어쩌지?"라는 일련의 가정의 질문을 계속하면서, 어떠한 답에도 만족하지 못하는 것. "그래, 하지만 불안해지면 어쩌지?" 혹은 "호흡을 가다듬는 데 실패하면 어떡하지?"

15. 감정적 추론(emotional reasoning): 자신의 감정을 근거로 현실을 해석하는 것. "나는 우울해. 그러므로 나의 결혼(생활)은 잘 풀리지 않을 거야."

16. 반증 불능(inability to dosconfirm): 자신의 부정적인 사고를 반박하는 모든 증거나 논의를 거부하는 것. 예를 들어, "나는 (다른 사람에게) 불쾌한 사람이야(즉, 아무도 나를 좋아하지 않아)." 라고 생각하고, 주변사람들이 자신을 좋아한다는 어떤 증거도 상관없는 것처럼 받아들이지 않는 것. 그 결과로 인해 본인의 생각이 반박되지 못함. "그건 진짜 주제가 아냐. 더 중요한 문제들이 있어. 다른 요인들이 있을 거야."

17. 판단 초점(judgement focus): 자신이나 타인, 상황을 단순히 묘사하거나, 받아들이거나, 이해하려고 하기보다 '좋음-나쁨', '우수한-못난'등으로 평가하려고 하는 것. 계속해서 자신과 타인을 임의의 기준으로 평가하고, 본인과 타인이 기준에 미치지 못하다고 판결을 내림. 자기에 대한 평가뿐만 아니라 타인을 평가하는 것에도 집중. "나는 대학에서 (공부를) 잘하지 못했어." 혹은 "내가 테니스를 시작한다면, 나는 잘 못 할 거야." 혹은 "그녀가 얼마나 성공적인지(대단한지) 봐. 나는 성공적이지(대단하지) 않아."

[양식 9.3] 생각 기록지

작성 방법: 우리는 자기만의 특정한 사고양식을 가지고 있습니다. 이 기록지에서 당신이 느꼈던 부정적 감정(예, 슬픔, 분노, 불안)과 그와 관련된 상황(예, 집에 혼자 앉아 있음, 누군가와 대화함, 일을함)을 기록해보세요. 그리고 나서 이 상황에서 느꼈던 감정과 연관이 있는 구체적인 사고를 기록해보세요. 자동적 사고의 분류 체크리스트를 활용하여 당신의 부정적 사고를 구체적으로 분류하여 기록해봅니다. 이 기록지를 며칠 동안 작성한 후, 당신의 사고에서 반복적으로 발견되는 편견들의 리스트를 만들고, 이들이 어떻게 당신의 사고방식에 영향을 미치는지에 대해 적어봅니다.

상황	감정	자동적 사고	사고의 분류

[양식 9.4] 사고의 이득과 손실 검토하기

부정적 사고	이득	손실
이득과 손실의 정도를 평가해보세요 (총점 100을 기준으로 둘로 나눠보세요)	이득	손실
이 사고를 덜 하게 된다면 당신의 삶에 어떤 변화가 생길 것이라고 믿습니까?		

※ 주의 : 대부분의 부정적 사고는 기분을 저하시킴에도 불구하고, 이득이 되는 점이 있습니다. 예를 들어, 자기비판은 동기를 강화시키고, 현실적으로 판단하도록 하며, 혹은 무엇을 변화시켜야 하는지 알게 해준다는 점에서 이득이 될 수 있습니다.

[양식 9.5] 사고의 증거 검토하기

작성 방법: 우리는 많은 부정적 사고를 가지고 있으며 이를 주의 깊게 탐색하지 않는 경향이 있습니다. 부정적 사고의 현실성에 대해 검증하는 한 가지 방법은 사고를 지지 및 반대하는 증거를 탐색하고 그것의 질(quality)을 평가하는 것입니다. 예를 들어, 당신은 자신이 느끼고 있는 감정을 사고의 증거로 사용할 수 있습니다("나는 기분이 안 좋아. 그래서 나는 나빠"). 그러나 이것이 최고의 증거라고 할 수 있을까요? 이것으로 다른 사람을 설득시킬 수 있을까요? 다른 사람들은 이 증거를 어떻게 볼까요? 사고를 지지하는 증거와 반대하는 증거를 총점 100점을 기준으로 평가하며, 모든 증거들을 고려한 후 결론을 도출하십시오.

부정적 사고 :

사고의 근거	근거의 질 (0-10)	사고에 반하는 근거	근거의 질 (0-10)
사고를 지지하는 증거와 반대하는 증거의 질에 대해 어떻게 생각하십니까?			
사고를 지지하는 증거와 반대하는 증거를 평가해보세요 (총점 100을 기준으로 나눔)		비용 = 이득 =	
결론			

[양식 9.6] 변호사되기

작성 방법: 자기 자신 그리고 자신의 경험과 미래에 대한 부정적 사고를 법정에 선 검사의 목소리라고 상상해 보세요. 왼편에는 이러한 검사가 고발한 내용들을 기록해 보세요. 이제 당신이 이러한 고발에 맞서 방어하는 변호사가 되었다고 상상해 보세요. 당신은 당신의 고객(자신)을 돕기 위해 모든 증거를 사용하길 원할 것입니다. 당신은 증거의 타당성에 대해 고민하고, 당신을 변호하기 위해 증인을 부를 것이며, 당신 스스로를 돕기 위해 증거를 제시할 것입니다. 이러한 고발에 맞선 변호들을 적어보세요.

검사의 고발(부정적 사고)	당신의 변호

[양식 9.7] 배심원이라면 어떻게 생각할까?

작성 방법: 배심원단이 당신이 가지고 있는 부정적인 생각 중 하나를 심판한다고 상상해보세요. 왼쪽에 있는 질문에 대한 당신의 대답을 적어보세요. 꼼꼼하게 살펴본 후에도 당신의 생각을 타당하다고 할 수 있을까요?

배심원단이 고려해볼 수 있는 문제들	당신의 대답
검사는 피고가 끔직한 일들에 대해 유죄임을 입증했나요?	
검사가 제시한 증거에 어떤 문제는 없나요?	
검사가 제시한 핵심논점은 무엇인가요?	
변호인이 제시한 핵심논점은 무엇인가요? 당신은 이것에 대해 어떻게 생각하나요?	
검사가 주장하는 바가 정당한가요? 왜 정당한가요? / 왜 정당하지 않은가요?	
공정한 사람들이 이 재판을 보았다면 어떻게 생각할까요?	

[양식 9.8] 절친에게 해줄 수 있는 조언

작성 방법: 지금 이 순간 당신은 힘든 시간을 보내고 있을지도 모릅니다. 그래서 당신은 자신과 같은 문제를 가지고 있는 친구에게 해줄 만한 조언에 대해 생각해 봤을 수 있습니다. 당신은 친구에게 어떠한 말이나 조언을 하겠습니까? 이것은 당신이 자신에게 말하는 방식과는 다른가요? 만일 다르다면 그 이유는 무엇인가요?

현재 가지고 있는 문제 혹은 부정적인 생각	친구에게 해 줄 조언
왜 나는 자신에게는 해주지 않는 조언을 친구에게는 해주는 걸까요?	

[양식 9.9]   내가 좋은 조언을 받아들이기 어려운 이유

작성 방법: 자기 자신보다 타인에게 조언을 해주는 것이 쉬울 때가 종종 있습니다. 각각의 열을 살펴보고 왜 좋은 조언을 받아들이기가 어려운지 그 이유에 대해 탐색해보세요.

내가 받아들이기 어려운 좋은 조언	자신에게 해주는 좋은 조언을 받아들이기 어려운 이유	자신에게 해주는 좋은 조언을 받아들여야 하는 이유

[양식 9.10] 사건을 연속체상에 위치시키기

작성 방법: 현재 당신을 언짢게 만들고 있는 사건에 대해 얼마나 기분이 나쁜지 0-100점으로 평정해 보세요. 0은 어떤 부정적인 것이 전혀 없는 상태이고, 100은 누구에게나 일어날 수 있는 상상 가능한 최악의 상태입니다. 아래 척도의 점수에 일치하는 사건을 생각해보세요. 예를 들어, 80, 70, 40, 20에 해당하는 사건에는 무엇이 있을까요? 현재의 사건이 높게 평정된 이유와 다른 사건들이 그렇게까지 "끔찍"하지 않은 이유를 기술해보세요. 당신이 현재 일어나는 사건을 실제보다 더욱 끔찍하게 바라보고 있을 가능성이 있나요?

0	10	20	30	40	50	60	70	80	90	100

[양식 9.11] 넓은 안목으로 사건 바라보기: 내가 여전히 할 수 있는 것들

작성 방법: 우리는 나쁜 일이 생길 때면 자주 자기의 삶을 즐겁고 의미 있게 만들기 위해 할 수 있는 일이 여전히 있다는 사실을 잊곤 합니다. 현재 당신을 언짢게 하는 사건을 찾아보세요. 지금이든 미래의 언제든, 당신에게 긍정적으로 영향을 줄 수 있고 여전히 당신이 할 수 있는 일은 무엇인가요? 이 부정적인 사건이 일어난 뒤로 당신이 더 이상 할 수 없는 것들에 대한 목록을 만들어 볼 수도 있습니다. 만약 당신이 여전히 즐겁고 의미 있는 많은 일들을 할 수 있다면, 부정적인 사건이 덜 끔찍하게 여겨질 수 있을까요?

비록 이 일이 생겼더라도, 난 여전히 지금 혹은 미래에 다음의 것을 할 수 있다.

[양식 9.12] 시간급박감 극복하기

작성 방법: 우리는 자주 사건을 시간의 관점으로 바라보며 괴로워합니다. 왼쪽에 제시된 각각의 질문
들을 살펴보고 오른쪽에 그것에 대한 최선의 대답을 적어보세요. 다른 급박함과 시감의 관점에서
봤을 때 사건들은 어떻게 다르게 보이나요?

현재의 부정적 기분 혹은 생각	당신의 대답
당신의 절박감의 결과로서 어떤 일이 있을 수 있다고 여기나요?	
당신이 이러한 일들에 대해 몇 시간 뒤 혹은 며칠 뒤에 기분이 나아질 수 있을까요? 전에 그런 적이 있었나요?	
몇 시간 혹은 며칠 안에 당신의 기분을 더 좋게 만들 수 있는 일들에는 어떤 것이 있을까요?	
어떻게 하면 현재의 기분에서 주의를 돌려 더욱 즐거운 일들을 할 수 있을까요?	
왜 이것이 진정한 위급상황이 아닌가요?	
당신은 좀 더 나은 현재 순간을 만드는 것에 집중할 수 있나요?	

[양식 10.1] 점진적 근육 이완 지침

지시사항: 의자에 편하게 앉거나 바닥에 누운 채로 다음의 주요 근육군을 긴장하고 이완하는 연습을 하세요. 각각의 근육군을 긴장한 후 4~8초간 긴장을 유지하세요. 당신의 모든 주의를 기울여 긴장 감을 느껴보세요. 그리고 근육의 긴장을 풀고, 이완되는 느낌에 모든 주의를 기울이세요. 이완은 연습이 필요한 기술이라는 점을 기억합니다.

주요 근육그룹

1. 좌측 발	10. 우측 손과 팔뚝
2. 우측 발	11. 좌측 이두근
3. 좌측 종아리	12. 우측 이두근
4. 우측 종아리	13. 어깨
5. 좌측 사두근	14. 가슴
6. 우측 사두근	15. 등
7. 배	16. 목
8. 엉덩이	17. 입
9. 좌측 손과 팔뚝	18. 얼굴

[양식 10.2] 횡격막 호흡에 대한 지침

횡격막 호흡이란?

횡격막 호흡은 복식호흡이라고도 일컬어집니다. 이것은 편안하게 이완된 상태에서의 호흡 방법입니다. 스트레스를 받을 때 횡격막 호흡을 하는 것은 긴장 이완에 더욱 도움이 됩니다. 이와 반대로 스트레스를 받을 때는 호흡이 가빠지고 가슴으로 호흡을 하게 됩니다.

횡격막 호흡은 연습이 필요한 일종의 기술입니다. 상대적으로 평온한 상태에서 매일 연습을 통해 이 기술을 익혀 나가기를 권해드립니다. 그러면 스트레스로 인한 불편감을 느낄 때 보다 효과적으로 이 호흡을 사용할 수 있게 될 것입니다.

횡격막 호흡 연습 방법

횡격막 호흡 연습은 눕거나 앉아서 하는 것이 가장 쉬운 방법입니다. 호흡을 정확히 하고 있는지 확인하기 위하여 한 손을 가슴에, 다른 한 손을 배 위에 올려놓습니다.

먼저 코를 통해 평소처럼 숨을 들이마십니다. 숨을 들이마실 때, 공기가 가슴을 지나 횡격막이나 복부로 들어간다고 생각해 주십시오. 복부가 팽창하는 것을 느낍니다.

호흡을 내쉴 때는 입으로 '쉬-' 소리를 내면서 내쉽니다. 숨을 내쉴 때 팽창되었던 배가 다시 납작하게 줄어드는 것을 느낍니다. 다음 숨을 들이마시기 전에 길게 숨을 내쉽니다.

아마 한결 편안해졌음을 느낄 수 있을 것입니다. 숨을 들이마셨다가 내쉬는 중간에 멈출 필요는 없습니다. 이러한 방식으로 최소 5분 동안 호흡을 계속하십시오.

[양식 10.3] 자기 진정

'자기 진정(self-soothing)'은 정신적 고통이나 괴로움을 견딜 수 있도록 감각을 이용하는 방법입니다. 정서적 고통을 완화하기 위하여 당신의 의식을 미각, 촉각, 후각, 청각, 그리고 시각에 집중시키는 방법입니다.

시각(vision)

당신의 의식을 당신이 보고 있는 곳으로 가져옵니다. 아름다운 그림, 사랑하는 사람들의 사진, 꽃, 촛불, 뛰노는 아이들, 동물, 자연, 무늬, 건축물, 선명한 색상과 같이 당신이 지금 보는 것들을 자각합니다. 날고 있는 새를 바라보거나 일몰을 바라보십시오. 밤하늘의 별들을 쳐다보거나 춤을 추고 있는 사람들을 바라보십시오.

미각(taste)

차를 마시거나 특별한 음식을 먹어보십시오. 초콜릿의 맛을 음미하거나 평소 마음껏 즐기지 못했던 음식을 먹어봅니다. 갈아서 만든 신선한 오렌지 주스를 마시거나 껌을 씹어봅니다.

청각(sound)

자연의 소리에 귀를 기울이십시오. 새가 지저귀는 소리나 나뭇잎이 바스락거리는 소리를 들어보십시오. 마음을 차분하게 하는 음악을 듣거나 사람들의 웃음소리에 귀를 기울여봅니다. 당신이 사랑하는 사람의 목소리에도 귀를 기울여 보십시오.

촉각(touch)

부드럽고 폭신한 천으로 만들어진 옷을 입어보십시오. 침대 이불 속으로 파고들어가 안락함을 느껴보십시오. 머리를 빗어 보기도 하고, 손에 로션을 바르면서 촉각을 느껴봅니다. 혹은 뜨거운 물로 목욕을 해보십시오.

후각(smell)

가벼운 향을 피우거나 향초를 켜 보십시오. 가장 좋아하는 향수를 뿌려 보기도 합니다. 향이 좋은 비누나 샴푸를 사용해 보세요. 추운 날에 장작불을 피워보거나 파이를 굽고 아로마 향을 즐겨보십시오.

[양식 10.4] 주간 활동 계획: 예상되는 즐거움과 실제 결과

작성 방법: 일주일 동안 매 시간마다 무엇을 할지, 그리고 그것이 얼마나 즐거울지(그리고 효과적일지) 예상되는 정도를 아래의 표에 적습니다. 즐거움의 정도는 P0(전혀 즐겁지 않다)부터 P10(상상할 수 있는 일들 중 가장 즐겁다)까지로 표현해 주십시오. 5점은 중간정도의 즐거움을 의미합니다. 또한 그 활동의 효과성이나 유능감 정도는 E0점부터 E10점까지로 기록해 주십시오. 예를 들어 당신이 오전 8시에 운동을 하는 것에 대해 6점 정도의 즐거움을 느끼고 4점 정도의 효과성을 예측한다면 '월요일 오전 8시'에 해당되는 빈칸에 "운동, P6, E4"라고 작성해 주십시오. 그리고 나중에 실제로 경험한 즐거움과 효과성을 기록해 주십시오.

시간	월	화	수	목	금	토	일
06:00							
07:00							
08:00							
09:00							
10:00							
11:00							
12:00							
13:00							
14:00							
15:00							
16:00							
17:00							
18:00							
19:00							
20:00							
21:00							
22:00							
23:00							
24:00							
1-6:00							

[양식 10.5] 우선순위 목록

작성 방법: 자신에게 중요한 것과 중요하지 않은 것을 아는 것은 중요합니다. 많은 사람들은 인터넷 서핑, 지나간 일을 계속 되새기거나 걱정하기, TV 시청과 같이 자신이 추구하고자 하는 목표와 무관하며, 우선순위가 낮은 활동들을 하느라 귀한 시간을 낭비합니다. 가장 먼저 해야 할 일은 자신에게 중요한 활동이 무엇인지를 확인하는 일입니다. 아래의 표를 이용해서 우선순위 상, 중, 하의 일들을 구분하여 작성해 보십시오.

우선순위 상	우선순위 중	우선순위 하

[양식 10.6] 업무 외 행동 자가 점검지

작성 방법: 시간을 더 효과적으로 관리하기 위해서, 당신 계획의 일부가 아닌 우선순위가 낮고, 과제와 상관없거나 딴 짓을 하는 행동들을 기록하십시오. 이것들을 언제 어디에서 했는지 그리고 어느 정도의 시간을 소요했는지 작성하십시오. 그리고 이러한 행동들이 당신의 기분을 더 좋게 만들었는지, 더 나쁘게 만들었는지 스스로에게 질문하십시오.

월	화	수	목	금	토	일

[양식 10.7] 미리 계획하기

작성 방법: 계획하지 않으면 일을 끝낼 수 없습니다. 다음의 계획표에 끝마쳐야 하는 중요한 활동들을 적고 그것을 언제 할 것이며, 어느 정도의 시간을 사용할 것인지 기록합니다. 그리고 일을 계속해 나갈 수 있도록 자신에게 보상이 되는 활동을 할 수 있는 시간도 함께 기록합니다.

월	화	수	목	금	토	일

[양식 10.8] 반지연행동

작성 방법: 다음 표의 왼쪽에 있는 질문들을 스스로에게 한 뒤, 오른쪽 빈칸에 그에 대한 답을 작성해 주십시오.

질문	답변
내가 진짜로 마치기를 원하는 일은 무엇인가?	
그것을 하는 데 있어서 이득과 손실은 무엇인가?	- 손실: - 이득:
이 일을 마친 후에 어떤 기분을 느낄까?	
이 일을 너무 지나치게 어렵거나 불쾌하게 느끼고 있지는 않은가?	
이 일을 마치면 나 자신에게 줄 수 있는 보상은 무엇인가?	
이 일을 위한 시간과 공간을 계획합니다.	
실제 결과는 어떠했습니까?	

[양식 10.9] 긍정 심상을 사용하기 위한 지침

작성 방법: 신체적으로 괴로운 상황을 벗어나는 것은 자주 불가능합니다. 그러나 긍정 심상을 사용함으로써 정신적으로 이런 괴로운 상황에서 벗어나는 것이 가능합니다. 스스로를 편안하고 긍정적인 상황에 있는 것으로 상상함으로써 실제 이완을 경험할 수 있습니다. 시각화를 사용하는 것은 기술이라는 점을 염두에 두어야 합니다. 괴로운 상황에서 효과적으로 긍정 심상을 사용하기 위해서는 정기적으로 연습을 하는 것이 중요합니다.

어떻게?
– 안전하고 편안한 장소를 생생하게 떠올려봅니다. 숲속이 될 수도 있고 바닷가가 될 수도 있습니다. 당신이 경험해본 장소도 괜찮고, 전혀 가본 적이 없는 곳도 괜찮습니다.
– 가능한 자세하게 떠올리며, 가능한 많은 감각들을 통합합니다.
– 무엇을 듣고, 어떤 냄새가 나며, 어떤 것이 보이고, 느껴지고 맛볼 수 있습니까?
– 당신이 떠올린 장소에서 편안하게 휴식하고 있는 것을 상상합니다.
– 만약 이완하는 것이 힘들다면 스스로에게 다음과 같이 말합니다. "나는 긴장을 풀고 있는 중이다."
– 세부적인 요소들, 풍경, 냄새, 소리를 기억합니다.
– 당신은 당신이 원할 때마다 이곳으로 되돌아 올 수 있습니다.

[양식 10.10] 알렉산더 와식 기법에 대한 지침

1. 20분 정도 방해를 받지 않을 수 있는 편안하고 조용한 장소를 찾습니다. 연습하는 동안 매트나 담요 위에 누울 수 있습니다. 깨끗하고 스스로가 편안하게 느낄 수 있는 온도의 바닥 공간을 찾으면 됩니다. 등을 대고 누울 거라면, 매트를 펴고 몸을 충분히 누울 수 있게 만듭니다. 책이나 다른 물건들을 매트 위에 놓고 베개로 사용할 수도 있습니다.

2. 다리를 쭉 편 상태로 매트에 앉습니다. 이때 척추를 곧게 세워서 좌골이 몸을 편안하게 지탱할 수 있도록 합니다. 몸으로 들어오고 나가는 호흡의 흐름을 느끼면서 천천히 부드럽게 동작을 취합니다.

3. 무릎을 구부려서 무릎이 천장을 향하도록 합니다. 이때 당신의 발은 당신의 몸 앞에서 편안하게 바닥에 닿아 있으면 됩니다.

4. 숨을 내쉬면서 구부리고 있는 다리 쪽으로 기울입니다. 이때 당신의 정수리가 앞쪽으로 확장되는 것을 느낍니다. 당신의 팔은 편안한 자세로 당신의 어깨에 매달려 있으면 됩니다. 이 자세를 통해 당신의 척추가 부드럽고 천천히 늘어날 수 있도록 합니다.

5. 앉은 자세에서 뒤로 천천히 누우면서 당신의 척추를 뒤로 기울입니다. 이 동작은 부드럽고, 천천히 진행되어야 합니다. 만약 이 동작이 불편하게 느껴지거나 스트레스를 받는다면 손을 바닥에 대고 동작을 합니다. 그러면 눕는 동작을 수월하게 지탱할 수 있을 것입니다.

6. 머리가 편안하게 받쳐지도록 베고 있는 책이나 베개를 조정합니다. 책이나 배게는 당신의 목이 일자가 아니라 자연스럽게 곡선을 유지할 정도의 높이가 되어야 합니다. 이 동작 또한 부드럽게 진행해야 합니다.

7. 이제 당신은 머리와 목이 부드럽게 지지되는 채로 누워있을 것입니다. 등은 곧게 뻗어있습니다. 다리는 모아져 있고, 무릎은 굽힌 채로 당신의 발목, 엉덩이와 함께 삼각형을 이루고 있습니다. 신체의 모든 부위가 지지되어 있어야 합니다.

8. 이제 당신의 몸 옆에서 당신을 지탱하던 팔을 부드럽게 배 위로 가져온다. 손으로 들숨과 날숨을 자연스럽게 느낄 수 있습니다.

9. 다음 20분 동안, 당신의 목표는 할 수 있는 한 아무것도 하지 않는 것입니다. 눈을 감습니다. 지금 이 시간이 휴식과 편안함을 의식적으로 느낄 수 있는 시간임을 인지합니다. 숨을 들이마실 때마다 집중하면서 세포 하나하나가 살아있음을 느껴봅니다. 숨을 내쉴 때 몸에 있는 긴장(tension)과 주의(attention)가 흘러나가는 것을 느낍니다.

10. 숨을 마실 때 스스로 숨을 마시는 것을 자각하고, 숨을 내쉴 때 숨을 내쉰다는 것을 자각하면서 당신의 몸으로 들어오고 나가는 호흡의 흐름을 부드럽게 따라갑니다. 호흡의 고유한 리듬을 따라 가면서 느껴봅니다.

11. 매트에 당신의 몸의 무게가 지탱되는 것을 느껴봅니다. 숨을 내쉬면서 바닥으로 가라앉는다고 느 껴봅니다. 할 수 있는 만큼 숨을 충분히 내쉬면서 몸의 긴장을 풀어주고 신체 감각을 느껴봅니다.

12. 이 시간 동안 몸의 어느 부위에서건 불편함이 느껴지면 더 편안하게 느낄 수 있도록 자세를 조정 해 봅니다.

13. 당신의 몸이 확장되고, 이완되는 것을 느끼면서 당신의 몸이 지지되고 있는 것을 인식합니다.

14. 약 20분 동안 휴식을 취하면서 이 자세를 유지합니다.

15. 준비가 되면 몸을 좌우로 부드럽게 천천히 움직이면서 일어날 준비를 한다. 몇 분후에 몸의 왼편 에 손을 두고 상체를 천천히 지탱하면서 앉은 자세로 일어납니다.

16. 앉은 자세에서 천천히 일어납니다. 이때 당신이 누워있으며 받은 편안한 느낌과 휴식의 기분을 유지하도록 합니다.

참고문헌

Ainsworth, M. S., Blehar, M. C., Waters, E., & Wall, S. (1978). *Patterns of attachment: A psychological study of the strange situation*. Mahwah, NJ: Erlbaum.

Aldao, A., Nolen−Hoeksema, S., & Schweizer, S. (2010). Emotion−regulation strategies across psychopathology: A meta−analytic review. *Clinical Psychology Review, 30*(2), 217−237.

Aldwin, C. M. (2007). *Stress, coping, and development: An integrative perspective* (2nd ed.). New York: Guilford Press.

Alloy, L. B., Abramson, L. Y., Safford, S. M., & Gibb, B. E. (2006). The Cognitive Vulnerability to Depression (CVD) Project: Current findings and future directions. In L. B. Alloy & J. H. Riskind (Eds.), *Cognitive vulnerability to emotional disorders* (pp. 33−61). Mahwah, NJ: Erlbaum.

Alloy, L. B., Reilly−Harrington, N., Fresco, D. M., Whitehouse, W. G., & Zechmeister, J. S. (1999). Cognitive styles and life events in subsyndromal unipolar and bipolar disorders: Stability and prospective prediction of depressive and hypomanic mood swings. *Journal of Cognitive Psychotherapy, 13*, 21−40.

American Psychiatric Association. (2000). *Diagnostic and statistical manual of mental disorders* (4th ed., text rev.). Washington, DC: Author.

American Society for the Alexander Technique. (2006). *Professional training in the Alexander Technique: A guide to AmSAT teacher training*. Retrieved March 17, 2010, from/ www.alexandertech.org/training/TrainBroch.pdf.

Arntz, A., Bernstein, D., Oorschot, M., & Schobre, P. (2009). Theory of mind in borderline and cluster−C personality disorder. *Journal of Nervous and Mental Disease, 197*(11), 801−807.

Arntz, A., Rauner, M., & van den Hout, M. (1995). "If I feel anxious, there must be danger": Ex−consequentia reasoning in inferring danger in anxiety disorders. *Behaviour Research and Therapy, 33*(8), 917−925.

Baer, R. A. (2003). Mindfulness training as a clinical intervention: A conceptual and empirical review. *Clinical Psychology: Science and Practice, 10*(2), 125—143.

Bandura, A. (2003). Theoretical and empirical exploration of the similarities between emotional numbing in posttraumatic stress disorder and alexithymia. *Journal of Anxiety Disorders, 17*(3), 349—360.

Barkow, J. H., Cosmides, L., & Tooby, J. (Eds.). (1992). *The adapted mind: Evolutionary psychology and the generation of culture*. New York: Oxford University Press.

Barlow, D. H. (2002). *Anxiety and its disorders: The nature and treatment of anxiety and panic* (2nd ed.). New York: Guilford Press.

Barlow, D. H., Allen, L. B., & Choate, M. L. (2004). Toward a unified treatment for emotional disorders. *Behavior Therapy, 35*(2), 205—230.

Barlow, D. H., & Craske, M. G. (2006). *Mastery of your anxiety and panic: Patient workbook* (4th ed.). New York: Oxford University Press.

Baron—Cohen, S. (1991). The development of a theory of mind in autism: Deviance and delay? *Psychiatric Clinics of North America, 14*(1), 33—51.

Baron—Cohen, S., Scott, F. J., Allison, C., Williams, J., Bolton, P., Matthews, F. E., et al. (2009). Prevalence of autism—spectrum conditions: UK school—based population studies. *British Journal of Psychiatry, 194*(6), 500—509.

Batson, C. D., Shaw, L. L., & Oleson, K. C. (1992). Distinguishing affect, mood, and emotion: Toward functionally based conceptual distinctions. In M. S. Clark (Ed.), *Review of personality and social psychology* (pp. 294—326). Newbury Park, CA: Sage.

Beck, A. T. (1976). *Cognitive therapy and the emotional disorders*. New York: International Universities Press.

Beck, A. T. (1996). Beyond belief: A theory of modes, personality and psychopathology. In P. Salkovskis (Ed.), *Frontiers of cognitive therapy* (pp. 1—25). New York: Guilford Press.

Beck, A. T., Freeman, A., Davis, D., & Associates. (2004). *Cognitive therapy of personality disorders* (2nd ed.). New York: Guilford Press.

Beck, A. T., Rush, A. J., Shaw, B. F., & Emery, G. (1979). *Cognitive therapy of depression*. New York: Guilford Press.

Beck, J. S. (2011). *Cognitive therapy: Basics and beyond* (2nd ed.). New York: Guilford Press.

Belsky, J., & Pluess, M. (2009). Beyond diathesis stress: Differential susceptibility to environmental influences. *Psychological Bulletin, 135*(6), 885—908.

Bennett—Levy, J., Butler, G., Fennell, M., Hackmann, A., Mueller, M., & Westbrook, D. (Eds.). (2004). *Oxford guide to behavioural experiments in cognitive therapy*. Oxford, UK: Oxford University Press.

Berenbaum, H., & James, T. (1994). Correlates and retrospectively reported antecedents of alexithymia. *Psychosomatic Medicine, 56*(4), 353−359.

Bonanno, G. A., Keltner, D., Noll, J. G., Putnam, F. W., Trickett, P. K., LeJeune, J., et al. (2002). When the face reveals what words do not: Facial expressions of emotion, smiling, and the willingness to disclose childhood sexual abuse. *Journal of Personality and Social Psychology, 83*(1), 94−110.

Bond, F. W., & Bunce, D. (2000). Mediators of change in emotion−focused and problem−focused worksite stress management interventions. *Journal of Occupational Health Psychology, 5,* 156−163.

Borkovec, T. D., Alcaine, O. M., & Behar, E. (2004). Avoidance theory of worry and generalized anxiety disorder. In R. G. Heimberg, C. L. Turk, & D. S. Mennin (Eds.), *Generalized anxiety disorder: Advances in research and practice* (pp. 77−108). New York: Guilford Press.

Bower, G. H. (1981). Mood and memory. *American Psychologist, 36*(2), 129−148.

Bower, G. H., & Forgas, J. P. (2000). Affect, memory, and social cognition. In E. Eich, J. F. Kihlstrom, G. H.

Bower, J. P. Forgas, & P. M. Niedenthal (Eds.), *Cognition and emotion* (pp. 87−168). New York: Oxford University Press.

Bowlby, J. (1968). *Attachment and loss: Vol. I. Attachment.* London: Hogarth.

Bowlby, J. (1973). *Attachment and loss: Vol. II. Separation.* London: Hogarth.

Brown, K. W., & Ryan, R. M. (2003). The benefits of being present: Mindfulness and its role in psychological well−being. *Journal of Personality and Social Psychology, 84,* 822−848. Buckholdt, K. E., Parra, G. R., & Jobe−Shields, L. (2009). Emotion regulation as a mediator of the relation between emotion socialization and deliberate self−harm. American *Journal of Orthopsychiatry, 79*(4), 482−490.

Butler, A., Chapman, J. M., Forman, E. M., & Beck, A. T. (2006). The empirical status of cognitive−behavioral therapy: A review of meta−analyses. *Clinical Psychology Review, 26*(1), 17−31.

Butler, E. A., Egloff, B., Wilhelm, F. H., Smith, N. C., Erickson, E. A., & Gross, J. J. (2003). The social consequences of expressive suppression. *Emotion, 3*(1), 48−67.

Campbell−Sills, L., Barlow, D. H., Brown, T. A., & Hofmann, S. G. (2006). Acceptability and suppression of negative emotion in anxiety and mood disorders. *Emotion, 6*(4), 587−595.

Carver, C. S., & Scheier, M. (1998). *On the self−regulation of behavior.* Cambridge, UK: Cambridge University Press.

Carver, C. S., & Scheier, M. F. (2009). Action, affect, and two-mode models of functioning. In E. Morsella, J. A. Bargh, & P. M. Gollwitzer (Eds.), *Oxford handbook of human action. Social cognition and social neuroscience* (pp. 298–327). New York: Oxford University Press.

Caspi, A., Moffitt, T. E., Morgan, J., Rutter, M., Taylor, A., Arseneault, L., et al. (2004). Maternal expressed emotion predicts children's antisocial behavior problems: Using monozygotic-twin differences to identify environmental effects on behavioral development. *Developmental Psychology, 40*(2), 149–161.

Cassidy, J. (1995). Attachment and generalized anxiety disorder. In D. Cicchetti & S. L. Toth (Eds.), *Rochester symposium on developmental psychopathology: Vol. 6. Emotion, cognition, and representation*(pp. 343–370). Rochester, NY: University of Rochester Press.

Chapman, A. L., Rosenthal, M. Z., & Leung, D. W. (2009). Emotion suppression in borderline personality disorder: An experience sampling study. *Journal of Personality Disorders, 23*(1), 29–47.

Ciarrochi, J. V., & Bailey, A. (2009). *A CBT practitioner's guide to ACT: How to bridge the gap between cognitive behavioral therapy and acceptance and commitment therapy.* New York: New Harbinger.

Ciarrochi, J. V., Forgas, J., & Mayer, J. (2006). *Emotional intelligence in everyday life: A scientific inquiry* (2nded.). New York: Psychology Press/Taylor & Francis.

Ciarrochi, J. V., & Mayer, J. D. (2007). The key ingredients of emotional intelligence interventions: Similarities and differences. In J. V. Ciarrochi & J. D. Mayer (Eds.), *Applying emotional intelligence: A practitioner's guide* (pp. 144–156). New York: Psychology Press.

Clark, D. A. (2002). Unwanted mental intrusions in clinical disorders: An introduction. *Journal of Cognitive Psychotherapy, 16*(2), 123–126.

Clark, D. A., & Beck, A. T. (2009). *Cognitive therapy of anxiety disorders: Science and practice.* New York: Guilford Press.

Clark, D. A., Beck, A. T., & Alford, B. A. (1999). *Scientific foundations of cognitive theory and therapy of depression.* New York: Wiley.

Clark, D. M. (1986). A cognitive approach to panic. *Behaviour Research and Therapy, 24*(4), 461–470.

Clarkin, J., Yeomans, F. E., & Kernberg, O. F. (2006). *Psychotherapy for borderline personality: Focusing on object relations* Washington, DC: American Psychiatric Press.

Cloitre, M., Cohen, L. R., & Koenen, K. C. (2006). *Treating survivors of childhood abuse:*

Psychotherapy for the interrupted life. New York: Guilford Press.

Cohn, M. A., & Fredrickson, B. L. (2009). Positive emotions. In S. J. Lopez & C. R. Snyder (Eds.), *Oxford handbook of positive psychology* (2nd ed., pp. 13−24). New York: Oxford University Press.

Corcoran, R., Rowse, G., Moore, R., Blackwood, N., Kinderman, P., Howard, R., et al. (2008). A transdiagnostic investigation of 'theory of mind' and 'jumping to conclusions' in patients with persecutory delusions. *Psychological Medicine, 38*(11), 1577−1583.

Cribb, G., Moulds, M. L., & Carter, S. (2006). Rumination and experiential avoidance in depression. *Behaviour Change, 23*(3), 165−176.

Cuijpers, P., van Straten, A., & Warmerdam, L. (2007). Behavioral activation treatments of depression: A meta−analysis.

Clinical Psychology Review, 27(3), 318−326.

Culhane, S. E., & Watson, P. J. (2003). Alexithymia, irrational beliefs, and the rational−emotive explanation of emotional disturbance. Journal of *Rational−Emotive and Cognitive Behavior Therapy, 21*(1), 57−72.

Dalgleish, T., Yiend, J., Schweizer, S., & Dunn, B. D. (2009). Ironic effects of emotion suppression when recounting distressing memories. *Emotion, 9*(5), 744−749.

Damasio, A. (2005). *Descartes' error: Emotion, reason, and the human brain*. New York: Penguin.

Darwin, C. (1965). *The expression of the emotions in man and animals*. Chicago: University of Chicago Press.(Original work published 1872)

Davidson, R. J. (2000). Affective style, psychopathology, and resilience: Brain mechanisms and plasticity. *American Psychologist, 55*, 1196−1214.

Davidson, R. J., Fox, A., & Kalin, N. H. (2007). Neural bases of emotion regulation in nonhuman primates and humans. In J. J. Gross (Ed.), H*andbook of emotion regulation* (pp. 47−68). New York: Guilford Press.

Depue, R., & Morrone−Strupinsky, J. V. (2005). A neurobehavioral model of affiliative bonding: Implications for conceptualizing a human trait of affiliation. *Behavioral and Brain Sciences, 28*(3), 313−395.

DeRubeis, R. J., & Feeley, M. (1990). Determinants of change in cognitive therapy for depression. *Cognitive Therapy and Research, 14*(5), 469−482.

DeWaal, F. (2009). *The age of empathy: Nature's lessons for a kinder society*. New York: Harmony.

DiGiuseppe, R., & Tafrate, R. C. (2007). *Understanding anger disorders*. New York: Oxford

University Press.

Dugas, M. J., Buhr, K., & Ladouceur, R. (2004). The role of intolerance of uncertainty in etiology and maintenance. In R. G. Heimberg, C. L. Turk, & D. S. Mennin (Eds.), *Generalized anxiety disorder: Advances in research and practice* (pp. 143−163). New York: Guilford Press.

Dugas, M. J., & Robichaud, M. (2007). *Cognitive−behavioral treatment for generalized anxiety disorder: From science to practice.* New York: Routledge.

Dunn, B. D., Billotti, D., Murphy, V., & Dalgleish, T. (2009). The consequences of effortful emotion regulation when processing distressing material: A comparison of suppression and acceptance. *Behaviour Research and Therapy, 47*(9), 761−773.

Eibl−Eibesfeldt, I. (1975). *Ethology, the biology of behavior* (2d ed.). New York: Holt, Rinehart & Winston.

Eisenberg, N., & Fabes, R. A. (1994). Mothers' reactions to children's negative emotions: Relations to children's temperament and anger behavior. *Merrill−Palmer Quarterly, 40*(1), 138−156.

Eisenberg, N., Gershoff, E. T., Fabes, R. A., Shepard, S. A., Cumberland, A. J., Losoya, S. H., et al. (2001). Mother's emotional expressivity and children's behavior problems and social competence: Mediation through children's regulation. *Developmental Psychology, 37*(4), 475−490.

Eisenberg, N., Liew, J., & Pidada, S. U. (2001). The relations of parental emotional expressivity with quality of Indonesian children's social functioning. Emotion, 1(2), 116−136.

Eizaguirre, A. E., Saenz de Cabezon, A. O., Alda, I. O. d., Olariaga, L. J., & Juaniz, M. (2004). Alexithymia and its relationships with anxiety and depression in eating disorders. *Personality and Individual Differences, 36*(2), 321−331.

Ekman, P. (1993). Facial expression and emotion. American Psychologist, 48, 384−392.

Ekman, P., & Davidson, R. J. (1994). *The nature of emotion: Fundamental questions.* New York: Oxford University Press.

Eliot, R., Watson, J. C., Goldman, R. N., & Greenberg, L. S. (2003). *Learning emotion focused therapy.* Washington, DC: American Psychological Association.

Ellis, A. (1962). *Reason and emotion in psychotherapy.* Secaucus, NJ: Citadel Press.

Ellis, A., & MacLaren, C. (1998). *Rational emotive behavior therapy: A therapist's guide.* San Luis Obispo, CA: Impact.

Fairburn, C. G., Cooper, Z., Doll, H. A., O'Connor, M. E., Bohn, K., Hawker, D. M., et al. (2009). Transdiagnostic cognitive−behavioral therapy for patients with eating disorders: A two−site trial with 60−week follow−up. *American Journal of*

Psychiatry, 166(3), 311−319.

Fairburn, C. G., Cooper, Z., & Shafran, R. (2003). Cognitive behaviour therapy for eating disorders: A "transdiagnostic" theory and treatment. *Behavior Research and Therapy, 41*(5), 509−528.

Farb, N. A. S., Segal, Z., Mayberg, V., Bean, H. J., McKeon, D., & Fatima, Z. (2007). Attending to the present: Mindfulness meditation reveals distinct neural modes of self−reference. *Social Cognitive and Affective Neuroscience, 2*(4), 313−322.

Flavell, J. H. (2004). Theory−of−mind development: Retrospect and prospect. *Merrill−Palmer Quarterly, 50*(3), 274−290.

Foa, E. B., & Kozak, M. J. (1986). Emotional processing of fear: Exposure to corrective information. *Psychological Bulletin, 99*, 20−35.

Folkman, S., & Lazarus, R. S. (1988). Coping as a mediator of emotion. Journal of *Personality and Social Psychology, 54*(3), 466−475.

Fonagy, P. (2000). Attachment and borderline personality disorder. *Journal of the American Psychoanalytic Association, 48*(4), 1129−1146; discussion, 1175−1187.

Fonagy, P. (2002). *Affect regulation, mentalization, and the development of the self.* New York: Other Press.

Fonagy, P., & Target, M. (1996). Playing with reality: I. Theory of mind and the normal development of psychic reality. *International Journal of Psychoanalysis, 77*(Pt. 2), 217−233.

Fonagy, P., & Target, M. (2007). The rooting of the mind in the body: New links between attachment theory and psychoanalytic thought. *Journal of the American Psychoanalytic Association, 55*(2), 411−456.

Forgas, J. P. (1995). Mood and judgment: The affect infusion model (AIM). *Psychological Bulletin, 117*(1), 39−66.

Forgas, J. P. (2000). Feeling is believing? The role of processing strategies in mediating affective influences on beliefs. In N. H. Frijda, A. S. R. Manstead, & S. Bem (Eds.), *Emotions and belief: How feelings influence thoughts* (pp. 108−143). New York: Cambridge University Press.

Forgas, J. P., & Bower, G. H. (1987). Mood effects on person−perception judgments. *Journal Of Personality and Social Psychology, 53*(1), 53−60.

Forgas, J. P., & Locke, J. (2005). Affective influences on causal inferences: The effects of mood on attributions for positive and negative interpersonal episodes. *Cognition and Emotion, 19*(7), 1071−1081.

Forman, E. M., Herbert, J. D., Moitra, E., Yeomans, P. D., & Geller, P. A. (2007). A randomized controlled effectiveness trial of acceptance and commitment therapy and cognitive therapy for anxiety and depression. *Behavior Modification, 31*(6), 772−799.

Fox, N. A. (1995). Of the way we were: Adult memories about attachment experiences and their role in determining infant−parent relationships: A commentary on van IJzendoorn (1995). *Psychological Bulletin, 117*(3), 404−410.

Fraley, R. C. (2002). Attachment stability from infancy to adulthood: Meta−analysis

and dynamic modeling of developmental mechanisms. *Personality and Social Psychology Review, 6*(2), 123−151.

Fraley, R. C., Fazzari, D. A., Bonanno, G. A., & Dekel, S. (2006). Attachment and psychological adaptation in high exposure survivors of the September 11th attack on the World Trade Center. *Personality and Social Psychology Bulletin, 32*(4), 538−551.

Fredrickson, B. L., & Branigan, C. (2005). Positive emotions broaden the scope of attention and thought−action repertoires. *Cognition and Emotion, 19*(3), 313−332.

Fredrickson, B. L., & Losada, M. F. (2005). Positive affect and the complex dynamics of human flourishing. *American Psychologist, 60*(7), 678−686.

Freeston, M. H., Ladouceur, R., Gagnon, F., Thibodeau, N., Rheaume, J., Letarte, H., et al. (1997). Cognitive−behavioral treatment of obsessive thoughts: A controlled study. *Journal of Consulting and Clinical Psychology, 65*, 405−413.

Germer, C. K., Seigel, R. D., & Fulton, P. R. (Eds.). (2005). *Mindfulness and psychotherapy.* New York: Guilford Press.

Gevirtz, R. N. (2007). Psychophysiological perspectives on stress−related and anxiety disorders. In P. M. Lehrer, R. L. Woolfolk, & W. E. Sime (Eds.), *Principles and practice of stress management* (3rd ed., pp. 209−226). New York: Guilford Press.

Gigerenzer, G. (2007). *Gut feelings: The intelligence of the unconscious.* New York: Viking.

Gigerenzer, G., Hoffrage, U., & Goldstein, D. G. (2008). Fast and frugal heuristics are plausible models of cognition: Reply to Dougherty, Franco−Watkins, and Thomas (2008). *Psychological Review, 115*(1), 230−239.

Gilbert, P. (2007). Evolved minds and compassion in the therapeutic relationship. In P. Gilbert & R. L. Leahy(Eds.), *The therapeutic relationship in the cognitive behavioral psychotherapies* (pp. 106−142). New York: Routledge.

Gilbert, P. (2009). *The compassionate mind.* London: Constable.

Gilbert, P. (2010). *Compassion focused therapy: Distinctive features.* London: Routledge.

Gilbert, P., & Irons, C. (2005). Focused therapies and compassionate mind training for shame and self−attacking. In P. Gilbert (Ed.), *Compassion: Conceptualisations, research and use in psychotherapy* (pp. 263−326). New York: Routledge.

Gilbert, P., & Leahy, R. L. (2007). *The therapeutic relationship in the cognitive behavioral psychotherapies.* New York: Routledge.

Gilbert, P., & Tirch, D. (2007). Emotional memory, mindfulness, and compassion. In F. Didonna (Ed.), *Clinical handbook of mindfulness* (pp. 99−110). New York: Springer.

Goleman, D. (1995). *Emotional intelligence.* New York: Bantam Books.

Gortner, E. M., Rude, S. S., & Pennebaker, J. W. (2006). Benefits of expressive writing in lowering rumination and depressive symptoms. *Behavior Therapist, 37*(3), 292−303.

Gottman, J. M. (1997). *The heart of parenting: How to raise an emotionally intelligent child.* New York: Simon & Schuster.

Gottman, J. M., Katz, L. F., & Hooven, C. (1996). Parental meta−emotion philosophy and the emotional life of families: Theoretical models and preliminary data. *Journal of Family Psychology, 10*(3), 243−268.

Gottman, J. M., Katz, L. F., & Hooven, C. (1997). *Meta−emotion: How families communicate emotionally.* Mahwah, NJ: Erlbaum.

Gratz, K., Rosenthal, M., Tull, M., Lejuez, C., & Gunderson, J. (2006). An experimental investigation of emotion dysregulation in borderline personality disorder. Journal of *Abnormal Psychology, 115,* 850−855.

Gray, J. A. (2004). *Consciousness: Creeping up on the hard problem.* Oxford, UK: Oxford University Press.

Greenberg, L. S. (2002). E*motion−focused therapy: Coaching clients to work through their feelings.* Washington, DC: American Psychological Association.

Greenberg, L. S. (2007). Emotion in the therapeutic relationship in emotion−focused therapy. In P. L. Gilbert &R. L. Leahy (Ed.), *The therapeutic relationship in the cognitive behavioral psychotherapies* (pp. 43−62). New York: Routledge.

Greenberg, L. S., & Paivio, S. C. (1997). *Working with emotions in psychotherapy.* New York: Guilford Press.

Greenberg, L. S., & Safran, J. D. (1987). *Emotion in psychotherapy: Affect, cognition, and the process of change.* New York: Guilford Press.

Greenberg, L. S., & Safran, J. D. (1990). Emotional−change processes in psychotherapy. In R. Plutchik & H. *psychotherapy* (pp. 59−85). San Diego, CA: Academic Press.

Greenberg, L. S., & Watson, J. C. (2005). *Emotion−focused therapy for depression* (1st ed.). Washington, DC: American Psychological Association.

Grewal, D., Brackett, M., & Salovey, P. (2006). Emotional intelligence and the self−regulation of affect. In D. K. Snyder, J. Simpson, & J. N. Hughes (Eds.), *Emotion regulation in couples and families: Pathways to dysfunction and health* (pp. 37–55). Washington, DC: American Psychological Association.

Grilo, C. M., Walker, M. L., Becker, D. F., Edell, W. S., & McGlashan, T. H. (1997). Personality disorders in adolescents with major depression, substance use disorders, and coexisting major depression and substance use disorders. *Journal of Consulting and Clinical Psychology*, 65, 328–332.

Gross, J. J. (1998a). Antecedent– and response–focused emotion regulation: Divergent consequences for experience, expression, and physiology. *Journal of Personality and Social Psychology*, 74, 224–237.

Gross, J. J. (1998b). The emerging field of emotion regulation: An integrative review. *Review of General Psychology*, 2(3), 271–299.

Gross, J. J., & John, O. P. (2003). Individual differences in two emotion regulation processes: Implications for affect, relationships, and well–being. *Journal of Personality and Social Psychology*, 85(2), 348–362.

Gross, J. J., & Thompson, R. A. (2007). Emotion regulation: Conceptual foundations. In J. Gross (Ed.), *Handbook of emotion regulation* (pp. 3–24). New York: Guilford Press.

Guidano, V. F., & Liotti, G. (1983). *Cognitive processes and the emotional disorders*. New York: Guilford Press.

Gupta, S., Zachary Rosenthal, M., Mancini, A. D., Cheavens, J. S., & Lynch, T. R. (2008). Emotion regulation skills mediate the effects of shame on eating disorder symptoms in women. *Eating Disorders*, 16(5), 405–417.

Haidt, J. (2001). The emotional dog and its rational tail: A social intuitionist approach to moral judgment. *Psychological Review*, 108, 814–834.

Hanh, T. N. (1992). P*eace is every step: The path of mindfulness in everyday life*. New York: Bantam Books.

Harvey, A., Watkins, E., Mansell, W., & Shafran, R. (2004). *Cognitive behavioural processes across psychological disorders: A transdiagnostic approach to research and treatment*. Oxford, UK: Oxford University Press.

Hayes, S. C., Barnes–Holmes, D., & Roche, B. (Eds.). (2001). *Relational frame theory: A post–Skinnerian account of human language and cognition*. New York: Plenum Press.

Hayes, S. C., Luoma, J. B., Bond, F. W., Masuda, A., & Lillis, J. (2006). Acceptance and commitment therapy: Model, processes and outcomes. *Behaviour Research and Therapy*, 44(1), 1–25.

Hayes, S. C., & Smith, S. (2005). *Get out of your mind and into your life*. Oakland, CA: New Harbinger.

Hayes, S. C., & Strosahl, K. D. (Eds.). (2004). *A practical guide to acceptance and commitment therapy*. New York: Springer−Verlag.

Hayes, S. C., Strosahl, K. D., & Wilson, K. G. (1999). *Acceptance and commitment therapy: An experiential approach to behavior change*. New York: Guilford Press.

Hayes, S. C., Strosahl, K. D., Wilson, K. G., Bissett, R. T., Pistorello, J., Toarmino, D., et al. (2004). Measuring experiential avoidance: A preliminary test of a working model. *The Psychological Record*, 54, 553−578.

Hayes, S. C., Wilson, K. G., Gifford, E. V., Follette, V. M., & Strosahl, K. (1996). Experiential avoidance and behavioral disorders: A functional approach to diagnosis and treatment. *Journal of Consulting and Clinical Psychology*, 64, 1152−1168.

Hofmann, S., Sawyer, A., Witt, A., & Oh, D. (2010). The effect of mindfulness−based therapy on anxiety and depression: A meta−analytic review. *Journal of Consulting and Clinical Psychology*, 78(10), 169−183.

Hofmann, S. G., Schulz, S. M., Meuret, A. E., Suvak, M., & Moscovitch, D. A. (2006). Sudden gains during therapy of social phobia. *Journal of Consulting and Clinical Psychology*, 74(4), 687−697.

Holmes, E. A., & Hackmann, A. (Eds.). (2004). *Mental imagery and memory in psychopathology* (Special Edition: Memory, Vol. 12, No. 4). Hove, UK: Psychology Press.

Ingram, R. E., Miranda, J., & Segal, Z. V. (1998). *Cognitive vulnerability to depression*. New York: Guilford Press.

Isley, S. L., O'Neil, R., Clatfelter, D., & Parke, R. D. (1999). Parent and child expressed affect and children's social competence: Modeling direct and indirect pathways. *Developmental Psychology*, 35(2), 547−560.

Izard, C. E. (1971). *The face of emotion*. New York: Appleton−Century−Crofts. Izard, C. E. (2007). Basic emotions, natural kinds, emotion schemas, and a new paradigm. *Perspectives on Psychological Science*, 2(3), 260−280.

Jacobson, E. (1942). *You must relax: A practical method of reducing the strains of modern living* (rev. ed.). Oxford, UK: Whittlesey House, McGraw−Hill.

Jacobson, N. S., & Margolin, G. (1979). *Marital therapy: Strategies based on social learning and behavior exchange principles*. New York: Brunner−Routledge.

Joiner, T. E., Jr., Brown, J. S., & Kistner, J. (Eds.). (2006). *The interpersonal, cognitive, and social nature of depression*. Mahwah, NJ: Erlbaum.

Joiner, T. E., Jr., Van Orden, K. A., Witte, T. K., & Rudd, M. D. (2009). *The interpersonal theory of suicide: Guidance for working with suicidal clients.* Washington, DC: American Psychological Association.

Jones, F. P. (1997). *Freedom to change: The development and science of the Alexander Technique.* London: Mouritz.

Kabat—Zinn, J. (1990). *Full catastrophe living: The program of the stress reduction clinic at the University of Massachusetts Medical Center.* New York: Delta.

Kabat—Zinn, J. (1994). *Wherever you go there you are.* New York: Hyperion.

Kabat—Zinn, J. (2009). Foreword. In F. Didonna (Ed.), *Clinical handbook of mindfulness* (pp. xxv—xxxiii). New York: Springer.

Kamalashila. (1992). *Meditation: The Buddhist way of tranquility and insight.* Birmingham, UK: Windhorse.

Keltner, D., Horberg, E. J., & Oveis, C. (2006). Emotions as moral intuitions. In J. P. Forgas (Ed.), *Affect in social thinking and behavior* (pp. 161—175). New York: Psychology Press.

Klonsky, E. D. (2007). The functions of deliberate self—injury: A review of the evidence. *Clinical Psychology Review, 27*(2), 226—239.

Kohut, H. (1977). *The restoration of the self.* New York: International Universities Press.

Kornfield, J. (1993). *A path with heart.* New York: Bantam.

Kring, A. M., & Sloan, D. M. (Eds.). (2010). *Emotion regulation and psychopathology: A transdiagnostic approach to etiology and treatment.* New York: Guilford Press.

Kunreuther, H., Slovic, P., Gowda, R., & Fox, J. C. (Eds.). (2002). *The affect heuristic: Implications for understanding and managing risk—induced stigma. Judgments, decisions, and public policy.* New York: Cambridge University Press.

Lazarus, R. S. (1982). Thoughts on the relations between emotion and cognition. *American Psychologist, 37*(9), 1019—1024.

Lazarus, R. S. (1991). Cognition and motivation in emotion. *American Psychologist, 46*(4), 352—367.

Lazarus, R. S. (1999). *Stress and emotion: A new synthesis.* New York: Springer.

Lazarus, R. S., & Folkman, S. (1984). *Stress, appraisal, and coping.* New York: Springer.

Leahy, R. L. (2001). *Overcoming resistance in cognitive therapy.* New York: Guilford Press.

Leahy, R. L. (2002). A model of emotional schemas. *Cognitive and Behavioral Practice, 9*(3), 177—190.

Leahy, R. L. (2003a). *Cognitive therapy techniques: A practitioner's guide.* New York: Guilford Press.

Leahy, R. L. (2003b). Emotional schemas and resistance. In R. L. Leahy (Ed.), *Roadblocks in cognitive−behavioral therapy: Transforming challenges into opportunities for change* (pp. 91−115). New York: Guilford Press.

Leahy, R. L. (2005a). A social−cognitive model of validation. In P. Gilbert (Ed.), *Compassion: Conceptualisations, research, and use in psychotherapy* (pp. 195−217). London: Routledge.

Leahy, R. L. (2005b). *The worry cure: Seven steps to stop worry from stopping you.* New York: Crown.

Leahy, R. L. (2007a). Emotion and psychotherapy. *Clinical Psychology: Science and Practice, 14(4),* 353−357.

Leahy, R. L. (2007b). Emotional schemas and resistance to change in anxiety disorders. *Cognitive and Behavioral Practice,* 14(1), 36−45.

Leahy, R. L. (2009). Resistance: An emotional schema therapy (EST) approach. In G. Simos (Ed.), *Cognitive behavior therapy: A guide for the practicing clinician* (Vol. 2, pp. 187−204). London: Routledge.

Leahy, R. L. (2010). *Beat the blues before they beat you: Depression free.* New York: Hay House.

Leahy, R. L., Beck, J., & Beck, A. T. (2005). Cognitive therapy for the personality disorders. In S. Strack (Ed.), *Handbook of personology and psychopathology* (pp. 442−461). Hoboken, NJ: Wiley.

Leahy, R. L., & Holland, S. J. (2000). *Treatment plans and interventions for depression and anxiety disorders.* New York: Guilford Press.

Leahy, R. L., & Kaplan, D. (2004, November). *Emotional schemas and relationship adjustment.* Paper presented at the meeting of the Association for Advancement of Behavior Therapy, New Orleans, LA.

Leahy, R. L., & Napolitano, L. A. (2005, November). *What are the emotional schema predictors of personality disorders?* Paper presented at the meeting of the Association for Behavioral and Cognitive Therapies, Washington, DC.

Leahy, R. L., & Napolitano, L. A. (2006). *Do metacognitive beliefs about worry differ across the personality disorders?* Paper presented at the meeting of the Anxiety Disorders Association of America, Miami, FL.

LeDoux, J. E. (1996). *The emotional brain: The mysterious underpinnings of emotional life.* New York: Simon & Schuster.

LeDoux, J. E. (2000). Emotion circuits in the brain. *Annual Review of Neuroscience, 23,* 155−184.

LeDoux, J. E. (2003). The emotional brain, fear, and the amygdala. *Cellular and Molecular*

Neurobiology, 23(4-5), 727-738.

Linehan, M. M. (1993a). *Cognitive-behavioral treatment of borderline personality disorder.* New York: Guilford Press.

Linehan, M. M. (1993b). *Skills training manual for treating borderline personality disorder.* New York: Guilford Press.

Linehan, M. M., Bohus, M., & Lynch, T. R. (2007). Dialectical behavior therapy for pervasive emotion dysregulation: Theoretical and practical underpinnings. In J. Gross (Ed.), *Handbook of emotion regulation*(pp. 581-605). New York: Guilford Press.

Little, P., Lewith, G., Webley, F., Evans, M., Beattie, A., Middleton, K., et al. (2008). Randomised controlled trial of Alexander Technique lessons, exercise, and massage (ATEAM) for chronic and recurrent back pain. *British Medical Journal, 337*, 438-452.

Lundh, L.-G., Johnsson, A., Sundqvist, K., & Olsson, H. (2002). Alexithymia, memory of emotion, emotional awareness, and perfectionism. *Emotion, 2*(4), 361-379.

Luoma, J. B., Hayes, S. C., & Walser, R. (2007). *Learning ACT: An acceptance and commitment therapy skills-training manual for therapists.* Oakland, CA: New Harbinger.

Lutz, A., Brefczynski-Lewis, J., Johnstone, T., & Davidson, R. J. (2008). Regulation of the neural circuitry of emotion by compassion meditation: Effects of meditative expertise. *PLoS ONE, 3*(3), e1897.

Lynch, T. R., Chapman, A., Rosenthal, M. Z., Kuo, J. R., & Linehan, M. M. (2006). Mechanisms of change in dialectical behavior therapy: Theoretical and empirical observations. *Journal of Consulting and Clinical Psychology, 62*(4), 459-480.

Mahoney, M. J. (2003). *Constructive psychotherapy: A practical guide.* New York: Guilford Press.

Main, M., Kaplan, N., & Cassidy, J. (1985). Security in infancy, childhood, and adulthood: A move to the level of representation. In I. Bretherton & E. Waters (Eds.), Growing points of attachment theory and research. *Monographs of the Society for Research in Child Development, 50*(1-2, Serial No. 209), 66-104.

Marks, I. M. (1987). *Fears, phobias, and rituals: Panic, anxiety, and their disorders.* New York: Oxford University Press.

Martell, C. R., Addis, M. E., & Jacobson, N. S. (2001). *Depression in context: Strategies for guided action.* New York: Norton.

Martell, C. R., Dimidjian, S., & Herman-Dunn, R. (2010). *Behavioral activation for depression: A clinician's guide.* New York: Guilford Press.

Mathews, G., Zeidner, M., & Roberts, R. D. (2002). *Emotional intelligence: Science and myth.* Cambridge, MA: MIT Press.

Matthews, K. A., Woodall, K. L., Kenyon, K., & Jacob, T. (1996). Negative family environment as a predictor of boys' future status on measures of hostile attitudes, interview behavior, and anger expression. *Health Psychology*, 15(1), 30−37.

Mayer, J. D., & Salovey, P. (1997). What is emotional intelligence? In P. Salovey & D. J. Sluyter (Eds.), *Emotional development and emotional intelligence: Educational implications* (pp. 3−31). New York: Basic Books.

Mayer, J. D., Salovey, P., & Caruso, D. R. (2000). Models of emotional intelligence. In R. J. Sternberg (Ed.), *Handbook of human intelligence* (2nd ed., pp. 396−420). New York: Cambridge University Press.

Mayer, J. D., Salovey, P., & Caruso, D. R. (2004). Emotional intelligence: Theory, findings, and implications. *Psychological Inquiry, 15*(3), 197−215.

Mennin, D., Heimberg, R., Turk, C., & Fresco, D. (2002). Applying an emotion regulation framework to integrative approaches to generalized anxiety disorder. *Clinical Psychology: Science and Practice, 9*, 85−90.

Mennin, D. S., Turk, C. L., Heimberg, R. G., & Carmin, C. N. (2004). Regulation of emotion in generalized anxiety disorder. In M. A. Reinecke & D. A. Clark (Eds.), *Cognitive therapy over the lifespan: Evidence and practice* (pp. 60−89). New York: Guilford Press.

Miranda, J., Gross, J. J., Persons, J. B., & Hahn, J. (1998). Mood matters: Negative mood induction activates dysfunctional attitudes in women vulnerable to depression. *Cognitive Therapy and Research, 22*(4), 363−376.

Miranda, J., & Persons, J. B. (1988). Dysfunctional attitudes are mood−state dependent. *Journal of Abnormal Psychology*, 97(1), 76−79.

Mischel, W. (2001). Toward a cumulative science of persons: Past, present, and prospects. In W. T. O'Donohue, D. A. Henderson, S. C. Hayes, J. E. Fisher, & L. J. Hayes (Eds.), *A history of the behavioral therapies: Founders' personal histories* (pp. 233−251). Reno, NV: Context Press.

Mischel, W., & Shoda, Y. (2010). The situated person. In B. Mesquita, L. F. Barrett, & E. R. Smith (Eds.), *The mind in context* (pp. 149−173). New York: Guilford Press.

Monson, C. M., Price, J. L., Rodriguez, B. F., Ripley, M. P., & Warner, R. A. (2004). Emotional deficits in military−related PTSD: An investigation of content and process disturbances. *Journal of Traumatic Stress*, 17(3), 275−279.

Mowrer, O. H. (1939). A stimulus−response analysis of anxiety and its role as a reinforcing agent. *Psychological Review*, 46, 553−565.

Napolitano, L., & McKay, D. (2005). Dichotomous thinking in borderline personality disorder.

Cognitive Therapy and Research, 31(6), 717−726.

Neff, K. D. (2003). Development and validation of a scale to measure self−compassion. *Self and Identity, 2,* 223−250.

Neff, K. D. (2009). Self−compassion. In M. R. Leary & R. H. Hoyle (Eds.), *Handbook of individual differences in social behavior* (pp. 561−573). New York: Guilford Press.

Neff, K. D., Kirkpatrick, K., & Rude, S. S. (2007). Self−compassion and its link to adaptive psychological functioning. *Journal of Research in Personality, 41,* 139−154.

Neff, K. D., Rude, S. S., & Kirkpatrick, K. (2007). An examination of self−compassion in relation to positive psychological functioning and personality traits. *Journal of Research in Personality, 41,* 908−916.

Nesse, R. M. (2000). Is depression an adaptation? *Archives of General Psychiatry, 57,* 14−20.

Nesse, R. M., & Ellsworth, P. C. (2009). Evolution, emotions, and emotional disorders. *American Psychologist, 64*(2), 129−139.

Nock, M. K. (2008). Actions speak louder than words: An elaborated theoretical model of the social functions of self−injury and other harmful behaviors. *Applied and Preventive Psychology, 12*(4), 159−168.

Nolen−Hoeksema, S. (2000). The role of rumination in depressive disorders and mixed anxiety/depressive symptoms. *Journal of Abnormal Psychology, 109,* 504−511.

Nolen−Hoeksema, S., Stice, E., Wade, E., & Bohon, C. (2007). Reciprocal relations between rumination and bulimic, substance abuse, and depressive symptoms in female adolescents. *Journal of Abnormal Psychology, 116*(1), 198−207.

Novaco, R. W. (1975). *Anger control: The development and evaluation of an experimental treatment.* Oxford, UK: Lexington.

Ochsner, K. N., & Feldman Barrett, L. (2001). A multiprocess perspective on the neuroscience of emotion. In T. J. Mayne & G. A. Bonnano (Eds.), *Emotion: Current issues and future directions* (pp. 38−81). New York: Guilford Press.

Ochsner, K. N., & Gross, J. J. (2005). The cognitive control of emotion. *Trends in Cognitive Sciences, 9*(5), 242−249.

Ochsner, K. N., & Gross, J. J. (2007). The neural architecture of emotion regulation. In J. J. Gross (Ed.), *Handbook of emotion regulation* (pp. 87−109). New York: Guilford Press. Paxton, S. J., & Diggens, J. (1997). Avoidance coping, binge eating, and depression: An examination of the escape theory of binge eating. International *Journal of Eating Disorders, 22,* 83−87.

Pennebaker, J. W. (1997). Writing about emotional experiences as a therapeutic process. *Psychological Science, 8,* 162−166.

Pennebaker, J. W., & Francis, M. E. (1996). Cognitive, emotional, and language processes in disclosure. *Cognition and Emotion, 10,* 601−626.

Pennebaker, J. W., & Seagal, J. D. (1999). Forming a story: The health benefits of narrative. *Journal of Clinical Psychology, 55,* 1243−1254.

Phelps, E. A., & LeDoux, J. E. (2005). Contributions of the amygdala to emotion processing: From animal models to human behavior. *Neuron, 48*(2), 175−187.

Purdon, C., & Clark, D. A. (1999). Metacognition and obsessions. *Clinical Psychology and Psychotherapy, 6(*2), 102−110.

Quirk, G. J., & Gehlert, D. R. (2003). Inhibition of the amygdala: Key to pathological states? In P. Shinnick−Gallagher & A. Pitkanen (Eds.), *The amygdala in brain function: Basic and clinical approaches* (Vol. 985, pp. 263−272). New York: New York Academy of Sciences.

Rachman, S. J. (1997). A cognitive theory of obsessions. *Behaviour Research and Therapy, 35,* 793−802.

Rahula, W. (1958). *What the Buddha taught.* New York: Grove Press.

Rehm, L. P. (1981). *Behavior therapy for depression: Present status and future directions.* New York: Academic Press.

Rinpoche, M. Y. (2007). *The joy of living: Unlocking the secret and science of happiness.* New York: Harmony Books.

Riskind, J. H. (1997). Looming vulnerability to threat: A cognitive paradigm for anxiety. *Behaviour Research and Therapy, 35*(8), 685−702.

Riskind, J. H., Black, D., & Shahar, G. (2009). Cognitive vulnerability to anxiety in the stress generation process: Interaction between the looming cognitive style and anxiety sensitivity. *Journal of Anxiety Disorders, 24*(1), 124−128.

Robinson, P., & Strosahl, K. D. (2008). *The mindfulness and acceptance workbook for depression: Using acceptance and commitment therapy to move through depression and create a life worth living.* Oakland, CA: New Harbinger.

Roelofs, J., Rood, L., Meesters, C., Te Dorsthorst, V., Bogels, S., Alloy, L. B., et al. (2009). The influence of rumination and distraction on depressed and anxious mood: A prospective examination of the response styles theory in children and adolescents. *European Child and Adolescent Psychiatry, 18,* 635−642.

Roemer, E., & Orsillo, S. M. (2009). *Mindfulness−and acceptance−based behavior therapies in practice.* New York: Guilford Press.

Roemer, E., Salters, K., Raffa, S., & Orsillo, S. (2005). Fear and avoidance of internal experiences in GAD: Preliminary tests of a conceptual model. *Cognitive Therapy and Research,*

29(1), 71−88.

Rogers, C. (1965*). Client centered therapy: Its current practice, implications and theory.* Boston: Houghton−Mifflin.

Rothbaum, F., & Weisz, J. R. (1994). Parental caregiving and child externalizing behavior in nonclinical samples: A meta−analysis. *Psychological Bulletin, 116(*1), 55−74.

Safran, J. D., Muran, J. C., Samstag, L. W., & Stevens, C. (2002). Repairing alliance ruptures. In J. C. Norcross(Ed.), *Psychotherapy relationships that work* (pp. 23−254). New York: Oxford University Press.

Segal, Z. V., Williams, J. M. G., & Teasdale, J. D. (2002). *Mindfulness−based cognitive therapy for depression: A new approach to preventing relapse.* New York: Guilford Press.

Selman, R. L., Jaquette, D., & Lavin, D. R. (1977). Interpersonal awareness in children: Toward an integration of developmental and clinical child psychology. American *Journal of Orthopsychiatry, 47(*2), 264−274.

Selye, H. (1974). *Stress without distress.* New York: Dutton.

Selye, H. (1978). *The stress of life.* Oxford, UK: McGraw−Hill.

Siegel, D. (2007). *The mindful brain.* New York: Norton.

Siegel, R., Germer, C. K., & Olendzki, A. (2009). Mindfulness: What is it? Where did it come from? In F. Didonna (Ed.), *Clinical handbook of mindfulness* (pp. 17−35). New York: Springer.

Simon, H. A. (1983). *Reason in human affairs.* Stanford, CA: Stanford University Press.

Sloman, L., Gilbert, P., & Hasey, G. (2003). Evolved mechanisms in depression: The role and interaction of attachment and social rank in depression. *Journal of Affective Disorders, 74*(2), 107−121.

Smucker, M. R., & Dancu, C. V. (1999). *Cognitive−behavioral treatment for adult survivors of childhood trauma: Imagery rescripting and reprocessing.* Northvale, NJ: Jason Aronson.

Smyth, J. M., & Pennebaker, J. W. (2008). Exploring the boundary conditions of expressive writing: In search of the right recipe. *British Journal of Health Psychology,* 13, 1−7.

Sroufe, L., & Waters, E. (1977). Heart rate as a convergent measure in clinical and developmental research. *Merrill−Palmer Quarterly, 23*(1), 3−27.

Stewart, I., Barnes−Holmes, D., Hayes, S. C., & Lipkens, R. (2001). Relations among relations: Analogies, metaphors, and stories. In S. C. Hayes, D. Barnes−Holmes, & B. Roche (Eds.), *Relational frame theory: A post−Skinnerian account of human language and cognition* (pp. 73−86). New York: Plenum Press.

Stewart, S. H., Zvolensky, M. J., & Eifert, G. H. (2002). The relations of anxiety sensitivity, experiential avoidance, and alexithymic coping to young adults' motivations for drinking. *Behavior Modification, 26*(2), 274−296.

Stone, E. A., Lin, Y., Rosengarten, H., Kramer, H. K., & Quartermain, D. (2003). Emerging evidence for a central epinephrine−innervated alpha 1−adrenergic system that regulates behavioral activation and is impaired in depression. *Neuropsychopharmacology, 28*(8), 1387−1399.

Stuart, R. B. (1980). *Helping couples change: A social learning approach to marital therapy.* New York: Guilford Press.

Sturmey, P. (2009). Behavioral activation is an evidence−based treatment for depression. *Behavior Modification, 33*(6), 818−829.

Suveg, C., Sood, E., Barmish, A., Tiwari, S., Hudson, J. L., & Kendall, P. C. (2008). "I'd rather not talk about it": Emotion parenting in families of children with an anxiety disorder. *Journal of Family Psychology, 22*(6), 875−884.

Tamir, M., John, O. P., Srivastava, S., & Gross, J. J. (2007). Implicit theories of emotion: Affective and social outcomes across a major life transition. Journal of *Personality and Social Psychology, 92*(4), 731−744.

Tang, T. Z., & DeRubeis, R. J. (1999). Sudden gains and critical sessions in cognitive−behavioral therapy for depression. *Journal of Consulting and Clinical Psychology, 67*(6), 894−904.

Tang, T. Z., DeRubeis, R. J., Hollon, S. D., Amsterdam, J., & Shelton, R. (2007). Sudden gains in cognitive therapy of depression and depression relapse/recurrence. *Journal of Consulting and Clinical Psychology, 75*(3), 404−408.

Taylor, G. J. (1984). Alexithymia: Concept, measurement, and implications for treatment. *The American Journal of Psychiatry, 141*, 725−732.

Taylor, G. J., Bagby, R., & Parker, J. D. A. (1997). *Disorders of affect regulation: Alexithymia in medical and psychiatric illness.* New York: Cambridge University Press.

Tengwall, R. (1981). A note on the influence of F. M. Alexander on the development of Gestalt therapy. *Journal of the History of the Behavioral Sciences, 17*(1), 126−130.

Thera, S. (2003). *The way of mindfulness.* Kandy, Sri Lanka: Buddhist Publication Society.

Tirch, D., & Amodio, R. (2006). Beyond mindfulness and posttraumatic stress disorder. In M. G. T. Kwee, K. J. Gergen, & F. Koshikawa (Eds.), *Horizons in Buddhist psychology* (pp. 101−118). Taos, NM: Taos Institute.

Tirch, D. D., Leahy, R. L., & Silberstein, L. (2009, November). *Relationships among emotional schemas, psychological flexibility, dispositional mindfulness, and emotion regulation.* Paper presented at the meeting of the Association for Behavioral and Cognitive

Therapies, New York.

Troy, M., & Sroufe, L. (1987). Victimization among preschoolers: Role of attachment relationship history. *Journal of the American Academy of Child and Adolescent Psychiatry, 26*(2), 166−172.

Turk, C., Heimberg, R. G., Luterek, J. A., Mennin, D. S., & Fresco, D. M. (2005). Delineating emotion regulation deficits in generalized anxiety disorder: A comparison with social anxiety disorder. Cognitive Therapy and Research, 29, 89−106.

Twemlow, S. W., Fonagy, P., Sacco, F. C., O'Toole, M. E., & Vernberg, E. (2002). Premeditated mass shootings in schools: Threat assessment. *Journal of the American Academy of Child and Adolescent Psychiatry, 41*(4), 475−477.

Urban, J., Carlson, E., Egeland, B., & Sroufe, L. (1991). Patterns of individual adaptation across childhood. *Development and Psychopathology, 3*(4), 445−460.

van IJzendoorn, M. (1995). Adult attachment representations, parental responsiveness, and infant attachment: A meta−analysis on the predictive validity of the Adult Attachment Interview. *Psychological Bulletin, 117*(3), 387−403.

Veen, G., & Arntz, A. (2000). Multidimensional dichotomous thinking characterizes borderline personality disorder. *Cognitive Therapy and Research, 24*(1), 23−45.

Vollm, B. A., Taylor, A. N. W., Richardson, P., Corcoran, R., Stirling, J., McKie, S., et al. (2006). Neuronal correlates of theory of mind and empathy: A functional magnetic resonance imaging study in a nonverbal task. *NeuroImaging, 29*, 90−98.

Wagner, A. W., & Linehan, M. M. (1998). Dissociation. In V. M. Follette, J. I. Ruzek, & F.R. Abueg (Eds.), *Cognitive−behavioral therapies for trauma*. New York: Guilford Press.

Wagner, A. W., & Linehan, M. M. (2006). Applications of dialectical behavior therapy to posttraumatic stressdisorder and related problems. In V. M. Follette & J. I. Ruzek (Eds.), *Cognitive−behavioral therapies for trauma* (2nd ed., pp. 117−145). New York: Guilford Press.

Walser, R. D., & Hayes, S. C. (2006). Acceptance and commitment therapy in the treatment of posttraumatic stress disorder: Theoretical and applied issues. In V. M. Follette & J. I. Ruzek (Eds.), *Cognitive−behavioral therapies for trauma* (2nd ed., pp. 146−172). New York: Guilford Press.

Wang, S. (2005). A conceptual framework for integrating research related to the physiology of compassion and the wisdom of Buddhist teachings. In P. Gilbert (Ed.), *Compassion: Conceptualisations, research and use in psychotherapy* (pp. 75−120). New York: Routledge.

Wegner, D. M., Schneider, D. J., Carter, S., & White, T. (1987). Paradoxical effects of thought suppression. *Journal of Personality and Social Psychology, 53,* 5−13.

Wells, A. (2004). A cognitive model of GAD: Metacognitions and pathological worry. In R. G. Heimberg, C. L. Turk, & D. S. Mennin (Eds.), *Generalized anxiety disorder: Advances in research and practice* (pp. 164−186). New York: Guilford Press.

Wells, A. (2009). *Metacognitive therapy for anxiety and depression.* New York: Guilford Press.

Wenzlaff, R. M., & Wegner, D. M. (2000). Thought suppression. In S. T. Fiske (Ed.), Annual review of psychology(Vol. 51, pp. 59−91). Palo Alto, CA: Annual Reviews.

Wilson, D. S., & Wilson, E. O. (2007). Rethinking the theoretical foundation of sociobiology. *Quarterly Review of Biology, 82*(4), 327−348.

Wilson, K. G., & DuFrene, T. (2009). *Mindfulness for two: An acceptance and commitment therapy approach to mindfulness in psychotherapy.* Oakland, CA: New Harbinger.

Wolpe, J. (1958). *Psychotherapy by reciprocal inhibition.* Stanford, CA: Stanford University Press.

Yen, S., Zlotnick, C., & Costello, E. (2002). Affect regulation in women with borderline personality traits. *Journal of Nervous and Mental Diseases, 190,* 696.

Young, J. E. (1990). *Cognitive therapy for personality disorders: A schema−focused approach.* Sarasota, FL: Professional Resource Exchange.

Young, J. E., Klosko, J. S., & Weishaar, M. E. (2003). *Schema therapy: A practitioner's guide.* New York: Guilford Press.

Zajonc, R. B. (1980). Feeling and thinking: Preferences need no inferences. *American Psychologist, 35,* 151−175.

Zettle, R. D., & Hayes, S. C. (1987). A component and process analysis of cognitive *therapy. Psychological Reports, 61,* 939−953.

Zweig, R. D., & Leahy, R. L. (in press). Eating Disorders and Weight Management: Treatment Plans and Interventions. New York: Guilford Press.

찾아보기

저자 소개

Robert L. Leahy, PhD

Robert L. Leahy 박사는 뉴욕에 위치한 American Institute for Cognitive Therapy의 소장이며, Weil Cornell Medical College 정신과의 임상심리학 교수이다. Leahy 박사는 인지치료와 심리적 처리 과정에 관한 19편의 책을 편집 혹은 저술하였다. Leahy 박사의 대표적인 편저서는 Cognitive Therapy Techniques, Overcoming Resistance in Cognitive Therapy, Treatment Plans and Interventions for Depression and Anxiety Disorders (second edition), 그리고 인기 저서인 The Worry Cure와 Beat the Blues before They Beat You가 있다. Leahy 박사는 Association for Behavioral and Cognitive Therapies와 International Association for Cognitive Psychotherapy, 그리고 Academy of Cognitive Therapy의 회장을 역임하였다. 인지치료에 대한 그의 지속적인 공헌을 인정받아 Aaron T. Beck Award를 수상하였다. Leahy 박사는 많은 국가에서 워크숍을 하며, 인기 미디어에 자주 출연한다.

Dennis Tirch, Ph.D

Dennis Tirch 박사는 American Institute for Cognitive Therapy의 임상 디렉터이자 부소장이며, Weil Cornell Medical College의 겸임 조교수이고, Center for Mindfulness and Compassion Focused CBT의 설립자이며 소장이다. Tirch 박사는 Academy of Cognitive Therapy의 대외 이사와 선임 회원이고, Association for Contextual Behavioral Science 뉴욕시 지부의 회장이며, 뉴욕시 Cognitive Behavoral Therapy Association의 창립 멤버이자, 과학기술 부분 의장이며 이사직을 맡고 있다. Tirch 박사는 인지행동, 마음챙김, 자비중심치료에 대한 논문들과 북챕터를 저술하였고, 마음챙김, 수용 그리고 자비에 대한 3권의 책을 저술하였다. Tirch 박사는 Robert L. Leahy 박사와 함께 안녕감과 심리적 유연성에 대한 정서도식이론의 역할을 연구하고 있다.

Lisa A. Napolitano, J.D, PhD

Lisa A. Napolitano 박사는 뉴욕의 CBT/DBT Association의 설립자이며 소장이고, New York University School of Medicine 정신과의 임상 겸임 조교수이다. Napolitano 박사는 중국 베이징의 자살예방 프로젝트의 CBT 훈련 디렉터를 맡고 있으며, International Association for Cognitive Psychotherapy의 국제 수련 위원회의 의장을 역임했다. Napolitano 박사는 Academy of Cognitive Therapy의 대외 이사와 선임 회원이고, 뉴욕시 Cognitive Behavoral Therapy Association의 창립 멤버이다.

역자 소개

손영미

현재 건양대학교 심리상담치료학과 조교수, 건양대학교 학생상담센터 센터장을 역임하고 있다. 고려대학교 심리학과에서 임상 및 상담심리학 박사학위를 취득하였으며, 현재 한국심리학회 공인 상담심리사 1급, 학교심리사 1급전문가로 성인 및 노인상담, 부부상담, 청소년 및 아동상담, 상담사 양성교육을 진행해 오고 있다. 저서로는 『상담사례공부하기』(2018) 등이 있고, 역서로는 『임상노인심리학』(2009) 등이 있다. 주요 연구분야는 일과 삶의 균형과 정신건강, 여성의 진로와 상담, 심리상담에서 정서적 개입, 상담슈퍼비전, 여가와 행복 등으로, 국내외 전문학술지에 약 30여 편의 논문을 게재하였다.

안정광

현재 충북대학교 심리학과 조교수이다. 고려대학교 심리학과에서 임상 및 상담심리학 전공으로 석사, 박사학위를 취득하였다. 한국심리학회 공인 임상심리전문가, 한국인지행동치료학회 공인 인지행동치료전문가이다. 서울대학교병원 정신건강의학과에서 임상심리전문가 수련을 받았다. 서울대학교병원 암병원에서 암환자 및 보호자를 대상으로 심리치료를 시행하고 마음챙김 명상 교육을 진행하였다. 이후 고려대학교 사회불안장애 상담센터, KU마음건강연구소에서 내담자들에게 인지행동치료를 해 왔다. 사회불안장애, 인지행동치료의 효과 및 기제, 심상을 활용한 치료 기법, 정서조절 등의 주제로 연구를 진행 중이다.

최기홍

현재 고려대학교 심리학과 부교수이며, 고려대학교 부설 KU 마음건강연구소 소장을 역임하고 있다. 미국 네브래스카 주립대학교에서 임상심리학으로 박사학위를 취득하고, 미국 뉴욕 컬럼비아 대학병원에서 정신과 펠로우, 미국 예일대학교 병원에서 연구과학자, 미국 웨슬리안 대학에서 풀브라이트 방문 교수로 심리치료 효과 연구 및 중증정신질환의 재활에 관한 연구를 진행하였다. 저서로는 『아파도 아프다하지 못하면』(2018)이 있고, 역서로는 『정신장애 치료와 재활을 위한 인지재활 치료자 지침서』(2018), 『중증 정신질환의 치료와 재활』(2011) 등 다수가 있다. Journal of Abnormal Psychology, British Journal of Psychiatry, Psychological Medicine, Schizophrenia Research 등 국내외 전문 학술지에 60편 이상의 논문을 게재하였고 고려대학교에서 석탑연구상과 석탑강의상을 수상하였다. 최기홍 교수는 미국 공인 심리학자(커네티컷 주)이자 한국심리학회 공인 임상심리전문가로 근거기반 심리치료, 특히 인지행동치료 서비스를 임상현장에 제공하고, 후학을 양성하며, 차세대 심리평가 및 심리치료를 개발하는 국가 연구 과제를 수주하여 진행하고 있다.

정서도식치료 매뉴얼: 심리치료에서의 정서조절

초판발행	2019년 5월 30일
중판발행	2023년 8월 11일
지은이	Robert L. Leahy · Dennis Tirch · Lisa A. Napolitano
엮은이	손영미 · 안정광 · 최기홍
펴낸이	노 현
편 집	김명희 · 강민정
기획/마케팅	노현
표지디자인	박현정
제 작	고철민 · 조영환
펴낸곳	(주)피와이메이트
	서울특별시 금천구 가산디지털2로 53 한라시그마밸리 210호(가산동)
	등록 2014. 2. 12. 제2018-000080호
전 화	02)733-6771
f a x	02)736-4818
e-mail	pys@pybook.co.kr
homepage	www.pybook.co.kr
ISBN	979-11-89643-45-4 93180

* 파본은 구입하신 곳에서 교환해 드립니다. 본서의 무단복제행위를 금합니다.

| 정 가 | 27,000원 |

박영스토리는 박영사와 함께하는 브랜드입니다.